抗战
Kangzhan
Redian Mianduimian
热点面对面

荣维木 主编

济南出版社

图书在版编目（CIP）数据

抗战热点面对面／荣维木主编．—济南：济南出版社，2015.7
ISBN 978-7-5488-1715-4

Ⅰ.①抗… Ⅱ.①荣… Ⅲ.①抗日战争史－中国－通俗读物 Ⅳ.①K265.09

中国版本图书馆CIP数据核字（2015）第170992号

出 版 人　崔　刚
策划总监　张元立
责任编辑　张　静　秦　天
封面设计　胡大伟

出版发行　济南出版社
地　　址　济南市二环南路1号
邮　　编　250002
网　　址　http://www.jnpub.com
印　　刷　山东省东营市新华印刷厂
版　　次　2015年7月第1版
印　　次　2015年7月第1次印刷
开　　本　185 mm×260 mm　1/16
印　　张　25
字　　数　340千字
定　　价　58.00元

（济南版图书，如有印装错误，可随时调换）

前 言

今年初春，济南出版社的张元立先生来到北京，和我商量再写一本反映抗日战争真实历史的图书。所谓再写，是指十年前，也就是中国抗日战争暨世界反法西斯战争胜利60周年的时候，在同是济南出版社的朱孔宝先生建议下，我主编了《抗日战争热点问题聚焦》，这本书以设问的方式，回答了人们普遍关心的问题，当时在社会上产生了比较广泛的影响。今年是中国抗日战争暨世界反法西斯战争胜利70周年，十年间，人们对那段历史的了解多了，也深入了，但是，有两个情况表明，确实有必要写一本新书。

第一个情况是，十年前困扰着人们的一些问题，不仅仍然受到关注，并且，由于立场的不同、视角的不同以及获得历史知识的资料来源不同，对这些问题的认识也仍然存在很大分歧。比如，关于中国抗日的领导权问题、正面战场和敌后战场的关系问题、进步力量在战时的成长问题等等，尽管在我以前编的那本书里做出了回答，但至今学界仍然众说纷纭、莫衷一是，更造成了社会大众的困惑。因此，回答和解惑就成为十分重要的事情。

第二个情况是，十年间中日关系起伏跌宕，究其原因，历史问题仍为首要，并且，与战争历史相关的一些战争遗留问题不仅没有得到妥善解决，反而造成了中日之间的严重对立。比如钓鱼岛主权归属问题，本来是以中日两国的协商为解决途径的，在这样的途径之下，中日两国也曾经达成了面向未来的默契。可是，这个途径却由于日本政府的极端行为而被封闭。又比如日本"和平宪法"问题，战后以来，"和平宪法"一直被包括日本人民在内的亚洲人民视为是维护东亚乃至世界和平的必要条件，可是，这个维护和平的条件也由于日本政府的极端行为而面临着遭到破坏的严重危机。这些新出现的情况的历史缘由和现实原因，也需要找到答案。

　　正是由于上述两种情况的客观存在，我接受了张元立先生的建议，希望通过这本新书，重新梳理历史并解读当下中日关系与历史之间的关联。

　　关于抗战历史，需要回答的问题很多，这本书无法回答周全。但我想，对于历史认识的把握有一个十分重要的原则，那就是科学地区分史实、真实与真理之间的关系。什么是史实？史实就是历史上发生过的事情，它可以通过文字、口碑、实物等史料来还原。一般来说，所谓实证研究，就是还原史实的研究。就抗日战争而言，实证研究在十年间有了长足进步。但值得思考的问题是，史实等同于真实吗？有两种情况和两种结果：一是全面地掌握了史实，并从无数个史实中寻找到它们之间的逻辑关联，结果当然是对历史有了一个真实的认识；一是片面地掌握了个别史实，而忽略了另外的史实，并且没有把史实之间的逻辑关联加以分析，结果只能是虚无了历史的真实。一般来说，寻找史实之间逻辑关联的研究，就是对于历史规律的研究。就抗日战争而言，这个研究在十年间也有进步，但仍有很大的创新空间。历史研究的终极目标是寻求人类进步的历史借鉴，于是在把握了史实和真实的条件下，还要进一步去认识历史真理，形成科学的史观。就抗日战争而言，关于史观的分歧仍然普遍存在。对内来说，八年乃至十四年的抗战，它的发生、进程与结果表明了怎样的历史必然，以及它怎样改变了中国的历史走向，在不同的史观之下仍然存在着不同的解读。对外来说，不仅日本右翼史观至今存在并继续产生影响，对于中国抗战与世界反法西斯战争的关系也在不同的史观下存在着不同的见解。因此，对于史观的研究应该说是抗战研究中的重要方面。

　　本书力求遵循认识历史的上述原则来解答人们普遍关注的问题，但编者学识与能力有限，是否能够达到这个目的，真是不敢妄言。如果书中出现错误，欢迎读者赐教。

　　参加本书撰写的是中国社会科学院近代史研究所的卞修跃（第一、四、七章)、刘萍(第二、六章)、李仲明(第三、五章)、李学通(第八章)、荣维木(第九、十二章),黑龙江社会科学院历史研究所的王希亮(第十章),南京大学的张生、陈海懿(第十一章)。本书图片由卞修跃、步平、李仲明、王希亮、陈海懿、荣维木提供。

最后要特别说明,本书还在部分章节引用了步平、张连红等人的研究成果,在此一并感谢。

荣维木

2015年7月15日于北京

目　录

一、日本为什么要侵略中国 / 001

1　怎样面对西方列强的炮舰 / 002

2　日本为什么要"脱亚入欧" / 010

3　岛国日本为什么要觊觎大陆中国 / 017

4　谁是强国，谁是弱国 / 025

5　助长日本野心的中国内部因素是什么 / 032

二、中国的抗日战争是怎样开始的 / 039

1　中国最早的抗日斗争发生在哪里 / 040

2　中国最早的救亡运动是怎样出现的 / 044

3　九一八事变对中国政局产生了哪些重要影响 / 051

4　中国有没有进行过抗战准备 / 057

5　全面抗日战争是怎样爆发的 / 063

三、中国抗战的主体是怎样构成的 / 069

1　怎样理解中国共产党是中国抗日战争的中流砥柱 / 070

2　中国抗日阵营包括了哪些成员 / 077

3　抗日民族统一战线是怎样形成的 / 082

4　抗日战争是否存在不同的抗战路线 / 088

5　中国抗战阵营是否发生过分裂 / 095

四、怎样理解中国抗日的主战场 / 103

1. 什么是中国抗日的正面战场 / 104
2. 什么是中国抗日的敌后战场 / 115
3. 两个战场是怎样形成的 / 122
4. 两个战场是否有主次之分 / 127
5. 国民党军队也进行过敌后游击战吗 / 133

五、中国是怎样打败日本的 / 137

1. 日本能够征服中国吗 / 138
2. 为什么说中国能够打败日本 / 142
3. 外援对中国抗战起到了多大作用 / 146
4. 怎样理解人民战争的强大威力 / 152
5. 日本是怎样投降的 / 157

六、中国抗日战争与世界反法西斯战争是什么关系 / 163

1. 第二次世界大战是从中国开始的吗 / 164
2. 中国战场在世界反法西斯战场中处于什么地位 / 168
3. 什么是"远东慕尼黑阴谋" / 173
4. 怎样评价战时废约运动 / 177
5. 抗日战争暨世界反法西斯战争的胜利对世界产生了什么影响 / 180

七、日本的侵略给中国造成了什么灾难 / 187

1. 日军对中国人民实施了怎样的暴行 / 188
2. 日军在中国实行过哪些大规模屠杀 / 202

3 日军是怎样对中国人民实施极端暴行的 / 222

4 日军在中国沦陷区实行了哪些殖民地统治政策 / 234

5 日本的侵略给中国造成了什么损失 / 239

八、抗日战争对中国社会产生了什么影响 / 243

1 日本的侵略怎样中断了中国现代化历程 / 244

2 抗日战争是否改变了中国内部不同政治力量的对比 / 249

3 工业内迁使中国经济发生了什么变化 / 254

4 战时农村社会有什么改变 / 258

5 民族独立运动与妇女解放运动之间有什么联系 / 264

九、什么是战争遗留问题 / 269

1 战争遗留问题是怎样形成的 / 270

2 靖国神社问题的实质是什么 / 274

3 日本历史教科书问题说明了什么 / 280

4 怎样看待中国民间战争受害诉讼 / 286

5 怎样解决中日战争遗留问题 / 292

十、怎样看待战后钓鱼岛问题 / 297

1 抗日战争前的钓鱼岛是谁的 / 298

2 抗战胜利前后的中国是怎么考量琉球群岛归属的 / 306

3 美国琉球政策对钓鱼岛有什么影响 / 312

4 钓鱼岛问题是如何酝酿升级的 / 321

5 如何认识与走出钓鱼岛争端困境 / 331

十一、战后日本为什么要解禁"集体自卫权" / 335

1. 为什么说《旧金山和约》为日本旧皇国史观的复苏开了绿灯 / 336
2. PKO法案及《周边事态法》是什么性质的法案 / 341
3. 《有事法制》是在什么背景下出台的 / 345
4. 日本改宪派势力为什么逐渐成为强势 / 350
5. 日本为解禁"集体自卫权"做了什么 / 357

十二、抗日战争给中国人留下了什么经验教训 / 363

1. 抗日战争怎样影响和改变了中国近代史的进程 / 364
2. 为什么说民族凝聚力是民族复兴的条件 / 372
3. 怎样理解"落后就要挨打" / 377
4. "自力更生"是民族复兴的重要条件吗 / 381
5. 怎样实现人类和平的美好目标 / 386

一

日本为什么要侵略中国

1 怎样面对西方列强的炮舰

人们常说,中日两国是一衣带水的邻邦。近代以前,两国保持了上千年的和平交往,两国人民间的传统友谊可谓源远流长。历史上,由于受到地处东亚大陆的中国汉文化圈的辐射,日本有意识地汲取大陆中国的文化精神,学习中国封建政治制度,其生产力发展、文化建设和历史进程,基本上与中国保持着同步或稍显滞后,其国内的生产关系和阶级关系也与中国存在着许多相似之处。当西欧国家冲破封建主义生产关系的束缚,发生资产阶级革命,发展机器化大生产,并进而迈进资本主义社会阶段时,日本与中国一样,依然滞留在封建社会的没落时代。

当历史跨入19世纪的时候,东西方国家间的差距愈益拉开。欧洲的英国、法国、荷兰乃至美洲独立不久的美国,已经走完了近代工业化历程,开始迈向大规模的海外殖民主义扩张道路,以寻求倾销其机器化生产所制造的商品的市场,掠夺不发达国家和地区的

鸦片战争中英军炮舰攻打广州。

资源和财富。当地处资本主义发展中心之外的中国和日本还在陶醉于"中华帝国"或"大日本帝国"时,西方国家以蒸汽为动力的商船炮舰已经踏过万顷波涛,开到了自己的海岸边。中国和日本在19世纪上半叶几乎同时遭到了西方资本主义国家的殖民侵略,中国清王朝的"闭关锁国"和日本藩幕政府长期实行的"锁国"政策,也几乎同时被西方列强的坚船利炮洞穿。从鸦片战争开始,英法美俄等资本主义列强对中国发动了一系列的武装侵略战争,逼迫封建的清王朝签订了一系列屈辱的不平等条约,中国由一个独立自主的国家,一步步地沦为西方列强宰割的对象,国家权益丧失几尽,民族尊严受到无比损害,人民苦难空前加重。与此同时,日本也遭到了欧美国家的殖民主义入侵。可以说,从19世纪40年代开始,中国与日本几乎面临着同样的遭遇,两国国门几乎同时遭到了西方列强坚船利炮的叩击。

中国在第一次鸦片战争中遭到失败,清王朝被迫于1842年8月29日与英国殖民者签订不平等的中英《南京条约》:割香港岛给英国;开放广州、厦门、福州、宁波、上海为通商口岸;中国向英国赔款2100万银圆;英国在中国的进出口货物纳税,中国与英国共同议定;英国商人可以自由地与中国商人交易,

1842年中英两国签订《南京条约》。

不受"公行"的限制。1843年英国政府又强迫清王朝订立《五口通商章程》和《五口通商附粘善后条款》(即《虎门条约》),作为《南京条约》的附约,增加了领事裁判权、片面最惠国待遇等条款。1844年7月和10月,美国和法国趁火打劫,效仿英国,先后威逼清王朝签订中美《望厦条约》和中法《黄埔条约》,从清王朝手中攫得除割地、赔款之外与英国同样的特权。从1845年起,比利时、瑞典等国家也都胁迫清王朝签订了类似条约,中国的主权遭到进一步破坏。鸦片战争的失败和《南京条约》等一系列不平等条约的签订,使中国社会发生了根本性的变化:在近代中西方不平等条约体系之中,中国的国家主权独立与领土完整遭到破坏,自给自足的自然经济开始解体,中国逐渐成为西方列强的商品市场和原料供给地,开始沦为半殖民地半封建社会。

几乎与此同时,日本也遭到了来自美国殖民者的入侵。1845年,美国国会议员普拉特向本国政府建议,采取必要手段敦促日本早日"开国"。1846年,美国派遣东印度舰队司令毕德勒准将到日本,要求与之建交。1849年,美国又派海军准将格林前往日本交涉。但都遭到了德川幕府的严词拒绝。这一时期,日本德川幕府的锁国政策与美国的海外扩张政策发生了激烈的矛盾冲突。新兴的美国决心以武力强迫日本开国,达到自己的目的。1851年,在美国海军当局和国务卿的策动下,美国总统米勒德·菲尔莫尔专门拟定一份国书,要求日本开国。次年,美国政府任命海军准将柏利(1794~1858年,英文名为M.C.Perry,有人译作培里)为东印度舰队司令,派其再往日本进行交涉。当时美国国务院给柏利下达指令,要他就以下3项内容同日本政府达成协议:(1)签订有关救护美国海上遇难的美国船员的长期协定,(2)日本为美国船只提供补给煤水和粮食的港口和储煤站,(3)日本同意为通商而开放一处或数处港口。同时,美国政府还要求柏利向日本政府说明:在当前国际形势下,日本当局继续采取"锁国"的方针是错误的,而且,美国意图与日本建交,并没有如法国那样的传教意图,与英国在亚洲的活动也没有关系。如果日本仍然不同意开国,美国当局则授权柏利，必要时可以诉诸武力，表示强硬态度。

1852年11月24日，柏利率领一支由旗舰"萨斯克哈纳"号、军舰"密西西比"号、武装轮船"朴里茅斯"号和"萨拉托嘉"号四艘船舰组成的舰队，由美国诺福克海军基地出发，穿过大西洋，绕道好望角，跨过印度洋，次年4月7日到达香港，然后经上海前往日本，于1853年7月8日驶抵日本江户湾的浦贺港。

柏利所率领的这四艘通体涂得漆黑的武装蒸汽船的来临，对于当时的日本人来说，俨然就是海上漂来的庞然大物，给日本当时各阶层所造成的震荡是前所未有的。德川幕府当局惊恐失措，江户城内一片混乱。而一切侵略者的典型性格，都是飞扬跋扈、蛮横无理。柏利来到浦贺后，即令舰上士兵全副武装，做好战斗准备。同时他告诉日本地方当局，自己带来了美国总统的国书，要求日本与美国缔结通商条约，放弃其长时间所坚持实行的锁国政策。当浦贺行政当局根据惯例令其驶往长崎进行交涉时，柏利不仅不予理睬，反而率领三四百名水兵强行上岸，进行武力威胁，同时蛮横地要求幕府当局派出要员前来接受国书。在这一国书中，美国总统写道："世界今后将处于必须开国、进行贸易的形势中，日本也应该开国。"力图"开导"日本当局放弃既定国策，与美国建交。

面对美国的汹汹来势，日本幕府当局手足无措。想借故推辞不予谈判，但柏利却一再威胁："如果这样磨磨蹭蹭，我们就不只是提出强硬要求和开展炮舰外交，而要真正开战了。"想与入侵者开战以决上下，但胜败之局不战而知。正是推不掉，打不得。结果，幕府当局只得接受美国国书，应允次年对美国所提要求给予答复。7月14日，柏利把国书连同自己写给日本当局的威吓信一起交给日本官员，然后率舰驶离日本海岸。临行前，他向日本代表宣称，明年春天，将再来日本听取答复。

与此同时，在近代历史上侵略别国从来不甘落后的俄国，对日本的北方岛屿久存觊觎。在柏利扬长而去一个多月后，1853年8月22日，沙皇俄国的海军中将叶夫菲密·瓦西里耶维奇·普提雅廷率领一支舰队驶抵日本长崎，要求幕府当局开国通商，划定千岛和库页岛的日俄边界，遭到日本政府的婉辞拒绝。10月，俄国军队进占库页岛的久春古丹。1854年1月3日，普提雅廷再次来到长崎，逼迫日本与之谈判，并提出了片面领事裁判权和最惠国待遇等侵略要求，遭到日本方面的严词拒绝。

柏利是新兴美国海军中的一员得力干将，更是一个典型的殖民主义扩张分子，他一心想为美国打通太平洋航线。俄国代表普提雅廷紧步其后尘与日本交涉，使他感到不安和不满。普提雅廷第一次与日交涉未果时，曾转航中国上海，想与柏利取得联系，以求对日采取共同行动，当即遭到柏利的拒绝。柏利认为，日本作为美国开辟太平洋航线的理想的中继站，不能容得别国插手，美国政府在迫使日本开国问题上，尤其应以自身的迫切需要为原则，决不可落后于第三国。所以，1854年初，他不顾天寒水冷，迫不及待地由香港起航，再往日本。1854年2月11日，驶抵日本江户湾浦贺港。这一次，柏利舰队的规模比前次更大，共有7艘军舰，配备有近200门大炮，上千名水兵。柏利决心以武力为后盾，攻破日本藩幕执意不愿打开的国门。

落后的日本封建藩幕政府再一次面对着西方世界的强大力量。历史的事实已经证明，落后于时代的集团势力和思想观念，在其与新兴的、客观上与历史发展进程相符合的力量对抗时，每每显得力不从心，甚至是一败涂地，无可挽回。这一次日本封建藩幕所面对的不仅仅是一种观念的力量——这种观念虽然在当时即已表现出了它本质上的反动性，但它又是与当时发展到新的历史阶段的资本主义国家和社会所紧密相联系的观念，与东方封建专制主义观念相比较，它是新兴的、与当时的历史发展脚步合拍的——而且它更需要直接地面对这种观念背后的，明显地在轮船的吨位、船上蒸汽机、大炮等等方面体现出来的强大的、现实的物质力量，这种物质力量是进步的、被新的历史时代创造出来并足以推动历史向前发展的新兴力量，日本封建藩幕固有的落后观念及其倚为后盾的木炮土墙，远远不能与之对抗。

在柏利的武力威胁下，日本幕府当局屈服了。1854年3月31日，日美双方在神奈川（横滨）签订了《日美和好条约》，又称《日美神奈川条约》。1855年2月21日，双方在下田换文后条约正式批准生效。这是日本近代史上同外国签订的第一个不平等条约，正文12条，附录13条。规定：日本对美国开放下田、箱馆（函馆）两港口，美国船只可以在这两处港口加煤上水，补充日用必需品；美国人在该两处港口进行贸易时享受最惠国待遇；美国可以派遣领事驻在下田；美国船只在海上遇难时，日本要给予救护，对遇难人员要积极救护，不得刁难等等。通过这个条约，美国不仅实现了建立太平洋航线中继站的迫切愿望，同时使日本紧闭近200年的国门由此洞开。

此后，英、法、俄、荷兰等西方资本主义国家紧步美国后尘，蜂拥而至，逼迫日本政府与它们签订了一系列的不平等条约，开放了多处沿海港口，日本的国家独立、领土完整、司法独立遭到严重破坏。从此，日本闭关锁国的时代一去不复返。同当时的中国一样，日本开始从一个独立自主的封建国家，逐步沦为西方资本主义国家的半殖民地，日本民族面临着空前的生存危机。

然而，面对着相似的被西方殖民主义侵略的共同命运，当时的中日两国统治者集团，采取了不同的应对方式，从而使日本与中国在近代踏上了两种不同的道路。当中国封闭长久的国门被西方列强的坚船利炮洞穿之际，当时的中国社会和统治集团甚至对西方世界还处于一无所知之中，对处理近代国际关系问题的基本准则更是一窍不通，他们死守着传统的"老大帝国"的固有心态，把这些来自于海上的西方殖民者一概目为蛮夷未化之民，在一开始并未意识到这些西方的"蛮夷"将会为中国、为中国的社会带来怎样的严重恶果。当他们领教了西方列强的船坚炮利之后，也只怀着一种所谓的"师夷长技以制夷"的目的，基于一种不动摇中国传统封建社会基本制度的思想，从19世纪60年代开始，在"体""用"之争的纷扰之中，展开了一场所谓的"洋务运动"。然而，历史的事实又一次向人们证明：在近代史上，中国与西方列强之间的冲突，已不仅仅局限于技术层面的对立，更是一种在人类历史进程中开始走向没落腐朽的封建主义文明与当时正处如日中天的资本主义文明的冲突。在这两种文明、两种时代的冲突中，中国社会遭到连番的挫折与失败，便成为一种历史的必然。所以，在第一次鸦片战争后，中国在遭到列强武装侵略时，最终皆以失败而告终，逃不出签约开港、割地赔款的厄运。19世纪末叶，中国在列强一次次的侵略战争打击下、在一个个不平等条约的束缚下沦为半殖民地、半封建社会，中华民族面临着空前的生存危机。当中国的一部分有识之士试图以社会制度层面的重大变革谋求挽救国家于危难时，清廷内部的保守势力则成为中国社会变革的严重阻碍，并最终摧残了维新变法运动，使近代的中国继续在遭侵略、受欺侮的道途上向灾难的深渊沉沦。

同样遭到列强侵略的日本，选择了与中国不同的应对之策。美国人柏利武装迫使日本开港，在日本近代史上通称为"黑船事件"。这一事件，在当时对日本国内社会各界所产生的震动极其巨大，对其后日本近代史的发展，对日本国家政体、国家道路、国民思想等方面都产生了极为重大的影响。正如同第一次鸦片战争之于中国近代史具有特殊意义一样，"黑船事件"之于日本近代史同样具有特别意义，成为扭转日本历史发展进程的重要契机，而且在以后的历史发展中，这一重要契机所产生的影响终于冲破了日本海国的国界，波及于亚太地区各国，进而影响到整个世界，其严重性是我们所不能忽视的。

日本处于特殊的地理环境，孤悬海上，四面环水，与大陆相对隔绝，加以数百年政府当局奉行的闭关锁国政策，使其整个民族活动于一个几乎完全封闭的岛国上，与外界没有交流，没有比较，于是也就不能把握历史发展的全局和当时的世界潮流，反而逐渐培养成了一种民族优越感，甚至发展成一种不切实际的民族自负心理，误认为普天之下，唯我独尊，日本列岛上所有的一切、日本民族所创造的一切，都是世间最好的、最强大的，同时也是最无敌的。然而，忽然有一天，几艘在当时日本人眼中俨然是庞然大物的、配备着先进的蒸汽动力和远射程大炮、吨位是当时日本最大船只 10 至 30 倍的轮船，由太平洋上飘然而至，体现着一种更强大的、更先进的、更无敌的物质力量，这对日本当时的整个统治阶层、思想界、全体国民产生了无与伦比的震荡和冲击。这种来自于现实的物质力量的冲击，比那种来自于心理上的、文化上的、观念上的力量的冲击，更直接、更实在、更激烈，几乎足以摧毁日本固有的那种长时间培养起来的民族优越感和自负心理，从而激发起日本各界对现状的不满和日本国民对落后没落的藩幕政治的无情批判。日本为被迫与来犯之敌签订不平等条约而感到耻辱，对海上漂来的坚船利炮感到羡慕。于是，它要重新选择道路，重新选择学习对象，它要铸造一个新的国家，以与那来自海上的强大力量抗衡。1868 年天皇政府成立，在日本的内政、外交、军事、教育等方面展开了重大改革，这就是日本近代史上意义重大的"明治维新"。在这一过程中，日本重又发挥了它那好学的固有传统，在被迫开港的同时，走上了向西方国家学习先进技术和制度的道路。日本同样也是一个富有创造能力的国家，在短短的不到 30 年的时间里，日本走完了西方资本主义国家走了近 3 个世纪的发展历程，打破了传统的落后的封建政治体系，建立起了资本主义的政治制度，掌握了近代化的科学技术，增强了国力，并慢慢摆脱了西方列强的压迫，进而跻身于资本主义列强之列。

但是，正是这种极致的发展，不仅使日本一度即将丧失的民族优越感和自负心理重新恢复并逐渐极度膨胀，而且伴随着近代天皇政体的确立和国家力量的增强，一个在日后对日本整个国民心理产生极大毒害、对日本国民性格造成极度扭曲、并对中华民族造成极端损害乃至严重伤害人类正义和世界和平的黑色幽灵——军国主义思想和体制被确立并得到极度加强。由此，日本踏上了对海外国家的殖民扩张和武装侵略之路，给包括中国人民在内的亚洲人民带来了前所未有的灾难。"大日本帝国"成为军国主义侵略者的一面旗帜，它的范围不再是孤悬海上的日本本土,而是包括它的侵略力量所能达到的任何地方;"建立大东亚共荣圈"也成为日本侵略亚洲各国的口号和理由,在这个"共荣圈"中,日本是君临天下的主人,其他亚太国家都是它的奴仆,是它掠夺财富、张扬"武威"的场所,是它发泄兽性、屠戮虐杀的羔羊。

2 日本为什么要"脱亚入欧"

　　面临着西方列强的武装侵略,中国与日本分别做出了不同的应对,采取了不同的策略。日本作为一个传统的东亚国家,在近代开港之后,一反其一千多年间向中国效仿的做法,转而向西方世界寻求富国强兵的道路,此即我们所常说的日本近代的"脱亚入欧"。那么,日本是如何实现其"脱亚入欧"的策略转变呢?

　　中国在第一次鸦片战争中遭到失败,在当时即给日本社会带来巨大的震动。而随之而来的日本被列强逼迫开放国门,更使日本社会及其统治集团感到严重的威胁。巨大的外来压力重新激起了日本好学的民族天性,日本开始把目光再次投向海外,对中国与西方国家进行了细致的考察,企图从中寻得摆脱困境的有效良方。1859年3月,日本箱馆"奉行"(当时日本市政的最高行政官员)堀织部正等4人向幕府联名提议向外国派遣使团。这一建议开始引起日本幕府的关注。两年之后,1861年5月,幕府大臣小栗忠顺、冈部长常再次建议派官船前往上海、香港调查贸易状况,争取与中国商讨缔结日中贸易协议。同时,小栗忠顺、冈部长常还特别强调,此次考察中国是出于学习的目的,因为上海当时已成为西洋人在远东的商业、交通和军事据点,通过对这些地方的考察，正可借以了解西洋文明和中国社会的状况。

1862年5月27日，日本幕府派出了由根立助七郎率领的51人使团乘幕府官船"千岁丸"号从长崎出发，前往中国的上海进行考察。这是日本开港以来第一次大规模到中国学习考察，使团之中有后来日本维新的著名政治家和军事家高杉晋作，还有萨摩藩的五代友厚和佐贺藩的中牟仓之助。6月2日"千岁丸"号到达黄浦江，8月1日离开吴淞口，8月8日回到长崎。日本使团到达上海时，正值中国太平天国运动高潮之际。通过这次到上海的考察，高杉晋作等人认为，中国原有的帝国风貌已荡然无存，上海势必成为"大英属国"。日本使团还认为，清朝之所以颓败不起，"乃在于其不识防御外夷于外海之道"，因循苟且，空度岁月，徒然提倡固陋之说，既不能造出闯过万里波涛的军舰，也不能造出防御敌人于数十里之外的大炮，反使中国志士魏源等人所编译的《海国图志》束之高阁，成为绝版。他们还从中国的处境中霍然自警，认为此番对中国的考察，绝不能成为"隔岸观火"。"孰能保证我国不遭此事态？险矣哉！"日本使团此次上海之行，使日本确立了摒弃"中国拘泥于古法"的做法，增强了其"应在未败前学到西洋之法"的信念，这为日本日后大规模学习西方奠定了基础。

其实，在开港之前，日本社会也一直有着向西方学习的传统。1639年，日本德川幕府由于害怕西方洋教势力的渗透会威胁和动摇其封建统治，颁布了"锁国令"，禁止日本人与西方人贸易。这比清朝的闭关锁国政策早实行十多年。不过，日本即便在实行锁国令期间，也曾特许日本人与中国、荷兰在九州长崎附近的种子岛通商贸易，并允许荷兰人在种子岛长期生活居住。日本幕府还任命一批官员与种子岛上的荷兰人打交道。这些人在长期的与外国人打交道的过程中，从西欧老牌殖民者荷兰人那里获得了西方文明的知识，即所谓的"兰学"，而此亦正为19世纪日本"明治维新"播下了种子。"兰学"是指17至19世纪日本人从生活居住在长崎的荷兰人那里学到的西方资本主义文化和近代科学技术知识。在锁国期间，长崎因此成为日本人了解世界的窗口、培养通晓西方先进科学知识和社会制度的人才的摇篮。从17世纪开始，日本就通过生活在长崎的荷兰人，大量翻译兰学书籍。到19世纪，日本还在江户设立翻译中心，由那些深谙荷兰语的学者翻译荷兰文著作，介绍西方各主要国家的先进科学知识。日本的兰学家在学到"兰学"后，便向日本社会广为传播。1838年，日本著名兰学家绪方洪庵在大阪设立"适适斋"，专门传播"兰学"。他的徒子徒孙中，有许多人后来成为推动日本"明治维新"的中坚力量，其中著名的有木户孝允、高杉晋作和伊藤博文等。

1867年1月30日，日本孝明天皇病故，15岁的明治天皇即位。1868年1月3日，明治天皇召开由皇族、公卿、大名和武士参加的御前会议，发布"王政复古大号令"，宣布废除幕府制，成立以天皇为中心的新的中央政府。德川幕府起兵反叛。4月，幕府投降，政府军进占江户，统治日本260多年的德川幕府被推翻，日本明治天皇政府成立。与此同时，明治天皇发布《五条誓文》，拉开了"明治维新"的序幕。在此后的二三十年间，日本政府确立了"殖产兴业""文明开化""富国强兵"等基本国策，在政治、经济、文化、教育等方面仿效西方，实施了一系列的改革措施：1871年日本废藩置县，成立新的常备军。1873年实行全国义务兵役制，统一货币，并改革农业税。1885年实行内阁制，并于翌年开始制宪。1889年正式颁布宪法，1890年召开第一届国会。在政治改革的同时，日本也进行经济和社会改革。"明治维新"

日本明治天皇召开御前会议。

期间，日本军事工业以及交通运输都得到很大发展。1872年建成国内第一条铁路，1882年成立新式银行。到20世纪初，"明治维新"的目标基本上已经完成，日本成为亚洲当时第一强国，跻身于列强之林。

在明治天皇即位之初颁布的《五条誓文》中，即确立了"求知识于世界"的基本国策。1871年12月，明治政府决定派遣"欧美使节团"，一方面试图修改幕府末期以来日本对外缔结的不平等条约，以"确立与列国并肩之基础，奠定独立不羁之体制"；另一方面其更重要的目的是考察、研究"欧美诸洲开化最盛之国体，诸种法律、规则等实务"，以及各国军事技术及现代战略战术等。1871年12月23日，以右大臣岩仓具视为正使，内阁顾问兼参议木户孝允、参议兼大藏卿大久保利通和参议兼工部大辅伊藤博文、外务少辅山口尚芳为副使的"欧美使节团"一行共50余人，离开横滨前往美国。半年以后，复转向欧洲，途经英国、法国、比利时、荷兰、德国、俄国等，历时1年零9个月，于1873年5至9月先后回到日本。岩仓使团与欧美等国交涉修约与贸易谈判虽然受到挫折，但使团游历、访问了欧美许多国家，拜见各国首脑，考察政府机关、议会、法院、港口、要塞、兵营、农牧场、学校、报社和各种社会福利设施，参观了名胜古迹、博览会等。实地考察使他们认识到，日本乃至整个东方世界已经大大地落后于西方国家，日本要改变贫穷落后的面貌，赶超世界先进国家，就必须在政治、经济、文化、教育、科学技术等诸多方面向西方学习。"欧美使节团"团长岩仓具视十分感叹地说："我今日之文明，非真正之文明；我今日之开化，非真正之开化。"使团成员通过实际考察为日本开出的富国强兵的药方是：富国方面要以英国为榜样，强兵方面要以德国为楷模，以尽快缩短与西方各国的差距。岩仓使团回国后，与使节团随行担任记录的久米邦武将把这次欧美考察的实录整理成书，标题为《特命全权大使美欧回览实记》，于1878年出版。该书中的许多重要内容成为日本人的必修教育课程。

日本朝野上下通过对西方国家先进的政治、经济制度深入的了解，最终使日本统治者们提出和制定了"脱亚入欧"的重要国策。而系统提出"脱亚入欧"思想、论证"脱亚入欧"必要性和可能性的则是日本近代最著名的思想家福泽谕吉。1860年至1867年间，福泽谕吉曾三次出访欧洲和美国，并将在欧美的见闻写成《西洋事情》《西洋导游》《西洋衣食住》等书，在日本畅销轰动，产生了非常大的影响。"明治维新"后，福泽谕吉于1882年创办《时事新报》（现《产经新闻》的前身），发表了一系列代表作品，倡导

提出"脱亚入欧"国策的日本思想家福泽谕吉。

日本"脱亚入欧"。其中较为著名的有《劝学篇》、《文明论概略》、《脱亚论》等。在《文明论概略》中，福泽谕吉认为："如果想使日本文明进步，就必须以欧洲文明为目标，确定它为一切议论的标准，以这个标准来衡量事物的利害得失。"1885年3月16日，福泽谕吉在《时事新报》上发表《脱亚论》，更进一步论证了日本实行"脱亚入欧"的必要性。他在文中明确指出，日本目前所应"奉行的主义，唯在脱亚二字。我日本之国土虽居于亚细亚之东部，然其国民精神却已脱离亚细亚之固陋，而转向西洋文明"。所以，他呼吁说："我国不可狐疑，与其坐等邻邦之进退而与之共同复兴东亚，不如脱离其行伍，而与西洋各文明国家共进退。"然而，其脱亚论的实质内容却在于，日本在国富兵强之后，其"对待支那、朝鲜的方法，也不必因其为邻国而特别予以同情，只要模仿西洋人对他们的态度方式对付即可。与坏朋友亲近的人也难免近墨者黑，我们要从内心谢绝亚细亚东方的坏朋友"。

　　福泽谕吉作为日本明治时代思想家的代表，他的观点和主张对日本近代化起到了重大的思想启蒙作用，也为日本"脱亚入欧"的国策奠定了思想理论基础。日本"脱亚入欧"国策反映了当时日本社会的实际，顺应社会经济发展的时代要求，对推动日本近代社会经济的快速发展起到了决定性的作用，同时也

为推动日本社会政治近代化、使"明治维新"得以顺利而有效地全面开展确立了坚实的社会思想基础。在"脱亚入欧"思想的引导下，日本很快走向富国强兵之路，迅速崛起为东亚地区的强国。

然而，在日本近代实行"脱亚入欧"国策、实现其社会近代化的过程中，其追求富国强兵的努力，与日本社会传统的封建道德精神、皇国观念结合起来，形成了日本近代社会意识形态的怪胎——军国主义，成为日本近现代史上对外侵略扩张的根本的指导观念。而在其军国主义形成的过程中，福泽谕吉等思想家所倡导的"脱亚入欧"思想及其内在实质，也正构成了日本军国主义思想及其侵略扩张政策的思想根源，同样也成为日本给亚洲人民带来巨大灾难的思想根源。

福泽谕吉的理论和主张，具有强烈的军国主义意识，对日本近代社会意识产生了极大的影响：在文明观上，福泽谕吉著有在日本近代流传极为广泛的《文明论概略》，系统地提出了他关于当时世界文明之三个阶段的理论，从理论上推崇西方欧美诸国为"文明国家"，把历史上一直作为亚洲文明之象征的中国和印度的文明指斥为"半开化文明"，由此奠定了他所极力倡导的日本必须"脱亚入欧"的理论根基。在此基础上，福泽谕吉更系统地提出了他那对日本近代民族心理形成具有重大影响的中国观。首先，福泽谕吉从全盘否定中国传统文化的角度出发，否认日本千百年学习中国文化的积极意义。在福氏的各种立论中，都把中国与日本联系在一起加以讨论。他从孔子、孟子的"不谙世务"，"徒招丧家之犬之辱"，一直谈到自己天生怀疑中医，进而论及与其同时代的中国人的"不守本分"："治学的要道在于懂得守本分"，"只要真理所在，就是对非洲的黑人也要畏服，本诸人道，对英美的军舰也不应有所畏惧。如果国家遭到侮辱，全体日本国民就应当拼着生命来抗争，以期不使国威失坠。只有这样才可以说是国家自由独立。至于像中国人那样，觉得除本国以外似乎没有别国存在，一见外国人就呼为夷狄，把他们看作四只脚的牲畜，贱视他们，厌恶他们，不计量自己的国力，而妄想驱逐他们，结果反为夷狄所窘。这种情况实在是不懂得国家的本分之故。"福泽谕吉一方面倡导日本全体国民为了不使日本国威坠失拼着生命与外来的辱国之敌抗争，但另一方面却对中国人民的抗敌御侮横加指责，斥为不守国家本分。按照他的这种逻辑，中国似乎应该任由别国侵略而俯首帖耳，这样才算是知道国家之本分了。只此一端，有人认定福泽谕吉的思想为日本近代法西斯主义思想的源头，我们认为这不是凭空之词。进而，福泽谕吉在其著述中多处提出了他关于国家间交往的准则："假如一国的自由遭到妨害，就是与全世界为敌也不足惧。""就拿日本今天的情况来说，虽然有些不及西洋各国富强的地方，但就国家的权利来说，却没有毫厘轻重之别。如果无故受到欺凌，即使与世界为敌亦不足惧。""只需与讲理者建交，对不讲理者则驱逐之。"结合上述福氏的文明观和中国观，则他所谓的讲理者自然指的是开化的、文明的西方各国和他自诩的作为亚洲文明代表的日本；被他指为半开化的、不知国家本分的中国等亚洲国家，自然就是不讲理者，理应在其驱逐之列了。更有甚者，福泽谕吉一再宣称的当国家自由遭到妨害时则不惜与全世界为敌的理念，在日后的历史进程中，上升为日本的国家理念，被日本军国主义者不折不扣地信奉和执行着。所以说，福泽谕吉的思想和理论，对日本国家视其他亚洲国家为野蛮之邦、日本之敌的日本军国主义观念的形成，使日本国民蔑视包括中国人民在内的亚洲各国人民的心理的形成，以及日本国家外交中强权信念的形成，都在理论上起到重要的奠基作用；对日本近代军国主义民族心理的形成和后来日本法西斯主义思潮的泛滥，同样都起到重要的"启蒙"作用。

与福泽谕吉同时代的中江兆民和冈仓天心等人，作为日本国内思想近代化的重要启蒙者，同时更由于他们伴随着日本军国主义的发生成长而成长，所以在他们的思想观念中，同样充满着极其浓重的军国主义意识。这一方面促进着日本军国主义的形成和发展，同时，由于这些人本身所具有的声望和影响力，使得他们所鼓吹的军国主义观念，在普通日本国民的心理中深深扎根，并由内在的理念转化为外在的潮流，继而由潮流化作具体的行为，对近代日本乃至亚洲历史的发展进程产生了极端恶劣的影响。

3 岛国日本为什么要觊觎大陆中国
热点面对面

所谓"大陆政策"，是指近代日本国家逐步确立并长期奉行的向中国和朝鲜等大陆国家进行武力扩张、梦想称霸亚洲、征服全世界的侵略国策和总方针。这种侵略政策的形成，源于"明治维新"前后奠定的经济、政治、军事及思想基础。

日本"大陆政策"的思想渊源，可以追溯至德川幕府末期的"海外雄飞论"。当时的日本儒学家、国学家和兰学家从不同角度论述了对外扩张主义，并将矛头指向朝鲜和中国。其代表人物主要有本多利明、佐藤信渊和吉田松阴等。他们的主张奠定了"大陆政策"的思想基础。本多利明著有《经世秘策》《西域物语》《经济放言》等书。他认为，两对夫妻在33年间可繁衍子孙79人，人口增长率为19.75倍，而日本土地有限，产品不多，难以满足人口增长的需要。日本的出路只有效法西方殖民主义者，从事海外贸易和殖民事业。因此，他极力主张推行殖产兴业政策，提出富国四大急务，其中开发属岛尤为重要。

继本多利明之后，佐藤信渊进一步发展了"海外雄飞论"。他的思想核心便是"中国征服论"。佐藤宣称："皇国与天地共存，实为万国之基。""皇国为大地最初形成之国，为世界万国之根本，故全世界皆为其郡县，万国之君皆为其臣仆。"他进而提出："如以此神州之雄威征服微不足道之蛮夷，混同世界，统一万国，有何难哉。"作为日本近代军国主义思想核心的"皇国"观念于此已得到完整的表述。由此，佐藤提出其"中国征服论"。在其所著的《混同秘录》等书中，他对侵略中国作了具体的说明与设想。他首先说明日本之所以要以中国为最适宜的侵略对象的根据，并期望首先进军满洲以开侵略中国之端绪。为达到此种目的，日本可将全国划分为8个地区。在对各地区的地势、人口、产业等条件及特点进行研究的基础上，具体论述了各地区向满洲以外地区进攻的最佳方案。其侵略步骤，先从进攻满洲开始，随后，自朝鲜攻向北京，再向华中、华南等方向推进。如是，"数十年间中国全数底定"。中国"既已划入版图，其他如西域、暹罗、印度等国渐慕其德，并畏其威，必将隶为臣仆。故由皇国统一世界万国，并非难事"。为此，他建议政府应及时研究增强兵员及制订动员计划。可以说，佐藤信渊的"中国征服论"是一个比较完整的扩张主义思想体系，它不仅确定了侵略目标，而且规定了侵略步骤和完成这些步骤的方法，鼓吹日本天皇亲征和全国总动员，是日本近代"大陆政策"的思想基础和内容蓝本。"明治维新"后，他的思想得到日本政府内部大久保利通等人的高度重视，并进而成为山县有朋等力倡侵华政策的思想渊源和基础。

日本开港之后，美、英、俄各国先后迫使日本政府签订不平等条约，日本国内危机日益严重。吉田松阴等人继承佐藤信渊等人的思想，成为这一时期日本社会"海外雄飞论"的代表人物。与佐藤的主张相比，吉田的侵略意图更显具体露骨，他不仅主张要吞并朝鲜和中国，还要君临印度。吉田松阴的侵略主义主张，影响十分深远。他的得意门生木户孝允、伊藤博文、山县有朋等人，都是明治维新时期的重要人物，直接从他那里师承了对外侵略的扩张主义思想。木户孝允的"征韩论"，山县有朋的"利益线"论，无不直接师承吉田松阴的对外扩张主义。

在日本"明治维新"一开始，明治天皇就确定了用武力征服世界的方针。1868年3月14日，明治政府公布施政纲领《五条誓文》。同一天，明治天皇发表《宸翰》，宣称"朕安抚尔等亿兆，终欲开拓万里波涛，布国威于四方，置天下于富岳之安"。进而，明治政府明确提出了大力充实军备，"耀国威于海外"的方针。对外进行侵略扩张，从明治政府成立之初便成为日本国家的基本国策。明治政府的首脑人物在不同时期进一步提出了具体的侵略扩张理论，从而形成了近代日本对外侵略扩张的基本国策，即"大陆政策"。

明治初期，号称"明治维新"三杰之一的木户孝允，便将其从吉田松阴等人处师承而来的"海外雄飞论"具体化为"征韩论"，急切地要付诸实践。1868年明治政府刚刚成立时，他即致函副总裁三条实美及岩仓具视，"使朝鲜再入皇国版图，建立从前日本政府之地位"。次年2月，木户再次提出"征韩论"。他强调认为："韩地之事，乃全国借以成立国体，故以今日之宇内条理推之，于东海大放异彩者自此始。"在他的鼓吹下，日本外务省派遣专人到朝鲜进行实地考察，结果一致认为，由于远东形势的演变，日本必须"征韩"。虽然当时因各种因素的制约，"征韩论"暂时未能完全施行，但却成为"大陆政策"的直接的指导思想，在19世纪之末时，日本政府终于将其付诸实施。

与此同时，日本开始积极征兵备战。1870年，明治政府颁布《征兵条例》，规定"人民不分阶级，男子身高5尺以上，年龄在20～30岁之间，均有服兵役的义务"。1872年，山县有朋制定第一次征兵令，规定男子在17～40岁之间，皆要服3年现役、2年后备役及2年第二预备役。1872年，明治政府颁布《军人守则》，宣扬军人的七大职责：效忠、绝对服从、勇敢、善用体力、俭朴、荣誉及尊敬尊长。从此，日本开始步上军国主义道路。1878年8月，明治政府又颁布《军人训诫》，宣扬军人要忠实、勇敢、服从，要求日本军人绝对无条件地服从天皇。与此同时，为了适应对外侵略扩张的需要，日本对国内的军事体制进行重大调整。1878年11月，日本政府将陆军省下属之参谋局扩大为独立的参谋本部，由山县有朋任第一任参谋本部部长。参谋本部的设立，是近代日本所谓的"统帅权独立"制度的滥觞，标志着日本国家军队的任务开始由对内转向对外，参谋本部也成为日本扩军备战的鼓吹者和推动者，成为日后日本国家所发动的历次对外侵略战争的重要策源地。1882年1月，明治天皇颁布《军人敕谕》，明确规定日本军人尽忠节、正礼仪、尚勇武、重信义、归俭朴，要求日本军人必须具备以死效忠于天皇的观念。《军人敕谕》的颁布，标志着日本近代军国主义国家意识形态的形成，它与日本国家对外侵略扩张的基本国策互为表里，把日本一步步推向了对外侵略战争的罪恶之路。

日本近代"大陆政策"形成的标志，则是明治时期日本狂热的军国主义分子山县有朋所谓的"利益线"论的提出。山县有朋与木户孝允一样，也是吉田松阴的高足，他的侵略理论，可谓集幕末"海外雄飞论"和木户孝允等人"征韩论"之大成。1880年山县有朋出任参谋本部部长后，便大肆叫嚣侵略中国和朝鲜为日本当务之急，先后向天皇和政府提交《近邻兵备略表》和《军事意见书》，明确提出将朝鲜作为首先而直接的侵略对象，并主张以武力解决。1889年12月24

1890年在帝国会议上提出"大陆政策"的内阁大臣山县有朋。

日，山县有朋内阁成立。1890年12月，日本召开帝国会议第一次会议。山县有朋以首相身份发表《外交政略论》的施政方针演说，强调指出："盖国家独立自卫之道有二：一曰防守主权线，不容他人侵害；二曰保护利益线，不失形胜地位。何谓主权线？国家之疆土是也。何谓利益线？同我主权线安全紧密相关之区域是也。大凡国家不得主权线及利益线，则无以为国，而今介于列国之间，欲维持一国之独立，只守卫主权线，已决非充分，必亦保护利益线不可。"其所谓的"利益线"，主要指朝鲜而言。他宣称，日本"与邻国接壤并与我之主权安危紧密相关之区域"，也即其所谓的"我国利益线之焦点"，"在于朝鲜"。基于他的这种理论，山县有朋明确地鼓吹要夺取朝鲜，进而进犯中国。他的这一理论，正是日本国家发动对中国、朝鲜之侵略战争的基本指针，是作为近代日本军国主义思想重要组成部分的"大陆政策"的第一次明确说明，是日本近代对外侵略扩张国策形成的重要标志。它清楚地向人们透露出日本国家要对其邻国侵略扩张的图谋和野心，预示着日本军国主义势力及其指导下的日本国家军队在不久的将来即会在亚洲大陆上掀起阵阵腥风血雨，给其邻国人民带来无穷无尽的灾难。历史的事实若合符契：四年之后，日本便向外发动了其"明治维新"之后的第一次大规模的侵略战争，即中日甲午战争。

中国在甲午战争中战败，日本强迫清政府签订了《马关条约》，逼迫清政府割让中国领土台湾、澎湖列岛及辽东半岛，赔款2亿两白银。后虽经俄、德、法三国干涉还辽，清政府以银3000万两"赎回"辽东半岛，但是，日本对中国东北地区的侵略阴谋及领土企图已经十分露骨，其霸占中国东北地区，进而侵略整个中国、称霸亚洲大陆的企图并未就此打消。这正是其所谓的"大陆政策"付诸实施的重要步骤。自此之后，日本成为列强侵略中国的急先锋，在八国联军武装侵华期间，日本成为八国联军的主力，对中国人民进行了疯狂的屠杀。1904年，日本为了与俄罗斯争夺在中国东北地区的霸权，实现其大陆霸权的梦想，主动挑起了日俄战争。迫于日俄两国的淫威及列强的干预，清政府竟然宣布"局外中立"，任由日本与俄国在中国的国土上厮杀火并。战争期间，日

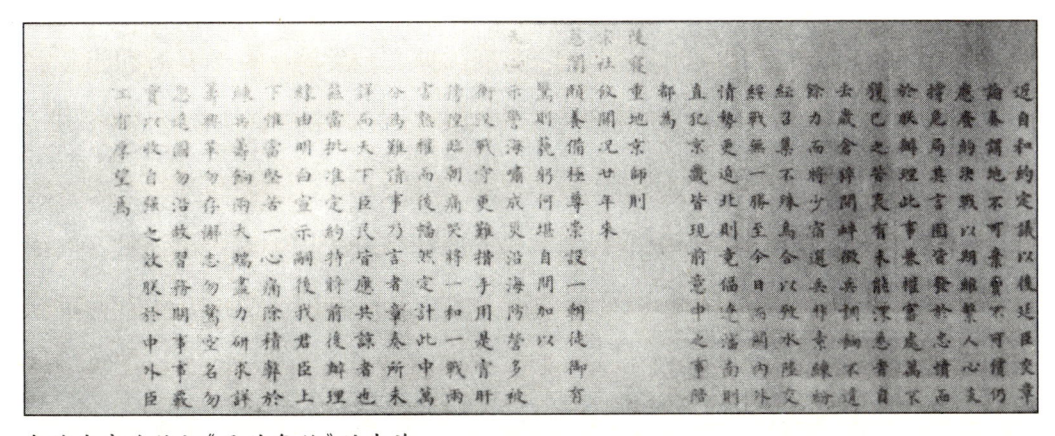

光绪皇帝为签订《马关条约》的朱谕。

俄两国军队对当地中国居民实施了极端严酷的军事殖民统治，东北地区无数资源尽被掳掠毁坏，战区人民的生命与财产遭到巨大的损失。据不完全估计，至战争结束，东北人民死于战火者达2万多人，财产损失计白银6900万两。日俄战争最终以俄军战败而告终。1905年9月，日俄两国背着中国政府签订《朴次茅斯条约》，瓜分中国东三省利权。条约规定：俄国将在中国取得的旅顺、大连湾及附近海面的租界权及附属特权转让给日本，俄国将其所获之中国的长春至旅顺间的铁路及其支路及附近的利权、矿权无偿转让给日本，日俄双方在各自的铁路沿线驻扎军队等。至此，形成了日俄两国分占中国东北地区的局面，中国的领土与主权遭到严重的践踏。接着，日本反过身来逼迫清政府于1905年12月签订中日《会议东三省事宜正约及附约》，逼迫清政府接受其据日俄条约的有关条款规定所攫取的侵略特权，将中国东三省南部视为其独占的势力范围。1906年10月，日本于旅顺设关东都督府。11月，日本在大连成立南满洲铁路株式会社，以对中国东北地区实施殖民统治与经济掠夺。可以说，日本把其侵略势力伸进中国东北地区，正是其长期叫嚣的"大陆政策"付诸实施的关键步骤。此后，中国国内发生辛亥革命，中华民国成立。日本则趁中国国内局势动荡、南北分裂之机，一方面插手干涉中国内政，一方面扶植北洋军阀中的亲日派，进一步攫取侵华权益，窥伺侵占中国东北地区。所有这一切都是其"大陆政策"具体化的实施步骤。

到20世纪20年代，日本的"大陆政策"进一步发展，而山县有朋当年提出的"利益线"理论，也被具体化为将"满蒙"地区与中国其他领土区别开来，进而将其从中国分离出去的侵略图谋。

1927年4月，日本军阀中推行侵华政策的积极分子田中义一出任日本内阁首相兼外相。当时中国国内政局发生了重大变化：广东国民政府北伐军推进到长江流域，北洋政府统治摇摇欲坠。但是，蒋介石于4月12日发动反革命政变，不久"宁汉合流"，国共合作局面遭到破坏。田中上台后，在其施政方针中即表示对中国的局势"不能漠然置之",对"共产党在中国的活动也必须予以密切关注"。6月27日至7月7日,日本内阁为把其侵略政策推向一个新的阶段,在日本外相官邸召开了"东方会议"。会

1927年,日本内阁召开"东方会议",讨论扩大对华侵略政策。

议由外务省政务次官森恪主持,日本驻中国公使及驻华各领事,外务省、陆军省、海军省、关东厅长官,关东军司令部、朝鲜总督府等机构的重要官员皆出席了这次会议。会上,驻华公使及各领事分别介绍了中国的形势,讨论了对华政治、军事、经济各方面应该实行的政策。与会者认为,中国东北对于日本具有特殊关系,但许多问题尚悬而未决,日本对满洲应确立坚定不移的政策,采取坚定不移的行动。7月7日,田中义一以"训示"的形式提出了《对华政策纲领》作为会议总结。该纲领共有8条,其主要内容为:(1)日本将实行"满蒙"与"中国本土"分离的方针:"关于满蒙,特别是东三省,由于在国防上和国民的生存上有重大的利害关系……作为接壤的邻邦,不能不负有特殊的责任。""万一动乱波及满蒙,治安混乱,我国在该地之特殊地位、权益有受损害之虞时,不问来自何方,将予以防护。"(2)日本将对中国内部事务实行武力干涉政策:"当帝国在中国的权益及日本侨民的生命财产,有受非法侵害之虞时,将断然采取自卫措施,以维护之。"(3)确定对当时中国国内各派政治势力的方针:对"东三省有力之士"张作霖,只要他能尊重日本在满蒙的"特殊地位",日本将予以"适当的支持";对"中国稳健分子"则要以满腔热情予以协助,同

时希望中国政府对乘政局不稳而跳梁的"不逞之徒""进行镇压"。7月25日，田中义一又向日本天皇呈奏一份题为《帝国对满蒙之积极根本政策》的文件，这就是臭名昭著的《田中奏折》。田中义一在其中明确提出了日本对中国进行扩张的总战略："唯欲征服中国，必先征服满蒙；如欲征服世界，必先征服中国。"他详细地阐述了日本实现"满蒙积极政策"的措施和步骤，强调认为：日本要想控制亚洲大陆，掌握满蒙权利是"第一大关键"。

在日本侵华史上，东方会议是一次决定日本侵略国策的重要会议，它所通过的政策纲领标志着日本帝国主义决定侵占中国整个东北，加快实现其所谓的"大陆政策"，预示着一系列的日本侵华行动即将展开。《田中奏折》则详尽地暴露出了日本企图吞并"满蒙"、征服中国的狂妄计划。此后的历史发展证明，日本帝国主义对中国所实施的一系列侵略活动乃至全面的武装侵华战争，都是按照东方会议及《田中奏折》所确立的基调而全面展开的。

通过上述日本"大陆政策"思想源流、政府鼓吹及其对中国东北地区的侵略事实，我们可以清楚地了解到，"大陆政策"与日本近代社会的军国主义、皇国观念一起，构成了近代日本侵略其他亚洲邻国的重要理论体系与政策基础，而"大陆政策"作为日本国家的意志体现，直接地指导了近代史上日本一次又一次对中国的侵略战争，成为日本企图实现其侵占中国东北地区、进而侵略中国、称霸亚洲乃至世界的政策层面的支柱。可以说，日本对中国的侵略战争经过了长期的预谋与精心的准备，是一场必然会发生的并必将给中国人民带来巨大牺牲的人类灾难。

4 谁是强国，谁是弱国

热点面对面

日本以一海上岛国，从1874年第一次侵略中国领土台湾开始，在长达70年的时间里，多次挑起了对其东亚邻国的侵略战争，并屡屡在战争中得手，攫得巨大的侵略权益。在近代史上，中国则从一个老大帝国一步步地变成一个积弱积贫、任人侵略践踏的国家，在一次次抗击外来侵略中遭受失败，尤其是在面对日本侵略时，长期处于被动地位，国家的领土完整遭到巨大破坏，社会财富遭到空前毁灭，人民生命遭到惨重牺牲。那么，近代史上，中日两国何者为强国、何者为弱国？其间的强弱变化又是怎样发生的呢？

其实，在近代史上，相对于西方资本主义世界而言，中国与日本都处于落后的地位，都是弱国。当西方列强的坚船利炮敲击它们的国门时，两个国家都无法抵挡住来自西方资本主义世界的侵略，被迫与西方列强签订了一系列丧权辱国的不平等条约，在自己的脖子上套上了沉重的锁链。而就中日两国而言，在近代，中国虽然在清王朝腐朽没落的封建统治和西方列强的侵略压迫下，步步沉沦，失去了昔日伟大帝国的光辉，但相对于国土面积不大、资源缺乏的岛国日本，中国依然是一个幅员辽阔、人口众多、资源丰富的大国与强国。虽然自1868年"明治维新"开始，日本积极向西方资本主义国家效法学习，引进西方先进的科学技术与政治思想，大力发展现代化工业，走上一条脱亚入欧的富国强兵之路，并逐步挣脱了西方列强强加在它头上的不平等条约的枷锁，但是，直到19世纪末叶，特别是中日甲午战争之前，它的综合国力由于受到国土狭小与资源缺乏等因素的限制，并不能相对于中国作为一个强国而存在。但是，中日两国在近代史上的强弱变化，却存在着明显的可寻之迹：中国在西方列强的侵略压迫下一步步地沉沦于积弱积贫；日本则在外来压力的激发下，改弦易辙，走上了富强之路，并最终经中日甲午战争超越了中国，成为东亚地区的头号强国。

从19世纪40年代开始，中国在100多年间，受尽了列强的野蛮侵略：中国在列强接二连三发动的侵略战争中一次次地失败，一次次地与侵略者签订不平等条约，割地、赔款、开港，一步步沦为半殖民地半封建社会，日益丧失抵抗外来侵略的能力。与此同时，日本开始了"明治维新"、"脱亚入欧"的历程，并且在这一历程的一开始就确定了侵略中国的基本国策并将其付诸实施。为此，它进行了长期的侵略理论准备及军事准备。1874年日本首次侵略中国台湾，拉开了其侵华70年历史的序幕。10月31日，中日两国签订中日《北京专条》三款，清政府被迫答应向"日本国从前被害难民之家"支付抚恤银10万两，并须在日军从台湾撤离时，为日军在这里修道建房等支付银40万两。12月3日，日军在践踏台湾东南部半年之久后，全部撤离。16日，清政府向日方付清约定之款。这一次，清政府同样以向侵略者赔款屈服作为应对外来侵略的方法。1879年日本政府吞并了当时作为清朝属国的琉球国，改名为冲绳县，由此更刺激了它对外侵略扩张的欲望，强化了它对中国神圣领土台湾的觊觎之念。

在中国与日本之间，海上的跳板和缓冲是已被日本吞并的琉球国，陆上则是朝鲜半岛。与吞并琉球以为下一步侵占台湾奠定基础的目的相同，日本的第二步目标选定了朝鲜。它图谋通过破坏中朝两国间的传统关系，改变朝鲜现状，以达到控制朝鲜半岛、确立向大陆扩张的立足点，进而以朝鲜为陆上跳板，侵略中国东北三省的目的。1876年2月，日本采用近代西方列强凭借坚船利炮为后盾强迫亚洲国家签订不平等条约的惯用伎俩，强迫朝鲜与之签订不平等的《江华条约》，打开了朝鲜的大门。1882年朝鲜汉城发生了壬午事变，朝鲜士兵杀死了日本军事教官，袭击日本公使馆。日本政府乃以这一事变为借口，出动大批军队、军舰到朝鲜仁川一带进行军事威胁，强迫朝鲜与之签订《济物浦条约》，逼使朝鲜向日本道歉、赔款，并允许日本派兵护卫使馆。这是日本在亚洲大陆上第一次取得了驻兵权，从而为19世纪末和20世纪上半叶的亚洲大陆隐埋了战争的导火索。

与此同时，为了适应对外侵略扩张的需要，日本对国内的军事体制进行重大调整。1878年11月，日本政府将陆军省下属之参谋局扩大为独立的参谋本部，由山县有朋任第一任参谋本部部长。1893年，日本设立海军军令部，与陆军的参谋本部并驾齐驱，日本近代军事体制逐渐完备。日本还有计划地大力开展扩军备战。1885年，日本陆军省决定设置监军，一旦战争发生，则由其充任军团长，率队出征。同时，把陆军的编制确定为由常备军、预备队、后备队三者组成，陆军兵力事实上扩大一倍半。1886年5月，日本开始建设吴及、佐世保两军港，以为对外侵略作战的军事基地。又制订了以8艘铁甲舰为主力的扩军方案，预期在1894年以前建立一支精锐舰队，对其中所谓的"三景舰"，即"严岛"、"松岛"、"桥立"三舰，则明确要求必须具有足够的火力，以穿透当时中国北洋舰队最先进的"定远"和"镇远"号战舰。在此后至中日甲午战争爆发的数年间，日本在中央财政预算年度总额约在8000万日元左右的情况下，每年的军费支出一直保持在2000万日元以上。1890年日军军费开支占国家预算的31.6%，1892年增长为41%。到中日甲午战争之前，日本已建成一支拥有22万人的新式陆军和一支拥有5万吨位的新式海军。与此同时，日本还不断派人潜入中国，刺探情报，绘制中国东北三省、渤海湾等地区的军用地形图。经过战争准备和实地考察，日本逐步认定：一旦中日两国间爆发战争，日本定能取胜。

当日本为对外侵略战争做好了充足的准备后，它便急不可耐地寻找战争借口，制造侵华战争舆论，欲把侵略的铁蹄踏上中国大陆。于是，中日甲午战争在日本当局的阴谋策划下爆发。

1894年朝鲜全罗道农民在"农学道"徒全奉准的领导下发动武装起义。朝鲜国王受日本阴谋怂恿，派人向清政府乞援，请求清政府出兵朝鲜"助剿"。

6月4日清廷派提督叶志超、总兵聂士成率3000余清兵开赴朝鲜，驻于牙山一带。日本怂恿朝鲜向清政府乞援助剿，包藏着重大阴谋，它欲借朝鲜国内的农民起义，发动其对朝鲜的武装侵略战争，并进一步把战争引向中国。在清政府正式决定出兵朝鲜之前，6月2日，日本内阁便已决定出兵朝鲜，并在东京成立战时大本营。6月5日，日本陆战队借机占据汉城，大批日军陆续开至朝鲜。到月底，在朝鲜的日军已达1万余人，日本海军也控制了从釜山到仁川的海域。至6月中旬左右，朝鲜国内东学党起义基本平息，朝鲜政府遂请求清政府撤兵，同时向日本提出抗议，要求其将入朝日军全部撤出；清政府也向日本政府提出共同撤兵的建议，但遭日本拒绝。7月23日，日军围攻朝鲜王宫，劫持国王李熙，成立了以大院君为首的傀儡政府。

朝鲜局势骤然恶化，日本的战争意图已十分明显。清政府被迫决定派兵增援牙山清军。7月21日、23日，清朝"济远""广乙""操江"三舰护送雇佣的英国商船"高升""爱仁""飞鲸"号，运兵赴朝。日本大本营获悉消息后，即命日本联合舰队司令伊东祐亨率15艘军舰，从佐世保出发，准备袭击清军。25日，"济远"等舰驶抵丰岛海面，遭日舰袭击，被迫自卫反击。但因仓促应战，"广乙"舰遭重创，死伤官兵70余人，管带林国祥为免军舰被俘资敌，下令将舰焚毁；"操江"号被日舰掳去；"高升"号被日舰击沉，船上1100名官兵除250人死里逃生外，其余尽遭日军杀戮。"济远"舰管带方伯谦临阵脱逃，水手王国成等发尾炮重创紧追不舍的日舰"吉野"号；"济远"舰则匆匆逃奔旅顺。这样，日本海军完全控制了朝鲜半岛西岸海域的制海权，切断了清军通往牙山及仁川的通道，牙山清军陷于孤立无援、腹背受敌的境地。

7月29日晨，日军向驻成欢驿清军聂士成部进攻。聂士成率部抵抗，但主将叶志超惧敌如虎，狂奔后撤至平壤。聂部战败，被迫撤走。8月1日，清政府被迫下诏对日宣战。同一天，日本天皇也发布宣战诏书，中日战争正式开始。9月15日，日军对平壤发起总攻，遭清军马玉崑、左宝贵、卫汝贵等部奋力抵抗，总兵左宝贵在督战中不幸被日炮击中阵亡。叶志超再次逃撤，清军溃散。16日晨，平壤失陷。

叶志超一路北逃，清军官兵伤亡数千，相继弃守顺安、安州、定州、义州，渡鸭绿江退回中国境内。日军则一路围追堵截，将侵略战火由朝鲜半岛燃至中国境内。9月17日，伊东祐亨率日本联合舰队在黄海海面袭击清海军提督丁汝昌所率的北洋舰队，企图聚歼中国海军力量。北洋舰队清军官兵奋勇抗敌，双方激战半日。这是近代中日战争史上规模最大的一场海军大战。结果，北洋舰队清军官兵伤亡800多人，"超勇""扬威""致远""经远""广甲"五舰损毁，其余各舰也不同程度受伤，"超勇"舰管带黄建勋舰毁落水，自沉殉国；"致远"舰管带邓世昌在弹药净尽之时，下令开足马力冲向日舰"吉野"号，不幸被鱼雷击中沉没，全舰官兵200余人全部遇难；"经远"舰官兵在管带林永升的率领下，以一舰之力，拒日舰"吉野""高千穗""秋津洲""浪速"四舰，林永升中炮牺牲，战舰沉海，全舰200余官兵除16人生还外，其余全部捐躯于碧海洪涛之中。日本联合舰队在黄海大战中也遭到重大创击，参战各舰均遭创伤，其中旗舰"松岛"号几乎完全丧失战斗能力，"西京丸"号几被击沉，"赤城"号舰长坂元八太郎被击毙，"吉野""比睿"等舰皆受重创。伊东祐亨见北洋舰队越战越勇，乃率队南驶，北洋舰队收归旅顺，旋归威海卫基地。经此一战，李鸿章以北洋舰队受创至巨，不敢再战，日本海军完全控制了黄海、渤海的制海权。10月下旬，日军第一军攻入中国境内，陷九连城，占安东，进入辽东腹地；第

甲午战争中，中日舰队黄海激战。

旅顺大屠杀之后，日军强迫当地百姓掩埋尸体。

二军渡海而来，由花园口登陆，先占金州，后于11月7日攻占大连，21日攻陷旅顺。日军攻入旅顺后，兽性大发，对当地居民进行了持续数日之久的大屠杀，中国无辜同胞2万人以上惨遭杀害。据当年11月28日的《纽约与世界》报道说："旅顺的日军从攻陷旅顺的第三天开始，连续4天杀害了约6万名非战斗人员，其中有一部分是妇女和儿童，在整个旅顺免遭杀戮的外国人不过仅36人。"对于日军在旅顺的大屠杀暴行，当时的《世界》杂志也谴责说："日本是披着文明的皮而带有野蛮筋骨的怪兽。日本今已摘下文明的假面具，暴露了野蛮的真面目。"

1895年1月，日军组成山东作战军，向山东半岛作战，由海陆两路夹攻威海卫。2月11日，丁汝昌自杀殉国；17日，日军舰队占领威海卫，将港内北洋舰队所余的"镇远""济远""平远"等大小舰只尽数掳去，北洋舰队全军覆没。中日甲午战争也以此为标志而宣告结束。清政府派遣李鸿章为全权议和大臣，前往日本马关，与日本全权代表伊藤博文、陆奥宗光等于4月17日签订了丧权辱国的《马关条约》。条约规定：（1）中国承认朝鲜"确为完全无缺之独立自主";（2）中国将澎湖列岛及附属岛屿、台湾全岛以及辽东半岛割让给日本；（3）中国向日本赔款白银2亿两；（4）日本臣民可以在中国通商口岸、城邑任便从事各项经营，进口货物只交进口税；（5）开放沙市、重庆、苏州、杭州等处为通商口岸，日本商船可沿内河进入以上各口岸搭客装货。日本割占中国辽东半岛，因与俄、德、法等国在华利益产生激烈冲突，三国乃起而干涉，要求日本归还中国辽东半岛。11月8日，清政府在三国及日本的胁迫下，与日本签订了《辽南条约》，以银3000万两向日本"赎回"辽东半岛；台湾及澎湖列岛则由此沦陷于日本殖民统治之下，直到1945年抗日战争胜利，才重新回到祖国怀抱。

中日甲午战争成为中日两国强弱转变的标志。甲午之败及《马关条约》的签订，对中国社会发展进程产生了巨大的危害，中国的国家主权及领土完整遭到空前破坏，巨额赔款不仅严重地加重了中国人民的负担，同时也使中国社会的进步受到巨大滞碍。同时，西方列强也从这一场战争中看到了中国的积弱与清政府的无能与腐朽，进一步刺激了它们侵略中国的贪婪欲望，进而掀起了瓜分中国的狂潮，中华民族面临着空前的生存危机。

甲午一战，日本大发了一笔战争财。在战后的3年之间，日本以赔款、赎辽费和威海卫驻军费等名义，从清政府实收到中国库平银23150万两，合34725万日元，而1896年至1898年3年间日本的全国税收总计仅有26890万日元。日本正是依靠这笔巨额的赔款收入，于1897年确立了金本位制，打下了其资本主义经济发展的基础。这笔巨款的具体分配是：2000万日元划归皇室的私产，1000万日元用于备荒，1000万日元作为教育基金，1200万日元用于补助1898年度的一般支出，其余近3亿日元全部转入临时军费特别支出，用于扩充陆海军等军事费用以及扩大军备基础产业。就这样，日本把通过战争从中国攫夺的巨额款项，绝大部分投入到军备之中，为下一次对外侵略战争做准备。

中国经此一役，则更向贫穷与落后沦陷。当时清政府每年的收入约为8000

万两银，为了支付对日本的巨额赔款，只得大举向列强借款。1895年7月，清政府从俄、法借款4亿法郎，约合银9900万两；1896年3月，从英、德借款1600万英镑，约合银9700万两；1898年3月，向英、德借款1600万英镑，约合银11200万两。巨额的外债不仅使中国落入国际金融资本的严密束缚之中，而且借款所附的苛刻条件，更对国家的权益造成了极大的危害。

甲午战后，中国已成为名副其实的弱国，中日两国的强弱之势由此逆转。面对着中国的极端贫弱，靠战争养肥了自己的日本在对外侵略的道途上越走越远，表现得也越来越肆无忌惮，手段也越来越明目张胆，贪欲亦日益膨胀，最终挑起了意在侵占全中国的全面侵华战争。

5 助长日本野心的中国内部因素是什么

在近现代史上，日本对中国进行肆无忌惮的侵略，一方面固然是由于中国受到列强的侵略压迫与清王朝腐朽没落的封建统治而造成的积贫积弱与国力衰竭，另一方面也有中国内部的因素助长了日本的侵略野心。当中日两国同时面临西方列强的入侵时，日本社会从思想界到政治界、从教育界到企业界，几乎都深刻地意识到了国家所面临的深刻危机，积极主动地寻求出路，并最终走上脱亚入欧的道路，引进西方先进的政治制度与科学技术，大力发展现代化工业，积极整顿军备，向国民传播富国强兵的观念与知识，在追求富强的道路上几乎是举国一致，并在事实上获得了巨大成功。但是反观中国清王朝的统治者们，闭目塞听，自满于中华帝国的迷梦不能自醒，固守着中国传统的封建专制主义不肯放手，对于当时国内出现的维新变法、追求救国之道的新势力，设置重重阻碍，甚至进行严厉镇压；在引进西方先进科学技术方面，也只是将其作为维护其摇摇欲坠的封建统治的一种工具，并非是为了寻求国家强盛之道。其结果便是自19世纪60年代开始的洋务运动最终以破产而告终结；而国家花费大量财力物力建起的北洋海军舰队，经甲午一役，尽数覆灭；维新变法运动，亦宣告失败。所以，当时的中国社会处在一种严重的分裂之中，阶级矛盾尖锐，满汉畛域分明，国家之步步败落，与此也存在着极其重大的关系。

1911年辛亥革命爆发，清王朝被以孙中山为首的中国资产阶级革命者推翻。1912年中华民国成立，颁布了中国历史上第一部具有资产阶级民主主义性质的《中华民国临时约法》，从而结束了在中国历史上延续数千年之久的封建帝制，为中国社会带来了一次巨大的变化。

但是，辛亥革命并未使得中国走上独立与富强的道路，却很快在帝国主义支持下的封建官僚、军阀及清王朝余孽等保守势力的联合反扑下遭到失败，革命果实被袁世凯窃夺。袁世凯上台后，对内实施专制独裁主义，破坏临时约法，镇压"二次革命"，并于1915年末上演了一场复辟帝制的历史丑剧；对外却实

1915年5月25日，袁世凯派代表与日本签订《民四条约》。

行卖国主义，不顾全国人民的反对，接受日本提出的企图灭亡中国的"二十一条"，极大地助长了日本侵略中国的野心。植根于日本在20世纪30年代之前一直叫嚣的满蒙问题、山东问题的祸端，直接导致了日本对中国山东地区、东北地区的入侵。

袁世凯的倒行逆施，激起了全国人民的激烈反对，革命者发动护国战争。袁世凯被迫放弃帝制，并在忧惧之中可耻地死去。袁世凯死后，北洋军阀分裂成三大派系，即分别由段祺瑞、冯国璋和张作霖为首的皖系、直系和奉系军阀，他们分别在日本和英、美帝国主义的支持下，割据一方，对人民横征暴敛，相互间连年混战，使中国社会经济遭到严重破坏，使国家陷入极端的分裂与混乱之中。

1917年8月，孙中山在广州组织护法军政府，集合南方军阀势力讨伐北洋军阀，中国出现南北对峙局面。然而，西南军阀势力很快与北洋军阀之间达成妥协，护法运动宣告失败，孙中山愤而辞去护法军政府海陆军大元帅职，回到上海。1921年5月，孙中山再度回到广州，发动第二次护法运动，但由于陈炯明的叛变再遭失败。此后，在中国共产党与共产国际的帮助下，孙中山改组国民党。1924年1月，中国国民党第一次代表大会在广州召开，孙中山重新解释了三民主义，决定实施"联俄、联共、扶助农工"三大政策，第一次国共合作局面形成，中国国民党开始转变为工人、农民、小资产阶级和民族资产阶级的革命联盟，中国民主主义革命进入到新的历史阶段，革命形势在中国南方不断高涨。

与此同时，北方各大军阀派系分别在帝国主义列强的支持下，连年进行混战，先后爆发了1920年的直奉战争、1923年的江浙战争和第二次直奉战争、1924年冯玉祥的反直战争、1925年初的奉浙战争、1925年11月的郭松龄反奉战争等等，战祸四起，弄得民不聊生。

1924年5月，孙中山在苏联与中国共产党的帮助下，在广州黄埔创办了国民党陆军军官学校，即著名的黄埔军校，培养军事干部。至1926年北伐战争开始前，先后招收学员5期，共约7390人，为此后建立广东根据地、平定广州商团叛乱和进行北伐战争，培养了一大批武装骨干。1925年7月，广东革命政府改组为国民政府，将所辖武装力量改编为国民革命军。1926年6月4日，国民党中央执行委员会临时全体会议正式通过出师北伐案；6月5日，任命蒋介石为国民革命军总司令；7月1日，发布动员令，誓师北伐。

北伐军兵分三路：一路进兵湖南，一路向福建、浙江进攻，一路进兵江西。兵锋所指，势如破竹。10月10日，北伐军歼灭吴佩孚主力，攻克武昌。另一路则攻入江西，歼灭孙传芳主力，占领九江、南昌。革命势力从广东扩展到长江流域。在此期间，退守绥远的冯玉祥在中国共产党的帮助下，将所部改编成国民军，于9月17日在五原誓师，占领陕西，进军河南，策应国民革命军北伐。

当中国革命形势迅猛发展，北洋军阀势力行将被扫荡尽净之际，中国革命统一战线内部再度出现分裂。1927年4月12日，蒋介石背叛革命，在上海发动反革命政变，大肆逮捕屠杀共产党员、工人领袖和革命群众。在江苏、浙江和广东等地，国民党顽固派也同样对共产党员与革命群众进行残酷的屠杀。7月15日，汪精卫亦叛变革命，在武汉召开"分共"会议，第一次国共合作局面破裂。

帝国主义列强对中国国内的形势始终密切关注，尤其是日本，更是对中国国内革命形势的发展极端仇视。当广东国民政府北伐军推进到长江流域、北洋政府统治摇摇欲坠之际，恰逢日本狂热的军国主义分子田中义一上台组阁，他在施政方针中明确表示对中国的局势"不能漠然置之"，对"共产党在中国的活动也必须予以密切关注"。在此期间，他主持召开了"东方会议"，确立了日本侵占中国东北、进而全面侵略中国的总体方针政策。

蒋介石和汪精卫先后背叛中国革命后，国民党蜕变成代表地主阶级与买办资产阶级利益的政党，其内部的宁、汉、沪、桂等派系为了争权夺利，不断地进行明争暗斗。1928年宁汉合流，国民党二届四中全会于是年2月召开，南京国民政府成立，蒋介石任国民党中央政治会议主席兼军事委员会主席。会议之后，蒋介石与冯玉祥、阎锡山及桂系四派达成暂时妥协，并于1928年4月举行第二次北伐，进攻北方奉系军阀张作霖部。

当国民政府北伐部队进逼山东济南时，日本政府为维护其在中国北方的侵略权益，阻止国民党势力向北方扩张，乃借口保护侨民，于4月19日经内阁会议决定，第二次出兵山东。5月1日，北伐军进入济南，先期侵入济南的日军即制造事端，枪杀中国平民和军人。5月3日，日军在济南城内大施淫威，肆意枪杀中国军民，一时间死伤枕藉，尸体遍街。入夜，日军至交涉公署，蜂拥而入，将北伐军战地政务委员会外交处长蔡公时及其随员绑去。蔡向日军表明身份并指斥日军暴行，竟被日军施以剜眼、割耳、削鼻的惨刑，最后被日军枪杀并将尸体焚化灭迹。与蔡公时同时遇难的还有张鸿渐等16人，仅一勤务兵逃脱。夜半时分，日军复对济南军民施以更大规模的屠戮，炮击中方无线电台，炸死守卫士兵多人。包围南京政府外交部长黄郛的办公处，黄被迫逃避。日军还将邮电局包围，将在里面避难的中国人全部捆绑，囚于地下室中，断其饮食，终日毒打，并不时拉出数人枪杀，其状惨不可言。此后数日，日军一直在济南城烧杀不止。蒋介石对日采取妥协退让政策，将党政机关撤出，北伐军主力绕道北上。5月8日晨，日军以大炮猛轰济南，勒令中国军队缴械。11日，中国军队撤出济南，但济南城已在日军炮火下化作一团废墟，全城精华尽毁，中国军民死难者达4000余人。日军入城后，继之以更大规模的血腥屠杀。经此一

济南"五三惨案"中日军屠杀中国儿童。

役，济南变成了一座死城。据事后调查，经日军血洗，中国军民在济南死难者达6100多人，伤者1700多人，财产损失计达2962万余元。是为济南"五三惨案"。这是在抗日战争全面爆发之前，日军在中国制造的最为严重的暴行事件之一。

国民党军队继续北伐，兵锋直逼平津地区。盘踞在北京的奉系军阀头目张作霖在内外压迫之下，决定退出北京。6月2日，张作霖发表"出关通电"，宣告退出京师。6月3日晚，张作霖乘车离京返奉。日本侵略当局认为张作霖已失去利用价值，同时也为了在东北制造事端，扰乱东北政局，为其历来主张的以武力解决"满蒙问题"制造借口，乃预谋制造了"皇姑屯事件"，于6月4日炸死张作霖。张之子张学良回到奉天出任东北保安司令，冲破日本当局的重重威胁与压力，于12月29日宣布东北易帜，归服国民政府中央领导。12月31日，国民政府任命张学良为东北边防军司令长官。至此，全国实现了形式上的统一局面。

但是，这种形式上的统一并未维系多久，国民党内部不同派系之间、国民党与地方实力派之间大规模的混战随即展开。至1931年九一八事变发生止，先后发生了1929年3月的蒋桂战争，1929年10月的蒋冯之战，1929年12月的蒋、桂、张（发奎）战争和唐生智、石友三反蒋战争，1930年的蒋、桂、阎、冯中原大战。与此同时，以蒋介石为首的国民党反动势力，为了消灭中国共产党领导的革命武装斗争，对中国工农红军和革命根据地进行了长期的大规模"围剿"，国共之间展开了长期的武装冲突。1931年九一八事变爆发后，日本图霸中国的侵略野心暴露无遗，但是，蒋介石却严令张学良和东北军奉行不抵抗政策，致使不到半年时间，东北广大地区全境沦陷为日本帝国主义的殖民地。直到1936年12月西安事变前，蒋介石一直奉行"攘外必先安内"的错误政策，对日本的恣意侵略妥协退让，却以主力军连续围攻红军。

通过上述事实，我们清楚地看到，近代的中国始终处于一种动荡与分裂之中，不论是清王朝，还是北洋军阀各派系，或者是国民党统治集团，当时中国社会的统治阶级，为了维护其自身利益，巩固其自身统治，对内实行残酷镇压，对外奉行妥协卖国政策，国家在连年的混战与动荡中日益贫弱，社会经济发展受到巨大破坏，民众生活倒悬于水深火热之中。中国国内的这种局面，益发使得中国的国际地位下降至谷底。日本面对这样一个贫穷、落后、分裂的中国，无法遏止其侵略贪欲与野心的高涨，秉承其既定的侵略中国的总方针，迫不及待地发动战争机器，直欲灭亡中国而后快。

二

中国的抗日战争是怎样开始的

1 中国最早的抗日斗争发生在哪里

人们一般认为，中国人民反对日本侵略的第一枪是1931年在江桥抗战中打响的。但是仔细考察一下历史就会发现，早在19世纪70年代，台湾人民反抗日本侵略的斗争就已经揭开了序幕。

1871年12月，一只满载着琉球岛民的船只在海上遇风，漂流到台湾南部东海岸登陆，遭到岛上牡丹社土著居民截杀，被打死54人，其余12人被福建督抚送回国。琉球本是个独立的岛国，位于日本和台湾之间。自明朝起，琉球即向明朝皇帝朝贡，开始了两国间的友好往来。但由于琉球重要的地理位置，日本一直将其看作是自己的属国，并不断寻机要将其吞并。"牡丹社事件"发生后，日本以日本居民被杀为借口，无理地向清政府提出交涉，并大兴"问罪之师"，其根本目的则是，从台湾开始，打开武力征服中国之路。

1874年5月，日本派陆军中将兼陆军大辅西乡从道率日军3000多人，分乘3艘战舰侵略台湾。7日，日军在琅桥登陆，遭到台湾土著居民的顽强抵抗。台湾土著居民凭借熟悉的地形作掩护，利用火枪、土枪、弓矢、刀矛等原始武器，在山岩、树丛中与侵略军展开游击战，打击日军。日军损伤惨重，死亡570多人。牡丹社首领阿禄父子等高山族义军也在战斗中英勇牺牲。日军侵略台湾后，清政府迅速派钦差大臣沈葆桢率兵援台。在中国人民的顽强抗击下，日军不得不转而与清政府举行和谈。10月31日，双方签订《中日北京专约》，日本限期撤出台湾，清政府赔偿日方50万两白银。台湾土著居民的英勇斗争不仅使得日本首次染指台湾的阴谋无法得逞，并且打响了近代历史上中国人民反抗日本侵略的第一枪。从此，台湾人民开始了长达半个多世纪的抗击日本殖民侵略的光辉历史。

日军虽然暂时退出台湾，但台湾是日本南进对外扩张的必经之路，其地缘特征决定了它必然是日本垂涎的侵略目标。1894年中日甲午战争爆发，战争以清朝的失败而告终。翌年4月17日，清政府被迫同日本签订了丧权辱国的《马关条约》，把台湾割让给日本。

台湾岛自古以来就是台湾人民的桑梓之地，与祖国大陆血脉相连。台湾割让的噩耗传出，犹如晴天霹雳，震惊了海峡两岸。全国上下群情激愤，纷纷上书，反对割地求和。台湾苗栗县爱国士绅、在籍兵部主事丘逢甲率先刺破手指，血书"抗倭守土"4个大字，并率众上书清政府，决心"誓死守御"台湾岛。台湾民众在《上台湾巡抚书》中也慷慨表示："万民誓不服倭，割亦死，拒亦死，宁先死于乱民之手，不愿死于倭人手。"悲愤之情，溢于言表。

与台湾同胞相呼应，祖国内地也展开了声势浩大的反割台运动，爱国知识分子纷纷上书清政府，要求抗敌到底，收回割弃台湾的卖国条款。

但是软弱的清政府不顾民众的反对之声，竟派李经芳为专使前往台湾办理交割。李经芳慑于台湾人民反割台的巨大声浪，不敢登岸，于6月2日在基隆外一艘日本军舰上正式与日本海军大将桦山资纪办理了台湾交割手续。

17日，日本首任台湾总督桦山资纪在台北举行"始政式"，正式宣布在台湾实施军政。从此，日本对台湾开始了长达半个世纪的殖民统治。

清政府的一意孤行，激起台湾人民的激愤，他们决心以自己的血肉之躯誓死保卫台湾岛。5月25日，台湾官绅组成了"永隶清朝"的"台湾民主国"，推举原台湾巡抚唐景崧为总统，丘逢甲为义军统领，著名的黑旗军首领刘永福为大将军，团结了团练、义军和一部分拒绝内渡的清军，展开了轰轰烈烈的武装抗日斗争。台湾人民也纷纷组成"平倭团"，抗击日本侵略者。在众多义军中，规模最大、最为著名的是由徐骧、吴汤兴、姜绍祖所领导的3支队伍。

抗战 热点面对面

5月29日，日本侵略军分别由桦山资纪和陆军中将北白川宫能久亲王指挥，向基隆进犯。双方展开了激烈的战斗，但因义军兵力薄弱，日军攻占了基隆。唐景崧与部分官员潜逃回大陆，"民主国"随之解体。6月7日，日军又攻占了台北。台湾人民在黑旗军首领刘永福的领导下继续抗击日军。

日军侵入台北后，分兵两路，一路侵占宜兰，一路入侵新竹，沿途不断遭到徐骧、吴汤兴、姜绍祖所领导的义军的袭击和骚扰。侵略军对台湾人民的反抗进行了血腥镇压，他们见人就杀、见物就抢、见屋就烧。日军的暴行并没有吓退人民的反抗，相反，全台湾人民包括妇女儿童都投入了战斗，日军陷入了"全台皆兵"的汪洋中。正如日本人竹野与三郎在《台湾统治志》中哀叹的一样："不论何时，只要我军（指日军）一被打败，附近村民便立刻变成我们的敌人。每个人甚至年轻妇女都拿起武器来，一面呼喊着，一面投入战斗。我们的对手十分顽强，丝毫不怕死，他们隐蔽在村舍里，当一所房子被大炮摧毁，他们就镇静地转移到另一所房子里去，等一有机会就发动进攻。不仅台北的情况

日军占领台湾后，在台北举行阅兵式。

是这样，而且整个新竹的四郊也是这样，新竹的村民是以顽强和勇敢著称的。"

日军在付出惨重的代价后占领了台中、彰化，接着又调重兵进攻台南。10月，日军相继占领嘉义、台南。包括吴汤兴在内的义军将士大部分战死疆场，一部分退入丛林继续战斗。刘永福在台南沦陷前撤回大陆。台湾人民有组织地抗击日本占领的武装斗争告一段落。

轰轰烈烈的武装反割台斗争虽然失败了，但台湾军民用鲜血和生命谱写了一部悲壮的爱国主义史诗。日军虽然占领了台湾，但却付出了惨重的代价。在侵台战争中，日军投入兵力4.9万余人，随军夫役2.6万余人，战死者达4600余人，负伤者达2.7万人，近卫师团长中将北白川宫能久亲王和近卫第二旅团长少将山根信成在台负伤致死。

1895年11月，就在侵略军还沉浸在占领台湾的"欢歌"声中时，台湾东北部由林李成、林大北领导的起义军，又揭起了武装反抗日本殖民统治的义旗。许绍文、陈秋菊、胡阿锦、简大狮等各路义军群起响应。起义军攻占瑞芳，并一度围攻台北。1907年蔡清琳领导的北埔起义、1912年刘乾领导的林圯埔起义、1913年罗福星领导的苗栗起义、1915年余清芳领导的噍吧哖起义等风起云涌，给殖民者以沉重打击。殖民者对这些起义进行了残酷镇压，义军将士相继牺牲，谱写了一曲曲爱国主义的赞歌。

在台湾人民反抗日本殖民者的斗争历程中，高山族人民的斗争尤其值得大书一笔。在长达几十年的时间里，高山族人民多次举行起义，1930年的雾社起义将高山族人民的抗

台湾高山族抗日民众。

日斗争推到了高潮。

雾社位于台中北港上溪流埔里社东北部，是高山族人民的聚居地。1930年10月初，日本殖民者为了筹备在雾社公学校召开运动会，强迫高山族人民服劳役，从马赫坡社搬运木材修筑运动场。繁重的劳役和非人的折磨激起高山族人民的极大愤慨。27日，雾社一带的高山族人民组成起义军，以迅雷不及掩耳之势袭击了雾社附近各社的日本警察所，随即捣毁所有在雾社的殖民机构，杀死殖民者及其家属100多人。起义军控制雾社达3天之久，并给台中以严重威胁。日本殖民当局调集数千名军警进行残酷镇压，起义队伍伤亡极大，不得不退入山地继续坚持战斗。面对险要的地势，束手无策的日军修筑长堤进行封锁，出动飞机狂轰滥炸，并丧心病狂地投掷毒气弹。起义战士死伤惨重，余下的坚持战斗达半年之久，最后弹尽粮绝，集体自杀。雾社起义虽然失败了，但它沉重地打击了日本殖民统治者，并迫使台湾总督石塚英藏引咎辞职。

1937年抗日战争爆发，由台湾人民点燃的抗日火炬在祖国大陆人民手中继续传送，台湾人民始终没有屈服于日本的殖民统治，与大陆人民并肩战斗，直到1945年8月15日日本投降，台湾重新回到祖国怀抱。

2 中国最早的救亡运动是怎样出现的

1919年5月4日，北京学生3000余人在天安门广场集会游行，发起了声势浩大、波及全国的救亡运动，即"五四运动"。这场中国近代最早的救亡运动极大地推进了中国的历史进程。运动的直接导火线是中国在巴黎和会上对山东问题的外交努力失败，而山东问题，则是日本利用第一次世界大战之机，强占山东,提出灭亡中国的"二十一条"所导致的严重结果。

1914年7月,欧洲爆发了帝国主义重新瓜分世界的第一次世界大战。战争给正处在内外交困的日本以绝好的机会。日本朝野侵略势力都急迫地想卷入战争,以便趁火打劫,并把目标首先瞄准了中国的胶州湾。

位于山东半岛西南端的胶州湾,海岸曲折蜿蜒,港阔水深,是天然的不冻港。优越的设港条件使胶州湾自近代以来一直被列强所觊觎。1897年德国以武力侵占了胶州湾,并强行将之纳入自己的势力范围。胶州湾落入德国之手,这使得一直垂涎此地的日本耿耿于怀。

第一次世界大战爆发后,西方帝国主义国家都被卷入战争,无暇东顾。日本认为是天赐良机,决定捷足先登,联合英国对德作战,出兵山东,攫取德国在山东的权利,进一步打开侵略中国的道路。

8月15日,日本向德国发出最后通牒,要求德国军舰立即从日本海和中国海撤退或解除武装,9月15日前将胶州湾租借地全部无条件交给日本,以备将来归还中国。对于日本的通牒,德国置之不理。8月23日,日本对德国宣战,随即出动第二舰队封锁胶州湾。日本公使还蛮横地警告中国:"此事与中国无关,中国只能服从通牒的内容,如果中国发生内乱,日英将加以镇压。"

袁世凯政府为避免日本的侵略,曾向美日建议,由三国出面劝告各交战国把战争局限在欧洲;又秘密同德国谈判,希望德国直接归还胶州湾;后来甚至与虎谋皮,要求中日共同出兵攻打胶州。而日本一心想独占胶州,对于袁世凯的建议一概加以拒绝。日本还以不再协助北京政府取缔南方革命派要挟袁世凯。屈于日本的淫威,8月6日,北京政府竟然宣布"局外中立",并将潍县以东,海庙口、掖县、平度、古岘以西划为"行军区或交战区",中国军队暗中撤退,听凭日军布置。

袁世凯的退让助长了日军的嚣张气焰。9月2日,日军突然强行在中立区的龙口登陆,随即驱师西进,并警告中方不许抗议。25日,日军占领潍县车站,并无耻地要求中方协助其占领胶济全线，还警告说："若有冲突，日本将认为是助德敌日之举。"10月6日，日军占据济南车站，抢夺胶济全线，并在济南留下部分日军。11月7日，日军攻陷青岛，青岛沦为日本殖民地。日军沿途占领城镇，奸淫妇女，杀戮平民，无恶不作，双手沾满了中国人民的鲜血。

日军占领青岛后，北京政府外交部多次要求日本撤军，但日本根本不予理睬。日本加藤外相多次在国会强调：日本对英美和中国都没有过必须归还胶州湾的协议，对德最后通牒中的宣告"无论如何不能构成一种诺言"，完全是一副无赖嘴脸。

日本拒不归还青岛以及在占领区的种种暴行，激起中国人民的极大愤怒，各地纷纷掀起反日浪潮，民众游行请愿，要求取消交战区，一些地方开展了抵制日货运动。在民众的压力下，北京政府参政院也不得不就山东问题向政府提出质询。袁世凯政府迫于民意，于1915年1月7日正式照会日英驻华公使，要求取消"交战区"。日本竟宣称"不受约束"，并抓住袁世凯试图恢复帝制之机，抛出了灭亡中国的"二十一条"，并企图使占领行动合法化。

"二十一条"共分五号。第一号，日本要求继承德国在山东的利益并加以扩大；第二号，要求享有独霸南满和内蒙古东部的权利；第三号，要求享有汉冶萍公司及其附近矿产的权利；第四号，要求中国政府允准所有中国沿岸港湾及岛屿概不租与他国；第五号，要求享有操纵中国政治、财经、军事、警察的权利，并把福建、江西、广东事实上划归为日本的势力范围。"二十一条"的提出，标志着日本对中国的侵略进一步升级。

袁世凯为维护个人的权利和地位，一方面被迫与日方谈判拖延时日，以候外援；另一方面逐渐泄露"二十一条"的内容和谈判情况，以争取国内外同情，引起国际干涉。"二十一条"的内容传出后，舆论大哗，群情激愤。中国留日学生首先举行集会，表示抗议。国内纷纷成立国民对日同志会、劝用国货会、救国储金会等人民团体，反对日本灭亡中国的企图。但是列强对日本的要求采取

二 中国的抗日战争是怎样开始的

"二十一条"密约消息传出后，遭到全国人民的激烈反对。1919年2月，北京各界民众集会反对。

默许纵容的态度，更加助长了日本的侵略气焰。5月7日，日本对袁世凯下了最后通牒。5月9日，袁世凯被迫接受日本的"最后通牒"。5月25日，中日双方在北京签订了《民四条约》（或称《中日新约》），日本提出的"二十一条"的内容大部分被确立下来。

　　1917年8月，段祺瑞政府对德宣战。1918年11月11日，德国无条件投降，第一次世界大战结束。为处理战胜国分赃问题而举行的巴黎和会于1919年1月18日在法国巴黎凡尔赛宫开幕。中国作为战胜国派代表出席了会议。中国民众对这次和会充满了期望，皆以为"公理战胜强权"，作为"战胜国"的一员，中国理所当然应该收回德国在中国侵占的权益，废除日本强加给中国的《中日新约》。但欧美列强慑于俄国十月社会主义革命的爆发，需要协调各帝国主义国家的整体利益，因而不惜以牺牲中国作为代价拉拢日本，导致中国在巴黎和会上的种种外交努力完全失败。经过讨价还价，巴黎和会接受了日本起草的关于山东问题的"特殊条款",将之列入对德和约中,德国在山东的所有利益被直接转让给日本。由此,中国近代社会最主要的矛盾——中华民族和帝国主义的矛盾,特别是与日本帝国主义的矛盾,空前激化了。

巴黎和会尚在进行之时,中国各界人士都密切关注着会议的进展。1919年2月初,当中日双方代表团就山东问题发生争执时,中国各界爱国团体纷纷发表通电,表示必须抗拒日本的干涉。2月5日晚,北京大学2000余学生召开会议,并推出干事10余人,分头联合各校学生致电巴黎中国专使,提出必须拒绝日本要求。北京学生的行动得到各地学生的响应,各界民众也纷纷举行集会。4月16日,上海民众联合会、华侨平和期成会、华侨联合会、对日外交后援会、救国会、四川同乡会、陕西同乡会等团体的代表,召开团体联合大会,通过决议,表示各种卖国行为"为全国所不容,应决议惩办,以除祸根"。4月20日,济南10万余群众进行民众请援大会,致电巴黎中国外交代表,表示对于山东主权,"誓死力争,义无反顾"。

4月下旬,中国外交失败的消息不断传回国内,人民愤慨万分。5月2日,消息得到官方证实,人民积压已久的愤怒像火山一样喷涌而出。5月3日,北京市民各阶层纷纷行动,举行集会,讨论如何抗议巴黎和会对山东问题的无理决定。当日下午,北京一些政界人士所组织的国民外交协会召开全体会议,决议5月7日在中央公园(即现在的中山公园)召开国民会议,并分电各省各团体,声明不承认"二十一条"及列强关于山东问题的密约。会议还将5月7日定为"国耻日"。

与民众相比,北京学生的行动更加迅速。5月2日,北京大学校长蔡元培在学校饭厅召集学生干部和代表开会,讲述了巴黎和会上帝国主义互相勾结、牺牲中国主权的情况,指出这是存亡的关键时刻,号召大家奋起救国。次日晚,北大1000多学子和其他十几所大学学生代表云集北大法科礼堂,群情激愤。法科学生谢绍敏当场噬破中指,裂断衣襟,血书"还我青岛"四字,揭示于众。

全场顿时热血沸腾。大会一致决定：联合各界一致力争；通电巴黎专使，坚持不在和约上签字；通电全国各省市于5月7日举行群众游行示威运动；定于5月4日齐集天安门，举行学界大示威。同日，北京高等师范的爱国学生团体同言社（工学会）秘密集会，准备用暴力手段惩儆在"二十一条"上签字的曹汝霖、陆宗舆以及时任外交次长的章宗祥等人。

1919年5月4日下午1时许，北京十几所学校的学生3000余人从四面八方云集天安门前，围立在金水桥前的华表之下举行集会。学生们手执书写有"取消二十一条""还我青岛""誓死力争""还我主权"等标语的彩色小旗，奋力高呼抗议口号，并宣

五四运动时向天安门进发的北京大学学生。

读了由北大学生许德珩用文言文起草的《北京学界全体宣言》和罗家伦用白话文起草的《宣言》。罗家伦的《宣言》中提出的"外争主权，内除国贼"成为五四时期著名的口号。

学生游行队伍不顾北洋政府官员的阻挠，涌出中华门，直奔东交民巷西口，被使馆巡警阻止，交涉两小时仍不得通过。学生决定改道奔向赵家楼曹汝霖住宅。

下午4时许，游行队伍以排山倒海之势涌到了位于前赵家楼胡同的曹宅。曹宅内外警察林立。学生们呼声震天，要求曹汝霖出来见面。愤怒的学生与警察发生冲突，并冲进了曹宅。在宅内的曹汝霖和章宗祥吓得赶紧躲藏起来。激愤的学生放火烧了曹汝霖住宅，并痛打章宗祥。军警赶来镇压，逮捕了32名学

生。军警的镇压更加激怒了民众。5月5日，北京各学校举行总罢课，全国各地的学生、商人、店员、工人纷纷进行声援，段祺瑞政府被迫释放了被捕的学生。

但是北京政府并没有停止对学生的镇压。5月19日，北京中等以上学生25000多名再次举行总罢课，抗议政府的暴行。同时，学生们组织演讲团，对民众进行爱国宣传，号召抵制日货，提倡国货。6月3日，军警对学生的爱国行动进行严厉镇压，查禁学联，逮捕学生近千名，实行特别戒严。政府的暴行激起全国民众的极大愤怒。上海成为运动的中心。5日，上海7万多工人举行政治罢工，学生罢课，市民罢市，形成声势浩大的"三罢"运动，声援北京学生。全国150多个大中小城市纷纷响应，形成了星火燎原之势，成为由无产阶级、城市小资产阶级、民族资产阶级和其他爱国人士参加的全国范围的反帝反封建的爱国运动。在支援学生运动的同时，全国各地又发起拒签和约运动。5月至6月，要求拒签和约的通电像雪片似的飞向巴黎，共达7000多封。

在民众的压力下，北京政府于6月7日释放了被捕学生，10日罢免了曹汝霖、章宗祥、陆宗舆的职务。6月28日，在巴黎的中国代表团拒绝在对德和约（即凡尔赛条约）上签字，日本终究未能在山东问题上取得合法权利。五四运动取得了胜利。

五四运动是中国近代历史上一次规模巨大的救亡运动，也是彻底的反帝国主义和彻底的反封建主义的爱国运动，它促成了马克思主义和工人运动的结合，中国工人阶级作为独立的政治力量第一次登上了历史舞台。五四运动成为中国新民主主义革命的开端。

3 九一八事变对中国政局产生了哪些重要影响

1931年9月18日晚，沈阳北郊柳条湖，一弯月亮静静地挂在天上。10时20分，轰隆一声巨响，南满铁路柳条湖段发生爆炸。这场由日本关东军自己导演的爆炸，不过是日本军国主义分子蓄谋已久的阴谋。爆炸发生后，埋伏在4公里外文官屯南侧的日军按预定计划迅速对东北边防军第七旅驻地北大营发起攻击，举世震惊的九一八事变爆发了。由于张学良旗下的东北军奉命"不许抵抗"，次日，日军不费吹灰之力占领沈阳、安东、营口和凤凰城等地，东北三省沦入敌手。

九一八事变拉开了日本发动的第二次侵华战争的序幕。与第一次侵华战争不同的是，在"新大陆政策"的支配下，日本图谋的已经不是通过战争获取局部的利益，而是通过局部侵略向着全面侵略发展，图谋吞并中国乃至亚洲。九一八事变的发生，不仅从此改变了中国近代的历史进程，而且对当时中国的政治产生了深刻的影响。突出的一点是，中国内部的分裂仍然存在，但日本侵略所造成的严重的民族危机，又促使各政治派别在民族大义下逐渐靠拢，在共同抗日的口号下向统一的方向发展，呈现出分裂的现状与统一的趋向并存的政治局面。

由日本点燃的战火使东北三省笼罩在战争的乌云之中，九一八事变已经预示着中国继朝鲜之后面临着亡国灭种的危机，如何抵抗日本的侵略，应该成为中国政局变化的重心，但是在相当长的时间内，内争与分裂依然左右着中国的政局，无论是在国民党内部，还是在国共两党之间，矛盾和斗争依然十分激烈。

从国民党内部看。九一八事变发生后，蒋介石继续执行"攘外必先安内"

抗战 热点面对面

1931年9月19日，日军登上小西门城墙进攻沈阳城内。

的政策。一方面，他把"安内"作为攘外的先决条件；另一方面，"安内"也是他排斥异己和巩固其中央集权地位的需要。九一八事变前，国民党内部各种派系之间的纷争不断，虽然经过中原大战后，蒋介石在国民党政府中的集权地位已经基本确立，但是其基础极不稳固。九一八事变后，国民党内部的倒蒋风波屡屡发生，并且都以抗日为旗号。特别是国民党粤系反蒋派把"推翻独裁与抵御帝国主义之侵略"作为对内对外的基本方针，要求蒋介石下野。1932年5月，《淞沪停战协定》签订后，胡汉民反对蒋介石和汪精卫的对日妥协政策，以抗日为号召，重组反蒋阵线，并积极与各地方实力派联络；同时他又着手组织新建国民党，吸收反蒋最坚决的人参加。

1933年5月《塘沽协定》签订，国民政府对日妥协，由此形成的华北危机引发了反蒋的又一次高潮。胡汉民发出"讨蒋以抗日"的号召，得到粤、桂、闽等地方实力派多数首脑的积极响应，后来虽然因多种原因，反蒋的军事局面没有形成，但是对蒋的权威却是一次极大的挑战。随后发生的"两广事变"，是颇具声势的又一次反蒋运动。1936年6月1日，广东实力派陈济棠和广西实力派李宗仁、白崇禧为反对蒋介石剪除异己、吞并地方势力而发动反蒋军事行动。事变的全部过程虽然都与抗日没有实际联系，但是却以"出兵抗日"为旗号。"两广事变"经多方斡旋,得以和平解决,初步结束了国民党内部的混战局面。

从国共两党来看。九一八事变后到西安事变前,中国共产党一直以"反蒋抗日"为基本政策方针。在中共的宣传口号中,"抗日"与"反蒋"是联系在一起的,要抗日就必须反蒋,而反蒋是为了抗日。但是在具体执行政策时,这两个口号却有着明显的区别,抗日与反蒋并无直接的关联。九一八事变后相当长的时间里,阶级斗争仍然是中共的政策重心,而民族战争却放在了服从阶级斗争的位置。出现这种情况,既有客观因素,也有主观因素。

从客观上看。自从1927年国共分裂后,中共一直处在被国民党"围剿"的地位。从1930年10月开始至1934年10月,国民党对中共武装发动了5次大规模的进攻,最终把中共武装驱赶至西北。尽管从九一八事变后中共就树立起了抗日的旗帜,但这一方面是出于道义的原因,更主要的这是中共对抗国民党的一种策略。在生存尚且受到极大威胁的条件下,中共是不可能有具体的抗日行动的。如1934年7月中共红七军团和红十军团组成抗日先遣队北上,1936年红一方面军东征,虽然名义上都是为了抗日,但是实质上是为了突破国民党的"围剿",为红军创造新的生存条件。

从主观上看。中国共产党是按照列宁主义理论建立的政党,而每个国家的无产阶级革命都是世界无产阶级革命的一部分。通过国内革命战争来瓦解世界帝国主义战争,是列宁主义的理论之一。按照列宁的这个理论,九一八事变发生后,中共认为,日本帝国主义占领东三省,是为了进一步进攻苏联,全国工农劳苦民众必须在拥护苏联的根本任务下,一致动员武装起来,因此提出了"反对日本帝国主义强占东三省"、"反对帝国主义进攻苏联,武装保卫苏联"的口号。尽管中共当时也提出了抗日的方针,但它同时又把国民党作为帝国主义在中国的代表,提出"实行变帝国主义压迫中国的战争为拥护苏维埃中国反帝国主义反国民党的革命战争"的方针。在这样的思想指导下,是无法实行全民族一致对外的抗日方针的。直到1935年,在瓦窑堡中共中央政治局扩大会议

1936年2月，东渡黄河开赴华北抗战前线的红军抗日先锋队骑兵部队。

上，中国共产党才提出了建立抗日民族统一战线的方针，但那时仍然把蒋介石排除在这个统一战线之外。

由此可见，九一八事变发生后中国政局的特点之一表现为，中国仍然处在严重分裂的状态下，无论是国民党内部各派系之间的矛盾，还是国共两党之间的矛盾，都没有因为日本侵略造成的民族危机而消失。

如果说分裂仍然是九一八事变后中国的现实，那么因事变爆发而造成的空前的民族危机也给中国内部带来了统一的趋向。

九一八事变后，日本占领了东北三省，并继续扩大对中国的侵略。1932年日本扶持溥仪建立伪"满洲国"，又利用蒋介石忙于"安内"的机会，占领热河，并强迫蒋介石签订了《塘沽协定》。在军事进攻的同时，日本又以政治谋略策划华北脱离南京国民政府，实行"独立"。日本陆军先后提出了在华北"培养适应于分离倾向的亲日分子并促使其组织化""支持中国大陆上之分治运动，驱逐国民党势力于华北之外"的方针。1935年下半年，日本扩大了在华北的侵略行动，积极策动"华北五省自治"，不仅策动德王独立，同时又强行安插亲日分子进入冀察政务委员会，还逼迫宋哲元签署《华北共同防共协定》。经济上，日本加紧对华北渗透，将日本"南满洲铁道株式会社"的侵略触角伸入华北，成立形形色色的公司、协会，插手或控制华北的工业、矿山、交通运输业；同时在华北大规模走私白银，以破坏国民政府的币制改革。

1936年，日本广田弘毅内阁成立，着手制订全面侵华计划。6月，由天皇批准的《帝国军队的用兵纲领》，明确提出了攻占青岛、上海，控制长江流域和在华北、华中、华南同时用兵的对华作战方案。同年4月，日军扩增中国驻屯军兵力。政治上，日本不断对蒋施加压力。是年1月，日本发表"广田三原则"，要求南京取缔排日运动，承认"满洲国"，实行日、"满"、华合作。

日本一系列的侵略分裂活动，严重动摇了国民党政府在华北的统治，同时也进一步表明中日矛盾的不可调和性，从而极大地压缩了蒋介石对日妥协的空间。从国内看，九一八事变发生后，蒋介石的"攘外必先安内"政策遭到中国共产党、各阶层爱国群众、国民党内部主战派乃至反蒋派的激烈反对。尤其是1935年华北局势因日本侵略势力的急剧扩张而出现严重危机之后，"停止内战，一致对外"的声浪此起彼伏，凡是主张抗日的各阶层人士，几乎都在谴责"剿共"内战。在内外压力下，蒋介石对日态度逐渐趋于强硬，对国民党内部地方实力派以及中共的策略也开始有所调整。同时，随着日本灭亡中国野心的充分暴露，国民党各地方实力派也感到了威胁，从而增长了对南京蒋介石政权的向心力。

1936年7月在国民党五届二中全会上，蒋介石表明了空前的对日强硬态度。他提出："中央对外交所抱的最低限度，就是保持领土主权的完整"，"假如有人强迫我们签订承认伪国等损害领土主权的时候，就是我们不能容忍的时候，就是我们牺牲的时候"。会议还决定成立国防委员会，由蒋介石任议长，在32名议员中包括了过去曾积极反蒋的冯玉祥、阎锡山、李宗仁等人。

国民党对中共的态度也发生了微妙的变化。为了遏止日本的侵略，从1934年起，蒋介石开始谋求同苏联改善关系。为了取得苏方的谅解和信任，蒋介石

1936年5月31日，马相伯、宋庆龄、何香凝、沈钧儒、章乃器等人在上海成立全国各界救国联合会，通过《抗日救国初步政治纲领》。图为救国会领导人参加上海市民示威游行。

再三表示，准备在国内"政治解决共产党问题"，"同中国共产党和解合作抗日"。自1935年底始，国民党通过不同渠道开始秘密与中共接触，希望中共服从南京政府的统率。

在中共方面，反对蒋介石的政策也有所松动。1936年8月10日，中共中央政治局会议决定放弃抗日反蒋的口号；25日，在《中国共产党致中国国民党书》中，开始称蒋介石为委员长，并称赞了蒋在国民党五届二中全会上关于"最后关头"的解释；9月1日，中共向党内发出《关于逼蒋抗日问题的指示》，正式提出："目前中国人民的主要敌人，是日本帝国主义，所以把日本帝国主义与蒋介石同等看待是错误的，'抗日反蒋'的口号也是不适当的"。促成中共态度转变的原因，来自内外两个方面。内部方面的原因与蒋介石完全相同：高举起抗日的旗帜，符合中国人民的意愿，是争取民众、树立威望所必需。而外部方面的原因，是共产国际对中共的影响。共产国际较早地认识到，中国抗战没有蒋介石的参加不行。1935年7~8月间在莫斯科召开的共产国际第七次大会上，提出了建立反法西斯统一战线的口号。中共代表团根据这一精神拟订了建立国内抗日统一战线的《八一宣言》。1936年8月15日,共产国际明确指示中共,要向国民党和蒋介石提出立即停止军事行动的建议,并就签订共同抗日的具体协议进行谈判。这些指示,对于推动中共积极展开与国民党的谈判,起到了至关重要的作用。

当然,两党政策的调整和相互接触,虽然没有立即消除两党的军事对立,但实际上拉开了国共两党重新合作抗日的帷幔。1936年西安事变的爆发,终于促成了以国共两党合作为基础的中国的抗日民族统一战线的建立。

综上所述,九一八事变发生后,中国政局的发展变化具有明显的双向性,分裂的现实与统一的趋向并存,但后者最终成为主导中国政局的决定因素。日本正是利用中国的分裂而施展侵略阴谋,使它对中国的局部侵略到全面侵略步步得逞,而日本的侵略最终又弥合了中国的内部裂痕,使中国形成抵抗外侮所必需的全民族的统一战线。

4 中国有没有进行过抗战准备

长期以来,国内学术界对于国民党是否进行过抗战准备的问题,一直存在着分歧。一种观点认为,在全面抗战爆发前,由于国民党执行"攘外必先安内"的政策,对抗战几乎没有做任何战争准备。与之相反,另一种观点认为,九一八事变不久,国民党即已着手抗日的准备工作。其实,如果抛开党派之间的成见,仔细考察一下历史事实,客观地讲,无论是中共方面,还是国民党方面,在战前都进行了不同程度的备战。

九一八事变发生后,中国共产党积极号召全中国的劳苦大众,在苏维埃的旗帜下，一致起来参加和进行革命战争，以民族革命战争驱逐日本帝国主义出中国。西安事变后，为了迎接全面抗战的到来，中国共产党在党和军队的建设上，积极进行抗战的准备。

1937年3月27日至31日，中共中央在延安召开了政治局扩大会议。同年5月，中共又召开了全国代表大会（当时称为苏区代表大会）。在这两个会上，中共分析了西安事变和平解决和国民党五届三中全会后，中国抗日民族统一战线的新形势，提出了党在新阶段的新任务。会议还通过了《抗日民族统一战线在目前阶段的任务》，批准了红军改编为国民革命军，苏维埃政府改为民主政府。这些都表明，中共领导的中国革命，事实上已经由国内革命战争转到建立抗日民族统一战线和准备对日抗战的新时期。

为加强党的思想理论建设，1936年12月至1937年8月，毛泽东先后撰写了《中国革命战争的战略问题》《实践论》《矛盾论》等著作，为提高全党的马克思主义水平，为顺利实现由国内革命战争向抗日民族解放战争的转变，为实现全国抗战和争取抗战胜利，奠定了理论基础。

为了为全面抗战的到来做组织上的准备，中共积极培养干部队伍。1935年11月，中共在延安创办了中共中央党校；1936年6月，又在延安成立了中国人民抗日军政大学，这两所学校成为培养红军干部的重要基地。

西安事变和平解决后，中国工农红军积极加强对日抗战的准备工作。1937年，毛泽东相继在《关于国内和平实现后的形势和任务的指示》《中国共产党在抗日时期的任务》等报告中指示，红军应该加强内部政治上和军事上的训练力量，加强党在红军中的堡垒作用，严整军风军纪，使红军成为抗日军队中的模范。根据中央指示，红军大力开展政治工作，加强思想教育和组织整顿，特别对广大指战员进行了以统一战线的新政策为中心内容的思想教育。同时，加强军事训练和文化教育，开展群众性的练兵活动。1936年12月，红军总政治部在《关于在党的新任务面前红军政治工作的任务》中明确指出：为保证红军完成新时期的军事政治任务,红军必须有计划、有步骤地进行军事、政治、文化的教育与训练。随即,红军前敌总指挥部、中共中央军委、总政治部,对部队的政治、军事训练提出了具体的措施。比如通过举办教导团、教导队和各种轮训班,对干部进行轮训;各部队有计划、有步骤地进行以战术、技术为主要内容的军事训练,普遍开展以射击、刺杀、投弹为主的练兵活动,组织野外操练和演习,同时在文化教育方面对士兵进行了扫盲教育。

为增强抵抗日本侵略的军事力量,红军积极进行扩军。中共中央瓦窑堡会议要求大力扩大和巩固党所领导的抗日武装力量,保证红军将来成为抗日政府和抗日军队的台柱子。1936年12月,中共中央军事委员会再次提出,要利用一切机会扩大红军。各部队遵照军委的号召,积极动员贫苦农民青年参加红军。到1937年,在陕甘宁地区的主力红军和地方红军总数已经发展到7.4万人。

在军事上进行抗战准备的同时,中国共产党领导广大军民积极进行陕甘宁边区建设。1937年2月,中共在《致国民党三中全会电》中提出,将"工农民主政府改名为中华民国特区政府",直接接受南京中央政府的指导。同时在边区开展政治、经济、文化等方面的建设,力争把边区建设成为抗日的、民主的模范根据地。在政治方面,建立民主政治,进行了普选;在经济方面,发展生产,改善人民生活;在文化教育方面,开展群众文化运动,实行国防教育。

在国民党方面,九一八事变后,南京政府已着手进行抗战的准备。1932年开始制订国防计划大纲。1935年华北事变后,面对日益临近的战争危机,南京政府开始具体确定对日作战的战略构想。

首先,成立国防决策机构。1936年7月,国民党五届二中全会决定成立国防会议,任务是"整理全国国防","讨论国防方针及关于国防各重要问题"。1937年2月,国民党中央执行委员会和中央委员会决定成立国防委员会,作为全国国防最高决策机关。国防会议和国防委员会的设立,表明南京政府从国防决策机构方面开始对军事进行初步调整。

其次，拟订国防作战计划，确立国防区域和划分战场。从1935年起，国民政府军事委员会针对中日战争可能发生的作战区域和具体的作战方案，在进行认真研究的基础上，作了种种较为实际的构想，相继拟订了《1935年度防卫计划大纲》《民国二十五年度国防计划大纲草案》《民国二十六年度国防作战计划》等等。在这些方案中，划分了国防区域、阵地线，计划了兵力部署：将全国划分为4个大区，计有抗战区、警备区、绥靖区、预备区，并以军事委员会为最高统帅机关，设冀察、晋绥、山东、江浙、福建、粤桂6个国防军总指挥部，1个预备军总指挥部。

在拟订陆军作战计划的同时，1935年3月，军事委员会又拟订了防空作战计划，准备以7.5厘米高射炮营担任南京与各战略要地的防空任务，在全国建立防空情报监视网，并将全国划分为9个防空区。

除在总体国防战略上作种种谋划外，南京政府又在以下具体方面进行国防备战。

整编军队。1934年12月，蒋介石根据德国军事顾问的建议，制订整军计划，将全国军队编成60个师，拟于3至4年内编练完成。1935年3月，在武昌成立陆军整理处，任命陈诚为处长，负责全国陆军的整顿和训练。同时聘请德国军事顾问对军队加以训练，并配备德式武器。至全面抗战爆发前，全国接受德国顾问训练并配备德式装备的部队总计有19个陆军师，达30万人。为了保证战争爆发后有充足的兵源，1936年，国民政府正式推行《兵役法》，从7月到12月，共征集入营新兵5万人，受到军事训练的壮丁50万人，正在训练的约百万人。

对于力量较为薄弱的空军，国民政府也进行了增编。1937年5月，南京政府将全国划为6个空军区，实际上成立的有南京和南昌空军区司令部。七七事变前，空军增至31个中队，编成9个大队和5个直属中队，另有4个运输机队，总计有飞机600余架，作战飞机305架。

修筑国防工事。从1935年开始，国民政府按照国防区域、作战计划和战场划分，开始构筑国防工事。工事按其坚固程度分为三种：永久性工事系用钢筋水泥构筑，半永久性工事系用铁轨、枕木构筑，临时性工事则用简易材料构筑。从区域上分为10区，计有山东区、冀察区、河南区、徐海区、山西区、绥远区、浙江区、江苏区、福建区、广东区。至七七事变前，江浙、山东、河南、晋绥、冀察各区第一期工事基本完成。其中主要的有为防止日军从长江口登陆而在长江下游三角地带修筑的吴江到福山、无锡到江阴、乍浦到嘉兴三道工事。同时对战略要地、江海防要塞进行整顿。到抗战爆发前，先后整顿了南京、镇江、江阴、宁波、虎门、马尾、厦门、南通、连云港9个要塞区。同时，国民政府的军费预算大幅度提高。1937年度，经过国民党中政会批准的军费普通预算4.12亿元，军费建设专款2.22亿元，创下了南京政府建立以来军费预算的最高记录。

在进行军事备战的同时，南京国民政府又积极进行经济备战。由于中国的政治、经济中心集中在沿海沿江地区，一旦战争爆发，首当其冲会受到日军的攻击，因此，1934年1月，在国民党四届四中全会上，决定将政府的国防军事中心区置于"附近不受外国兵力威胁之区域"。1935年，蒋介石利用国民党军队"追剿"红军进入四川之机视察了四川、云南、贵州、陕西等省，确立了以四川、贵州、陕西为核心，甘肃、云南为后方的西南、西北腹地经济建设方针。

另一方面，南京政府加紧对经济建设进行调查和规划。1932年，在参谋本部下，秘密成立了国防设计委员会，聘请经济、文化、科技等方面的专家为委员，分成不同的小组，从事国防调查与设计工作。截止到1935年，国防设计委员会对全国国防、外交、教育、财经、原料、运输等方面的资源和情况分别进行了调查，并拟订了各项发展计划。1935年国防设计委员会改组为资源委员会，开始着手创办与国防有关的工矿事业。1936年，资源委员会制订了《重工业建设五年计划》，计划在5年内由政府投资2.7亿元，在内地包括湖南、湖北、四川、陕西和江西等省建设包括钢铁、煤矿、电冶等12项30余个大型厂矿。1936年2月，国民政府与德国签订了《中德信用借款合同》，规定德国向中方提供1亿金马克的信用借款，用于中方在德国购买军火及机械设备，而中方以生丝、猪鬃、钨、锑等农矿品偿付。在德国1亿元金马克的贷款中，资源委员会获得了约10%的份额，用于购买从事国防重工业建设的机械设备。同时，南京政府在1936财政年度（1936年7月～1937年6月）预算中，向资源委员会拨款1000万元，从而解决了重工业建设的资金。随即资源委员会先后与德、美、瑞士等国签订了一系列技术合作及设备进口合同，根据国防需要和可能的经济力量，按照《重工业建设五年计划》等办兴建重工业企业。这些企业包括：建设一个年产2000吨的钨铁厂；分别在湘潭和马鞍山建设钢铁厂，年产30万吨；开发湖南宁乡、茶陵铁矿，年产30万吨；开发水口山和贵县的铅锌矿，年产5000万吨；开发湖南高坑、天河、谭家山和河南禹县煤矿，年产150万吨；建设煤炼炉厂，同时开发陕西延长和四川巴县、达县石油，年产2500万加仑；建设氮气厂，年产亚硫酸5万吨；建设飞机发动机厂、原动力机厂和工具机厂；建设电机厂、电线厂、电话厂和电子管厂。

正在资源委员会筹办国防重工业之际，七七事变突然爆发，南京政府的经济备战活动被迫中断，其中一部分夭折，大部分则将设备内迁昆明等地，在抗战时期陆续建成，并发挥了重要作用。

除了加强国防工业建设外，国民政府对财政经济也进行了积极的改革。从1935年起，积极整理财政，整顿税务，实行关税自主和币制改革，限制白银外流，开展国民经济建设运动等等。

交通运输是国防和经济的生命线，具有重要的战略地位。1935年后，南京政府加快了对交通运输的建设步伐，并且取得了很大成效。1936年，苏嘉铁路、粤汉铁路通车；1937年，浙赣铁路、沪杭甬铁路、同蒲铁路全线通车；陇海铁路延伸到宝鸡，湘桂铁路开始动工。至1937年上半年，中国铁路线已长达

13000公里。公路建设成效也很显著，战前中国公路已达109500公里，初步形成了全国公路网络。

南京政府在战前的抗战准备，规模虽然有限，但是在抗战初期的确发挥了一定的作用，产生了一定的效果。军队整编，使军队战斗力有所提高；修筑的国防工事，在抵御日军进攻上发挥了一定作用；铁路和公路的建成，对战争初期军队的迅速集结起了重要的作用。但是由于蒋介石及其国民党实行"攘外必先安内"的基本政策，其投入到抗战准备中的精力和物质力量都非常有限；同时，各派系势力之间的矛盾和争斗，也极大地影响了备战的顺利进行，因此其备战的客观效果是非常有限的。

5 全面抗日战争是怎样爆发的
热点面对面

1937年7月7日晚，驻丰台日军第一联队第三大队第八中队在北平宛平县城以北紧邻卢沟桥中国守军驻地的回龙庙—大瓦窑之间举行军事演习。10时40分左右，日军中队长清水节郎"仿佛"听到几声步枪射击的声音，随即又发现少了一名叫志村菊次郎的士兵。日军以寻找失踪士兵为借口，强行要求进入宛平城搜查，并武断地宣称最初的枪声是中国军队放的。日军的无理要求遭到中国第二十九军守城官兵的严词拒绝。很快，失踪的士兵就归队了，但日军仍不罢休，坚持要求进城调查该士兵失踪的原因，并以武力相威胁，增派援军包围宛平城，不断寻衅挑战。两军对峙，剑拔弩张。翌日晨5时，日军炮轰宛平城，并攻占了县城东北方的沙岗。忍无可忍的中国守军被迫还击，举世震惊的卢沟桥事变爆发了。

抗战 热点面对面

1937年7月7日，日军挑起卢沟桥事变，发动全面侵华战争。中国军队奋勇反击，中国人民抗日战争爆发。图为中国第二十九军在卢沟桥头抵抗日军进攻。

卢沟桥的枪声拉开了中日全面战争的序幕，中华民族到了生死攸关的关头。国难兴邦，严重的民族危机促成了中华民族的空前觉醒，中华民族固有的本色、它的巨大凝聚力在这个时候充分地展示出来。国内要求抗日的各党派、各政治团体、各阶层和各族人民迅速地汇聚到一起，面对中华民族的共同敌人，奋起抵抗。

日本帝国主义的肆意挑衅和步步紧逼，激起了全国人民的无比愤慨。卢沟桥事变翌日，中国共产党率先通电全国，指出：平津危急！华北危急！中华民族危急！号召"全中国同胞、政府与军队团结起来，筑成民族统一战线的坚固长城，抵抗日寇的侵掠"。毛泽东、朱德、彭德怀致电蒋介石，要求"实行全国总动员，保卫平津，保卫华北，收复失地"。红军将领还致电宋哲元等，支持第二十九军抗战，"愿为后盾"。中共北平地下党组织发起组织北平各界抗敌后援会，发动群众团体开展各项救亡运动。8日下午，北平民众救亡团体冒着敌人的炮火赶赴前线慰劳抗日将士，北平各校组织战地服务团准备赴前线效力。

全国各地的慰问团体纷纷奔赴卢沟桥进行慰问。远在海外的华侨，组织各种救援会，募集资金，征集药品，甚至亲自回国，参加祖国抗战。

卢沟桥战斗打响后，第二十九军将士奋起抵抗。第二十九军将领秦德纯、冯治安、张自忠致电国民政府，表示了抗战的决心，并命令部队："卢沟桥即为尔等之坟墓，应与桥共存亡，不得后退。"全国人民对抗战的支援极大地鼓舞了第二十九军将士，他们多次打退日军的进攻，使日军在"一个月内解决中国事变"的神话不攻自破。至今，卢沟桥上的石狮子仍在诉说着当年爱国将士们可歌可泣的英雄事迹。

卢沟桥事变发生后，蒋介石和国民政府在军事上进行部署，准备应战。蒋介石多次致电宋哲元，指出宛平城应"固守勿退，并须全体动员，以备事态扩大"。同时密令中央军孙连仲、庞炳勋及高桂滋等部4个师，沿平汉路北上，向石家庄、保定集中；并决定设立石家庄行营，以徐永昌为主任。7月17日，蒋介石在庐山发表谈话，提出解决卢沟桥事变的四点立场："一、任何解决不得侵害中国主权与领土完整；二、冀察行政组织不容任何不合法之改变；三、中央政府所派地方官吏，如冀察政务委员会委员长宋哲元等，不能任人要求撤换；四、第二十九军现在所驻地区，不能受任何的约束。"他说："如果卢沟桥可以受人压迫强占，那么我们五百年故都、北方政治文化的中心及军事重要的北平，就要变成沈阳第二！今日的北平若果变成昔日的沈阳，今日的冀察亦将成为昔日的东四省。北平若可变成沈阳，南京又何尝不可变成北平？所以卢沟桥事变的推演，是关系中国国家整个的问题，此事能否结束，就是最后关头的地界。"他严正表示："万一到了无可避免的最后关头，我们当然只有牺牲，只有抗战。但我们的态度只是应战，而不是求战。""我们希望和平而不求苟安，准备应战而决不求战……如果战端一开，那就是地无分南北，年无分老幼，无论何人皆有守土抗战之责任，皆应抱定牺牲一切之决心。"这篇讲话于19日正式公布，它事实上确定了准备抗战的方针。

卢沟桥事变，仅仅是日军全面侵华的起点。日军一方面继续增兵华北，准备进攻平津；一方面加紧进攻上海、南京的军事部署，扩大侵华战争。7月下旬，日军向北平、天津发动进攻。中国守军进行了英勇抵抗，终因实力悬殊，30日北平陷落，次日天津沦陷。8月9日，日军在上海挑起虹桥事件，并以此为借口，于13日下午向上海中国军队发起全面进攻，中国守军被迫还击，八一三淞沪抗战爆发。

日军的步步进逼，使日本决意灭亡中国的野心昭然若揭，严重的民族危机笼罩着整个中华大地。令侵略者不曾想到的是，他们的每一步侵略行动，都增加了一份中华民族的向心力和凝聚力。民族矛盾的急剧激化，促进了国内各种政治势力的团结。

1936年12月，蒋介石不顾日军的侵略，亲自到西安督战，"围剿"陕北红军。西北军首领张学良和杨虎城在全国人民抗日高潮的影响下，发动"兵谏"，扣押了蒋介石，要求蒋停止"剿共"，共同抗日。在中国共产党的调解下，西安事变和平解决。蒋介石接受了联共抗日的6项主张，内容包括：（1）改组国民党与国民政府，驱逐亲日派，容纳抗日分子；（2）释放上海爱国领袖和一切政治犯，保障人民的自由权利；（3）停止"剿共"政策，联合红军抗日；（4）召集各党各派各界各军救国会议，决定抗日救亡方针；（5）与同情中国抗日的国家建立合作关系；（6）其他具体的救国办法。西安事变的和平解决，标志着长达10年的内战基本结束，成为国共重新合作的前提。

西安事变后，国共两党虽然初步达成了建立抗日民族统一战线的意向，但在国共两党合作宣言和红军改编后的编制、指挥等问题上未能达成正式协议。七七事变前，国共两党虽然举行了几次谈判，但由于国民党试图取消中共在组织上的独立性，以便控制红军和陕甘宁边区，使谈判处于搁浅状态。卢沟桥事变爆发后，中共为表示自己合作抗战的诚意，于7月15日将《中国共产党为公布国共合作宣言》交给国民党中央。宣言提出了中共愿为实现孙中山先生的三民主义而奋斗，停止推翻国民党政权和没收地主土地的政策，取消苏维埃政府，改编红军为国民革命军等具体建议。17日，中共代表周恩来、秦邦宪、林伯渠等同国民党代表蒋介石、张冲、邵力子等在庐山举行会谈，讨论红军改编为八路军等问题。8月9日，受国民党邀请，中共派周恩来、朱德、叶剑英到南京参加国防会议，共商抗日大计；同时就发表两党合作宣言、确立共同抗日政治纲领、决定国防计划、确立红军指挥系统及补充数量、红军作战方针等问题继续进行谈判。

八一三上海事变爆发后，蒋介石急需红军出兵抗日，故于8月22日同意将红军改编，并答应每月发给军饷50万元，另拨开拔费20万元及部分物资装备。同时，就南方红军游击队改编、在国民党统治区设立中共代表团和八路军办事处、出版《新华日报》等问题，达成原则协议。8月25日，中共宣布红军改编，将西北红军改编为国民革命军第八路军，红军前敌总指挥部改为八路军总指挥部，朱德、彭德怀为正、副总指挥，叶剑英、左权为正、副参谋长。红军总政治部改为八路军政治部，任弼时、邓小平为正、副主任。八路军下辖3个师，即一一五师、一二〇师、一二九师，共计4.5万人。随即八路军各部东渡黄河，开赴山西抗日。

8月下旬，中共中央政治局在陕北洛川举行扩大会议，通过了《关于目前政治形势与党的任务的决定》和《抗日救国十大纲领》，从而解决了从国内革命战争转到民族战争的一系列理论、方针、政策问题。

西安事变爆发后，中共中央派周恩来率代表团至西安，积极斡旋和平解决事变。图为西安事变和平解决后，周恩来回到延安，在机场受到毛泽东、张闻天、彭德怀等人的热烈欢迎。

9月22日,国民党中央通讯社播发了《中共中央为公布国共合作宣言》,宣言宣布,在"国难极端严重、民族生命存亡绝续之时",中国共产党为挽救祖国的危亡,在和平统一、团结御侮的基础上,"与中国国民党获得了谅解,而共赴国难了"。23日,蒋介石发表《对中国共产党宣言的谈话》,承认了中国共产党应有的地位,标志着第二次国共合作正式形成。

第二次国共合作的建立,得到全国各抗日阶级、阶层的热烈拥护,同时也推动了全国一切爱国党派间的团结合作。国家社会党、中国青年党、中华职业教育社、乡村建设派等纷纷表示拥护蒋介石联共抗日。全国救国会领袖沈钧儒、邹韬奋等7人从监狱获释后,表示拥护国共合作。国民党各派系也在共同抗战的旗帜下,由分裂走向团结和统一。李济深、陈铭枢等人自动解散以抗日反蒋为目标的"中华民族革命同盟",以表示拥护政府。国民党各地方实力派也纷纷发出通电,表示愿在蒋介石领导下积极抗战。

第二次国共合作的建立,极大地鼓舞了广大人民,全国各地的抗日救亡运动风起云涌。工人、农民、青年学子和知识分子以及海外华侨,以各种方式积极参加抗日斗争。全国在精神、行动和意志上达到了历史上的空前团结,最终形成了以国共两党合作为基础的,包括全国各族人民、各民主党派、各爱国军队、各阶层爱国人士以及海外华侨参加的抗日民族统一战线。这条战线,如同万众一心的中华民族用自己的血肉筑成的民族长城,终于抵御住了凶残的日本帝国主义的侵略,取得了抗战的最后胜利!

三

中国抗战的主体是怎样构成的

抗战 热点面对面

1 怎样理解中国共产党是中国抗日战争的中流砥柱

从1931年九一八事变日本侵略军侵占东北三省开始，至1945年8月15日日本宣布无条件投降，在长达14年的中国抗日战争中，谁是这场持久艰苦抗战的领导者？怎样理解中国共产党的中流砥柱作用？这是人们长期关注的问题。

关于中国抗日战争领导权问题，20世纪90年代史学界讨论得较为激烈，概括起来，主要有以下几种观点。

观点一，抗日战争是中国共产党领导的。

这是传统的史学观点，研究中共党史、中国革命史的多数学者持此观点。如肖一平、杨圣清认为，七七事变后，中国共产党就高擎民族解放斗争的大旗，自觉地担当起抗日战争的领导责任，率领全国人民同日本侵略者展开殊死的斗争。中国共产党的领导，不仅表现在思想上、政治上和组织上，而且表现在共产党员的先锋和模

1937年5月，中共中央在延安召开党的全国代表大会，毛泽东在会上作《中国共产党在抗日时期的任务》的报告。

范作用上。第一，向全国人民提出了一整套正确的政治主张和军事战略策略，指明了中国抗战胜利的道路，促成了全民族的大团结，鼓舞了全国军民抗战必胜的斗争信心。第二，中国共产党领导的八路军、新四军和其他人民军队开辟了敌后战场，抗击了大部分日军和几乎全部的伪军，成为全民族抗战的中流砥柱，对抗日战争的胜利起了决定性的作用。第三，中国共产党在抗日民族统一战线中，坚持了独立自主原则，采取了"又联合，又斗争"和"有理"、"有利"、"有节"的斗争策略，迫使国民党蒋介石集团不得不接受中国共产党的抗日民族统一战线政策，走上联共抗日的道路，也不得不在抗日战争中始终保持了同中共合作抗日的局面。中国共产党是抗日战争的领导者这一历史结论，是客观事实，是否认不了的。

李新认为，抗日战争是在中国共产党领导下进行的一场人民战争，中国共产党把马克思主义与中国革命实践相结合，制定出一套推动抗战、坚持抗战的正确路线、方针、政策，引导抗日战争取得彻底的胜利。

这种观点的另一看法认为，中国共产党在抗日战争中起着政治领导作用。刘大年认为，说共产党领导了抗战，主要是讲共产党在抗战政治上起了领导作用，居于领导地位。抗日战争中谁领导谁的问题，一条是共产党独立自主，不被国民党拖着走；又一条是把抗日主力军广大农民群众、资产阶级民主派和其他"同盟者"动员、团结起来，跟着自己走，或者赞成自己的主张、行动。

这种观点的又一种看法认为，中国共产党的领导作用除表现为政治领导外，还反映在思想影响和组织推动方面。舒舜元认为，抗日战争是在中国共产党的政治领导、思想影响和组织推动之下坚持到底并取得最后胜利的。其根据有三：第一，在第二次国共合作的条件下，党的领导主要是政治领导。第二，党的思想影响是无产阶级在抗日战争中发挥领导作用的一个显著特点。第三，组织的推动，是中国共产党在抗日战争中发挥领导作用的一个强有力的方面。

观点二，抗日战争是中国国民党领导的。

台湾史学工作者几乎全部持此观点，内地学者亦有持此观点者。

据周文琪写的《纪念抗日战争胜利40周年学术讨论会简介》介绍，说抗日战争是国民党领导的，有三点理由：第一，南京国民政府是中国当时唯一合法的政府，国民党是当时唯一的执政党；第二，我党我军当时一系列方针、作战计划、命令等须交国民政府批准同意后方能实施（如百团大战作战计划，八路军首先报告了白崇禧）；第三，从我党领导人的一些言论中也可看出是国民党领导的。

陈文渊认为，从当时历史来看，国民党是中国的执政党，形式上掌握着全国政权，并实行一党专政。对于蒋介石、国民党在抗日战争中的历史地位，共产党给予了实事求是的评价。1938年10月，毛泽东在中共六届六中全会的政治报告中指出："去年七月七日卢沟桥事变发生之后，全中国就在民族领袖和最高统帅蒋委员长的统一领导下，发出了神圣的正义的炮声，全中国形成了一个空前伟大的抗日大团结，形成了伟大的抗日民族统一战线。"1944年6月，毛泽东在接见西北记者参观团时首先指出："拥护蒋委员长，坚持国共与全国人民合作，为着打倒日本帝国主义，建立独立民主的中国而奋斗，中国共产党此种政策始终不变，抗战前期是如此，抗战中期是如此，今天还是如此，因为这是全中国人民的希望。"中共十一届三中全会后，廖承志以间接的方式也承认了蒋介石在抗日战争时期的领导地位，他在给蒋经国的信中说："国共两度合作，均对国家民族做出巨大贡献。首次合作，孙先生领导，吾辈虽幼，亦知一二。再次合作，老先生主持其事，吾辈身在其中，应知梗概。"

毛泽东在抗日战争时期曾明确指出："一切抗日民族统一战线的组织成分，应该赞助政府，并在政府领导之下，动员全民族实行起来，共产党员应成为执行这些任务的模范。"

许多学者不同意上述观点。刘大年曾批评：第一，到底谁领导或谁没有领

三 中国抗战的主体是怎样构成的

导抗日战争,应该集中到一些经过历史检验了的实质性问题上去认识。如从权力结构形式、组织指挥系统、国际上承认与否那些方面去论证,固然形式上可以说国民党领导了抗战,但却无法说明一贯坚持"攘外必先安内"的蒋政权怎么转变为与共产党合作抗日了;抗战中存在的内战、分裂危险,何以又终于避免,使抗日坚持下来了;国民党在抗战期间政治地位何以衰落下去,共产党的力量何以反而迅速壮大了?它们是抗日战争中一些根本性问题。说国民党领导了抗日,不可能对这些问题得出令人信服的回答。第二,在抗日战争中国民党对共产党的独立自主无法制止,对发动广大群众不敢实行,不敢和不能依靠抗日主力军农民和广大人民群众,就压根谈不上领导权问题。一不领导工人、农民,二不领导革命民主派,除了自己领导自己,还有谁要由他去领导。第三,蒋介石把抗日、反共两件事并列,没有共产党的又联合又斗争,蒋介石的反共分裂活动、妥协投降危险受不到阻止,历史就只能在新的形势下走老路,重演反侵略战争中途夭折的悲剧。第四,没有敌后战场,正面战场就无法独立维持。

观点三,抗日战争是国共两党共同领导的。

1985年,有学者提出了这个观点,理由是:第一,在政治上,两党各自发表了自己的纲领,国民党的抗战救国纲领、共产党的抗日救国纲领,其内容有共同之处。在军事上,共产党参加了国民党召集的重要国防会议,国民党领导的重要战役也接受了我党运动战的思想。台儿庄大战的作战计划是白崇禧与周恩来共同商定,由李宗仁指挥的。在军事上,南京国民政府军事和政治部门有我党的人在其中工作,我们也参加了参政会,战区司令长官也有我们的副职等等。第二,抗日战争中存在两个战场、两条不同的抗战路线,共产党领导的敌后战场,国民党领导的正面战场,防御阶段国民党战场起主要作用,相持阶段敌后战场起主要作用。第三,抗日战争时期,毛泽东的文章和党中央的文件,只是提坚持统一战线中的独立自主原则,没有明确提过抗战是我党领导的。

还有学者认为,抗日战争从政治上说是共产党领导的,从组织上说是国共两党共同领导的，因为国共两党在组织上各自保持了对自己军队和政权组织的领导作用，同时对那些与共同抗日有关的问题进行协商，以共同进行抗日战争。

有学者对上述观点持相反意见。胡绳指出："国共共同领导的说法也站不住脚。国民党在抗日战争中要消灭共产党，它有一套方针；我们也有一套方针，与国民党根本不同。不可能也没有形成共同领导的局面。"

观点四，抗日战争是国共两党分别领导或分别领导合作进行的。

有学者认为，抗日战争是国共两党分别领导进行的，因为，抗战时期，国共两党虽然实现了合作，但未建立统一的组织形式，各有各的辖区和民众，各有各的政权和军队，各自支撑了不同的战场。政权建设和民众发动，经济建设和战争物资供应，军事力量的使用和发展都没有真正统一的领导，而是各自在不同的理论指导下分别进行。双方的力量在不同方面和不同的阶段所起的作用虽有所不同，但并未达到其中一方可以忽略不计的程度。因此，中国的抗日战争实际上并不存在统一的领导，它是由国共两党分别进行领导的。

还有学者认为，抗日战争是国共两党分别领导、合作进行的。这时期，中国存在着两个军队、两个政权、两个指挥中心，国民党和共产党是在自成体系、分别领导军队作战的形式下共同进行抗日战争的；抗日战争不是谁领导谁，而是两者合作进行的。

有学者不同意这种观点。胡绳认为："如果把国民党和共产党，正面战场和敌后战场，国统区和解放区看成各不相干，也不符合事实。因此，分别领导的说法也没有全面地说明事实。"

观点五，领导权在国共两党间转移或消长。

一种观点认为领导权转移已经完成，并从客观存在的事实及其发展过程来分析：当时占据领导地位的中国国民党，对于全国抗战曾实施过领导。但由于国民党的阶级局限而注定要推行错误的国策，使它的领导地位和权力与其实际领导能力和作用日益脱节。而中国共产党以其审时度势的正确路线和政策，充分发挥了自己直接领导下的、日益发展壮大的抗日军民的威力，逐渐承担起推动和坚持全国抗战的主要责任，在最终把中国抗日战争引向胜利的过程中，起了决定性的作用。这种领导地位及权力的最终完全转移，症结在于国民党的腐败和自身政策的错误。

有学者同意此观点，并认为：在战略防御阶段，国民党掌握着领导权；在战略相持阶段，共产党逐渐取代国民党而成了抗战领导者。正是共产党取得了领导权，所以抗战最终成了人民的胜利。

另一种观点认为，领导权在国共两党之间存在着此消彼长的趋向，但抗战期间并未完成互相之间的转移。有学者认为，抗日战争名义上是国民党领导，实质上是国共两党分别领导。这一时期的国民党掌握着大部抗日领导权，共产党只握有小部抗日领导权，但前者有由大到小的趋势，后者则有由小到大的趋势，形成一个此消彼长的动态发展过程。但是，由大到小、由小到大仅说明一种发展趋向，并不能由此判定中国共产党的领导权在范围上、程度上已大于国民党的领导权。假若共产党的领导权大于国民党的领导权，也就无须进行解放战争了。

观点六，具体分析各方的作用，不笼统提谁领导谁。

有学者认为，鉴于抗日战争时期复杂的政治、军事形势，不宜笼统地讲抗日战争是谁领导的，而应着重研究国共两党在抗日战争中的地位和作用，赞同"中国的抗日战争，是在中国共产党倡导的抗日民族统一战线旗帜下，以国共两党合作为基础，工农商学兵各界各族人民、各民主党派、抗日团体、社会各阶层爱国人士和海外侨胞广泛参加的一次全民族抗战"的说法，认为这个说法虽没有明确提出抗日战争是谁领导的，但是它却包含着领导权问题的深刻内容，高度概括了中国共产党和国民党在抗战中的地位和作用，比较容易为海内外各方面人士所接受。

还有学者认为，应具体地阐述中国共产党和国民党在抗战中的情况和作用：

第一，抗日战争是中国共产党和国民党合作进行的；第二，抗日战争时期，存在着两个领导，一个是共产党的领导，一个是国民党的领导，它们都是独立地领导抗战；第三，抗日战争能够取得胜利，共产党领导的敌后战场起了决定性的作用。

观点七，应着重分析争夺领导权的过程。

胡绳指出，从抗战开始前到抗战初期，在中国共产党内外都有一些错误的言论并影响我们的党，我们党总结第一次国共合作失败的经验和十年内战期间的经验，从抗日的实际出发，克服了"左"和右这两种倾向。在抗日统一战线中，既不是只团结、不斗争，也不是只斗争、不团结，而是实行又团结、又斗争的方针。要把抗日战争进行到底，必须有全民族的团结，也就必须保持国共合作的局面，但在同大资产阶级建立统一战线时，如果放弃了独立自主的原则，不进行必要的斗争，共产党就没有立足之地，统一战线就不能存在，抗日战争也不能进行下去。他认为有关抗日战争领导权的几种说法，一句也没有提到团结中的斗争，不能使人看到在团结抗日中存在争夺领导权的斗争。大资产阶级要按照它的方针领导共产党，领导抗日战争，实际上是消灭共产党，断送抗日战争。我们要用自己的方法来进行抗日战争。在争夺领导权的斗争中，我们不但坚持独立自主的原则，实行自己的一套方针，建立自己的军队和解放区，而且广泛地影响国民党地区的人民群众，广泛地团结中间阶级，包括国民党内部的主张抗日的一切力量和地方实力派，并限制大地主、大资产阶级实行的消极抗日、积极反共的政策，孤立打击顽固派。我们在抗战中一贯旗帜鲜明地坚持抗战，反对投降；坚持团结，反对分裂；坚持进步，反对倒退。固然，在当时的形势下不可能把抗日的领导权全部夺取过来，但是我们用适当方式进行必要的斗争，就使大地主、大资产阶级、国民党领导集团不能按照它的反动方针把抗日战争引导到绝路，促使它不能不抗战到底。要概括说明抗日战争领导权问题，就不能不看到无产阶级同大资产阶级、共产党同国民党争夺领导权的过程。不研究这个过程,是说不清楚领导权问题的。

通过对以上观点的分析可以看出,中国共产党在全部抗日战争过程中,是抗日民族统一战线的倡导者和组织者,而抗日民族统一战线又是团结全民族战胜日本侵略的基本保证;中国抗日战争从本质上说是一场人民战争,而中国共产党放手发动群众、壮大人民抗日力量的作用贯穿了战争的始终;中国共产党在抗日战争中坚决与妥协的倾向进行斗争,并以正确的策略维护抗日阵营的团结,从而保证了抗日战争的顺利开展;中国共产党在抗日战争中坚持民主政治,赢得了全国多数人拥护;中国共产党在抗日战争中积极发展进步势力,使中国的进步力量明显上升,为中国取得民族民主革命的胜利奠定了基础。这一切都说明,中国共产党在中国抗日战争中充分发挥了中流砥柱作用。

2 中国抗日阵营包括了哪些成员

七七事变后,日本阴谋策动了全面侵略中国的战争,并狂妄扬言3个月内消灭中国。狼子野心,昭然若揭。中华民族处在亡国灭种的危险时刻。国家、民族的危难使中国各党派捐弃前嫌,团结一致,同仇敌忾,奋勇杀敌。

诚如张宪文先生的一段话:"中国的抗日战争,是在中国共产党倡导的抗日民族统一战线的旗帜下,以国共两党合作为基础,工农商学兵各界各族人民、各民主党派、抗日团体、社会各阶层爱国人士、海外侨胞广泛参加的一次全民族抗战。"

1937年7月8日,即卢沟桥事变发生次日,中共中央向全国发出通电,疾呼:"平津危急!华北危急!中华民族危急!只有全民族实行抗战,才是我们的出路。"号召:"全中国同胞,政府和军队,团结起来,筑成民族统一战线的坚固长城,抵抗日寇的侵掠!"

大敌当前,国共合作的谈判尚无突破性进展。

局势严峻,毛泽东以冷静沉着的态度,7月14日在中共内部提出当前工作的总方针:"此时各方任务,在一面促成建立全国抗战之最后决心(此点恐尚有问题),一面自己认真地准备一切抗日救亡步骤,并同南京一道去做。""盖此时是全面存亡关头,又是蒋及国民党彻底转变政策之关头,故我们及各方做法,必须适合于上述之总方针。"

毛泽东指定南汉辰以毛及红军代表的名义同华北当局及各界领袖协商团结抗日的具体办法。7月14日至20日,毛泽东4次写信或致电阎锡山,提出"密切合作,共挽危局"。毛泽东又指定张云逸奔走在两广当局之间,"求得他们赞助坚决抗战与国共合作的方针,求得他们开展爱国运动,积极救亡"。毛泽东还和张闻天一起致电叶剑英:"请答复救国会及各方:他们要求的事务,我们都同意,并且正在做。请他们努力在外面与政府党部及各界领袖协商,迅速组成对付大事变的统一战线,唯有全国团结,才能战胜日本。"

7月中旬,红军紧急动员,毛泽东号召:"每一个共产党员与抗日的革命者,应该沉着地完成一切必须准备,随时出动到抗日前线。"7月18日,延安召开市民大会,毛泽东到会讲演。据当时《新中华报》载:"演词激昂,听众均摩拳擦掌,热血沸腾,愿赴抗日战场,与日寇决一死战。"

此时的中国大地,到处都是要求抗战的呼声。张闻天指出:"各地的大资产阶级,国民党的各地党部,国民革命军的将领及各地方的军政长官,也表示了他们的积极态度,提出了抗战的要求。全国各党各派各界各军到处要求行动的统一,并且到处组织了这类统一救亡的组织,这使全国抗日救亡运动前进了一大步。"

7月17日,蒋介石在庐山发表谈话,宣布:"如果战端一开,就是地无分

三　中国抗战的主体是怎样构成的

南北，年无分老幼，无论何人，皆有守土抗战之责任。"

毛泽东表示欢迎蒋介石的谈话，认为："这个谈话，确定了准备抗战的方针，为国民党多年以来在对外问题上的第一次正确的宣言，由此，受到了我们和全国同胞的欢迎。"

7月23日，毛泽东发表《反对日本进攻的方针、办法和前途》一文，旗帜鲜明地提出对付日本的进攻存在着两种不同的方针、两套不同的办法和两个不同的前途，在坚决抗战的方针下必须有一整套的办法，才能达到目的。这就是：（一）全国军队的总动员；

1937年7月，中共中央派周恩来、秦邦宪、林伯渠为代表，至庐山与国民党代表蒋介石、邵力子、张冲等人，就国共两党合作抗战问题进行谈判。图为蒋介石、周恩来等人在庐山。

（二）全国人民的总动员，给人民以爱国的自由；（三）改革政治机构，使政府和人民相结合；（四）抗日的外交；（五）宣布改良人民生活的纲领，并立即开始实行；（六）国防教育；（七）抗日的财政经济政策；（八）全中国人民、政府和军队团结起来，筑成民族统一战线的坚固长城。文中指出，共产党人"愿同革命党人和全国同胞一道为保卫国土流最后一滴血，反对一切游移、动摇、妥协、退让，实行坚决的抗战"。针对国民党在统一战线和团结问题上的犹豫和少数人的相反意见，毛泽东意味深长地指出："国人应从大道理上好生想一想，才好把自己的想法和做法安顿在恰当的位置。在今天，谁要是

1937年8月，中共出席南京国防会议代表与国民党代表在南京合影。

在团结两个字上不生长些诚意，他即便不被人唾骂，也当清夜扪心，有点儿羞愧。"

7月30日，北平、天津相继陷落。蒋介石密邀毛泽东、朱德、周恩来到南京共商国防问题，中共中央决定由朱德、周恩来、叶剑英前往。8月4日，毛泽东、张闻天又电请朱、周、叶到南京后代表中共提出对国防问题的建议，指出："总的战略方针暂时是攻势防御，应给进攻之敌以歼灭的反攻，绝不能是单纯防御，将来准备转变到战略进攻，收复失地。"意见中还提到"正规战与游击战相配合，游击战以红军与其他适宜部队及人民武装担任之，在整个战略部署下给予独立自主的指挥权"等问题。

8月22日，洛川会议前一天，蒋介石正式宣布朱德、彭德怀分别为国民革命军第八路军总指挥、副总指挥。当日，毛泽东、朱德、周恩来以中共中央军委主席和副主席的名义发布命令，宣布红军改名为国民革命军第八路军（9月改称第十八集团军），朱德任总指挥，彭德怀任副总指挥，任弼时为政治部主任，邓小平为副主任，叶剑英为参谋长，左权为副参谋长。第八路军下辖3个师：第一一五师、第一二〇师、第一二九师。

9月中旬，朱德率八路军东渡黄河，开进山西，配合国民政府军队、阎锡山晋军迎击日本侵略军。

实现全民族抗战，建立抗日民族统一战线，中国共产党的倡导和努力是非

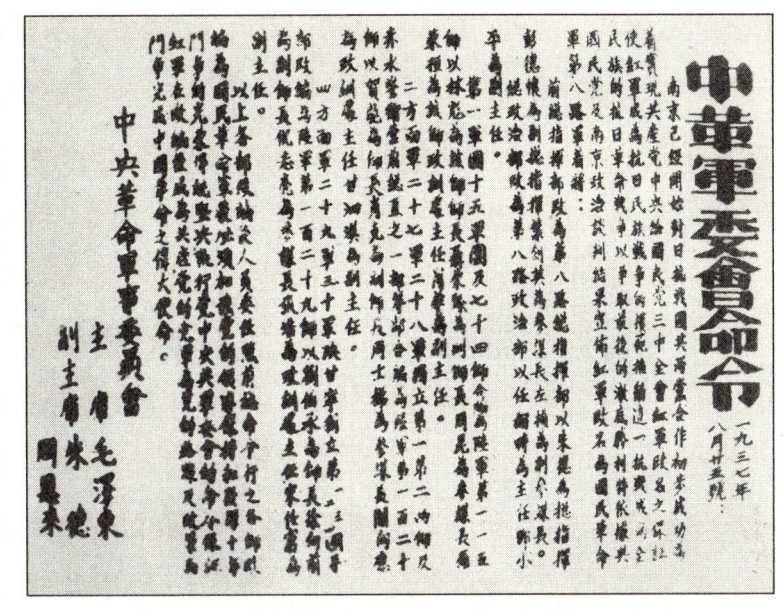

常重要的。同时，在大敌当前，民族矛盾成为中国主要矛盾的时候，蒋介石能够放弃其"攘外必先安内"的战略，在中国共产党、各地方实力派、各民主党派和爱国的无党派人士、工农商学兵各行各业、爱国侨胞

1937年8月25日，中共中央军委会命令红军改编。

和全国人民的呼吁下，在抗日民族统一战线的感召下，奋起抗战。蒋介石政策的转变是统一战线形成的重要原因，之所以转变，既有日本对中国侵略的客观因素，也有蒋是一个民族主义者、不是投降主义者的主观因素。

写到这里，中国的抗日阵营包括哪些成员就很明确了。这个阵营包括：

以蒋介石为首的、代表国家民族资产阶级利益的国民政府及其军队。其军队是抗日战争正面战场的主力部队。

以毛泽东为首的、代表无产阶级和劳苦大众利益的中国共产党政权及其指挥的八路军、新四军。其军队是抗日战争敌后战场的主力部队。

以李宗仁、白崇禧、刘湘、龙云、阎锡山等为首的、代表地方民族资产阶级利益的各地方实力派及其军队。他们在山西、河南、湖北，特别是在台儿庄战役中前仆后继，奋勇杀敌，体现了中华民族不怕牺牲、坚强不屈的爱国精神。

全国各民主党派、抗日团体、社会各阶层爱国人士、工农商学兵各界各族人民、海外侨胞等等，他们宣传抗日救亡，捐款捐物，报名参军，为前线生产、供应抗战物资，他们以积极的热情、爱国的精神，义不容辞地融入抗日战争、抗日救亡的洪流之中。

3 抗日民族统一战线是怎样形成的

这个问题，其实是与上一个问题紧密联系的。因为全民族的奋起抗战，得益于抗日民族统一战线的形成和建立，得益于国共两党的合作。如果说七七事变的爆发客观上加速了国共两党团结合作的步伐，加速了抗日民族统一战线的确立，那么，国共两党的合作是经过了一个较为漫长的过程才最终确立。这个过程充满了矛盾、斗争、妥协，既有互相斗争，又有互相让步，另外还有民主党派在两党间的协调等工作。

第二次国共合作经历了准备、两党谈判两个阶段。第一阶段是第二次国共合作的准备阶段（1931年九一八事变至1935年底）。

九一八事变后，中国的民族危机日趋严重，民族矛盾逐渐上升为主要矛盾。中国各政党、各阶层与民众呼吁"停止内战、一致对外"，国共两党的政策亦相应地有所改变。

先说中国共产党政策的改变。

九一八事变后，中国共产党坚决反对日本帝国主义对中国的侵略，但当时在党中央占据统治地位的是以王明为代表的"左"倾教条主义者，在怎样开展反帝斗争问题上，存在着严重的关门主义和冒险主义错误。

1933年1月17日，中华苏维埃政府和革命军事委员会宣布红军准备在三个条件下与任何武装部队订立停战协定，反对日本帝国主义的侵略。但这个宣言只是"为着更进一步揭露国民党的武断宣传和表示苏维埃红军的抗日决心"。

1934年4月20日，由中国共产党发起，通过宋庆龄、何香凝、马相伯、李杜等1700多名爱国民主人士签名，以"中华民族武装自卫委员会筹备会"名义发表了《中国人民对日作战的基本纲领》，要求立即实现全体海陆空军和全体人民总动员，成立工农兵学商代表选出的全中国民族武装自卫委员会，制止日本帝国主义的进攻，收复一切失地。这个基本纲领虽仍有"左"倾色彩，但已明显超出了下层统一战线的局限，含有了上层统一战线的重要意向。由于以王明为代表的"左"倾冒险主义造成了第五次反"围剿"失利和红军被迫实行战略转移——长征，这些主张未能发挥作用。

1935年春夏间，日本策动华北事变，国民政府先后与日军签订"秦土协定"、"何梅协定"，使中国冀察两省主权大部丧失，民族危机加深。同年夏，共产国际在莫斯科召开第七次代表大会，制定了国际反法西斯统一战线政策。中国共产党驻共产国际代表团团长王明，在这个政策指导下，以中国苏维埃中央政府和中国共产党中央委员会的名义起草了《为抗日救国告全体同胞书》（即《八一宣言》）。《八一宣言》标志着中国共产党的策略开始了一个新的转变：不再把民族资产阶级和国民党地方实力派的代表人物当作反革命内部的不同派别来看待，而是肯定了国民党十九路军的淞沪抗战、察哈尔民众抗日同盟军和福建人民政府接受红军提议联合抗战的举动，赞扬了杜重远、蔡廷锴、蒋光鼐等民族资产阶级和地方实力派代表人物的抗战主张和行动，认为他们的抗战行动都表现了我们民族救亡图存的伟大精神；抛弃了打倒一切帝国主义、武装保卫苏联等不切实际的口号，明确提出了"抗日救国"的口号；呼吁各党派、各军队和各界同胞，不论过去和现在有任何政见和利害的不同，均应停止内战，建立广泛的全民族的抗日民族统一战线，集中力量，一致抗日。

1935年10月，红军长征到达陕北。11月，张浩（即林育英）受中共驻共产国际代表团派遣来到陕北，传达了共产国际"七大"的精神及有关指示。11

月28日，毛泽东、朱德代表苏维埃政府和红军军事委员会发表了《抗日救国宣言》，提出十大纲领。同年12月下旬，中共中央政治局在瓦窑堡召开会议，讨论、通过了《关于目前政治形势与党的任务的决议》，确立了抗日民族统一战线的策略路线，纠正了九一八事变以来长期的"左"倾关门主义错误。

毫无疑问，对中共政策的改变，苏联和共产国际、中共驻共产国际代表团以及中国国民党、民主党派、地方实力派等都发挥了不同程度的作用。在这里谈谈前两者的作用。

史学界较多学者认为，中共抗日民族统一战线的策略方针是在共产国际帮助下制定的。共产国际"七大"关于国际反法西斯统一战线的方针和《八一宣言》的内容，对中共决定建立抗日民族统一战线有直接的影响作用。中共正是根据共产国际"七大"的精神，正式提出了抗日民族统一战线的政策。

也有学者指出，林育英到达陕北之前，1935年10月中共中央已经发出《中央为目前反日讨蒋的秘密指示信》，说明中共中央在接到共产国际指示前，早已独立自主地确立了自己的策略方针。信中提出"实现抗日讨蒋的任务总的策略方针是进行广泛的统一战线"。

应该说，共产国际的指导和中共中央根据国内民族矛盾、阶级矛盾变化所作的分析、判断，在大前提相同的情况下，具体内容不可能完全一致，有时候既有共产国际的指导作用，同时又存在中共中央的独立自主的看法。

正如胡乔木在《中国共产党的三十年》一书中所指出的，抗日民族统一战线这个工作，是1931年到1934年的党中央所不能完成的，毛泽东在1935年的长征中也不可能完成，直到在共产国际关于反法西斯统一战线的正确政策和帮助之下，党在8月1日发表了号召建立统一战线的宣言，特别是中共中央政治局在12月25日通过了《关于目前政治形势与党的任务的决议》，毛泽东于12月27日在党的活动分子会议上作了《论反对日本帝国主义的策略》的报告，才满足了这个要求。胡乔木首先强调了共产国际的指导作用，但也未否认中共是

三　中国抗战的主体是怎样构成的

独立自主的。

中共驻共产国际代表团对建立抗日民族统一战线起过很重要的作用。1932年到1934年间，中共驻共产国际代表团顺应国际国内形势的变化，逐渐修正了策略，其"左"倾关门主义政策从1933年初以后开始发生变化。如1933年1月，它指示中共中央以中华苏维埃临时政府主席毛泽东和中国工农红军革命军事委员会主席朱德名义发表《为反对日本帝国主义侵入华北愿在三个条件下与全国各部队共同抗日宣言》；1933年1月26日，又起草了《中央给满洲各级党部及全体党员的信》；1934年它已提出"抗日反蒋"统一战线的策略主张，开始改变其固有的下层统一战线观念。1935年7月，中共代表团一致通过王明起草的《为抗日救国告全体同胞书》，标志着中共代表团完全突破"左"倾关门主义的束缚，也标志着中共抗日民族统一战线政策的初步形成和确立，并为抗日民族统一战线的最终形成奠定了基础。此后，中共代表团还做了许多具体工作，如1936年初，与蒋介石派往苏联的邓文仪举行会谈，并对流亡在苏联的国民党地方实力派展开统战工作；中共代表团还负起了对于白区党组织领导的指导工作方面的责任，使这些党组织较好地贯彻了党的统一战线新政策。

对于王明，史学界肯定其起草《八一宣言》的功绩。有学者指出，王明当时充当了一个异常复杂的角色。客观上，王明随着共产国际政策的转变，提出过一系列有进步意义的有关统一战线的策略主张，起过重要的积极的作用，但由于他长期受"左"倾思维方式的影响，对党所面临的中国民族解放运动和中国革命的新形势和新任务缺乏深刻的了解，不能及时地和自觉地走在实际局势的前面，因而在某种程度上延缓了中国共产党的统一战线政策的转变。当然，在那种特定的历史条件下，王明的这种局限性也是很难避免的。

再说中国国民党政策的改变。

国民党政府对日政策的变化始于何时？九一八事变后的不抵抗政策，被各党派与民众所指责，但蒋介石依然我行我素，在较长的一段时期内，国民党军政各界继续执行其"攘外必先安内"的政策。

文献资料表明,从1935年华北事变到1937年卢沟桥事变,是国民政府对日政策的转变时期。国民政府妥协退让的对日政策开始发生若干变化,起始点为华北事变的处理过程。在华北事变中,蒋介石基本上还是屈辱妥协的,但在日本紧接着策动"华北自治"运动中,他的态度就有了比较明显的变化,开始抵制了。

1935年底,国民党政府对日政策开始发生了若干变化。同时,其"剿共"内战政策也相应地发生了变化。蒋介石错误地认为中共和红军此时已"走到绝境",对红军的军事"围剿""已初告成功",可以在继续"剿共"战争的同时,与中共秘密谈判,"收编"红军,实现"溶共"的目的。

从1935年底到1937年9月国共两党谈判阶段,是第二次国共合作的第二阶段。国共两党通过多条渠道进行秘密谈判。

1937年清明节,国共双方代表共祭华夏始祖黄帝之陵墓。

三 中国抗战的主体是怎样构成的

一是蒋介石派驻苏武官邓文仪同中共代表团建立联系。邓文仪与王明在莫斯科进行初步接触。随后，中共代表团派潘汉年回国与国民党代表谈判，并于1936年7月在上海、南京同国民党代表张冲谈判。

二是蒋介石派陈立夫在南京同中共接触。陈立夫的部下、铁道部次长曾养甫、铁道部劳资科长谌小岑参与；中共方面的代表是北平自由职业者大同盟书记吕振羽、中共北平市委宣传部长周小舟，由中共北方局负责人王世英直接领导。谈判主要由吕振羽同曾养甫、谌小岑进行。

同时，曾养甫也与中共上海市委地下党组织取得了联系。上海临时中央派张子华与曾会晤。曾养甫表示希望与中共中央直接联系。上海党组织便派张子华去陕北汇报。

三是通过宋庆龄传递要求谈判的信息。上海临时中央局工作人员董建吾以牧师的公开身份担当信使。董建吾在西安与张子华相遇，后在张学良的帮助下，于1936年2月27日一起到达瓦窑堡。从此，国共两党中央建立了联系。张子华又多次往返陕北与南京、广州之间，负责国共两党的联络工作。此后，中共中央指派潘汉年为正式代表同国民党谈判。同年11月10日，潘汉年与陈立夫在上海进行了首次交谈。双方谈判未能取得成果，但谈判是在国共两党政策相继发生变化的背景下进行的，表明了双方的诚意和趋向性，促进了了解，在一定程度上缓和了对立情绪；而双方所提出的和谈条件，为后来西安事变中的谈判及达成协议奠定了基础。

西安事变后，从1937年初到1937年9月，国共两党又进行了长达半年多的谈判。其中较为重要的有6次：一次在西安，一次在杭州，两次在庐山，两次在南京。中共代表有周恩来、博古、叶剑英、朱德、林伯渠等；国民党代表先是顾祝同、贺衷寒、张冲，以后有蒋介石、宋子文、邵力子、康泽等。谈判紧张、激烈，有的问题未能达成协议，有的问题，如在红军的编制、人数问题上双方争执不下；关于国共合作宣言，中共曾提议国共双方联合发表宣言，但国民党不肯以真正平等地位对待中共，只同意由共产党单独发表宣言，然后再由蒋介石发表谈话。于是有了1937年9月22日公布的《中国共产党为公布国共合作的宣言》和9月23日蒋介石承认停止内战、承认共产党地位的谈话。在第二次国共合作、促进抗日民族统一战线的过程中，中国共产党经过不懈努力，在民主党派的帮助下完成了从反蒋抗日到联蒋抗日转变的任务。

有学者对抗日民族统一战线的阶段划分提出了新的意见：从九一八事变到《八一宣言》发表前，是抗日民族统一战线的探索阶段、萌芽阶段，主要进行抗日的下层统一战线；从《八一宣言》发表到西安事变，是提出完整的抗日策略路线、克服关门主义、大力从事上层统一战线的阶段；从西安事变到1937年9月，是国共两党进行诚意谈判、抗日民族统一战线正式形成阶段。

4 抗日战争是否存在不同的抗战路线

抗日战争的一个重要特点是敌强我弱。武器精良、气焰嚣张的日本军队在中国进行侵略、灭亡中国的战争；而中国军队，在这场空前残酷、复杂的战争环境下，如何进行民族解放战争，成为抗日战争胜利的关键。

对于战争的准备和战略方针的制定，国共两党军队一开始即由于不同的地位、环境、军事实力而形成不同的战略、策略。

先看国民党方面。

全面抗战前，著名军事家蒋百里（方震）就预测了战争一旦爆发日本侵略军进攻中国的步骤、路线，并建议蒋介石确定以西南为大后方，被蒋介石采纳。事实证明，日军佯攻华北，主力却在上海、南京，一路南下，妄图实现其3

个月灭亡中国的梦想和野心。其作战路线与蒋百里的预测基本相同。

国民政府在全面抗战前也做过一些抗战准备。蒋介石曾命令参谋次长贺耀祖整顿江海防要塞，1932年10月5日又命令军委会第一厅务必于40个月内完成要塞整理工作，限于1935年底完工。1934年3月22日，蒋介石在批示1934年度国防大纲时，将全国划分为沿海、沿江、沿陇海线、沿津浦线、沿胶济线、沿平汉线、沿平绥线、沿京沪杭线、沿杭江路、江浙皖闽赣边区等10个国防区，并扼要构筑工事。从1932年起，又先后新建杭州、南昌、韶关飞机场。

马振犊的著作概略综述了国民政府抗日准备的情况。经济方面：实行币制改革，整理财政税收；成立资源委员会，实施重工业、军工企业生产建设计划，分别投资1000万元和3500万元用于军工企业和农业水利建设；创办一些军工厂，制造德（国）式或仿德式武器；实施铁路、公路建设计划等。军事方面：1935年起实施整训陆军60个师的计划，至七七事变时已完成30个师；1936年完成"空军统一"，全国划分6个空军区，成立第一、第三两个空军司令部；组建防空委员会，划分9个防空区，构成空情监视网；成立海军3个舰队；1936年正式实施《兵役法》，在民众、学生中推行军事训练，并在平汉线南端集中10万大军，沿陇海线西调军队，在南京附近集中11个师进行对抗性技术军事演习等。

应该说，国民政府的抗战准备，在一定程度上增加了对日国防能力，为抗日战争创造了一些有利条件。但其备战工作又很不完备，而且由于蒋介石长期坚持"攘外必先安内"的战略，把主要精力放在"剿灭"红军、消灭各地方实力派上面，使国防建设受到局限，不足以抵抗日本的侵华战争。战争爆发后，许多工事形同虚设，被日军轻易占领。

关于国民党的对日战略指导方针。1932年4月12日，蒋介石在南昌军事整理会议上指出："现在对于日本，只有一个法子，就是长期不断抵抗……这样长期的抗战，越能持久，愈是有利。"1935年3月，国民政府军事委员会规定：

抗战 热点面对面

"为粉碎敌人的速战速决企图，我应采取长期抗战策略，逐渐消耗敌人兵力，以争取最后胜利。"七七事变后，南京政府国防最高委员会再次确认"开展全面抗战和持久消耗战略的作战指导方针"。

到了1938年11月，抗日战争转入战略相持阶段时，国民党的战略指导方针有所变化。蒋介石在南岳军事会议训词中，把从卢沟桥事变起到武汉失守划分为抗战的第一时期，此后为第二时期；指出第一时期"实行我们消耗敌人，诱敌深入于有利于我军决战的阵地，而完成我们最后胜利的布置"，"第二期抗战，就是我们转守为攻、转败为胜的时期"。蒋介石认为，抗日战争只有两个时期，第一时期是防御的战略，第二时期就是反攻的战略。他判断，在第二期抗战中，日军已不可能对正面战场再进行大举进攻，中国继续实施持久作战的方针，在日军进攻时，采取阻滞、牵制与消耗战术，以空间换取时间，避免与敌决战；待日军战斗力削弱时，发动有限的攻势和反击。同时，利用日军停止进攻的时机，整训军队，以待国际形势的变化。

根据南岳军事会议精神，国民政府军事委员会颁布《国军第二期作战指导方案》，决定："国军应以一部增强被敌占领地区的力量，积极开展广大游击战，以牵制消耗敌人。主力应配置于浙赣、湘赣、湘西、粤汉、平汉、陇海、豫西、鄂西各要线，极力保持现在态势。"根据蒋介石的提议，南岳军事会议决定，以1/3的部队，约60个师，进入敌后开展游击战争，并设置冀察、鲁苏两个游击战区。这里计划的以1/3部队进入敌后开展游击战争多半停留在纸面上，实际见于行动的是设立冀察、鲁苏两个游击战区。冀察战区已被划定为共产党、八路军已经建立起抗日根据地和抗日民主政权的河北、山西敌后地区。国民党军队与八路军在同一地带错综相处，造成了复杂的形势。国共第一次局部军事对抗（指张荫梧事件——笔者）就是从这里爆发的。

1939年1月，国民党五届五中全会重申了抗战的意向和决心。蒋介石在会上说："抗战到底在哪里？是否是日本亡了或者中国亡了才算到底，必须有一界说。""在卢沟桥事变前现状未恢复,平津未收复以前不能与日本开外交谈判。""我们不恢复'七七'事变以前原状就是灭亡,恢复了就是胜利。"

国民党五届五中全会一方面继续实行联共抗日政策,另一方面又把研究"如何与共产党作积极斗争"作为议题,强调所谓"溶共""防共""限共""反共",拒绝共产党用党内合作的办法建立统一战线组织形式的建议。

总的来说,国民党实行的是片面抗战路线和游击战方针,本质上是一种消极的军事战略方针。这种"持久消耗"战略把"以空间换时间"作为核心口号,这既从根本上忽视了全国抗日军民在抗战中的决定作用,又未将有效地消灭敌人的有生力量作为实现持久战略的首要目标和主要手段。这种"持久消耗"战略,缺乏正确的战场作战方针作为其基本支撑和内容。它是国民党长期形成的"固守阵地,坚忍不退","层层设防,处处据守","深沟、高垒、厚壁"等等消极防御的阵地战思想在战略上的反映。

国民党尽管在抗战开始后表现了一定的政治进步,能够顾全抗战大局加入抗日民族统一战线,但其本质上代表了中国的资产阶级、封建地主阶级的利益,因此仍然拒绝从根本上改变长期压制人民、脱离人民的错误政策,拒绝政治开放和动员民众参加抗战,而只是实行单纯的政府抗战和片面的军队抗战。正如毛泽东所指出的:"国民党政府在发动民众和改革政治等问题上依然没有什么转变,对人民抗日运动基本上依然不肯开放,对政府机构依然不愿做原则的改变,对人民生活仍然没有改良的方针,对共产党关系也没有进到真诚合作的程度。"

再看共产党方面。

1937年七七事变后,中国各党派、各阶层、各民族迅速达成抗日民族统一战线。红军改编为八路军,即将开赴前线,一个新的问题提到中国共产党面前:红军在抗日前线应该怎样作战?此时周恩来、博古已赴云阳出席红军前敌总指挥部召开的红军高级干部会议。毛泽东、张闻天致电他们,提出明确的指导意见,把发展游击战争提到突出的地位。电报上要求:"(甲)在整个战略方针下执行独立自主的分散作战的游击战争，而不是阵地战，也不是集中作战，因此不能在战役战术上受到束缚，只有如此才能发挥红军特长，给日寇以相当打击。（乙）依上述原则，在开始阶段，红军以出 1/3 的兵力为适宜，兵力过大，不能发挥游击战，而易受敌人的集中打击，其余兵力依战争发展，逐渐使用之。"

在 1937 年 8 月 9 日中共中央的一次重要会议上，张闻天作报告后，毛泽东在讲话中分析了国民党的状况，指出："国民党转变已大进一步，离彻底转变还远。""蒋介石的抗战决心是日本逼起来的，应战主义是危险的。但这还要很多的工作才能转变，应战主义实际是节节退却。"说到红军的行动，毛泽东说："红军今日以前是准备调动，今日以后是实行开动。红军应当是独立自主的指挥与分散的游击战争，必须保持独立自主的指挥，才能发挥红军的长处，集团的作战是不行的。"

在 8 月 9 日至 25 日的洛川会议上，毛泽东作了军事问题和国共两党关系的报告，并作了多次发言。毛泽东呼吁，现在开始的政府的抗战，在得到人民拥护后，应成为全面的全民族的抗战，"我们的方针最基本的是持久战，不是速决战，持久战的结果是中国胜利"。他在会上强调了红军的战略方针，即："独立自主的山地游击战争（包括有利条件下消灭敌人兵团与在平原发展游击战争，但着重于山地）。"游击战争的作战原则是："分散以发动群众，集中以消灭敌人，打得赢就打，打不赢就走。"

毛泽东在洛川会议上明确地提出红军在抗日战争现阶段的战略方针以游击战争为主，这是一个重大的战略转变。毛泽东在一年多后的中共六届六中全会上谈到这一次战略转变时说：这个转变是处于两个不同的战争过程之间，是在敌人、友军、战场都有变化的特殊情况下进行的一个极其严重的转变。"在这些特殊的情况下，必须把过去的正规军和运动战，转变成为游击军和游击战，才能同敌情和任务相符合。"这一转变，对整个抗日战争的坚持、发展和胜利，对中国共产党的前途，关系十分重大。

三　中国抗战的主体是怎样构成的

8月25日，中共中央在洛川的政治局扩大会议上，根据党的全面抗战路线，通过了向全国各党派、各军队和全国人民提出的《抗日救国十大纲领》。要点是：（1）打倒日本帝国主义；（2）全国军事的总动员；（3）全国人民的总动员；（4）改革政治机构；（5）抗日的外交政策；（6）战时的财政经济政策；（7）改良人民生活；（8）抗日的教育政策；（9）肃清汉奸卖国贼亲日派，巩固后方；（10）抗日的民族团结。

1938年5月，毛泽东发表了《抗日游击战争的战略问题》和《论持久战》，科学地总结了抗日战争10个月来的经验，从理论与实际的结合上，全面系统地论述了持久战的战略思想，驳斥了亡国论和速胜论。毛泽东深刻地分析了敌强我弱、敌大我

1938年春，毛泽东在延安著《论持久战》。

小、敌退我进、敌寡助我多助的基本特点，科学预见了持久战战略防御、战略相持和战略反攻三个不同的作战阶段，实行人民战争。在作战原则上，必须把正规战和游击战相结合，以正规战为主；把阵地战和运动战相结合，以运动战为主；实行战略防御中的战役和战斗的进攻战，战略持久中的战役和战斗的速决战，战略内线中的战役和战斗的外线作战。

从国内正规战争到抗日游击战争的战略转变，使中国共产党在敌后地区开辟了广大的抗日根据地，中共领导的革命力量获得空前的大发展。中共六届六中全会就抗日民族统一战线和国共关系问题强调指出："抗日民族统一战线必须

活跃在河北白洋淀上的雁翎队。

以一种新的姿态出现,才能应付战争的新局面。这种新姿态,就是统一战线的广大发展与高度的巩固。"

中国共产党提出扩大抗日民族统一战线、巩固国共两党长期合作的基本主张有4点:(1)调节国共关系,发展与巩固抗日民族统一战线;(2)扩大巩固抗日民族统一战线的关键是国民党的进步;(3)关于国共两党长期合作的组织形式问题;(4)关于统一战线中的独立自主问题。

但是,中共的愿望和建议并没有得到国民党积极的回应,他们拒绝共产党加入国民党、同时保持自己独立性的"跨党"办法。

1939年1月25日,中共正式致电蒋介石,表示中共一方面愿意继续巩固和扩大两党合作,另一方面指出:"两党为反对共同敌人与实现共同纲领而进行抗战建国之合作为一事,所谓两党合并,则纯为另一事。前者为现代中国之必然,后者则为根本原则所不许。共产党诚意地愿与国民党共同为实现民族独立、民权自由、民生幸福之三民主义新中华民国而奋斗，但共产党绝不能放弃马克思主义之信仰，绝不能将共产党的组织合并于其他任何政党。"

抗日战争时期，中国被灭亡的危险，始终规定了抗日战争中民族矛盾是第一位的，所以国共双方主张一致的一面，是最终起主导作用的一面。同时双方的矛盾斗争反映了阶级矛盾存在的客观现实。阶级矛盾这时是居于第二位，所以两条抗战路线的矛盾斗争，也仍是居于第二位的一面。中国的抗日民族解放战争就是在这种复杂的矛盾运动中进行下去和坚持到最后胜利的。

到抗战相持阶段，国共两党不同的战略、策略指导，表现出两种不同的倾向。但归根结底，从本质上说，这仍然是抗战初期国共两党对如何夺取抗战胜利的不同认识、不同的抗战路线和战略方针的继续。中国共产党根据相持阶段的新的形势与变化，向国民党及全国各党派、全国人民提出坚持抗战，坚持持久战，巩固与扩大抗日民族统一战线，克服困难，准备反攻力量的总方针以及巩固华北、发展华中和华南敌后游击队，打破敌人转移主力巩固占领区的军事战略方针，成为中国抗日战争进入相持阶段的正确战略指导。国民党在军事指导方面提出的分期整训军队、加强主动作战以及重视敌后游击战等，对抗日战争的坚持也具有一定的积极作用。

5 中国抗战阵营是否发生过分裂
热点面对面

局部抗战时期，随着国民政府的不抵抗政策和东北军的弃守入关，日本在长春扶植、成立了以清朝末代皇帝溥仪为首的"满洲国"傀儡政权，东三省的地方官僚、军政要员多数变为伪满的官员，充当日本帝国主义侵略、奴化东北地区的汉奸和帮凶。那么，在全面抗战时期，中国抗战阵营是否发生过分裂？除了不可避免地再度出现汉奸与汉奸集团外，作为肩负抗战重任的两个主要政党——国民党和共产党，是否发生过摩擦与矛盾？

全面抗战开始后，中国抗战阵营确实发生过分裂，确曾出现汉奸问题与国共两党摩擦问题。这两个问题都严重影响、干扰了抗日战争的进程。

先说汉奸问题。

1937年10月1日，日本政府在《处理中国事变》中提出，对华北作战的后方地区应抛弃占领敌国领土的观念，政治机关要由当地居民自主组成，"行政首脑应由适合于实现日华敦睦关系的有力人物充任"。同年7月29日，北平沦陷。汉奸江朝宗于10日内连任"北平地方维持会"会长、委员长，伪北平市市长职。8月1日，日军在天津也成立了"地方维持会"。9月13日，华北日军特务部又以北平、天津两地为基础，在天津成立了"平津治安维持联合会"。

1937年12月7日，老牌亲日分子、曾任冀察政务委员会委员兼经济委员会主席的王克敏，在日军利诱下从香港回到北平，与汤尔和、王揖唐等汉奸组织伪政权；12月14日，成立华北伪政权"中华民国临时政府"，王克敏任委员长。随着日军侵占区的扩大，伪临时政府的统治区域由平津扩展到河北、山东、山西、河南四省，先后成立省、道、县各级伪政权。北平、天津、青岛为特别市。翌年4月中旬，日本华北方面军司令官寺内寿一与王克敏签订关于派遣政府顾问的约定，通过顾问制度，伪政府完全控制在华北日军及特务机关手中。

日军侵占归绥后，1937年10月27日在归绥市召开"第二次蒙古大会"，成立伪"蒙古联盟自治政府"，关东军参谋长东条英机指定云端旺楚克（云王）为主席，德穆楚克栋鲁普（德王）为副主席兼政务院长（1938年3月云王病逝，德王继任伪主席），李守信为伪蒙古军总司令。辖区包括察、锡、乌、巴、伊五盟。

1938年3月28日，日军扶植的伪"中华民国维新政府"在南京成立，统治区域包括江苏、浙江、安徽三省及上海、南京特别市，"维新政府"由行政院、立法院、司法院组成,梁鸿志为"行政院长"。

抗战以来最大的汉奸非汪精卫莫属。自九一八事变后,汪一直是国民党高层内"主和派"的领袖。在政治权力争夺(1938年初行政院改选,汪落选其长期担任的行政院长职)失意后,即通过部下加强了与日本政府的联系,而日本亦迫切希望由汪精卫出马实现中日"和平"。汪精卫集团遂加速与日本勾结和叛国投敌的步伐,他们拉拢地方实力派,组织反蒋反共力量,并进一步与日本谈判实现"和平"的条件。通过与日本的多次会谈,汪精卫决定了投日及成立伪政权的行动计划。1938年12月18日,汪精卫乘飞机离开重庆至昆明,19日与周佛海、陶希圣等人飞往越南河内。22日,日本政府如约发表与《日华协议记录》精神相一致的第三次近卫声明。29日,汪精卫响应近卫声明,给国民党中央、蒋介石等人发出所谓《和平建议》,即"艳电",并由香港《南华日报》发表。"艳电"建议国民党"即以此为根据,与日本政府交换诚意,以期恢复

1941年6月,汪精卫访问日本,与日本陆军大臣东条英机在一起。

和平"。汪精卫汉奸集团的叛国罪行，遭到全国民众及各派爱国势力的愤怒声讨。1939年1月1日，国民党中央委员会决定永远开除汪精卫党籍，撤销其一切职务。1月2日，中国共产党代表周恩来在重庆接见外国记者，发表声讨汪精卫卖国罪行的谈话。3月21日，蒋介石令戴笠派特务在河内刺杀汪精卫，结果错杀汪的心腹曾仲鸣。此后，汪精卫被国民政府明令通缉。

1939年5月上旬，汪精卫在日本人的安排下，秘密转移到上海；5月31日，汪飞抵东京，与日本首相平沼骐一郎等商谈建立伪政府事。6月18日汪精卫回国后，在上海发表两篇广播讲话：《我对于中日关系之根本观念及前进目标》和《敬告海外侨胞》。汪说："今日有两条路摆在面前：一条是跟着蒋高调继续抗战……这样下去，只有以整个国家民族跟着蒋为共产党的牺牲。另一条路是……对于日本，本着冤仇宜解不宜结的根本意义，努力于转敌为友。第一步恢复中日和平，第二步确立东亚和平。"

8月28日，汪精卫集团在上海秘密召开"国民党第六次全国代表大会"，汪任中央执行委员会主席。12月30日，汪伪集团与日本签订《调整中日新关系之协议文件》。

1940年3月25日，汪精卫宣布成立"中央政治委员会"。30日，在南京举行"国民政府"成立及各官员就职仪式，汪精卫代理主席兼行政院长。11月30日，汪精卫与日本特命全权大使阿部信行签订《基本关系条约》。这个当时中国土地上最大的汉奸集团建立了最大的傀儡政权，为中国人民所不耻。正如汪精卫在与日本签订《调整中日新关系之协议文件》前不打自招地说："日本如能征服中国，就来征服好了。他们征服中国不了，要我签一个字在他的计划上面。这种文件说不上什么卖国契。中国不是我卖得了的。我若签字，就不过是我的卖身契罢了。"

再说国共摩擦问题。

抗日战争第一年，在抗日民族统一战线旗帜下，国共两党及军队合作较好，

三 中国抗战的主体是怎样构成的

八路军一一五师在国民党军队、阎锡山军队策应下，成功地取得平型关大捷；八路军部队亦协助、策应国民党军队作战。但1939年后，国民党的内外政策开始发生变化。国际外交方面，由于日本的政治诱降和英法等国的绥靖妥协方针，蒋介石对与日本和谈抱有一定的希望，并想通过和谈结束中日战争；在内政方面，蒋介石对民众抗日力量的发展感到忧虑，加强了防共、限共、溶共、反共活动。抗战阵营内部的反共投降倾向日益严重。

1939年3月，国民党秘密制定了《限制异党活动办法》《共党问题处置办法》等反共文件。国民党在国防最高委员会之下设立精神总动员会，蒋介石任会长。该会颁布《国民精神总动员纲领》及《实施办法》，在全国开展以"国家至上，民族至上"等为中心口号的国民精神总动员运动，实质上是要求共产党和人民放弃人民民主主义的原则立场，"一致忠于"国民政府。军事方面，国民党于1939年初增设冀察和鲁苏两个战区，旨在限制共产党军队的发展。同年6月，蒋介石密令朱绍良、胡宗南等军队监视、包围和封锁陕甘宁边区。

国民党军队自1938年12月至翌年10月，在陕甘宁边区制造摩擦事件150多起。1939年3月，国民党军队在博山袭击八路军山东纵队第三支队过路部队，逮捕、杀害政治部主任鲍辉等200余名抗日官兵。1939年6月，河北省保安司令张荫梧部袭击冀中深县八路军后方机关，残杀指战员400多人。在华中，国民党第二十七集团军杨森部于1939年6月12日制造湖南"平江惨案"，杀害新四军通讯处的新四军上校参议涂正坤、八路军少校副官罗梓铭等人。9月，湖北省保安部队围攻鄂东新集的新四军后方机关，杀害共产党员500多人。11月，河南的国民党武装袭击确山县竹沟镇的新四军第八团留守处，杀害伤病员和家属200余人。国民党在制造摩擦事件，袭击八路军、新四军部队的同时，也通过多方渠道，与日本代表接触谈判，但未能达成协议。

针对国民党的妥协反共倾向，中共中央于1939年7月7日纪念抗战两周年时发表时局宣言，明确提出"坚持抗战到底，反对中途妥协""巩固国内团结，反对内部分裂""力求全国进步，反对向后倒退"的三大政治口号。这三大口号集中概括了在抗日战争转入战略相持阶段后国共两党的主要分歧，成为中国共产党号召广大人民同国民党错误政策作斗争、争取抗战最后胜利的政治纲领。

1939年8月19日，中共中央向各抗日根据地及八路军、新四军等部队明确规定"人不犯我，我不犯人，人若犯我，我必犯人"的反摩擦方针。

同年12月中旬，胡宗南第九十七师支援陕甘宁边区陇东地区宁县、镇原两县保安队袭击当地八路军驻军；边区南部、东部国民党军队也蠢蠢欲动。12月25日，朱德、彭德怀等通电全国，反对枪口对内进攻边区，要求国民党当局"念团结之重要，执行国家法纪，惩办肇事祸首，取缔反共邪说，明令取消《限制异党活动办法》及《处理共产党实施方案》，制止军事行动，勿使局部事件日益扩大"。同时，边区派谢觉哉与第八战区司令长官朱绍南的代表举行谈判，避免了冲突的进一步扩大。

抗战初期，山西地方实力派阎锡山曾与八路军合作抗日，起过一些较为积极的作用。但随着八路军和人民抗日力量的发展，山西的进步势力和旧的统治势力矛盾日深，反映在新军（决死队）和旧军（晋绥军）身上。1939年12月初，阎锡山指责决死队第二纵队不服从命令，宣布为"叛变"，令第六集团军总司令兼第六十一军军长陈长捷率军"讨逆"，史称晋西"十二月事变"。决死队第二纵队等部队在八路军晋西支队支援下奋力抵抗，冲出晋绥军的包围，进入晋西北抗日根据地。晋绥军占领晋西南后，取缔抗日民主政权，杀害了大批干部、群众。

晋北、晋东南的八路军、新军部队，经过战斗击溃了晋军的进攻，巩固了两地区的抗日根据地。在太行山东麓的晋冀鲁豫边区，国民党九十七军朱怀冰部、六十九军石友三部于1939年12月初发动武装挑衅，杀害抗日群众。1940年2月，八路军部队消灭石友三部；3月，一二九师等部队又消灭朱怀冰部的两个师，保卫了抗日根据地。

三　中国抗战的主体是怎样构成的

国民党及其军队制造的最大摩擦事件是皖南事变。1940年10月19日，何应钦、白崇禧致电朱德、彭德怀和叶挺，下令在大江南北的八路军和新四军于1个月内全部开赴黄河以北；12月8日，何、白再电朱、彭、叶、项（英），声称八路军、新四军北调"必须坚决维持"。12月9日，蒋介石发布命令，限于12月31日以前，将黄河以南的八路军开到黄河以北，将长江以南的新四军开到长江以北；翌年1月30日前，将新四军全部开到黄河以北。

同时，国民党制订了聚歼北移新四军的计划。12月10日，蒋介石密令第三战区司令长官顾祝同，要求"该战区对江南匪部，应按照前订计划，妥为部署并准备，如发现江北匪伪竟敢进攻兴化或至限期（本年12月31日止）该军仍不遵命北渡，应立即将其解决，勿再宽容"。

顾祝同随即令第三十二集团军总司令上官云相具体负责对皖南新四军的作战准备，并向泾县茂林一带调集兵力。1941年1月4日，皖南新四军军部及所属部队9000余人，从泾县云岭出发北上。6日，当行至茂林地区，突然遭到国民党军队7个师8万余人的堵截和包围。新四军奋战7昼夜，除2000余人突围外，大部牺牲，一部被俘。军长叶挺前往国民党军队谈判时被扣押，政治部主任袁国平牺牲，副军长项英、参谋长周子昆突围后被叛徒杀害。国民政府军事委员会遂称新四军"抗命叛变"，宣布取消新四军番号，将叶挺"交军法审判"。这就是国民党一手制造的令亲者痛、仇者快的震惊中外的皖南事变。

皖南事变后，中共中央经过慎重考虑，放弃军事上还击的方针，确定在政治上取攻势，军事上取守势。1月18日，中共发言人发表谈话，揭露皖南事变的真相和国民党剪除异己的阴谋。1月20日，中共发布重建新四军军部的命令，任命陈毅为代理军长，刘少奇为政治委员，张云逸为副军长。同日，毛泽东发表谈话，斥责国民党顽固派的反共暴行，要求国民党当局取消1月17日的反动命令，惩办祸首，释放叶挺，交还皖南新四军全部人枪等等。

在中国共产党的坚决斗争下，在以宋庆龄为首的国民党左派人士及各民主党派的抗议、反对声浪中，国民党不得不从"彻底制共的打算上后退下来"。蒋介石试图以"整饬军纪"的说法淡化皖南事变的政治影响，保证以后再无"剿共"的军事。3月14日，蒋介石约请周恩来谈话，缓和对立气氛，未再提要八路军和新四军撤往黄河以北之事，又表示可以就国共关系问题进行具体商谈。

皖南事变的发生，表现出民族矛盾与阶级矛盾处在一种新的复杂状态中。共产党在抗战中必然要发展自己的力量，而国民党则决定要限制共产党的发展。这是矛盾双方斗争加剧的根据和实质，也是中国抗战阵营中必然要发生的分裂和矛盾。因此，抗日战争中的国共关系形成了一个公式：联合——对抗——联合。尽管国民党制造了大大小小的摩擦与分裂，但抗战的大势仍在继续，中国共产党及军队在日军和国民党双重封锁的艰难环境下，壮大发展了自己的军队，赢得了中国大多数民众的信任。

四

怎样理解中国抗日的主战场

1 什么是中国抗日的正面战场

1937年7月7日,驻扎于华北的日本中国驻屯军寻衅向北平西南卢沟桥中国军队发起进攻,中国第二十九军奋起抗击,中国人民抗日战争全面展开。在抗日战争中,根据对日抗战之中国军队的领导者、作战地域、战略战术应用及其各自所处的战略地位和所起到的战略作用,形成了中国人民抗日战争的正面战场与敌后战场两大相对独立同时又互相支援、相互配合的抗日战场。那么,什么是中国抗日战争的正面战场呢?

一般认为,中国抗日战争的正面战场,是指由国民党领导的武装部队为主力、以大规模兵团阵地会战为主要作战方式,对侵华日军主力部队军事进攻进行正面防御作战或展开战略攻势的军事战场。从作战区域上来讲,正面战场主要分布于国民政府统治区域内,由国民党最高军事当局根据战争需要划成若干战区,分别由各战区所配备的国民政府正规军担负对日抗战。

抗战期间,正面战场对日作战,无论是从持续时间之长久、战斗战役规模之巨大、波及范围之广泛、战争烈度之严重及战争伤害之惨重,堪称20世纪中外战争史上之最。国民党相关军事部门在抗战胜利后不久的统计资料表明,抗战期间,正面战场对日作战最多时投入兵力达353万人;就战斗次数而言,正面战场中国陆军对日进行过22次重大会战、1117次重要战斗、38931次小规模战斗,中国空军在抗战期间共出击4375次、21597架次,则正面战场对日作战次数共达43306次;就中国军队兵力损耗而言,据国民政府国防部战后统计,国民党官兵因作战消耗兵力共3227626人,其中阵亡1328501人,负伤

1769299，失踪130126人。另有因病消耗兵力共计937559人，其中死422479人，残废191644人，逃亡323426人。合上列两项而计，则抗战期间，国民党军队在正面战场上消耗兵力共计4165485人，其中死亡共计1796690人，伤残1915233人，失踪逃亡共计453562人。从正面战场给日军造成的杀伤来看，据何应钦所著之《日军侵华抗战八年史》书中所附统计资料，抗战期间，正面战场共毙伤日军2418528人，其中击毙日军483708人，致伤日军1934820人。

中国抗战正面战场对敌作战经过，大体如下所述。

从1937年7月至1938年10月为日军战略进攻、中国军队战略防御时期。七七事变后，日本政府和大本营向华北大举增兵，组成华北方面军；8月13日，日军向上海进攻，八一三淞沪会战爆发。日军组成上海派遣军，侵华兵力达50万人以上，企图凭借优势兵力和经济实力，速战速决，灭亡中国。中国当时兵力约170万人，国民政府军事委员会决定采取持久抗战的指导方针，消耗削弱日军，逐步积蓄力量，夺取抗战最后胜利。

在华北战场上，1937年7月底，日军占领北平、天津后，即沿平绥、平汉、津浦铁路向华北各地进攻。中国军队节节抵抗。10月，中国军队在太原以北之忻口地区组织防御，给日军以重创，是为忻口会战。继而与日军进行太原会战，战至12月底，日军先后占领保定、大同、归绥、包头、石家庄、太原、济南；1938年1月占领青岛；2月至3月占领临汾、运城、风陵渡。华北地区正面战场中国军队退守黄河及陇海路以北地区。

淞沪会战爆发后，中日两军激战3个月，双方伤亡很大。1937年11月初，日军以3个师团组成第十军，在杭州湾登陆，威胁上海中国守军侧背，中国军队弃守上海后撤。12日，日军占领上海，继向当时中国首都南京进攻，南京保卫战随之展开。国民政府迁往武汉，继迁重庆。1937年12月13日，日军占领南京，制造震惊世界的南京大屠杀惨案，中国军民30万人惨遭日军杀害。1938年3月，华北日军与华中日军企图打通津浦路，沟通南北联系，与中国军队展

抗战 热点面对面

淞沪会战中，在四行仓库与日军展开激烈战斗的中国军队。

开徐州会战。中国军队在临沂、滕县等地顽强阻击日军，并在徐州东北台儿庄歼灭孤立冒进之日军1万余人，是为台儿庄大捷。日军遂调整部署，以8个师团兵力南北会攻徐州。中国第五战区主力军队为保存实力，保卫大武汉，及时主动地向西南方向撤退，跳出日军合围，使日军聚歼中国军队主力的战略企图落空。5月19日，日军占领徐州，6月6日占领开封，徐州会战结束。

徐州失陷后，日本大本营决定攻取武汉，逼迫国民政府投降，乃以9个师团以上的兵力，分路向武汉进攻，武汉会战全面展开。中国军队在武汉外围节节抗击，予敌以重大打击后，主动转移。1938年10月25日，日军占领武汉。与此同时，日军为封锁中国南部港口，阻止援华物资入境，于5月10日攻占厦门。9月又以3个师团组成第二十一军，10月12日在广东大亚湾登陆，21日攻占广州。

1938年10月武汉会战结束后，中国抗日战争进入了战略相持时期。日军自全面侵华战争开始一年多的侵华作战，并未达到其速战速决的目的，日本国小兵少、人力财力物力不足以支持大规模长期战争的根本弱点已显露出来。日

四 怎样理解中国抗日的主战场

桂南会战中,中国军队指挥将领召开军事会议,研究作战方案。

本政府和大本营被迫停止战略进攻,转为战略保守态势,力争确保其占领区。1939年2月,华南日军攻占海南岛,6月又占领了汕头,11月进攻广西,中日桂南会战爆发。12月间,中国军队在广西昆仑关重创日军,是为中国抗战史上有名的昆仑关大捷。

1939年3月日军向南昌进攻,中日军队南昌会战。中国军队英勇抵抗,战至5月上旬,以武力将日军压迫回会战前之态势,南昌会战结束。5月,日军第十六、十三师团主力和骑兵第四旅,在飞机、坦克支援下,自钟祥向中国第五战区右集团军第三十七、第一八〇师发起进攻,中国军队英勇抵抗,与敌激战,随枣会战爆发。战至5月下旬,中国军队以优势兵力,协同配合,与敌浴血奋战,以伤亡2万多人的代价,毙伤日军13000余人,达到了牵持日军进攻、消耗日军有生力量的目的,并将日军再次压迫回会战前态势,随枣会战结束。

1939年9月,为打击中国军队的抗战意志,消灭中国第九战区部队,日军第十一军在司令官冈村宁次指挥下,集中第六、三十三、一〇一、一〇六师团及3个旅团共约10万兵力,在赣北、湘北、鄂南3个方向,对中国军队发动攻击,企图攻占长沙。中国第九战区在代司令长官薛岳指挥下,以16个军30多个师共40万人的兵力,采取逐次抵抗、诱敌深入的作战方针,在湘、鄂、赣三省交界地区及长沙周围地区,与敌人展开了大规模的会战,是为第一次长沙会战。双方会战历时1个多月,中国军队共毙伤日军3万余人,中国军队亦伤亡、失踪约 4 万人。日军消灭第九战区主力的企图被粉碎，被中国军队以强大的武力攻击迫回到会战前的态势。第一次长沙会战结束。

为了打击日军，夺回重要据点，树立中国抗战最后之根基，1939 年 10 月 10 日，民国政府军事委员会军令部制订了"国军冬季攻势作战计划"。11 月 18 日，蒋介石正式向各部下达作战命令，国民党正面战场对日军冬季攻势作战展开。这是整个抗战期间中国军队规模最大的攻势作战，中国第一、二、三、五、八、九战区共 71 个师的兵力投入作战。战区北起绥远，南至桂南，中国军队全线出击，给侵华日军以沉重打击。至 1940 年 4 月，正面战场攻势作战结束，日军在整个战役中死伤 5 万至 6 万人。

为解除鄂北、鄂南方面中国军队对武汉的威胁，1940 年 5 月初，日军调集第三、十三、三十九师团和第六、四十师团各一部，以及第十八旅团，在第十一军司令官圆部和一郎指挥下，兵分三路，向襄阳、枣阳和桐柏山区进犯，企图将中国第五战区主力围歼于枣阳、宜昌地区。中国第五战区调集 6 个集团军计 21 个军 56 个师兵力参加作战，兵分左、中、右 3 个集团军，以部分兵力正面迎敌，主力则分路挺进敌后袭击日军。枣宜会战开始。双方激战 2 个月，中国军队与日军大小战斗共 500 多次，歼灭日军 2.5 万人。至 6 月 12 日，宜昌失守。中国军队尾随日军第三、第三十九师团之后，收复宜城。16 日日军由宜昌撤退，中国军队即起反击，17 日克复宜昌。24 日，日军增兵再战，复陷宜昌。到 6 月中旬，中日两军沿江陵、信阳一线形成对峙。枣宜会战结束，日军企图聚歼中国第五战区主力的企图落空，其解除中国军队对武汉威胁的意图也未实现。

1941 年 1 月，日军第十一军为了打通平汉铁路南段，解除中国军队对信阳日军的威胁，纠集重兵，分左、中、右 3 个兵团，向豫南发动进攻。同时，豫东、豫北日军也分路策应。中国第五战区部队依然以少数兵力正面拒敌，主力部队分散两翼，转至日军侧背，伺机歼敌。豫南会战展开。战至 2 月 1 日，日军开始收缩回撤，中国军队随即反攻。至 2 月 7 日，各路日军撤回至信阳附近，豫南战役结束。此役日军共被毙伤 9000 余人，其既定的战略意图依然没有能够实现，中国军队取得局部胜利。

1941 年 3 月，日军第三十三、三十四师团和第二十混成旅团共 65000 余重兵，在 100 余架飞机轰炸掩护下，兵分 3 路，向上高地区攻击，企图攻占锦江和赣江之间腹地，消灭中国第九战区第十九集团军主力，解除中国军队对南昌日军的威胁，并突破进袭长沙的天险。以罗卓英为总司令的中国第九战区第十九集团军之第七十、四十九、七十四等军及第三十集团军之第七十二军、江西保安队近 10 万将士，沿锦江南岸设防，迎击来犯日军。是为上高会战。此役战况尤为激烈，双方伤亡均极惨重。战至 4 月 9 日，中日两军恢复至会战前态势。中国军队与日军在以上高为核心的数百里战线上，浴血奋战 26 天，中国军队伤亡 9000 余人，毙伤日军 15000 人，取得会战胜利，日军的战略企图再度落空。上高一役又被誉为"抗战以来最精彩之战""开胜利之年胜利之先河"，受到国民政府嘉奖和赞颂，国人亦深为鼓舞，奔走相告，极大地激励了中国人民的抗日决心与必胜信念。

1941 年 5 月，日军为了截断陇海线，巩固华北占领地，威胁西安，逼国民政府屈服，调集第三十三、三十六、三十七、四十一、二十一、三十五师团等部共约 10 万人兵力，由华北方面军司令官多田骏指挥，向山西省境内中国第一战区防区中条山地区发起大规模的进攻，中条山会战开始。会战中，中国守军不敌日军攻势，全线溃败。5 月 9 日午，中国第八十军所部遭敌机轰炸扫射，进一步溃败。混战中，新编第二十七师师长王竣、参谋长陈文杞及一六五团姚汝崇营长等多名军官牺牲。新编第二十七师副师长梁汝贤、第三军军长唐淮源、第三军第十二师师长寸性奇皆于是役殉国。战至 5 月 28 日，中国军队转移，中条山战役结束。中条山战役前后历时一个多月，据日方的统计资料，中国军队"被俘约 35000 名，遗弃尸体 42000 具，日军损失计战死 670 名，负伤 2292

名"。而国民政府公布的材料则称,会战"计毙伤敌官兵9900名",国军"共伤亡、中毒、失踪官兵达13751名"。中条山会战是整个抗战期间山西省境内规模最大的一次战役,中国军队损失惨重,此役被国民政府视为"最大之错误,亦为抗战中最大之耻辱"。

1941年8月至10月中旬,为了打通粤汉线,消灭中国第九战区主力,日军在岳阳以南地区集结共约12万人的兵力,向长沙进犯,中日两军第二次在长沙会战。此役历时33天,中国军队伤亡失踪7万人,日军伤亡亦达2万余人,飞机被击落3架,汽艇被击沉7艘。日军歼灭第九战区主力的计划再次遭到失败。

太平洋战争爆发后,为了配合英美等盟国军队打击日军,国民政府军事委员会于1941年12月9日令各战区对日军发起进攻,策应太平洋战场盟军对日作战。日军第十一军为策应南洋方面及香港作战,在其司令官阿南惟畿指挥下,调集第三、六、四十等师团主力,发起了对中国第九战区的进攻。中国第九战区部队在司令长官薛岳的指挥下,集中13个军37个师共17万余人的兵力,迎击日军,保卫长沙,是为第三次长沙会战。双方战至1942年1月16日,恢复至战前态势,再次形成对峙局面。此次会战,历时23天,中国军队伤亡将士3万余人,日军被毙亡5万多人,被俘139名。第三次长沙会战最终以中国军队的胜利而告终结,同时也是太平洋战争爆发后盟国对敌作战的第一次大捷,在国际社会上也引起了强烈反响。

1942年5月15日,日军第十三军以5个师团和2个旅团的兵力在奉化、绍兴、萧山、富阳一线200余公里的战线上向中国军队陆续发起进攻,浙赣会战正式打响。中国守军逐次抵抗。战至8月30日,除金华、兰溪地区外,第三战区基本恢复至战前态势。浙赣会战结束。浙赣会战历时100多天,日军先后侵占浙、赣两省共48个县。会战期间,中国军队机动转进,奋力御敌,给日军以沉重打击。全战役共毙伤日军3万余人,中国军队阵亡4万余人。日军破坏了浙赣沿线衢州等处机场，基本上达到了其预期的作战目的。日军还大肆掠夺各种物资，并造成当地平民生命财产的重大损失。特别是在衢县地区，日军在作战时对中国军民实施细菌战，致使浙赣铁路沿线鼠疫、霍乱、炭疽、伤寒等传染病暴发流行，仅衢县一县在1942年9月至12月的4个月中，患疫人数就达2万余人，死亡3000余人。

太平洋战争初期，同盟国连连失利，日军迅速占领菲律宾、泰国、马来西亚、香港、印度尼西亚等地，缅甸成为东南亚唯一未被日军占领的国家。为保卫缅甸这一战略要地和中国西南大后方的安全，保护滇缅公路的畅通，1941年12月23日中英两国签署《中英共同防御滇缅路协定》，标志着中英军事同盟成立。12月31日，美国总统致电蒋介石，建议成立中国战区最高统帅部，请蒋介石出任中国战区盟军最高统帅。1942年1月4日，日军开始进攻缅甸，英缅军节节败退，日军迅速进逼仰光。英方吁请中国军队入缅援救。2月，中国组成中国远征军第一路军，下辖3个军共计约10万人，以卫立煌为司令长官，进入缅南、缅东地区，在英缅军总司令胡敦的统一指挥下对日作战。此为中国远征军第一次入缅作战，历时半年许，转战1500多公里，最后撤回国内及印度计4万余人，兵力减员5万多人，伤亡极为惨重，中国新编第二〇〇师师长戴安澜将军在此次远征中殉国。中国远征军浴血苦战，虽然未能挽回盟军缅甸防御战的颓势，亦未能保证滇缅公路的畅通，但是，广大官兵在缅甸战场上顽强作战，给日军以有力的打击，遏制了日军的推进，使得驻缅英军解除了危机，大大提高了中国的国际地位。

1943年5月，日军为打通长江上游航线，攫取中国船舶及洞庭谷仓，进而窥伺重庆门户，从各处调集6个师团、1个旅团的兵力和100余架飞机，在第十一军司令官横山勇的指挥下，对鄂西地区中国军队发动进攻。中国第六战区则集中第三十三、二十九、二十六、十集团军和江防军等部队，在代司令长官孙连仲指挥下，确立在既设阵地先以坚强之抵抗给日军以不断消耗，诱日军于石牌要塞至渔洋关间，然后转入攻势，歼灭日军于长江两岸的方针，在湖北省西部长江两岸与日军作战。鄂西会战开始。会战从5月5日开始，至6月中旬结束。其间5月25日，日军再次发动全线攻击，中国军队江防军第十八、第三十二军正面迎敌，石牌要塞保卫战打响。激战至28日晚，日军正面进攻受挫，后方联络路线被切断，完全陷于包围之中。在石牌保卫战中，中国空军及美国第十四航空队派来的飞机，猛攻日军阵地及其后方交通线，给中国地面作战部队以很大的支援。至6月中旬，日军退守华容、石首、藕池口一线，恢复战前态势。鄂西会战一役，作战尤烈，石牌要塞保卫战更为关键之战。会战中双方损失均十分惨重，据国民政府战史资料所载，日军伤亡16075人，被俘12人，中国军队伤亡41863人，失踪7270人。战线各县人民生命物资遭敌兵之烧毁损失，不可数计。日本战史记载，日军战死771人，负伤2746人，中国方面遗尸30766具，被俘4279人。会战后期，中国空军与美国空军联合作战，对日军进行大规模空袭，从5月下旬至6月上旬，中美空军击毁日军飞机数十架。5月31日，中美空军联合出击轰炸宜昌时与日本空军发生空战，一次就击落日机23架，击伤8架。日军的制空优势开始丧失。

1943年9月27日，日本大本营下达常德作战命令，次日中国派遣军总司令向第十一军司令官横山勇下达命令。横山勇调集约5个师团、4个支队共8万余人的兵力和130余架飞机，于11月上旬开始对常德地区中国军队发动进攻。中国第六战区在第九、五战区配合下，集中28个师约19.4万多人、飞机100余架，在第六战区代司令长官孙连仲统一指挥下，进行防御，是为常德会战。11月24日，日军各师团对常德进行围攻，中国第五十七师与日军在城郊展开激战。11月26日起，日军对常德发起猛攻，中国军队伤亡亦极惨重，工事全被摧毁。28日下午，日军从北门突入城内。师长余程万命令所部逐次退守城北各街巷，常德保卫战进入巷战阶段。战至12月3日凌晨，余程万以援军未到，大局无可挽回，遂令第一六九团团长柴意新指挥残部继续牵制日军，其本人则亲率

四 怎样理解中国抗日的主战场

1943年12月8日,中国军队收复常德。图为中国军队整队入城。

余部向南突围。柴意新率部与日军经10余次肉搏,全部殉国,常德城陷落。自外围作战至常德失守,第五十七师以不足9000兵力,孤军守城,与数倍于己的日军拼死苦战,兵亡官继,弹尽肉搏,一寸山河一寸血,坚持近半月,伤亡官兵5703名,表现出英勇不屈的抗敌意志与爱国精神,在中华民族抗战史上留下了悲壮绚丽的篇章。常德失守后,中国第六、九战区部队迅即从外围将日军包围于常德地区,与日军激战5个昼夜,给敌以巨大杀伤。会战中,中美空军联合作战,配合地面部队歼灭日军。至12月9日,第九战区欧震兵团由常德东西两面击破日军,攻入城内,日军退却,常德于失守6天之后收复。至1944年1月初,中国军队以武力将日军压迫回原驻地,中日两军恢复会战前态势。

1943年,同盟国反法西斯战争转入战略反攻,日军在太平洋战场上连遭失败,美国海空军切断了其在南洋各地军队的海上交通线。日本大本营为保持其本土与南洋的联系,决定打通从中国东北直到越南的大陆交通线,同时摧毁沿线地区的中美空军基地,以保护本土安全及其海上交通通畅,遂令中国派遣军调集约51万兵力,发动打通大陆交通线的作战,又称"一号作战"。国民政府军事委员会以共约100万兵力进行抗击。豫湘桂会战自1944年4月日军在豫中发动进攻开始,至12月结束,历时整整8个月,主要分豫中会战、长衡会战、桂柳会战3个阶段。会战中,正面战场中国军队损失兵力计达70万人左右,河南、湖南、广西、广东、福建、贵州等省大部或一部20余万平方公里的国土沦丧,6000余万同胞处于日军铁蹄蹂躏之下。这是抗战以来正面战场上中国军队规模最大的一次溃败。另一方面,日军以伤亡约12万人的代价,尽管达成作战企图,打通了大陆交通线,也确实摧毁了沿线的中国空军机场;但是,它却无力保障大陆交通线畅通,同样也未能阻挡盟军飞机空袭日本本土。相反,由于其长线作战,兵力分散,为此后不久中国军队反攻作战提供了有利时机。

1943年10月,中国驻印军与英、美军协同,开始向缅北日军反攻。1944年3月中国驻印军攻占胡康河谷,6月占孟拱,8月占密支那。在云南边境沿怒江与日军对峙的中国远征军,于1944年5月转入反攻,强渡怒江。1945年1月下旬,与驻印军会师于缅北芒友。1945年春夏,盟军攻势更加猛烈,迅速向日本本土逼近。日军败局已定,仍作最后挣扎。中国正面战场部队乘日军收缩之机,于4月至7月进行了桂柳反攻战役、湘西会战,收复大片国土。至此,国民党正面战场大规模对日作战基本结束。5月,法西斯德国投降。7月,中国与各盟国政府在德国波茨坦举行会议并发表宣言,敦促日本投降。8月6日和9日,美国分别在日本广岛、长崎投下原子弹。8月8日,苏联对日宣战,出兵中国东北。中国各抗日根据地军民立即发起反攻。10日,日本政府表示愿意投降,15日正式宣布无条件投降。9月2日,在停泊于东京湾的美国军舰"密苏里"号上,日本外相重光葵、参谋总长梅津美治郎向各同盟国代表呈交了投降书。9月9日,在南京,侵华日军总司令冈村宁次向中国政府代表呈交了投降书。中国抗日战争和第二次世界大战至此结束。

2 什么是中国抗日的敌后战场

中国人民抗日战争时期，还存在着与国民党战场互相配合、互相支援，共同构成中国人民抗击日本侵略之总体战场的敌后战场。那么，什么是中国抗日战争的敌后战场呢？

中国抗日战争的敌后战场，是指由中国共产党领导的八路军、新四军、民兵和人民自卫武装，深入在华北、华南、华中等敌后广大区域内，开辟敌后抗日根据地，以人民战争为总战略，以运动游击战、伏击战为主要战术与作战方式，从敌人后方给日军以有力打击，与国民党正面战场形成对日军腹背夹击之势的抗日根据地战场与游击战场，在中国人民抗日战争过程中担负起了对日抗战的重要战略责任，为中国人民取得抗战的最后胜利，起到了关键性的作用。

根据相关档案记载，抗日战争时期，中国共产党领导的八路军、新四军及各种人民武装，在敌后战场上对敌发起主动作战，大小战斗共达12.5万次。最多时投入兵力90多万正规部队和200多万民兵，并在抗战相持阶段后期上升为主战场，担负着对在华日军一大部分兵力的抗击作战任务。另据不完全统计资料，在抗日战争8年间，敌后战场中共军队损失合计58.3万人，其中牺牲16万人，负伤29万人，被俘4.6万人，失踪8.7万人，对中国人民的抗日战争取得最终胜利，做出了巨大的贡献。下面简单介绍一下抗日敌后战场的对日作战过程。

在太原沦陷前，八路军在华北主要是在战役上配合正面战场友军作战。1937年9月25日，八路军第一一五师主力首战平型关告捷，一举歼灭日军精锐第五师团第二十一旅团1000余人，取得全国抗战以来第一个大胜利，沉重打击了日军的嚣张气焰，振奋了全国军民抗战的斗志和信心。接着，八路军第一二〇师、第一二九师在同蒲路北段和正太路上先后展开交通破袭战，切断了敌人的交通线，攻取雁门关，袭击日军阳明堡机场，烧毁敌机24架，给敌以较大打击，有力地支援了国民党军在忻口的防守战役，并掩护了他们的退却。

1937年11月8日太原失守后，国民党军大部溃退到黄河以南、以西地区，在华北以国民党军为主体的正规战即告结束，以共产党为主体的游击战争上升到主要地位，担负起敌后对日抗战的主要任务。

太原会战后，中共中央北方局及八路军总部决定，以山西省为主要阵地，支撑华北抗战，采取游击战术，袭击日军后方及交通运输线，进而创建敌后根据地。第一一五师一部创立了晋察冀边区根据地，一一五师师部则率第三四三旅创建了晋西南抗日根据地。第一二

八路军东渡黄河，开赴华北抗日前线。

〇师创建了晋西北抗日根据地，第一二九师及一一五师之一部创建了晋冀豫抗日根据地。至1937年冬，中共领导的抗日武装又创立了晋察冀根据地北岳区，并于1938年春建立了冀中根据地。与此同时，中国共产党在冀南、冀东、冀鲁豫边和山东等平原地区，先后领导了人民抗日武装起义，建立了抗日武装。从1938年4月起，八路军各部又逐渐将抗日游击战争由山区推向冀鲁豫平原和察

绥广大地区，开辟了广阔的华北敌后战场。

尔后，八路军三大主力进一步在山西实行战略展开。第一一五师及八路军总部特务团各一部在晋察冀边地区，第一二〇师在晋西北地区，八路军总部率第一二九师全部及第一一五师一部在晋冀豫边地区，分别依托五台山、吕梁山、管涔山、太行山创建了敌后抗日根据地。在华中，新四军各部于1938年4月由皖南和鄂豫皖边挺进华中敌后、大江南北，先后在苏南、皖中、豫皖苏边等地区开展游击战争，创建抗日根据地。

据相关研究，自1937年9月平型关初战到1938年10月武汉失守，八路军、新四军在敌后战场对日军作战1600多次，毙伤日军6万余人，1938年敌后战场抗击日军兵力40万人，占全部侵华日军的58.8%，抗击伪军7.8万人，达100%。先后建立了晋察冀、晋西北、晋冀豫、冀鲁豫、苏南、淮南、豫皖苏边等24块抗日根据地，与正面战场在战略上对日军形成夹击之势，从而使日军占领的地区只限于城市和主要交通线上，兵力愈加分散，迫使日军停止了战略进攻。与此同时，八路军、新四军也在对日作战过程中迅速发展壮大，从出师抗日前线时的5万余人，发展到18.1万余人，壮大了近4倍。

中国共产党领导的八路军、新四军在华北、

1938年6月，八路军第四纵队挺进平北、冀东开展敌后游击战争。

华中广大地区开辟敌后抗日根据地，对侵华日军的后方形成了极大威胁，有力地配合了国民党正面战场的对日作战，深为日军当局所顾忌。自武汉会战结束之后，日军的军事作战重点，逐渐转向抗日根据地，开始对根据地进行残酷的"扫荡"作战。根据地军民与敌针锋相对，展开了大规模的反"扫荡"斗争。从1938年至1940年，日军对晋察冀边区进行了长时间的大规模的"扫荡"，边区军民英勇抗战，多次粉碎日军的疯狂进攻，巩固并扩大了晋察冀抗日根据地。1938年11月至1939年7月，华北日军向冀中根据地"扫荡"，冀中军民顽强抵抗，予日军以迎头痛击。1939年4月下旬，八路军一二〇师主力部队以优势兵力在河间齐会地区，击溃日军第二十七师团第三团吉田营，歼敌700余人，取得了齐会之战的重大胜利，击破了日军由点及面占领冀中地区的战略企图，巩固了冀中根据地。10月下旬，日军第二十六、一一〇师团和独立混成第二、三旅各一部约2万余人，再向晋察冀根据地北岳区进行大规模的"扫荡"，企图消灭八路军主力，摧毁抗日根据地。晋察冀军区和八路军第一二〇师部队，严阵以待，分别于11月3日、7日在河北省涞源县东南的雁宿崖、黄土岭地区设伏，两次战斗歼敌约1500余人。在黄土岭伏击战中，八路军击毙了日军中将阿部规秀。晋察冀根据地军民反"扫荡"作战，前后历时一个半月，八路军与敌作战100多次，共毙伤日伪军3600余人，取得了重大胜利。此外，在晋冀鲁豫、晋绥、山东和华中、华南抗日根据地敌后战场上，八路军、新四军部队也多次粉碎了日军的"扫荡"与"清乡"，使根据地得到巩固，人民抗日武装亦有很大的发展。

为了打破日军对华北抗日根据地的疯狂"扫荡"和严密封锁，解除抗日根据地发展所受到的严重威胁和抗日军民面临的困难境地，以争取全国抗日战局的好转，克服国民党政府的投降危险，八路军前方指挥部在华北敌后对日军发动了大规模的破袭作战。1940年7月22日，八路军前指发出战役预备命令，规定："战役目的以彻底破坏正太线若干要隘，消灭部分敌人，收复若干重要名胜关隘要点，较长期截断该线交通，并乘胜扩张战果，扫除该线南北地区若干据点，开展该路沿线两侧工作，以至完全截断该线交通为目的。"8月8日，前方指挥部下达战役行动命令：以晋察冀军区主力10个团破击正太线平定至石家庄段，重点在娘子关至平定段；第一二九师以主力8个团附总部炮兵团一个营，破击正太线平定至榆次段，重点为阳泉至张净镇段；第一二〇师以4至6个团破击同蒲路平遥以北及汾阳、离石公路，以重兵置于阳曲南北阻敌向正太线增援。还要求各部派出兵力对本区范围内敌占铁路和重要公路封锁线进行袭击，以配合作战。这次战役从1940年8月20日开始，到12月5日结束。随着战斗的展开，参战部队陆续增加到105个团，约20万人，故史称"百团大战"。此次大战历时3个半月，是抗日战争中八路军在华北地区发动的一次规模最大、持续时间最长的战略性进攻战役。在全战役中，八路军在华北地区广大群众配合支援下，前仆后继，同日军作战1800余次，毙伤日伪军约3万人，俘日军280余人，俘伪军1400余人，迫伪军反正1800多人，拔除敌据点2900多个，破坏铁路474公里，公路1500余公里，桥梁和隧道260多处，缴获各种炮50余门，各种枪械5800余支。八路军也付出了伤亡1.7万余人的代价。百团大战严重地破坏了日军在华北的主要交通线，收复了被日

百团大战中，八路军攻克涞源县东团堡。

军占领的部分地区，沉重地打击了日军，有力地配合了正面战场作战，对坚持抗战、遏制当时对日妥协投降暗流、争取时局好转起到了积极作用，同时它也鼓舞了全国军民抗战必胜的信心，提高了中国共产党和八路军的声威，成为中华民族抗日战争史上光辉的一页。

1941年和1942年两年间，中国抗日战争进入了非常困难的时期，中国共产党领导的敌后抗日根据地也进入了异常艰苦的阶段。在此期间，日军集中其2/3以上的在华兵力，对抗日根据地军民进行疯狂的"扫荡"、"清乡"和严密的"封锁"，妄图彻底消灭中国人民抗日战争的中坚力量，进而磨灭中国人民的抗战意志。两年之间，日军对华北抗日根据地进行了约180次规模不等的"扫荡"，累计动用兵力达80万人以上。在"扫荡"过程中，日军对抗日根据地实施残酷的烧光、杀光、抢光的"三光政策"，并严重违背国际法准则，对中国人民实施大规模的化学战和毒气战，使敌后抗日根据地军民受到严重的损失。同时，由于国民党政权基于其反共立场，不断制造事端，向中共领导的根据地抗日武装发动军事进攻，使根据地军民面临着日、伪、顽各种反动武装夹击的严重局面。加以华北地区持续不断的严重自然灾害，抗日根据地的发展受到很大的影响，根据地的面积缩小，人口由1亿人左右下降至5000万，中共领导的抗日武装力量也由50万人减至40万人。

在此极端险恶的形势下，中国共产党领导根据地军民艰苦奋斗，大力进行根据地民主政权建设和经济建设，克服了严重的自然灾害和敌人的经济封锁，为巩固敌后抗日根据地，保障抗战条件，提高广大军民的抗敌斗志和战斗力，奠定了物质基础。在此期间，根据地军民坚持对敌抗战，晋西北抗日根据地军民在1942年初击退了日军的春季"扫荡"，海南岛琼崖抗日根据地粉碎了日军的"扫荡"与"蚕食"，冀中平原抗日根据地军民也于1942年5月间对日军"五一大扫荡"进行了坚决的抗击。华中地区苏中、淮南、淮北等根据地也对敌展开了长期的反"扫荡"、反"清乡"斗争，取得了一系列重大的胜利。经过艰苦奋战，敌后战场抗日根据地军民终于克服了巨大的困难，并在1943年间国际反法西斯战争形势发生重大变化的有利条件下，在敌后战场上，广泛发动人民群众参加抗战，开展普遍的敌后游击战争，使日本侵略者陷入了人民战争的汪洋大海之中，敌后抗日根据地进入了恢复与发展时期。八路军、新四军在取得一系列反"扫荡"、反"清乡"斗争的胜利的同时，还向敌后深入发展，积极主动地打击日军。八路军总部先后组织冀鲁豫军区和太行军区进行了卫南、林南战役，收复了日军侵占的卫南地区，并将根据地发展到豫北、太南地区。山东军区发动了赣榆等战役，广大军民经过一年的艰苦斗争，恢复了山东根据地。其余各大根据地都得到了恢复与发展。到1943年底，华南、华北和华中抗日根据地得到了迅速的发展，解放区人口上升到了8000多万，抗日武装力量上升到50万左右。

从1944年开始，日军为挽回其在南太平洋战场上的败势，不断从中国战场抽调兵力，派往太平洋战场。与此同时，为了打通大陆交通线，日军在数千公里的战线上发动了"一号作战"，分散投入了大量的兵力，使其在华北、华中地区的兵力进一步削弱，从而为敌后抗日根据地的发展提供了有利时机。八路军、新四军和根据地广大军民，积极主动地向日军发动攻势作战，扩大根据地、解放区，配合正面战场对日作战，收复被日军侵占的县城100余处，迫使日伪军放弃据点，收缩防守。原来被日军分割的根据地也逐渐连成一片，不断扩大。八路军、新四军还在外线发动了几次大规模的对日作战，开辟了豫西、湘鄂赣、浙东抗日根据地。到1945年4月，形成了陕甘宁、晋察冀、冀热辽、晋绥、晋冀豫、冀鲁豫、山东、苏北、苏中、苏浙皖、淮北、淮南、皖中、浙东、鄂豫皖、广东、琼崖、河南、湘赣19块主要敌后抗日根据地，面积约95.7万平方公里，人口9550万人，军队91万，民兵220万人，自卫队1000万人。敌后抗日根据地得到恢复与发展，不仅承担了抗日战争后期中国战场对日作战的主要任务，也成为中国人民进入反攻阶段，彻底战败日本侵略者，夺取抗日战争伟大胜利的前线战场；同时它构成了新中国政权的雏形，奠定了未来中国政治发展的基本走向，成为中华民族解放与复兴的摇篮。

1945年7月26日，由中、美、英三国首脑签署的《波茨坦公告》在德国柏林发表，宣称同盟国将对日本以最后打击，直到其停止抵抗为止，日本必须无条件投降。8月8日，苏联对日宣战，加入《波茨坦公告》。8月9日，苏联百万红军兵分3路，向中国东北境内日本关东军发动进攻。同一天，中共中央主席、中共中央军事委员会主席毛泽东发表《对日寇的最后一战》的指示。10日，八路军总司令朱德向各解放区所有武装部队发布第一号作战命令，次日又发布第二至七号作战命令，指挥各解放区部队对日军展开全面反攻作战，以迫日伪军投降。各解放区八路军、新四军部队随即展开了大规模的对敌作战，为最终打败日本侵略者做出了重要贡献。

3 两个战场是怎样形成的

中国抗日战争是在第二次国共合作条件下进行的，正面战场与敌后战场则是在反对日本军国主义侵略的统一战略目标下形成的。

西安事变后，国共两党关于合作抗日的谈判，由于国民党方面的阻碍，在两党合作宣言、指挥权等问题上未能达成正式协议。1937年7月7日，卢沟桥事变爆发，日本挑起全面侵华战争，中国守军奋勇抵抗，中华全民族抗战正式展开。日本的全面侵华战争，使中华民族面临亡国危险。中国共产党以民族大义为重，于卢沟桥事变发生第二天，即发出《中国共产党为日军进攻卢沟桥通电》，向全国人民呼吁筑成民族统一战线的坚固长城，抵抗日寇的侵略。中共代表周恩来等将提出发动全民族抗战、实行民主政治和改善人民生活三项基本要求的《中共中央为公布国共合作宣言》交给蒋介石，并于17日开始与国民党代表在庐山继续谈判。1937年8月9日，受国民党邀请，中共指派周恩来、朱德、叶剑英等人到南京参加国防会议，共商抗日大计，同时就发表两党合作宣言、确定共同抗日政治纲领、决定国防计划、确定红军指挥系统及初步补充数量和红军作战方针等问题，继续谈判。八一三事变爆发后，蒋介石急需红军开赴前线作战，遂于8月22日同意将红军改编，并答应每月发给军饷50万元，另拨开拔费20万元及部分物资装备。同时，双方还就南方红军游击队改编、在国统区设立中共代表团和八路军办事处、出版《新华日报》等问题，达成原则协议。8月25日，中共中央宣布红军改编命令，将西北红军改编为国民革命军第八路军，红军前敌总指挥部改为八路军总指挥部，由朱德、彭德怀分别任正、副总指挥；红军总政治部改为八路军政治部，由任弼时、邓小平分任正副主任，下辖3个师，由林彪、聂荣臻分任第一一五师正、副师长，贺龙、萧克分任第一二〇师正、副师长，刘伯承、徐向前分任第一二九师正、副师长，全军共约4.6万人。12月25日，根据国共两党协议，原来分散在南方14省的红军游击队改编为国民革命军陆军新编第四军，简称新四军，在汉口成立军部，军长叶挺，副军长项英，参谋长张云逸，副参谋长周子昆，政治部主任袁国平，副主任邓子恢，下辖4个支队共1万余人。

9月22日，国民党中央通讯社播发了《中共中央为公布国共合作宣言》，向全国人民宣布："当此国难极端严重，民族生命存亡绝续之时，我们为着挽救祖国的危亡，在和平统一团结御侮的基础上，已经与中国国民党获得了谅解，而共赴国难了。"同时《宣言》还宣布了合作抗日的四项保证："一、孙中山先生的三民主义为今日中国之必需，本党愿为其彻底的实现而奋斗。二、取消一切推翻国民党政权的暴动政策及赤化运动，停止以暴力没收地主土地的政策。三、取消现在的苏维埃政府，实行民权政治，以期全国政权之统一。四、取消红军名义及番号，改编为国民革命军，受国民政府军事委员会之统辖，并待命出动，担任抗日前线之职责。"次日，蒋介石发表《对中国共产党宣言的谈话》说："此次中国共产党发表之宣言，即为民族意识胜过一切之例证……在存亡危急之秋，更不应计较过去之一切，而当使全国国民彻底更始，力谋团结，以共保国家之生命与生存。"这实际上承认了中国共产党应有的合法地位，第二次国共合作、共同抗日的局面正式形成。

当国民党正面战场上中国官兵与日军进行浴血奋战之际，中国共产党领导的八路军不待改编完毕，即于1937年8月22日派第一一五师主力一部在陕西三原誓师出征，挺进抗

平型关战役中，八路军机枪阵地。

日前线，于9月中旬进抵晋东北五台、灵丘一带。9月3日，第一二〇师主力亦由陕西富平县出发，随一一五师北上抗日，于9月下旬进入晋西北宁武、神池一带。9月4日，朱德率八路军总指挥部由陕西省泾阳县云阳镇出发东进，于9月21日抵达太原。此后在8年的烽火岁月中，一直转战于华北抗日前线，辗转于华北20个县60多个村镇，领导抗日根据地军民，坚持进行艰苦卓绝的敌后抗战，创造了辉煌的战绩，直到中国人民抗日战争取得最终胜利。9月30日，第一二九师主力出师东进。八路军誓师出征后，立即于日军的侧翼及后方展开，协同友军迎击来犯之敌。是年底，新四军完成改编后，也立即奔赴大江南北的抗日前线。至抗日战争相持阶段到来后，中国共产党又在华南地区成立了东江人民抗日游击队、珠海抗日游击队和琼崖抗日纵队，开展敌后游击战争。

太原沦陷前，八路军在华北主要是在战役上配合正面战场友军作战。太原失守后，八路军各部深入敌后，开辟敌后抗日根据地，对敌展开多种多样的游击战争，由此形成了抗日战争敌后战场。在中国共产党领导下，根据地军民利用各种各样的战略战术，在敌后不失时机地打击日军。

中国共产党领导的敌后战场与国民党正面战场，互相支援，互相配合，分工合作，共同支撑起中华民族全民族抗战的伟大事业，两个战场也正是在中国抗日战争过程中逐步形成的。正面对抗是战争中常见的最普遍的战争形态，抗战初期的正面战场，日军处于战略进攻，中国军队处于战略防御，这是无从选择的。敌后战场则是以毛泽东为代表的中国共产党人科学地分析了中日战争的形势及敌、友、我三方的具体情况，充分发挥主观能动性、灵活性和创造性，领导人民武装部队深入敌后开辟创建的。毛泽东等中共领导人在全国抗战开始后，全面科学地分析了战争形势，认为，由于敌强我弱，日军装备精良、训练有素，中国在军事上单靠正面防御是难以取胜的，还必须到敌人后方去发动群众性的游击战争。由于敌小我大，就决定了日军在中国占据的地域越大，其兵力就越不足，只能控制主要交通线和城镇，这样敌后广大乡村地带必然成为开辟抗日根据地的理想区域。因此，中共中央在1937年8月召开的洛川会议上，及时而果断地提出党所领导的人民军队，在军事战略上必须实行由国内革命战争的正规战向抗日民族解放战争的游击战的转变，决定坚决实行全面抗战的正确路线和在敌后独立自主发动游击战争的方针，担负起开辟敌后战场，创建抗日根据地，壮大人民抗日武装力量，在战略上配合正面战场友军作战的战略任务。

八路军、新四军深入敌后，开辟敌后抗日根据地，其迅速得到扩大，形成敌后战场。至此，中国抗日战争之正面战场与敌后战场的分工开始明朗，即：国民党正面战场以200多万正规军，在不同战区内，正面以大兵团会战的战争方式，抵御日军的进攻，8年之间，与日军展开20多次大规模的会战，在抗战防御阶段，对遏止日军侵略攻势起到了关键的作用。中国共产党领导和创造的

抗战 热点面对面

活跃在洪泽湖上的新四军部队。

敌后战场的开辟，形成了独当一面的战略格局，把日军拖入到敌后战场人民战争的汪洋大海之中，打乱了侵华日军作战前线与后方的划分，变战略内线为战略外线，变被动为主动，变战略被包围为战略反包围，形成敌后与正面两个战场夹击日军的有利战略态势。从敌人后方对其构成威胁，牵制日军兵力，从而对正面友军抗战起到重大的支援作用。

这种在抗日战争初期阶段形成的中国对日抗战的战场形态，一直持续至中国人民抗日战争胜利，成为"二战"期间各国反法西斯战场中独特而有效的制敌战略，在人类战争史上也属一次伟大的创举。

从国共两党最高军事指挥当局的对日抗战战略指导意图与所达成的共识来看，正面战场和敌后战场的分工也是十分明朗的。早在1937年8月国防会议召开期间，中共中央代表周恩来、朱德、叶剑英等人经向国民党最高军事指挥当局明确说明，使得蒋介石、何应钦等人同意八路军的作战任务为：充任战略游击支队，只作侧面作战，不作正面作战，协助友军，扰乱与牵制敌人大部，并消灭敌人一部。简而言之，即是由国民党军在正面战场上担任对日军正面作战，以打正规战为主；而中国共产党领导的八路军等人民武装部队，则以担任侧面及敌后游击作战为主，并且在总的战略之下，进行独立自主的指挥。国共两党中有关两军在抗战中的分工与部署，是中国抗日战争总体战略部署的重要内容。在抗战8年中，这种战略部署的意图与目的，在正面战场自然形成、敌后战场开辟之后，得到了充分的展现与实现。敌后战场的形成，使日军因其对后方占领区内八路军、新四军的打击有所顾忌而不敢全力正面进攻，从而遏制了日军在战争初期的战略攻势，加快了中国抗日战争战略相持阶段的提前到来。武汉会战后，日军被迫停止对国民党正面战场的战略进攻，中国抗日战争进入相持阶段。此后，侵华日军在华北、华东、华中和华南广大地区，到处受到中国军队从正面、侧面和后方的包围与打击，使日本帝国主义深陷于战争的泥潭不能自拔，并最终走向败亡的道路。

4 两个战场是否有主次之分

总体上说来，抗日战争是中国军民在抗日民族统一战线伟大旗帜下与来犯之敌进行的一场殊死搏斗。抗日战争的正面战场与敌后战场，只是在中国抗日战争统一的战略部署下对国共两党独立领导的抗日军队所作的地域上的划分，都是统一的中国抗日战争的有机组成部分，两者之间虽然在地域上相对独立，但在战略关系上则呈互相支持、互相协助、互相依存的关系。因此，我们认为，如果从中华全民族抗战的角度来看，作为共同构成抗日战争总体战场之有机部分的正面战场与敌后战场，都各自充分发挥了其应有的作用，对中国人民取得伟大的抗日战争的胜利，做出了巨大的贡献，是不可分割的。因此，两个战场实无主次之分，只不过在战争的不同阶段所起的作用不同。

正面战场担负着大规模的对日军正规作战任务，抗击着日军猛烈的军事进攻。8年之间，国民党正面战场与日军共进行了22次重大会战，并有力地组织了一部分反击、反攻作战，基本实现了国民党最高军事当局以及中国共产党领导人在战争初期所策定或预计的"以空间换时间"的战略方针，达到了分散日军兵力、消耗日军战力、迟滞日军进攻、掩护大后方的战略目的；在敌后战场，中国共产党领导抗日根据地广大军民，在日军占领区内担负着游击战争的任务，在极端困难的环境与条件下，军民团结，与日军展开了长期的斗争，收复国土100多万平方公里，解放近1亿人口，粉碎了日军以华制华、以战养战的战略企图，圆满地完成了配合正面战场作战、坚持持久抗战的战略任务。据相关研究，在8年的抗战过程中，正面战场与敌后战场抗击和牵制的日军兵力大体相当。因此可以说，中国的抗日战争，少了哪一个战场，其后果都是极其严重的，正面战场与敌后战场，在中国人民抗日战争史上，具有同样的历史地位与伟大作用。

然而，如果考察中国抗日战争不同阶段两个战场的战略地位及所抗击、牵制的日军在华兵力，则两个战场在不同时期所起的作用又有明显的不同。在战略防御阶段，正面战场抗击着侵华日军的大部分兵力，从1937年7月至1938年10月，先后与日军进行了淞沪、忻口、徐州和武汉等多次大规模战略性会战，歼灭日军25万余人，粉碎了日本帝国主义企图在3个月内灭亡中国的侵略计划，迫使日军停止战略进攻，起了决定性作用。同时，在客观上它也为八路军、新四军挺进敌后，创建抗日根据地创造了有利条件。在这一时期，正面战场无疑担负着抗击日军战略进攻的主要任务，是此一阶段中国抗日战争的主战场。而敌后战场则处与开创与发展时期。

当然，在抗战防御阶段，由于种种历史的客观原因，因国民党军政当局的错误抗战方针与战术运用，正面战场国民党军的200多万军队在15个月内遭受104万余人的重大伤亡，出现了正面战场的大溃败，华北、华中大片国土和华南要地，先后有13个省的340余座大中小城市、100多万平方公里的土地落入敌手，使侵华日军迅速占领了大半个中国。而八路军、新四军和华南抗日游击队在正面战场溃败之时，迅速挺进华北、华中和华南敌后，变日军的后方为前线，广泛开展游击战争，创建了世人瞩目的敌后抗日根据地，担负起敌后抗战的重大任务，促进了两个战场格局形成，使日军腹背受敌，不得不停止对正面战场的战略进攻，使中国的抗日战争转入战略相持阶段。

在战略相持阶段，中国抗战态势又发生重大变化，正面战场与敌后战场所具的地位与所起的作用也不尽相同。在这一时期，敌后战场在中国抗战中的地位迅速上升，并逐步转化为抗日战争的主战场。

1938年10月后，日本帝国主义开始对国民党采取以政治诱降为主、军事打击为辅的政策，企图分化瓦解抗日民族统一战线。在军事上，日军停止对国民党正面战场的战略进攻，逐渐转移其主要兵力进攻敌后战场。国民党消极抗日倾向也开始显露，由与中国共产党合作抗日转变为积极反共。但在1940年底以前，日军的进攻重点仍然是国民党正面战场，先后发起南昌作战、随枣作战、第一次长沙作战、桂南作战、绥西作战和枣宜作战。国民党正面战场则相应地与日军展开大规模的会战。此外，1939年冬，正面战场调动10个战区132个师、9个独立旅，共100多万人，主动对日军发起"冬季攻势"。在这些重大会战与攻势作战中，正面战场对日军的进攻同样进行了坚决抗击，给日军以较大打击，共毙伤俘日军26.3万余人，自己也付出了101.9万余人的重大伤亡。这一时期，国民党正面战场仍然承担着主要的对日作战任务，同样可以说是抗日战争的主战场。敌后战场则在不断发展壮大的同时，对日军发动的军事进攻予以坚决的回击，巩固了抗日根据地，确保了两个战场共同抗敌局面的维系。1940年下半年进行的百团大战，不仅给日军以重创，张扬了中国军队抗敌的决心与勇气，也对克服国民党妥协路线的进一步发展起到了积极的作用。

从1941年到1945年9月间，正面战场对日军作战相对于前一时期激烈程度有所减轻，但亦与日军进行了豫南会战、上高会战、中条山会战、第二次和第三次长沙会战、浙赣会战、中国远征军入缅作战、鄂西会战、常德会战、豫湘桂会战，以

1939年秋第一次长沙会战期间，中国军队与日军在通城发生激烈巷战。

及进入反攻作战时期的滇西缅北反攻作战、湘西会战和桂柳反攻作战。在这些会战中，正面战场都对日军的军事进攻给予了有力抗击，有些局部作战还取得了较大胜利，显示出中国抗战胜利的曙光。此一时期，由于日本急欲尽快结束对华战争，对国民党蒋介石采取军事与政治相结合的策略，企图拉拢蒋介石妥协，促成蒋介石、汪精卫合流，达到"以华治华"的图谋。此外，在战略相持阶段，尤其是在太平洋战争爆发后，日军海外作战重心逐渐由中国战场转移到南太平洋战场，对中国战场采取巩固占领区的方针，对敌后各抗日根据地实施所谓的"总力战"，连续"扫荡""清乡"，对抗日根据地军民实施残酷的"三光政策"，惨无人道地屠杀中国人民，企图彻底毁灭敌后抗日根据地，打破其身陷中国两个战场前后夹击的格局。据相关统计，1939年日军对敌后解放区作战使用的兵力达54万人，占其侵华总兵力的62%，伪军14.5万人，达100%。1940年日军对敌后解放区作战使用的兵力47万人，占全部侵华日军的58%。

1941年、1942年两年间，日军更加强调集中力量向敌后战场进攻，使用

四 怎样理解中国抗日的主战场

1940年8月20日，在百团大战中，八路军攻占娘子关。

其侵华兵力70%左右的约40余万人，对敌后各抗日根据地实施"扫荡"、"清乡"，企图消灭八路军、新四军和华南抗日武装。两年间，日军对敌后解放区进行了数千人兵力的"扫荡"共1322次，1万人至7万人兵力的"扫荡"27次。日军所到之处，烧杀淫掠，使敌后抗日根据地遭受严重摧残。八路军、新四军等人民武装则与敌针锋相对地展开了反"扫荡"与反"清乡"的斗争，与日伪军作战4万余次，毙伤日伪军27万余人，打退了敌人的进攻，消耗和钳制了日军大量兵力，从战略上支援了太平洋战场上美英等国盟军的对日作战。

在世界反法西斯战争转入战略反攻的1944年，国民党军在豫湘桂会战中全线溃败，而华中、华北、华南敌后战场解放区军民则已普遍向日伪军展开局部反攻，歼灭敌人，收复失地，把日伪军进一步压缩到大中城市和交通要道附近。在中国抗日战争战略反攻阶段，敌后大中城市、铁路和公路交通线均在敌后战场的包围和控制之下。从1943年秋起，敌后解放区战场转入恢复和发展，并向日军占领的城镇和交通线展开战略反攻，迫使侵华日军无法再从中国战场抽调兵力到太平洋战场，有力地支援了盟军在太平洋战场上对日军的战略反攻。1945年，敌后解放区战场不断扩大对日军攻势作战的规模，同时以一部主力向河南、湘粤赣边、苏浙皖边进军，开辟新区。经过1945年的春季、夏季大规模攻势作战，八路军、新四军和华南抗日武装共收复县城70余座，歼灭日伪军40余万人，基本上扫清了敌后根据地内的日伪军据点，把日伪军压缩到大中城市和主要交通线上。

1945年8月9日，毛泽东发表《对日寇的最后一战》，号召中国人民的一切抗日力量举行全国规模的反攻，彻底打败日本侵略者。10日、11日，朱德总司令连续发出7道命令，令各解放区部队向本区一切敌占交通要道及城镇展开进攻。在敌后战场上，八路军、新四军和华南抗日武装随即向华北、华中和华南日军占领的主要交通线及城镇据点展开猛烈攻击，发起了全面反攻。同时，八路军和新四军各以一部兵力迅速挺进东北，同东北抗日联军一起，配合苏军作战，迅速解放了东北全境。据不完全统计，自8月9日至12月底，敌后战场人民军队共歼敌35万余人，攻克县城以上城市250余座，缴获枪支24万余条，轻重机枪5000余挺，各种火炮1300余门，收复国土31.5万平方公里，解放人口1800余万，取得了战略反攻的重大胜利。

从上述史实中，我们可以看出，在抗日战争的不同历史时期，正面战场与敌后战场所居的战略地位及各自承担的对敌作战任务是有所不同的。在战争的初期，正面战场承担了正面御敌作战的主要任务，是抗日战争的主要战场。进入相持阶段后，两个战场的地位与作用发生变化，敌后战场地位逐步上升，并最终在战略反攻阶段成为中国人民抗日战争的主战场。尽管如此，两个战场作为中国抗日战争军事战场的有机构成，其各自的地位与作用都不可轻易忽视，都为中国人民取得抗战的最后胜利，做出了巨大的贡献。

5 国民党军队也进行过敌后游击战吗

抗日战争时期，有不少国民党军队曾经长期或一度滞留在敌后，国民党军事委员会也曾经要求各级国民党军队普遍编组特种游击部队，经常袭扰日军，并要求定期上报出击战绩。此外，在历次重大会战、战役前后，国民党军各部也都会派遣一定数量的搜索队、土工掘路队、便衣队、突击队、快速队等到敌后执行侦察、搜索、破坏交通、袭扰日军等各类作战任务。

国民党军事当局也曾经做出过开展敌后游击战的决策，有的研究者甚至认为，在全面抗日战争爆发之前，国民党当局便已经考虑到要采用游击战术。1936年底，参谋本部曾拟定《民国二十六年度国防作战计划》（甲案），其中曾明文规定："作战时期，应有专门机关指导民众，组织义勇军并别动队，采游击战术，以牵制敌军，并扰乱其后方。"在1937年冬召开的汉口军事会议上，国民党军事当局曾明确提出进行敌后游击战的决策。1937年太原失守后，国民党军事委员会也曾命令第二战区几十个师的正规军留在黄河以北，坚持对日游击作战。在整个抗战期间，由于战争烈度的加剧，被日军攻占的国土面积也日益扩大，这样，滞留于敌后的国民党军数量及其分散地域也逐渐扩大。在正面战场之各个战区，国民党军各部也在敌后游击战的名义下，展开不同形式、不同规模的敌后对日作战行动，涉及范围达十多个省区，在敌后活动的国民党军队数量成百上千，对日作战行动次数也成千上万。据何应钦的军事报告，在1938年底，在敌后从事游击战的各类国民党军队人数达到80余万，到1940年底也有60余万。以后经过整编，数量才逐年减少。至1944年4月，尚有27万人。

从这些人的来源看，大体上包含有国民党战区各部派遣的正规军、流散的军人、省地保安部队、地方士绅、失意军人、县保安团、乡自卫队和绿林好汉等。

基于这些事实，抗战胜利后，国民党军政当局一直坚持认为，在抗日战争期间，国民党军队曾经进行过敌后游击战。而在中国大陆，过去一直不承认有国民党军敌后抗日游击战，即便承认有国民党军队在敌后，也不认为那是抗日的部队，而认为他们是反共力量，甚至认为是国民党当局专门为反共有意部署到敌后的。自改革开放以来，中国史学界开始逐步对此问题进行研究，但由于资料搜集等方面的难度，致使系统研究十分薄弱。不过，自从20世纪80年代中期之后，史学界开始有人明确提出在抗日战争正面战场与敌后战场之外，还存在着一个国民党的敌后游击战场。对此，史学界有不同的看法。一些人认为，国民党军队敌后游击战是存在的，认为它是中国抗战中客观存在的一个组成部分，并且就此问题发表了一些论文，对国民党军队敌后游击战的决策、形式、人员、规模、失败原因等方面进行了探讨。比如有人认为，在敌后进行游击战的国民党军队，是指长期在敌后、被日军割断了与国民党后方联系、以游击根据地为依托的军队，但不包括短期在敌后作战术配合的国民党军。从成分上看，包括国民党的中央军、地方保安团及国民党组织领导的各种敌后游击武装；从地域上看，则既包括深远敌后，也包括靠近战线的半敌后区域。台湾《抗日战史》则认为：游击战分为两种，一种是配属正面战场某会战的游击战，另一种是深入敌军占领区内的游击战；而在正面战场与敌军对峙时期偶尔发生的互相袭击、带游击性质的运动战，则应称作是"零星战斗"。

国民党的敌后游击战，在1939年达到高峰，至1942年后逐步走向衰落。相对于中国共产党领导的敌后抗日根据地和武装力量的成长壮大，国民党敌后游击战是不成功的。对于这种结局的形成，有人认为主要有几个方面的原因：首先，国民党敌后部队消极抗日，积极反共，最终被中国共产党领导的抗日武装击败；其次，在战略战术运用上犯有错误，被日军打败；第三，国民党敌后

四 怎样理解中国抗日的主战场

冀中人民热烈欢迎八路军。

部队内部矛盾冲突、火并分裂造成失败。还有人通过对国民党敌后部队与中国共产党领导的敌后抗日武装作对比研究后认为，国共两党与广大人民群众的关系不同，国民党脱离敌后人民群众，实行片面抗战路线，此为造成国民党敌后游击战最终败落的重要原因之一；国共两党对敌后游击战的重视程度不同，国民党并未将游击战提高到战略的高度来认识，游击制度与战术运用错误很多；国共两党对抗日的态度不同，国民党敌后部队抗日意志不坚决，以致后来大批叛国投敌，成为伪军。另有人认为，国共两党对开展游击战决策和实施的时机的把握有差异，国民党晚于共产党，由此导致国民党敌后游击战的失败。对此，另有研究者提出不同的观点。

对于国民党敌后游击战的地位与作用，学术界也存在着多种不同的看法与意见。多数人认为国民党敌后游击战场的开辟对于抗战形势的发展具有正面的促进作用；但同时指出，国民党敌后游击战具有既抗日又反共的两面性。一部分中国内地的研究者不认为存在"国民党敌后游击战场"，他们认为，国民党抽调一部分军队深入华北、华中敌后的主要任务，是限制八路军、新四军的发展，破坏中国共产党创建敌后抗日根据地，主要不是为了抗日。对此，另有学者也持不同看法。而一部分台湾地区学者则认为，敌后战场与正面战场一样，主要是国民党军队打出来的，中国共产党在敌后是"游而不击"，消极抗日，主要是为了抢占地盘，消灭国军，发展自己。这种观点，无疑是难以令人接受的，同样也是不符合历史事实的。

那么，究竟是否存在国民党敌后游击战场？国民党军队是否对日军进行过敌后游击战呢？要回答这些问题，首先要界定两个基本的概念：第一，什么是敌后战场？第二，什么是游击战？

所谓敌后战场，有两种不同的界定。朱德在1945中国共产党第七次全国代表大会上作了《论解放区战场》的军事报告。此后，一般认为，敌后战场就是共产党领导的解放区战场。但是，如果以战争地域来划分，敌后战场是指在敌人正面推进线之后、交通点线以外的地区。按照后一种划分，显然国民党军队也在敌后进行过作战。

而所谓的游击战，从一般意义上说就是区别于阵地战和运动战的一种作战形式。但是正如毛泽东所说，在抗日战争时期，敌后游击战却上升到了战略地位，它对于战争的全局起到了决定性的作用，因此一般是把共产党领导的游击战称之为游击战争。游击战争有一个很大的特征，那就是人民群众是战争的积极参与者，离开了人民群众，是无法形成游击战争的。而国民党军队在敌后地区的作战，虽然也得到了人民群众的支持，但多数情况下却没有对群众进行广泛发动。因此可以说，国民党军队在敌后并没有进行过真正意义上的带有战略意义的游击战。

五

中国是怎样打败日本的

抗战 热点面对面

1 日本能够征服中国吗

1937年7月7日卢沟桥事变，日本军队挑起全面侵华战争，半年内侵占华北大片土地和上海、南京。中国军队浴血奋战，英勇抗敌，沉重打击了日本侵略军的嚣张气焰，粉碎了其"3个月灭亡中国"的痴梦。国民党军队撤至武汉外围，共产党军队坚持敌后抗战。抗日战争渐趋相持阶段。

大多数人在英勇抵抗，宣传抗日救亡。但也有一些人忧心忡忡：日军凶焰嚣张、长驱直入，中国的抗战前途如何？日本能够征服中国吗？

从历史上看，在明朝、清朝末年和中国近代的1931年，日本3次发动侵华战争，一次比一次规模大，暴露了其侵占中国的狼子野心。

明朝时，日本还只是小股倭寇，骚扰、抢劫中国江浙沿海地区的居民财产，杀害百姓。戚继光率领军队，奋勇抗击倭寇，打得他们狼狈逃窜，很长时间不敢在中国沿海一带登陆。

清朝末年，日本在开关后，积极学习西方资本主义先进的工业技术，装备其海陆军；而中国的清政府，虽在鸦片战争后开始引进、学习西方资本主义国家的工业，但仍落后于日本。1894年中日海军之战，北洋水师几乎全军覆没，固然有清廷不重视海军建设、慈禧太后挪用海军经费扩建颐和园及北洋水师战略指挥有误等主客观原因，但日军舰艇的装备、航速、大炮射程等均已超过北洋水师，海战中北洋水师的舰艇处于被动挨打的境地，最终甲午海战失败。

紧接着，1900年，日本军队加入八国联军侵略中国、攻占北京、火烧圆明园的行列。到了二十世纪一二十年代，日本取代德国，强占山东，1928年制造

"济南惨案";然后杀掉不与他们合作的奉系军阀首领张作霖,威胁张学良,干预东北内政。更于1931年9月18日制造九一八事变,侵占东北三省。尔后步步进逼,制造华北事变,签订《塘沽协定》、"何梅协定"等文件,迫使中国政府一再屈辱让步。日本军阀竟错误地认为中国软弱可欺,拿下中国不费吹灰之力,因此出现了"3个月灭亡中国"的疯狂叫嚣。

针对抗战初期日本攻下中国半壁河山、表面上敌强我弱的态势,有些人提出了"抗战必亡"或"再战必亡"的观点。毛泽东在《论持久战》一文中对此作了中肯、准确的分析、判断。

毛泽东认为:第一,日本是一个帝国主义强国,它的军力、经济力和政治组织力在东方是一等的,在世界也是五六个著名帝国主义国家中的一个。这是日本侵略战争的基本条件,战争的不可避免和中国的不能速胜,就取决于这个基本条件。

第二,由于日本社会经济的帝国主义性,就产生了日本战争的帝国主义性,它的战争是退步的、野蛮的。到20世纪30年代,日本帝国主义的内外矛盾,不但使得它不得不举行空前大规模的冒险战争,而且使得它临到最后崩溃的前夜。从社会行程来说,日本已不是兴旺的国家,战争不能达到日本统治阶级所期求的兴旺,而将达到它所期求的反面——日本帝国主义的死亡。这个退步性,加上日本又是一个带军事封建的帝国主义这一特点,就产生了它的战争的特殊的野蛮性。这样就要最大地激起它国内的阶级对立、日本民族和中国民族的对立、日本和世界大多数国家的对立。日本战争的退步性和野蛮性是日本战争必然失败的主要根据。

第三,日本的军力、经济力和政治组织力虽强,但这些力量之量的方面不足。日本国度比较小,其人力、军力、财力、物力均感缺乏,经不起长期的战争。日本统治者想从战争中解决这个困难问题,但同样,将达到其所期求的反面(将因战争而增加困难,战争将连它原有的东西也消耗掉)。

抗战 热点面对面

1935年,日本再向中国华北地区大肆增兵。图为开赴平津地区的日军。

第四,日本虽能得到国际法西斯国家的援助,但同时,却又不能不遇到一个超过其国际援助力量的国际反对力量。这后一种力量将逐渐地增长,终究不但将把前者的援助力量抵消,并将施其压力于日本自身。这是失道寡助的规律,是从日本战争的本性产生出来的。

毛泽东总结日本方面的特点,即:日本的长处是其战争力量之强,而其短处则在其战争本质的退步性、野蛮性,在其人力、物力之不足,在其国际形势之寡助。日本军力虽强,但它是小国,地小、物少、人少、兵少,加上退步和寡助;中国是大国,军力虽弱,但地大、物博、人多、兵多,加上进步和多助。这些最基本的条件对比,决定了日本不可能征服中国。相反,随着其战线越拉越长,所牵扯的兵力、物力、资源愈来愈紧张。加之中国得到国际反法西斯进步力量的支援(苏联、美国等),而且日本失去其援助力量(其国际法西斯盟国德国、意大利先它败亡)这一因素,经过战略相持阶段,日本会逐渐走向失败的道路。

抗日战争的历史亦证明了毛泽东的论断。国民党正面战场和共产党敌后战场互相配合，沉重打击、牵制了侵华日军及其战略。过长的战线（侵略东南亚、发动太平洋战争）使日本侵略军深陷国际反法西斯阵营的泥潭，从裹足不前到垂死挣扎。日本帝国主义不但不能征服、侵占中国，也不能征服、侵占亚洲其他国家。

抗日战争正面战场从卢沟桥事变的宛平保卫战开始，经淞沪战役、南京保卫战（其间八路军在山西取得平型关大捷）、台儿庄战役直至武汉会战，国民党各派系的军队大部分进入了战争的第一线。正面战场这时是整个战局的中心和全国政局重心。这些战役和战斗都证明，日本是不能够征服中国的。武汉会战结束后，形势有所变化，正面战场还有一些局部战役，但再无武汉会战那样的大战，敌后战场则迅猛展开。1940年的百团大战，八路军投入的兵力相当于二十几个陆军师。这时正面、敌后两个战场的地位和作用逐渐相近，客观上互相依托，互相支援，沉重打击了日军。1944年正面战场豫湘桂大败，后方区域更加缩小；敌后战场则相反，展开攻势作战，解放区渐增至1亿人口。这年3月以前，敌后战场抗击、牵制在华日军56万人的64.5%，正面战场抗击35.5%。叶剑英向中外记者介绍敌情时，逐一列举敌后战场上的日军番号、师团长的姓名、驻在地点等，说明这个数字是根据什么计算出来的。把日、伪军加在一起，敌后战场抗击敌军总数134万余人中的110余万人，即80%以上。两个战场抗击敌军的数字有力地证明，日本不但不能征服中国，相反，在两个战场军队的打击、牵制下，它步步陷入中国军队和人民战争的汪洋大海中，苟延残喘，失败、投降是其必然的命运和下场。

2 为什么说中国能够打败日本

既然说日本不能征服中国,那么中国能够打败日本吗?近百年来(到1945年),中国抵抗外国侵略的战争无不遭受失败,抗日战争为什么最终会取得胜利?

上文提到,中国在明朝戚继光抗倭时击溃倭寇,使其很长一段时间不敢再到中国江浙一带沿海骚扰。然而从清末以来,自甲午战败至抗日战争爆发,中国屈辱妥协、割地赔款,再未取得过胜利。日本军队在中国土地上横行霸道、为所欲为。中国经济发展较为缓慢,军力又不强,辛亥革命推翻清朝统治后,军阀为争夺地盘与经济、政治利益,连年混战,民不聊生;国民政府暂时统一中国后,中国经济建设有所恢复,但蒋介石的国策是"攘外必先安内",是消灭共产党和地方实力派,并未倾全力奋战抗日。

七七事变全面抗战爆发后,国家民族危亡在即,中国人民警醒了,就像东方沉睡已久的狮子,站立起来,高声怒吼。

抗日战争初期,中国军队英勇御敌,付出重大的牺牲。日本侵略军虽遭到中国军队的重大打击,仍逐渐侵占华北、上海、南京,屠杀中国人民,气焰嚣张。中国能否打败日本?这成为许多人的疑问。

毛泽东在《论持久战》一文中,分析、论证了抗日战争为什么是持久战的根据,分析了中日双方的条件,论证了日本不能灭亡中国的理由;同时,也论证、分析了中国终将战胜日本的条件和理由。

第一,中国是一个半殖民地半封建的国家。从鸦片战争、太平天国、戊戌维新、辛亥革命，直至北伐战争，一切为解除半殖民地半封建地位的革命的或改良的运动，都遭到了严重的挫折，因此依然保留下这个半殖民地半封建的地位，我们依然是一个弱国，我们在军力、经济力和政治组织力各方面都显得不如敌人。战争之不可避免和中国之不能速胜，在这个方面有其基础。

第二，中国近百年的解放运动积累到了此时，已经不同于任何历史时期。各种内外反对力量虽给了解放运动以严重的挫折，但同时也锻炼了中国人民。中国的军事、经济、政治、文化虽不如日本之强，但在中国自己比较起来，却有了比任何一个历史时期更为进步的因素。中国共产党及其领导下的军队，就是这种进步因素的代表。中国的解放战争，就是在这种进步的基础上得到了持久战和最后胜利的可能性。中国是如日东升的国家，这同日本帝国主义的没落状态恰是相反的对照。中国的战争是进步的，从这种进步性，就产生了中国战争的正义性。因为这个战争是正义的，就能唤起全国的团结，激起敌国人民的同情，争取世界多数国家的援助。

第三，中国又是一个很大的国家，地大、物博、人多、兵多，能够支持长期的战争。这同日本又是一个相反的对比。

第四，由于中国战争的进步性、正义性而产生出来的国际广大援助，同日本的失道寡助又恰恰相反。

毛泽东在分析、论证关于持久战略、策略、阶段等问题后强调指出：中国抗日战争的持久性同争取中国和世界的永久和平，是不

抗日战争期间，毛泽东与朱德在一起研究作战问题。

可能分离的。没有任何一个历史时期像现在一样，战争是接近于永久和平的。

毛泽东又指出：这次战争是在第一次世界大战后已开始的世界资本主义总危机发展的基础上发生的，由于这种总危机，逼使各资本主义国家走入新的战争，首先逼使各法西斯国家从事于新战争的冒险。我们可以预见这次战争的结果，将不是资本主义的获救，而是它的走向崩溃。这次战争，将比20年前的战争更大、更残酷，一切民族将无可避免地卷入进去，战争时间将拖得很长，人类将遭受很大的痛苦。但是由于苏联的存在和世界人民觉悟程度的提高，这次战争中无疑将出现伟大的革命战争，而使这次战争带着为永久和平的性质。占着5万万以上人口的中日两国之间的战争，在这个战争中将占有重要的地位，中华民族的解放将从这个战争中得来。将来的被解救了的新中国，是和将来被解放了的新世界不能分离的。因此，我们的抗日战争包含着为争取永久和平而战的性质。毛泽东进一步指出：我们共产党人反对一切阻碍进步的非正义的战争，但是不反对进步的正义的战争。对于后一类战争，我们共产党人不但不反对，而且积极地参加。日本的战争是阻碍进步的非正义的战争，全世界人民包括日本人民在内，都应该反对，也正在反对。我们中国，则从人民到政府，从共产党到国民党，一律举起了义旗，进行了反侵略的民族革命战争。我们的战争是神圣的、正义的，是进步的、求和平

蒋介石担任中国战区最高统帅（时为1942年1月）。

的；不但求一国的和平，而且求世界的和平，不但求一时的和平，而且求永久的和平。

毛泽东关于持久战、关于中国必然能够战胜日本帝国主义的论证，涉及政治、军事、经济、外交（国际）主客观条件（因素），是明确、清楚的。抗日战争的艰苦历程（包括3个战略阶段，正面战场与敌后战场的战略配合，中国各党派各团体与广大民众的抗日救亡运动及海外侨胞的支持，国际上苏联、美国等国家的支援，直至德意日法西斯同盟国的相继败降），深刻证明了毛泽东的论断和结论。关于《论持久战》，毛泽东的结论是这样的："在什么条件下，中国能战胜并消灭日本帝国主义的实力呢？要有三个条件：第一是中国抗日统一战线的完成；第二是国际抗日统一战线的完成；第三是日本国内人民和日本殖民地人民的革命运动的兴起。""这个战争要延长多久呢？要看中国抗日统一战线的实力和中日两国其他许多决定的因素如何而定。""如果这些条件不能很快实现，战争就要延长。但结果还是一样，日本必败，中国必胜。只是牺牲会大，要经过一个很痛苦的时期。""在战争的过程中……使中国军队的装备逐渐加强起来。因此，中国能够在战争后期从事阵地战，对于日本的占领地进行阵地的攻击；在无数战争的消磨中，它的士气行将颓靡。中国方面，则抗战的潜伏力一天一天地奔腾高涨，大批的革命民众不断地倾注到前线去，为自由而战争。所有这些因素和其他的因素配合起来，就使我们能够对日本占领地的堡垒和根据地，作最后的致命的攻击，驱逐日本侵略军出中国。"

毛泽东在论证日本不能征服中国时，批驳了亡国论。同样，毛泽东在论证中国能够战胜日本时，又批驳了速胜论。因为亡国论者为敌强我弱的矛盾所迷惑，把它夸大起来作为全部问题的论据；而速胜论者似乎忘记了强弱矛盾，夸大了中国的长处，主观地认为抗战会较快地取得胜利。毛泽东认为：我们承认在中国面前摆着解放和亡国两个可能的前途，我们的任务在于实现解放而避免亡国。实现解放的条件，基本的是中国的进步，同时，加入敌人的困难和世界的援助。我们和亡国论者不同，我们客观地而且全面地承认亡国和解放两个可能同时存在，着重指出解放的可能占优势及达到解放的条件，并为争取这些条件而努力。他又指出：没有一定的条件，速胜只存在于头脑之中，客观上是不存在的，只是幻想和假道理。因此，我们客观地、全面地估计到一切敌我情况，指出只有战略的持久战才是争取最后胜利的唯一途径。

3 外援对中国抗战起到了多大作用

抗日战争是史无前例最大规模的民族解放战争，国际援助是不可或缺的。但是提到外援，人们首先想到的还不是哪个具体国家，而是斯诺、史沫特莱、陈纳德、库里申科、白求恩、柯棣华、希伯以及美国第十四航空队、苏联空军飞行队这些为中国抗日战争宣传呐喊、医治伤员、浴血牺牲的国际主义英雄代表及英雄团体。这些国际主义英雄和英雄团体，在抗日战争时期，甚至到今天，仍被中国人民深深怀念和敬仰。

刘大年在《中国复兴枢纽》总序中，对抗战中的外援问题有一段实事求是的评述：抗日战争这样的规模、性质、结局的战争确实为洪荒所未有。是哪个力量决定中国抗日战争胜利、铸造出中国复兴枢纽的？那就是我们全民族的奋起，就是以共产党为中心的人民力量满负荷的发挥，砥柱中流。抗战8年的前4年，中国是单独对日作战的。其时苏美两大国都没有卷进到战争里面。英美与日本有矛盾，也有准备与日本妥协、牺牲中国的举动。苏联同情中国，但担心日本北进，苏德战前，苏联与日本订有为期5年的苏日中立条约。与日本全力抗衡的，这时举世唯有中国。1941年苏德战争、太平洋战争爆发，中国与英美结成了世界反法西斯同盟。中国由此不再单独对日作战，而是与同盟国一起对日本作战了。中国抗日战争胜利的结局，于是就变成了在盟国支持、协同下，共同对日胜利的结局。这是国际形势的大框架、总格局规定的。不但中国抗战的面貌顿然刷新，世界的面貌也一下子刷新了。然而这并非中国抗战取胜的特点，而是反法西斯各国取胜的共同点。世界反法西斯斗争是一个整体，最后一败俱败，一胜俱胜。同盟国间的支持是相互的、双向的，而非某种单行道。中国是世界反法西斯主要战场之一。有中国这个主要战场，才有东方反法西斯的胜利。

那么，抗日战争时期，外援对中国抗战起到多大作用？苏联和美国的表现如何？

先说苏联对中国的援助。

抗日战争爆发后，国民政府希望得到苏联的援助。1937年7月8日，蒋介石对立法院院长孙科和外交部长王宠惠说：如果事态扩大，则非全面抗战不可，"而欲抗战，最有关系者为苏联的军械供应及互相协定等问题的决定"。7月下旬，孙科、陈立夫、王宠惠等多次与苏联驻华大使鲍格莫洛夫会谈，商讨两国缔约问题。8月21日，中苏两国代表王宠惠和鲍格莫洛夫分别在《中苏互不侵犯条约》文本上签字。随后中苏两国又签订了《中苏信用借款条约》，中国从苏联方面得到大量的军事和技术援助。在同年9月和10月的国联会议、11月的九国公约会议上，苏联代表明确指出日本侵华战争所造成的亚洲局势的严重性，表明了苏联坚持建立反对侵略的集体安全体系的立场。

1938年春孙科访问苏联时，斯大林与他作了6小时的长谈。斯大林说：中国既是在打自己的仗，也是在打苏联的仗。日本的最终目的是要取得整个西伯利亚，直到贝加尔湖，中国将继续得到苏联一切可能的援助，包括弹药、飞机和其他军事装备。同年11月，苏联援华的第一批飞机到达兰州。此后，苏联援华物资源源不断地运来中国。中苏两国在1938年3月、7月和1939年6月

3次订立贷款合同，苏联共贷给中国2.5亿美元（实际动用1.7亿美元），年利率3%，头两笔贷款分5年偿还，第三笔贷款从1942年7月1日起10年还清。中国用这些贷款，从苏联购买了各类飞机904架、坦克82辆，各种型号汽车1526辆、牵引车24辆，各类大炮1190门，轻重机关枪9720挺，步枪5万支，以及大批弹药、飞机发动机、汽车零件等。

同时，苏联帮助中国修筑中苏公路，组建航空公司，开办飞机装配厂等。中苏公路自苏联境内的萨雷奥泽克经霍尔果斯入中国境，通过迪化（今乌鲁木齐），再穿过新（疆）甘（肃）交界的星星峡，至终点站兰州，全长2925公里。从1937年10月至1939年2月，在这条公路上往返运输汽车5260辆次，总行程1850万公里，4000多名苏联人员为运送援华物资昼夜工作，这条公路被誉为"供应中国抗日力量的至关重要的动脉"。

七七事变前，中国空军只有各式飞机314架，为日本飞机的1/9强。抗战开始后，中国空军损失惨重，到12月南京保卫战时，作战飞机仅余20架。苏联政府根据中国政府的迫切请求，迅速调运飞机到中国，并派出志愿人员来华。苏联援华飞机多为当时苏联比较新型的N—15和N—16型战斗机和各种轻、重轰炸机。志愿人员包括飞行员、航空机械师、无线电报务人员、机场指挥员等等。1937至1941年，苏联参加中国抗战的飞行员有700多人。同时，苏联专家在伊犁、兰州、绥宁、成都等地帮助中国建立航校。至1939年夏，经苏联训练的飞行员有1045人、领航员81人、报务员198人、航空机械师8354人。

抗战前期，苏联志愿航空队在对日作战中起到重要作用。两批来华人员共701人。至1938年2月，苏联志愿航空队有战斗机、轰炸机各3个大队，1939年增为4个大队。他们参加了南京保卫战、武汉空战、奇袭台北日本空军基地，以及粤北、归德、广州、南海、南昌、重庆、成都、兰州、西安等多次空战，与中国飞行员一起共击落日机1049架。在3次武汉空战中，苏联志愿飞行员共击落敌机33架，获得"正义之剑"称号；在奇袭台北日军机场的战斗中，由波雷宁指挥的28架轰炸机，击毁日机40架，还击伤击沉一些船只，而苏联飞机无一损失。在苏联志愿飞行员参加的历时4年的对日空战中，200多人血洒长空，为中国的抗日战争献出自己的宝贵生命。著名的轰炸机大队长库里申科和歼击机大队长拉赫曼诺夫是他们中间杰出的英雄。

运往中国的苏联援华物资。

苏联在中国的抗日战争中发挥的作用是积极而重大的，中国人民将永远铭记苏联政府和苏联人民为中国人民反抗日本侵略者做出的重大援助和牺牲。有学者曾从3个方面概括了苏联对中国的援助："支持国共第二次合作组成抗日民族统一战线；1937年到1941年援助中国政府抗战，当时苏联是中国对日抗战的主要援助国；1945年8月，苏联出兵东北，消灭了67万关东军，解放了东北。"抗战时期，苏联对中国的援助发挥了重大作用，同时其对华政策也存在失误和过错。如抗战中期，苏联对华政策是重蒋（重美）轻共、援蒋压共，要求中共对蒋只要联合、不要斗争。皖南事变即是苏联政策失误的结果之一。苏联为了自身利益，不使（或缓使）日军北进，乃以承认"满洲国"为代价，于1941年同日本签订了严重损害中国主权的《苏日中立条约》，违背了《中苏互不侵犯条约》的规定，伤害了中国人民的感情；苏联极不明智地背着中国同美英签订了严重损害中国主权的有条件对日作战的《雅尔塔协定》。这种失误和过错的原因，在于苏联本身的民族利己主义和大国沙文主义以及实用主义。

再说美国对中国的援助。

抗日战争初期，美国对中国的抗日战争态度较为消极，在国际会议上貌似公正，但对中国没有实质性的援助。随着战争的进行，美国逐渐认识到中国抗战对它在中国以及在亚太地区利益的重要意义。

1939年7月，日本、英国《有田—克莱琪协定》发表后，美国宣布废止美日商约，受到国民政府欢迎。9月间，美国扩大对日本的"道义禁运"，将禁运范围扩大到包括制造飞机用的主要金属铝、镁和钼，及生产航空汽油用的设备和技术资料。12月中旬，日本提议日美在现行通商航海条约期满后缔结继续维持两国通商关系的临时协定，被美国拒绝。1940年9月德、意、日三国缔结军事同盟后，美国感到了对自己在太平洋的威胁，却仍避免与日本发生正面冲突，但已开始关注中国的抗战形势，十分警惕日本企图诱降重庆方面的种种消息。11月30日，美国总统罗斯福宣布将对华贷款1亿美元。12月1日，蒋介石向罗斯福及美国政府发去感谢电。1941年2月、4月中美分别签订了《中美金属借款合约》及《平准基金借款》协定。

《苏日中立条约》签订后，美国政府担心此条约会从精神与物质上对中国抗战带来严重不利影响，决定加快实现对华租借援助。1941年4月26日，美国总统批准向中国提供首批4510万美元的租借物资。5月，价值100万美元的首批租借物资从纽约启运。7月中旬，罗斯福派遣以马德鲁少将为首的军事代表团来华，考察与租借援助有关的问题。

此外，罗斯福还签署一项命令，同意美国军人辞职加入陈纳德的志愿航空队。1941年8月，美国志愿航空队（俗称飞虎队，后称第十四航空队）正式成立。这支航空队在保卫中国西南空防，为缅甸作战的中国军队和盟国军队提供空中支援，保证西南航空运输线的畅通，发挥了作用，很多飞行员在"驼峰"航线上献出年轻的生命。

"飞虎队"编组起飞攻击日军。

美国虽然对中国抗战有所援助,在抗战期间援助中国达 6.2 亿美元,但与其援外物资共 460 亿美元相比,尚不足 1/70,亦可见其援助力度大有保留。真正促使美国对日本宣战的原因,是日本军队策动了太平洋战争,袭击了珍珠港美军基地。因此,罗斯福总统在回电答复中国政府关于共同抗日的提议时态度最为(比较英、苏)坚决。回电说:中国在过去 4 年半的英勇抗战中,已经感受到美国原则上和实际上的同情;现在美国将和中国及其他英勇的国家联合起来,消灭共同的敌人。

1942 年 1 月 1 日,由美、英、苏、中 4 国领衔,共 26 个国家的代表在华盛顿签署了《联合国家宣言》。中国外交部长宋子文代表中国政府在宣言上签字。这一宣言的签署,标志着国际反法西斯统一战线的正式形成。但在第二次世界大战期间,美国总的战略方针是"先欧后亚",中国是一个对日反攻的作战基地,美国想利用中国战场来牵制日本。因此,中美在战略、策略上不时出现矛盾。像抗战后期美国派给蒋介石的参谋长史迪威,在基本战略、两国相互控制(与反控制——物资租借)、史迪威的权限和统帅中国军队等问题上与蒋介石矛盾尖锐，特别是史迪威主张向中共部队提供租借并使用中共部队对日作战，为蒋所不容。同是美国军官的史迪威与陈纳德的矛盾，则主要围绕陆军制胜战略与空军制胜战略之争、援华物资支配权之争、军队（中美双方）指挥权之争。最终史迪威扫兴回国的原因，是史迪威仅得到美国政府和军队的支持，而陈纳德不但得到蒋介石的全力支持，而且在许多问题上得到罗斯福本人的赞同。

中国以自己抗战的英勇表现向世界证明了这是一个为维持国家独立、民族解放而不屈不挠的国家。正是由于奋勇抵抗4年半，中国才得以领衔加入国际反法西斯统一战线。苏联和美国的援助固然是重要的，但是如果没有中国全民族的觉醒、努力、团结、奋战，是不会取得抗日战争胜利的。

4 怎样理解人民战争的强大威力

既然说抗日战争是中华民族的解放战争，国共两党军队的正面战场、敌后战场是抗日战争的重要战场，那么，如何看待人民战争在抗战中的决定作用？人民战争的强大威力在抗战中是怎样体现的？

人民战争，这是一个有广泛含义的词汇，在不同的国家、不同的战争中有不同的内容。但大前提是明确的：人民战争，就是代表这个国家和民族绝大多数人利益的正义战争。

中国的抗日战争，是中国各民族、各阶层、各党派和广大人民群众在国家、民族面临生死存亡，面临从一个独立主权国家沦为它国殖民地危险前提下发生的。其标志，就是在中国共产党倡导的抗日民族统一战线旗帜下，以国共两党及其军队为主干，团结全国各党派、各团体，动员全国各族人民，抵抗并最终

五 中国是怎样打败日本的

赶走日本侵略军，复兴民族和国家。从这个意义上讲，抗日战争从一开始就是中国人民反抗日本侵略的人民战争。

毛泽东说：战争的伟力之最深厚的根源，存在于民众之中。日本敢于欺负我们，主要的原因在于中国民众的无组织状态。克服了这一点，就把日本侵略者置于我们数万万站起来了的人民之前，使它像一匹野牛冲入火阵，我们一声唤也要把它吓一大跳，这匹野牛就非烧死不可。我们方面，军队须有源源不绝的补充，现在下面胡干的"捉兵法"、"买兵法"，亟须禁止，改为广泛的热烈的政治动员。这样，要几百万人当兵都是容易的。抗日的财源十分困难，动员了民众，则财政也不成问题，岂有如此广土众民的国家而患财穷之理？军队须和民众打成一片，使军队在民众眼睛中看成是自己的军队，这个军队便无敌于天下，个把日本帝国主义是不够打的。

地雷战：根据地民兵正在公路上埋地雷。

在这里，毛泽东先是借古喻今，从古代春秋时期齐国大臣田单，面对强大的燕国军队，巧布火牛阵大败燕军的故事，反其义比喻，形容日本军队就像一头野牛，冲进中国人民的火阵烧死；然后批评了国民党扩军的捉兵办法和"买兵"办法（有钱人向政府官吏行贿，出钱买人代替当兵），强调军队和民众应该打成一片，军民一致，共同御敌。

抗战 热点面对面

毛泽东还认为，欲打败日本，有很多事情应该努力，最根本的有两方面：军队和人民的进步。民众在于发动，在于广泛的政治动员。毛泽东认为：武器等等不如敌军尚在其次，头等重要的就是政治动员。"动员了全国的老百姓，就造成了陷敌于灭顶之灾的汪洋大海，造成了弥补武器等等缺陷的补救条件，造成了克服一切战争困难的前提……首先是把战争的政治目的告诉军队和人民。必须使每个士兵每个人民都明白为什么要打仗，打仗和他们有什么关系。抗日战争的政治目的是'驱逐日本帝国主义，建立自由平等的新中国'，必须把这个目的告诉一切军民人等，方能造成抗日的热潮，使几万万人齐心一致，贡献一切给战争。其次，单单说明目的还不够，还要说明达到此目的的步骤和政策，就是说，要有一个政治纲领。现在已经有了《抗日救国十大纲领》，又有了一个《抗战建国纲领》，应把它们普及于军队和人民，并动员所有的军队和人民实行起来"。抗日战争的历史证明了毛泽东的论断和分析。

局部抗战时期，在日本关东军侵占的东北，东北人民抗日义勇军、抗日联军奋战在白山黑水、辽吉平原，在敌我力量悬殊、战斗环境恶劣（严冬缺粮）的背景下，浴血奋战，涌现出杨靖宇、赵一曼、赵尚志等抗日英烈和八女投江等抗日英烈团体。在华北，全国民众捐款捐物，支援中国军队的长城抗战、绥远抗战。

全面抗战时期，全民族奋起抗战。卢沟桥事变发生时，当地和附近长辛店的农民立即行动起来，支援中国军队抗战。他们积极出粮米柴草，出战勤帮助中国军队筑路、送情报、抬伤兵和运送弹药物资。1937年8月，日军占领北平，平郊地区出现了自发组织的游击队20余支，较著名的有赵同发起的"国民抗日军"、以杨博民为首的"民众扫日正义军"等。这些游击队活跃在平郊石景山、门头沟一带，经常伏击日军、拔除据点，有时制造北平停电事故，引起北平日伪军的惊恐。

八路军开赴山西进行平型关伏击战时，得到当地民众的协助，他们严密地封锁消息，使日军对八路军的行动毫无察觉，遭受我军重创。战斗结束后，当地农民又帮助打扫战场和慰劳部队。到1938年下半年，八路军在华北敌后先后开创了晋察冀、晋绥、晋冀鲁豫和山东等广大的抗日根据地。

冀中平原上先是出现了著名的马本斋回民支队、冀南的赵辉楼民众抗日自卫军等抗日武装。不久，原东北军第五十三军第三八八旅第六九一团，在团长、共产党员吕正操率领下，拒绝南撤，提出"北上抗日，到敌后打游击"的口号，在冀中成立了人民自卫军，开展抗日游击战争，部队迅速发展到3000人。同时，中共保属省委整编了中共领导的各县武装，成立河北游击军司令部，以孟庆山为司令。1938年5月，人民自卫军与游击军合编为八路军第三纵队，成立冀中军区，吕正操任纵队兼军区司令，王平任政治委员。冀中根据地初步形成。冀西、冀南、冀东也都建立起中共领导的抗日游击武装。1938年7月9日，共产党员李运昌领导了冀东7县的抗日大起义，广大农民和各阶层民众一致行动，沉重地打击了日军，仅用18天时间，就从日军手里夺回12个县，连同八路军占领的地方，总共收复17个县。山西、山东也相继建立了中共领导的抗日武装。

地道战：民兵正在地道中转移。

有一个民间自发抗日的故事十分典型，那就是平郊杨博民领导的游击队的成长。开始只有5个人，其中2个工人、2个农民、1个退伍军人，只有一支旧式俄国枪、30发子弹，用酒瓶、汽水瓶自造了60枚手榴弹。1937年9月5日，5个人在西直门外伏击日军3辆查路汽车，击毙日军数人，缴获盒子枪和机枪。这次成功的伏击在平郊影响很大，许多煤矿和铁路工人、农民、学生、溃散的军人前来投奔，队伍很快发展到80多人。不久，杨博民又率部袭击清华园车站，起义部队的影响进一步扩大，并和其他几支起义部队联合起来，组成了"民众扫日正义军"。队伍的誓词是："以关岳二圣之主义，唤起民众，肃清汉奸，扫平日寇，以求中国自由独立之永存。"这最清楚地表明了它是单纯的农民和其他劳动群众的抗日爱国武装，也表明了中国传统民族观念在人民群众中的根深蒂固。这支队伍在不到3个月的时间里一度发展到两万人。

抗日战争进入相持阶段后，国民政府迁往西南重庆，在战略上基本放弃了发动和组织民众；中国共产党则继续执行抗日游击战的战略和策略，动员和依靠广大民众，打击敌人，保卫抗日根据地。日军不甘心在中国战场上的失败，疯狂"扫荡"，企图消灭抗日根据地。

中国共产党领导的八路军、新四军及抗日游击队，遵照毛泽东《论持久战》的战略思想，充分发挥人民战争的威力，抗日游击战争中出现了地雷战、地道战、麻雀战、平原游击战等多种灵活机动的游击战战术；八路军正规部队、武工队和民众游击队紧密结合起来，出其不意地打击日军。1940年8月至12月的百团大战中，军民并肩战斗，扒铁路，抢车站，攻据点，毁公路，破袭了日军在华北的主要交通线，沉重打击了日军的气焰。

到了1945年抗战后期，敌后军民以八路军、新四军为主力，开展春夏大规模攻势作战，取得了重大胜利，共歼灭日伪军16万余人，收复县城61座，扩大解放区24万余平方公里，解放人口近1000万。敌后军民经过大规模的攻势作战，已发展正规军91万人、民兵自卫队220万人，根据地总人口近1亿人。

中国是怎样打败日本的 | 五

　　毛泽东在中国共产党第七次全国代表大会上，强调了"放手发动群众，壮大人民力量，在我党的领导下，打败日本侵略者，解放全国人民，建立一个新民主主义的中国"的政治路线。在《论联合政府》一文中，毛泽东再次说明共产党领导的军队得到人民信任，成为抗日战争的主力军。毛泽东从这个军队的纪律、精神、团结、政策、战略战术、政治工作、人民武装自卫组织、主力兵团和地方兵团、反国民党封锁与自然灾害等多方面论述了在人民大众倾力支持下的人民军队为什么有力量，为什么能够成为抗日战争的主力部队。毛泽东的结论是："这就是人民战争。只有这种人民战争，才能战胜民族敌人。国民党之所以失败，就是因为它拼命地反对人民战争。"

5 日本是怎样投降的
热点面对面

　　1945 年 8 月 15 日，日本天皇裕仁宣布无条件投降。一百多年来，中国人民第一次取得民族解放战争的伟大胜利。日本是怎样投降的？美国的原子弹和苏联出兵东北在日本投降过程中起到了怎样的作用？

　　1945 年是世界法西斯联盟崩溃、失败的一年。5 月 8 日，德国法西斯军队在柏林向苏联、美国、英国、法国无条件投降；不久，意大利法西斯军队亦失败、投降。

　　日本当时在数量上仍然保持有比较庞大的陆海军部队：国内陆军 240 万、海军 130 万，驻外陆军 310 万、海军 40 万，共 720 万人。但其海空作战能力，对盟军已处于绝对劣势。陆军除在日本本土和中国东北尚有一些比较完整的战略机动部队外，绝大部分已是强弩之末，没有多少战斗力了。德、意的败亡，使日本处于盟国强大的战略攻势包围之中。

7月26日，中国、美国、英国在柏林西南的波茨坦发表了"三国促令日本投降之波茨坦公告"。公告宣称：美、英、中三国的庞大陆海空部队业已增强多倍，其由西方调来的军队及空军，即将给日本以最后之打击，"不至其停止抵抗不止"。公告警告日本政府：务必立即宣布所有日本武装部队无条件投降，并确保其得到实行，否则日本即将迅速完全毁灭。

《波茨坦公告》在日本政府及各阶层引起强烈震动。主战派与主和派争论不休，部分人对日苏谈判抱有幻想。但很快，在美国先后向广岛、长崎投下原子弹和苏联红军出兵中国东北的接连打击下，日本放弃了本土抵抗，宣布无条件投降。

"日本投降了！"大江南北，长城内外，人们欣喜若狂，奔走相告，欢庆中国人民的胜利。举国欢庆之时，北平新创刊的《新生！新生！》报纸刊登了从广州传来的"一谜三底"的灯谜：联欢晚会上有一条灯谜，谜面是"日本投降"，打中国古人名一。很快有人猜谜底是"屈原"，认为日本之所以无条件投降，是屈服于美国投掷的原子弹。接着有人在"屈原"上方挂出第二个谜底"苏武"，认为是苏联对日宣战，出兵中国东北，极大地震慑了日本，促使其投降。就在人们为这两个谜底争论不休时，有人又贴出一个谜底："共工"（古代历史传说中的人物），认为抗日战争的胜利和日本的投降，是共产党领导中国人民，团结一切爱好和平与民主的力量共同努力（工作）的结果。"一谜三底"，传为佳话。

事实上，1945年7月末，日本政府内部对和、战争论不休，一些握有实权的高级军官不甘心投降，日本政府亦在等待日苏谈判的结果，乃于7月28日发表了对《公告》置之不理的声明。

8月6日，美国B—29"埃诺拉·盖伊号"飞机在日本广岛投下重9000磅、当量2万吨TNT的原子弹，炸死14万人。巨大的冲击波将城市所有建筑变为废墟，市区的60%、计44平方公里地区被夷为平地。当日，美国总统杜鲁门就使用原子弹发表声明称,如果日本还不接受无条件投降,"他们的毁灭将从天而降"。8月9日上午,美国空军又在日本长崎市投下了第二颗原子弹,造成7万余人死亡。

与此同时,苏联政府于8月8日宣布对日作战。8月9日凌晨,部署在中国东北边境线的苏军80个师、46个旅,总共174万人,26000多门火炮、5500余辆坦克及自行火炮、5300多架飞机、670余艘舰艇,在远东苏军总司令华西列夫斯基指挥下,在长达4000多公里边界线上,分3路向日本关东军发起攻势。苏军进展顺利,迅速完成了对沈阳、长春、吉林、哈尔滨和齐齐哈尔等地日伪军的包围分割。8月17日,华西列夫斯基通知关东军总司令部,限令其在8月20日中午12时全部放下武器,向苏军投降。8月下旬,苏军占领东北全境。苏军共击毙和俘虏日军68万人,缴获30万支步枪。8月中旬,苏军在沈阳机场拘捕了宣布"退位"的伪满洲国皇帝溥仪。

毛泽东就苏联对日宣战发表声明说:"八月八日,苏联政府宣布对日作战,中国人民表示热烈欢迎。由于苏联这一行动,对日战争的时间将大大缩短。对日战争已处在最后阶段,最后地战胜日本侵略者及其一切走狗的时间已经到来了。"

应该说,美国向日本广岛、长崎投原子弹和苏联出兵中国东北,对日本的投降起到重要的推动作用。若无美、苏的行动,则日本仍将苟延残喘,在中国及亚洲

出兵中国东北的苏军士兵。

1945年9月2日，在日本投降签字仪式上的日方政府代表日本外相重光葵（前左一）和日本陆军参谋总长梅津美治郎（前左二）。

它非法侵略的国家和地区垂死挣扎，中国军队和人民尚需一段时间，在战略上、战役上歼灭日军的重要力量后，最终迫使日本投降。在这里，中国的抗战是第一位的，美苏的行动是第二位的，但加速了日本的失败。

在日本宣布投降，国民党准备受降、接收日军占领的城市（地区）的同时，1945年8月9日至9月2日，中国共产党命令敌后解放区军民展开大反攻，共收复县以上城市150座，歼灭日伪军76万余人，缴获枪支73万条、各种炮160余门。由于日伪军拒不向解放区军队投降，部分地区歼灭拒降之敌的作战延到年底，又收复县城100座，歼灭日伪军32万余人。共产党领导的100万正规军、220余万民兵，在近1亿人民的支援下，于华北、华中、华南和东北进行的大反攻，是整个敌后战场为最后战胜日本帝国主义的最后一战。

1945年9月2日，日本向盟国无条件投降签字仪式在东京港海面的"密苏里号"军舰上举行，美、中、英、苏等九国代表出席。日本政府外务相重光葵、

中国是怎样打败日本的 五

日本中国派遣军总参谋长小林浅三郎向中国陆军总司令何应钦将军呈递降书。

日军大本营参谋总长梅津美治郎在投降书上签字。9月9日上午9点，中国战区日本投降签字仪式在南京中央军校礼堂举行，中国战区陆军总司令何应钦出席了仪式。驻华日军最高指挥官冈村宁次等到场并在降书上签字，遂即命中国派遣军总参谋长小林浅三郎将降书呈递何应钦。

在中国战区投降的日军指挥机关及部队单位包括：1个司令部、3个方面军、10个军、36个师团、41个独立旅团、1个骑兵旅团、19个独立警备队、6个海军特别根据地队及陆战队，共计128万人。共收缴日军步气枪685897支，手枪60377支，轻重机枪29822挺，各种火炮12446门，坦克383辆，装甲车151辆，卡车15785辆，各种飞机1068架，各种舰艇1400艘，另有马匹74159匹以及大批弹药。

抗战胜利后，从1945年11月开始，中国方面将在中国境内的日本俘虏124万人、日本侨民779万人（东三省除外），陆续遣送回国。

六

中国抗日战争与世界反法西斯战争是什么关系

抗战 热点面对面

1 第二次世界大战是从中国开始的吗

关于第二次世界大战究竟起源于何时，是"二战"史研究中分歧最大、争论较为激烈的问题之一。综合各学派的观点，分歧集中在1931年、1937年、1939年、1940年等不同说法上。西方历史学家主要持1939年欧洲战争爆发是"二战"起点的观点，但是这一观点一直遭到中国部分学者的激烈反对。中国部分学者认为这一观点没有认识到中国战场的重要性，是"西方中心论"的反映。

军事科学院军事部世界军事史研究室编著的《第二次世界大战史》（五卷，军事科学出版社1995～1999年版），关于引起广泛争鸣的第二次世界大战的起点问题，针对"1931年说""1937年说""1939年说"和"1940年说"等多种说法，采取了"九一八"揭开第二次世界大战序幕、大战在东西方两个战场先后爆发的观点。

该书基于当时世界的主要矛盾、战争发动者的不同情况和战争发展轨迹的差异认为，1931年9月，日本在中国挑起九一八事变，在东方揭开大战序

1937年8月4日，日军进入北平正阳门。

六 中国抗日战争与世界反法西斯战争是什么关系

幕后,又于1937年7月发动全面侵华战争,大战由此在东方爆发。1935年10月,意大利在西方最早挑起入侵埃塞俄比亚的战争。以后,又经过德意联合武装干涉西班牙内战,德国对奥地利和捷克斯洛伐克的不流血征服,到1939年9月德国大举进攻波兰,大战由此在西方爆发。

王振德在其所著的《第二次世界大战中的中国战场》(社会科学文献出版社1991年版)一书中认为,第二次世界大战是日、德、意几个法西斯国家在不同时间、不同地点,分别发动的。被侵略各国所进行的战争始终是一场反法西斯正义战争。日本是第一个发动第二次世界大战的国家,首先抗击法西斯侵略的国家是中国。该书进一步强调,九一八事变爆发后,中国军民抗击日本侵略的战斗,打响了世界人民反法西斯斗争的第一枪,揭开了第二次世界大战的序幕;1937年7月7日卢沟桥事变爆发后,中国军民进行的全面抗日民族解放战争,开辟了第一个反法西斯战场。第二次世界大战是由若干个战场共同构成的一场反法西斯大战。这些战场是在不同时间、不同地点开始和进行战争的,不论它们的作战形式、持续时间、彼此联系的程度如何,都是世界人民反法西斯斗争不可分割的有机组成部分。第二次世界大战的起点只能以最早开始的那个战场的战争起点为起点。

胡德坤、罗志刚主编的《第二次世界大战史纲》(武汉大学出版社2005年版)一书,专章阐述"中国开辟了世界上第一个反法西斯战场"。该书根据毛泽东的论断"我们的敌人是世界性的敌人,中国的抗战是世界性的抗战","伟大的中国抗战,不但是中国的事,东方的事,也是世界的事",指出,以九一八事变为起点的中国抗日战争,揭开了世界反法西斯战争的序幕,以七七事变为起点的中国全面抗战,开辟了世界反法西斯战争的第一个战场。中国是世界上最早拿起武器同法西斯战斗的国家,中国抗日战争代表了这一时期人类历史发展进步的方向。

上述观点,不论表述有何不同,都有一个共同的趋向,赞成第二次世界大

抗战 热点面对面

战最早是从中国抗战开始的。这些观点都有一定的道理,但是既然"二战"是一场世界性的战争,就应该将之放到世界范围中去观察,看看它对整个世界的局势是否产生决定性、全局性的影响。

抗日义勇军出发,奔赴抗敌前线。

与英、法、美等国争夺霸权,重新划分势力范围,进而吞并世界,并实行野蛮的法西斯统治,这是德意日法西斯的共同野心,也是世界大战爆发的根本原因。但是要在世界范围内迅速地发动一场法西斯战争也不是一件容易的事,他们物力、人力有限,同时还得顾忌其他帝国主义国家的态度。因此,首先在局部范围内挑起战争成为德意日法西斯的一种策略。欧战爆发前,局部范围的战争实际上已经爆发了。1931年九一八事变,日本首先入侵中国东北,中国开始了局部抗战。1937年七七事变爆发,日军大举进攻中国,中国进入了全面抗日战争阶段。中国的抗战揭开了反对日本法西斯侵略的序幕。虽然日本的侵略使得英、美在远东的利益受到损失,但是鉴于迫在眉睫的欧洲战争,英、美所关注的中心仍然在欧洲。中日之间的战争仍然局限于亚洲范围内,对世界局势尚未产生决定性的影响。

同一时期,德意法西斯在欧洲与日本遥相呼应。1935年10月,意大利法西斯对埃塞俄比亚不宣而战,侵入其国土。1936年8月,德意联合出兵镇压西班牙革命。1938年,德国兵不血刃吞并奥地利,并占领捷克斯洛伐克的苏台德区。到 1939 年初，法西斯的侵略战争已经蔓延到亚、非、欧地区，席卷了 5 亿多人口。从德意日和英法美两个帝国主义集团争夺世界霸权的角度来看，战争已经广为蔓延，可以说第二次世界大战实际上早已开始了。但是由于英、法、美等帝国主义国家害怕激化与德、意、日之间的矛盾，推行"绥靖政策"，对法西斯的一系列侵略行径采取妥协、纵容的政策，避免直接参战，使当时的战争还带有局部性、片面性。正是由于英、法、美的纵容和妥协，助长了德、意、日的嚣张气焰，从而导致世界大战的全面爆发。1939 年 5 月 22 日，德、意签订同盟条约。1939 年 9 月 1 日，德国进攻波兰。9 月 3 日，英、法根据条约义务，分别对德宣战，欧战爆发。欧战的发生，使整个世界的局势产生了根本性的改变，正如毛泽东所说，战争"变成英法和德意两大帝国主义集团的直接冲突的局面"，于是早已经开始了的第二次世界大战由片面性状态变成了全面性的战争。

欧战爆发后，国际形势急转直下。1940 年 4 月，德国攻占丹麦、挪威，随即进犯西欧。法西斯战火燃遍世界，整个世界被拖入了战争。1940 年法国败降后，德、意、日加紧了相互间的勾结。1940 年 9 月，德、意、日正式缔结三国同盟，其基本内容是：日本承认并尊重德国建立欧洲"新秩序"的领导权；德国承认并尊重日本建立亚洲"新秩序"的领导权；为此目的，彼此在政治、经济、军事方面进行全面的互相援助。法西斯三国同盟条约的缔结，使原本还未卷入战争的苏美感到了战争的威胁，苏美不可避免地被推上了与德日法西斯直接对抗的第一线。世界形成了两大直接对立的阵营——法西斯阵营和反法西斯阵营，世界性的反法西斯战争开始了。中国的抗日战争也融入世界反法西斯战争中，中国战场成为第二次世界大战的主要战场。

承认欧战爆发是第二次世界大战的起点，并没有否认中国人民抗日战争的反法西斯性质以及对世界反法西斯战争的作用。任何战争都有一个从局部到全局的过程，就像承认七七事变前中国的抗战是局部抗战，七七事变后才进入全面抗战一样，欧战爆发前的反法西斯战争是局部的战争，欧战的爆发才使这场

抗战 热点面对面

战争具有了全局性、世界性的意义。

2 中国战场在世界反法西斯战场中处于什么地位
热点面对面

倘若时光回流几十年，让我们重新回到第二次世界大战的历史中，展现在眼前的是中国人民与世界人民并肩战斗，共同抗击法西斯侵略的波澜壮阔的战争画卷。中国是第二次世界大战的东方主战场，在世界反法西斯战争中，中国战场不仅持续时间最长，而且牵制和消灭日本军队最多，牺牲最大，在战略上有力地支援了欧洲和太平洋及亚洲其他地区的反法西斯战争。中国人民抗日战争是世界反法西斯战争的重要组成部分，中国人民为世界反法西斯战争胜利做出了巨大的牺牲和重要的历史贡献。

首先，中国人民最早举起反法西斯战争的义旗，最先开辟了世界反法西斯大战的亚洲战场。1931年9月，日本向中国东北发动武装侵略，中国人民从此揭开了世界反法西斯战争的序幕，展开了艰苦卓绝的抗日战争。这是中国各族人民抗击日本侵略、争取民族解放的正义战争。1937年7月7日，日本悍然发动了全面侵华战争。面对凶悍的日本法西斯的进攻，中国人民展开了全民族的抗战，开辟了世界反法西斯战争的第一个战场。

中国抗日战争不仅关系着中国人民的生死存亡，也关系到世界人民的安危。但在从1931年九一八事变到1941年太平洋战争爆发前，中国人民在国内外重重困难的情况下，几乎是孤军奋战，承担着抗击日本侵略者的全部压力。虽然苏联、美国、英国也提供了一定的经济援助，但那仅仅是杯水车薪。战端初起时，日本军国主义分子狂妄叫嚣要速战速决，只消一个月就可解决中国问

六 中国抗日战争与世界反法西斯战争是什么关系

题。在民族存亡的关头，中华民族的凝聚力充分体现出来，抗日救亡运动风起云涌。在中国共产党的积极努力和直接推动下，形成了抗日民族统一战线，中国军队迅速开赴抗战前线。中国军队先后同日军进行了淞沪会战、平型关战

日军向解放区部队缴械投降。

役、台儿庄战役、武汉会战和广州战役，使日军遭到重创。淞沪会战期间，日本侵略军共投入约 28 万人，动用军舰 30 余艘、飞机 500 余架、坦克 300 余辆，大举进犯上海。中国军队先后调集 70 余个师、约 40 艘舰艇、250 架飞机投入战斗。经过浴血奋战，中国军队毙伤日军 4 万多人，坚守上海达 3 个月之久，粉碎了日本军国主义者速战速决的美梦。中国这个地域和规模都十分广大的东方反法西斯战场，使日本法西斯企图迅速征服中国的狂妄野心彻底破灭。从全面抗战爆发到 1945 年 8 月 15 日日本宣布投降，中国军队同日本侵略者进行了 8 年零 40 天的战斗。从太平洋战争爆发到战争结束，英、美同日本进行了 44 个月的战斗。苏联于 1945 年 8 月 9 日出兵中国东北，同日本进行了一个星期的战斗。所以，中国是世界上抗击日本时间最长的国家。

其次，中华民族的抗日斗争，牢牢地阻挡了日本军国主义者北上南进的步伐，对其他国家的反法西斯侵略和世界反法西斯战争的最后胜利做出了重大贡献。

先征服中国，取得巨大的人力、物力资源和有利的战略基地后，再南进南洋地区，北进苏联远东地区，这是日本法西斯既定的战略。1928 年至 1931 年

间，日本参谋本部制订了代号为"大津"的对苏战争计划，决定利用中国东北和朝鲜作为基地夺取苏联的沿海地区。日军占领东北后，在靠近苏联的边境线上，加紧修建铁路、公路、机场、兵营、仓库、港口、战壕和堡垒，进行侵苏准备。但是，无论是在太平洋战争爆发前，还是在太平洋战争爆发后，中国军队始终把日本陆军主力牢牢地牵制住，并给日本法西斯以沉重打击，使其无法集中兵力北进苏联。1935年华北事变后，为了对付中国人民的抗日斗争，日军不断增兵华北。当时，日军在朝鲜和中国东北的主要兵力只有5个师、220架飞机和150辆坦克，根本无法发动对苏战争。1938年夏和1939年春，日军先后在中苏、中蒙边境的张鼓峰和诺门坎向苏蒙军队发动进攻，终因兵力不足而惨遭失败。1941年6月，德国法西斯向苏联发动进攻后，日本关东军举行"特别大演习"，实施大规模战略调动，准备向苏联远东发动进攻。然而日本陆军总数69%的兵力被中国军队拖住，日军无法从中国关内抽调兵力，进攻计划被迫搁置，与德国在中东会师难以实现。这不仅使苏联避免了两面作战的严重威胁，而且使苏军东线兵力得以抽调到西线，集中对付德国法西斯的进攻，使德国企图勾结日本夹击苏联的阴谋破产。斯大林说，只有当日本侵略者的手脚被捆住的时候，我们才能在德国侵略者一旦进攻我国的时候避免两线作战。

中国战场不仅阻止了日军的北进，而且迟滞了日军的南进计划。欧战前夕，希特勒极力争取签订德、意、日三国军事同盟，以利用日本在远东牵制美、英、苏等国，避免德国陷入两线作战。日本也抱有同样的企图。但由于日本兵力陷于中国战场，无力承担军事义务而使三国结盟计划成为泡影。因此，中国军队的顽强抵抗迟滞了德、意、日三国同盟的缔结，使日本在欧战爆发时未能在军事上配合德国，只能采取观望态度，声明"帝国不介入，专注于中国事变"。欧战爆发后，日军企图利用德国对欧美的牵制，实施南进战略，以抢夺南方的丰富资源，切断英、美援华的补给线，迫使中国投降。针对日军的企图，国民党战场陆续发动了第一次长沙战役、桂南战役、枣宜战役、豫南战役、中条山

六 中国抗日战争与世界反法西斯战争是什么关系

战役、第二次长沙战役等,抵抗了日军的疯狂进攻;八路军方面则发动了著名的百团大战,破坏了河北和山西的铁路和公路等交通动脉。与此同时,中国共产党领导的抗日根据地不断扩大,游击战争日益发展。据日方统计,仅日本华北方面军在1940年就进行了20123次战斗。中国的英勇抗战使日本无法结束"中国事变",南进计划被迫推迟。中国军队使日军南进计划迟滞,不仅大大减轻了英、法在远东所受到的压力,也为日后同盟国反法西斯的共同事业奠定了坚实的基础。

1941年12月太平洋战争爆发后,美、英开始参加对日本法西斯的作战,东方反法西斯战争出现了两个战场,即中国战场和太平洋战场。但是日本70%的陆军和近1/3的海军仍陷在中国战场不能自拔,难以抽调更多力量南下与美国在太平洋地区决战,中国战场特别是解放区战场的战斗仍然十分激烈。这一时期,日本更加疯狂地以75%的侵华兵力对抗日根据地进行"总决战",中国共产党领导的八路军和新四军则展开持续不断的游击战争。1943年,八路军与敌人作战24800余次,毙伤日伪军136000余人;新四军与敌人作战5300余次,毙伤日伪军66000余人。在国民党战场,从1941年到1945年,共与敌军进行

中国远征军在缅甸。

了9次会战。不仅如此，中国还派兵协助盟国出击东南亚，派出远征军配合英、美在缅甸作战。

据日本方面公布的资料，七七事变前，日本常设陆军师团为17个，事变后不断增加。到1945年，陆军师团共168个，它们历年分布在中国关内战场上，最多的年份占94%，最少的年份占35%，8年中，平均每年占76.4%。八一三淞沪抗战前，中国关内战场上的日军仍多达105万人。中国战场的战争为美、英等国赢得了巨大的战略利益，不仅支持了美、英继续贯彻其"先欧后亚"的军事战略，而且是美军在东亚和太平洋战场能够转入战略反攻的重要因素，对世界反法西斯战争的进程起到了至关重要的推进作用。美国总统罗斯福曾在1941年5月27日指出："中国的抗战是阻止希特勒征服世界的计划接近完成的重要因素之一。假如没有中国，假如中国被打垮了，你想有多少个师团的日本兵可以调到其他方面来作战，他们可以马上打下澳洲，打下印度。"曾经一向对中国的抗战表示轻视的丘吉尔，也不得不在1942年4月18日写道："我必须指出，中国一崩溃，至少会使日军15个师团，也许会有20个师团腾出手来。其后，大举进犯印度，就确实可能了。""如果日本进军西印度洋，必然会导致我方在中东的全部阵地崩溃。而能防止上述局势出现的只有中国。它从战略上有力地支援了苏联、美国、英国等盟国的反法西斯战争。"

第三，中国在抗日战争中付出了巨大的牺牲，中国对世界反法西斯战争尽了自己的伟大责任，为世界反法西斯战争做出了不可磨灭的贡献。

中国抗日战争从1931年九一八事变开始，到1945年9月日本投降签字，历时14年之久。特别是从1937年七七事变全面抗战开始到战争结束，中国军队同日军进行重要战役200余次，大小战斗近20万次，歼灭日军150余万人，占日军"二战"期间伤亡人数的70%。中国战场自始至终都是对抗日本法西斯的主战场。到1945年日本战败时，向中国战区（包括台湾和越南北纬16°线以北地区）投降的日军共128.3万人，这个数目大约相当于全部海外日军274.6

万人（不包括关东军）的46.7%。中国在抗日战争中付出了巨大的牺牲。据不完全统计，中国军队伤亡380余万人，中国人民牺牲2000余万人，中国人民伤亡总数达3500万人以上；中国直接财产损失600多亿美元（按1937年美元计算，下同），战争消耗400多亿美元，间接经济损失达5000亿美元。中国人民以巨大的民族牺牲与世界人民共同战斗，终于赢得了世界反法西斯战争的伟大胜利。

3 什么是"远东慕尼黑阴谋"

"慕尼黑阴谋"一词，源自"二战"期间英法等国与德意法西斯在德国慕尼黑召开的以宰割捷克斯洛伐克、绥靖德意法西斯为内容的会议。1938年9月，英国首相张伯伦、法国总理达拉第同希特勒、墨索里尼在慕尼黑召开会议，并达成了《慕尼黑协定》，规定把捷克斯洛伐克的苏台德区割让给德国，以换取希特勒的所谓"和平"承诺。后来，人们就把一切企图以牺牲他国为代价换取暂时利益的行为称之为"慕尼黑阴谋"。而"远东慕尼黑阴谋"是指在抗日战争期间英美等国为绥靖日本而采取的不惜出卖中国的一种外交政策。对于是否存在这个阴谋，国内史学界一直有着不同的看法。传统的观点认为，抗战初期，英美等国在绥靖政策的主导下，确实策划过出卖中国的"远东慕尼黑阴谋"。最典型的表现是1939年策划召开太平洋会议，英国与日本签订《有田—克莱琪协定》及封锁滇缅公路，1941年美国与日本进行谈判等等。这些行动与在西方以牺牲捷克斯洛伐克为条件的"慕尼黑阴谋"如出一辙，是远东的"慕尼黑阴谋"。

为了对所谓的"远东慕尼黑阴谋"有较为清晰的认识，我们不妨简略地回顾一下七七事变后英美在中日关系方面的微妙外交。

抗战前期，特别是欧洲战争爆发后，美、英等国在对待中国和日本的外交政策上，呈现出明显的双重性。一方面，美、英等国由于遭受经济危机的严重影响，在日本法西斯的侵略面前，已感力不从心，为了保住在远东的市场和殖民地，极力避免激化与日本的矛盾，因此对日本的侵略采取了姑息妥协的绥靖主义政策。另一方面，日本的侵略行动又损害了美、英等国的实际利益，它们需要利用中国的抗战遏制日本，因此在一定程度上又采取了援华制日政策。但是，在抗战前期，妥协仍然是美英政策的主流。

中日全面战争爆发后，中国政府寄希望于国际联盟进行调停和召开九国公约会议对日军的侵略进行谴责和制裁。1937年7月13日，国民政府向国际联盟递交了请求国联制止日本侵略行动的声明，并通过中国驻日内瓦代表团向国联提起申诉，向报界发表声明，揭露日本的侵略行为和战争罪行。基于1922年在华盛顿会议上缔结的《九国公约》中"尊重中国之主权与独立暨中国领土与行政之完整"的规定，且日本是公约的签字国，南京政府又于7月16日向《九国公约》各签字国送交了备忘录，要求召开九国公约会议，对日本的侵略行为进行制裁。

但是，西方各国这时都有着各自的利益考虑。美国为了避免如第一次世界大战那样再卷入美洲以外的战争，不敢得罪日本，奉行"孤立主义"的外交政策。西欧也笼罩在浓厚的对法西斯主义的绥靖气氛中。英国更害怕因为谴责日本而使自己在远东的利益受到损害。这样，美、英、法等国对于日本的侵略采取了消极观望的态度。在随后国联通过的决议和在布鲁塞尔召开的九国公约签字国会议通过的宣言中，除对于日本的侵略进行不疼不痒的谴责外，均无任何实际的行动，既不对日本进行制裁，也不对中国进行援助。

1939年4月，随着德意法西斯在欧洲的侵略战争不断扩大，南京政府积极展开外交活动，希望获得美英法等国的支持，重新召开九国公约签字国会议，对日进行制裁，并争取建立包括远东在内的世界反法西斯战线，但是这一提议未获美英各国的积极响应。

更让中国感到寒心的是，正当日军向中国大举进攻、扩大全面侵华战争之际，美国竟于1937年9月4日通过所谓的"永久性"中立法，规定"现购自运"，即美国对交战国禁运军火，其他货物要一律支付现金，且不得用美国船只运输。中国既缺乏资金，又缺少远洋运输能力，因此这个法案仅仅对中国不利，而日本则继续从美国得到石油、橡胶、钢铁、汽车、飞机配件等大量的战略物资。美国仍然是日本战略物资的主要供应者。美国在日本外贸输入中所占的比重，1937年为33.6%，1938年为34.4%。紧随美国之后，1938年5月，英日以换文形式订立有关中国沦陷区海关的协定。英国在日本的压力下放弃了将各海关税款存入中立银行的主张，同意以税务司名义存入各地日本正金银行分行；日方则允诺支付税款中应摊付的外债、赔款以及海关经费；英方还同意支付中国政府从1937年9月宣布停付的日本部分庚子赔款。英国在这一协定中实际上认可了日本对中国海关一定程度的控制，损害了中国的主权和利益。

1939年，英国又在天津租界事件上对日本做出更大的妥协。6月13日，日军借4名中国抗日志士在天津英租界刺杀汉奸事件，封锁英法租界，要求英国交出嫌疑犯，放弃亲蒋政策。亲蒋政策的内容包括：庇护抗日分子和共产党军队，反对联银券的流通，支持法币，默许非法分子使用无线电收发报机及允许使用抗日教材等。屈于日本的压力，同年7月，英国驻日本大使克莱琪与日本外相有田八郎达成了《有田—克莱琪协定》，规定：英国在华北限制抗日活动，阻止"抗日嫌疑犯"进入英租界，削减英国在华北的驻军。随后，英方将4名中国抗日志士引渡给天津伪政权。英国的做法极大地损害了中国的权益。

英美的绥靖政策，助长了日本的气焰。1940年6月24日，日本又进一步向英国提出关闭滇缅公路，禁止通过滇缅路向中国运送军火、汽油、卡车、铁路器材等可能增加其抗战能力的物资。日本进一步威胁道，如果英国拒绝这些要求，日本将对英国宣战。为避免与日本交战，英国不顾中国的请求，于7月16日正式宣布，同意关闭滇缅路3个月。英国的这一做法无疑是对日本政府的严重妥协。虽然3个月后英国重新开放滇缅路，但关闭滇缅路阻断了中国西南唯一的陆路国际交通通道，使中国战时急需的物资无法运入，更为严重的是动摇了中国民众的抗战决心，无异于帮助中国的敌人。对英美助纣为虐的行径，中国政府进行了强烈谴责。

对于中日问题，法国的态度与英美如出一辙。日军侵占、封锁中国东部沿海后，国民政府为利用越南的国际通道运入军火物资，与法国进行了多次交涉。法方以"牵涉中立问题"，恐怕"引起对日纠纷"，要"从长考虑"进行敷衍。1937年9月27日，日本驻法大使馆参赞要求法国政府禁止经由越南向中国输送武器。法国担心日本南进，使滇越铁路利益受损，因而通知中国政府：假道运输问题，等在比利时举行九国公约会议以后再说。一直到1939年1月，迭经中国政府交涉，始获允准。

七七事变爆发后，日本开始全面侵华战争，在中国面临民族危亡的关键时刻，英美等国不仅没有积极采取制止日本侵略的正义行动，反而为了自身的需要，无视中国的权益和要求，采取了妥协、纵容日本侵略的一系列行动，牺牲中国的利益。虽然这一时期英美对日本的侵略进行了一定程度的谴责，对中国的抗战进行了一定的支援，但妥协仍然占了上风，结果导致日本在战争初期的较短时间内占领了中国的大片领土。事实也证明，任何对法西斯的妥协纵容，终将是搬起石头砸自己的脚，太平洋战争的爆发就是最好的例子。

但是，英美在远东对日本做出的妥协，无论在动机、程度和后果上都不能和欧洲的"慕尼黑阴谋"相提并论。即使被指责为典型的"慕尼黑阴谋"的太平洋会议也是如此。首先，太平洋会议事实上是由国民党政府而不是由英美积极推动的，其目的是联合英美制日。其次，最重要的是慕尼黑会议达成了出卖捷克斯洛伐克主权的协定，而太平洋会议仅仅是个提议，在其酝酿的过程中，也没有任何出卖中国主权以求妥协的方案或设想。

4 怎样评价战时废约运动

在近代历史上，中华民族是个多灾多难的民族。鸦片战争后，以1842年签订中英《南京条约》为肇始，西方列强接踵而至，强行与中国签订了一系列不平等条约，强取了种种特权，使中国沦为一个半殖民地国家。近百年来，中国人民前仆后继，为废除这些条约进行了不屈不挠的斗争。

不平等条约的废除经历了艰难曲折的过程。南京国民政府成立后，就废除领事裁判权问题与英、美等国进行过谈判，后因九一八事变爆发而中辍。全面抗战爆发以后，中国一方面独自承担着抗击日本法西斯的任务，另一方面还要承受帝国主义强加在中国人民身上的不平等条约的耻辱。因此，废除不平等条约成为中国人民的强烈愿望，中国政府也多次要求英美修改不平等条约。

欧战爆发后，英美表示愿意就废约问题与中方举行谈判。1941年5月和7月，中国政府分别与美、英两国政府以换文的形式达成协议。美英承诺：俟远东和平恢复以后，同意废除治外法权，交还租界，并根据平等互惠原则修改条约。可见，英美的态度虽然有所松动，但仍然不愿立即放弃在华的特权。

太平洋战争爆发后，中国政府对日、德、意宣战，并宣布废除中国与各法西斯国家之间的不平等条约。这样，中国的抗日战争实际上成为世界反法西斯战争的重要部分，中国已变成英美的盟国。取消不平等条约，给予中国平等的国际地位，以加强世界反法西斯战线的团结，就成为同盟国成员起码的一种姿态。事实上，随着日军的南进，各地租界与香港、九龙均为日军占领，英美在华的实际利益已经丧失。在这种情况下，英美也只好顺水推舟，在废除对华不平等条约问题上采取积极行动，以便更好地利用中国战场牵制日本。

1942年4月至10月，英国和美国之间就废约问题进行了频繁的外交磋商，最终同意接受中国政府重新修约的请求。

1942年10月9日，美、英将两国的决定正式通知中国政府。次日，两国分别发表声明，宣布将与中国政府谈判，缔结一项条约，"立时放弃在华治外法权及解决有关问题"。10月24日和30日，中国政府先后接到美国和英国的新约草案，随即开始了与两国之间的艰难谈判。

九龙租借地是否立即归还问题是中英之间谈判的焦点。中方要求移交中国，而英国因为担心九龙租借地归还后会危及英国的其他殖民地，因此坚持认为九龙问题不在谈判的范围之内。正当双方争执不下时，1943年1月9日，日本与汪伪政权抢先签订了《关于交还租借地及撤废治外法权等协定》。这令英、美都十分难堪。

1月11日，美、英两国分别在华盛顿和重庆与中国签订了《中美关于取消美国在华治外法权及处理有关问题之条约与换文》（简称《中美新约》）、《中英关于取消英国在华治外法权及处理有关问题之条约与换文》（简称《中英新约》）。其主要内容有：（1）废除英、美两国在华的领事裁判权，两国人民在中国领土内，应依照国际公法和国际惯例，受中国政府管辖；（2）废除1901年签订的《辛丑条约》，交还北平使馆界，撤销在北宁路的驻兵权；（3）交还天津、广州的英租界和上海、厦门的公共租界；（4）撤销租界内的特别法庭；（5）废除英、美两国在中国各口岸使用外籍引水员的特权；（6）英国放弃由英国人担任中国海关总税务司的特权；（7）废除英、美舰在中国水域内行驶的特权；（8）废除英、美两国商船在中国沿海贸易和内河航行特权；（9）此次新约未涉及的其他影响中国主权的问题，由中国与英、美政府会商，依照国际公法准则

六 中国抗日战争与世界反法西斯战争是什么关系

和近代国际惯例予以解决；（10）中国与英、美两国在战争结束后，至迟6个月内举行谈判，签订一项友好通商航海条约。同日，中国外长宋子文向英国递交照会，声明中国政府对收回九龙租借地"保留日后提出讨论之权"。

在中美、中英新约签订后约4年间，中国相继与比利时、挪威、瑞典、荷兰、法国、瑞士、丹麦、葡萄牙等国签订了相关条约。

不平等条约的废除，是中国近代史上的大事，它标志着在法理上结束了近百年来西方列强在中国享有的特权，使中国初步挣脱了西方列强的束缚，也在法理上重新获得了独立的、平等的国际地位，同时也为中国从根本上彻底摆脱半殖民地的地位打下了基础。

应该认识到，中国这一外交的胜利，不是西方大国的恩赐，从根本上说，是中华民族空前觉醒和长期奋斗的结果。近百年来，中国人民为争取民族独立，一直进行着前仆后继的斗争，废除不平等条约是中国各阶层人民的共同愿望。不平等条约的废除也是中国长期坚持抗战的结果。太平洋战争爆发前，中国独自承担了在远东地区抗击日本法西斯侵略的任务，牵制并迟延了日本对苏联和英、美等国的进攻。太平洋战争爆发后，中国战场成为反法西斯的主要战场，这个广大的战场抗击并牵制了日本陆军兵力的主要部分，有力地支持了美英苏同盟国在亚洲、欧洲及其他战场的作战，其战略地位终于赢得英美等盟国的承认。同时，日本在亚洲的不断扩张，也严重地损害了英美在远东的利益，它们希望中国继续抵抗，牵制日本的兵力。出于这样的考虑，英美不得不做出一种姿态，给予中国以平等的地位。中国人民的流血牺牲争得了民族的声誉和国家的大国地位，也赢得了国家的独立。

但是，法律上的平等不等于事实上的平等。新约的签订与不平等条约的废除，并没有从根本上改变中国半殖民地的实际状况，也并不意味着中国已在实际上取得与各同盟国平等的地位。中国长期以来被压迫、被侵略导致的国际地位低下，使得在废约问题上仍然不能完全彻底地取消不平等条约的所有条款及其负面影响。九龙租借地暂时无法收回；条约签订后不久，中美两国就交换了《中美关于处理在华美军人员刑事案件换文》，规定在共同对敌作战期间，凡美军海陆军人员，如果在中国触犯刑事罪款，应由美军军事法庭及军事当局单独审判，这实际上变相地保留了"领事裁判权"。这一换文所导致的恶劣影响，最典型地表现在1946年两名美国海军陆战队士兵强奸北京大学女学生沈崇事件上，罪魁祸首没有受到任何惩处。根据《中美新约》内容而在战后签订的《中美友好通商航海条约》，不仅规定美国人在中国领土全境内享有从事商务、航运、制造、加工、金融、科学、教育、宗教、开矿、租赁、购买土地房屋等权利，还规定美国船舶，包括军舰，在遇到"危难"时，可以开入中国"对外国商务或航业不开放之任何口岸、地方或领水"。这些内容，实际上严重违反了互惠平等的原则。废除旧约后，在国际事务上中国也没有真正取得与苏、美、英同等的地位，有时还被排除于国际事务之外，强权政治与秘密外交依然存在。1945年2月，苏、美、英3国在苏联雅尔塔举行会议，会议把中国排除在外。会上，美英为换取苏联出兵对日参战，不惜以牺牲中国主权和领土作为代价。这些都足以说明，中国要进入国际四强，还有漫长的路要走，中国人民仍然需要为争取民族的真正独立平等而继续奋斗。

5 抗日战争暨世界反法西斯战争的胜利对世界产生了什么影响

第二次世界大战是人类历史上规模空前的一场反法西斯战争，也是人类历史上空前的一场浩劫。这场由日本、德国、意大利分别在远东和欧洲策动的战争，蔓延欧、亚、非三大洲，先后有60多个国家、约占世界4/5的人口卷入，

六 中国抗日战争与世界反法西斯战争是什么关系

给人类带来了深重的灾难和无法估量的损失。

但是长期以来，日本右翼分子一直美化、粉饰这场战争，诡称日本军国主义分子发动战争的目的是为了"解放亚洲""自存自卫"，竭力掩盖战争的侵略性质，甚至于把"二战"后亚、非、拉殖民地国家的民族解放运动归功于日本进行了侵略战争。然而追寻历史的轨迹，在近代以来日本在本土之外发动的一系列战争中，找不到丝毫为了亚洲解放的蛛迹，反之，日本征服亚洲进而征服世界的野心却昭然若揭。

日本自"明治维新"后，走上了军国主义道路，对外侵略扩张成为既定的国策。从1874年武装侵略台湾开始，至1945年战败，第二次世界大战结束，日本先后对亚洲邻国进行了一系列的武装挑衅和发动战争，战争的矛头直接指向他国领土和资源。日本1894年武装侵略朝鲜，进而于1910年强迫朝鲜签订《日韩合并条约》，吞并了朝鲜；1895年借《马关条约》占领中国的台湾、澎湖列岛；1904年发动日俄战争，夺取在中国辽东半岛和东北南部的特权；1914年乘第一次世界大战之机，占领青岛，控制胶济全线；1919年驻军旅顺、大连地区及南满铁路沿线；1931年发动九一八事变，占领中国东北三省，进而进占上海，进犯华北；1937年发动卢沟桥事变，全面进攻中国；1941年，发动太平洋战争，侵入东南亚和太平洋上的众多岛屿。到1942年，日本占领亚洲各国的领土达3200万平方

1931年9月19日，日本侵略军装甲部队侵入沈阳市。

千米，占地球总面积的1/6。每一次发动侵略战争，日本都会找出种种借口，甚至于把自己打扮成为亚洲的"救世主"，谎称出兵邻国是为了"驱逐"在亚洲的"欧美势力"，把亚洲从西方殖民主义者手中"解放"出来，还标榜其进行的是"大东亚战争"。日本军国主义分子不过是利用亚洲人民对西方殖民主义的憎恨，来达到其征服亚洲、征服世界的目的。事实上，日本侵略者每占领一个地方，都实行残酷的法西斯统治，掠夺资源，奴役人民，犯下了种种暴行。抗日战争中，中国军民伤亡达3500万；"二战"中，东南亚人民死亡、失踪的人数，越南200万，印尼200万，菲律宾100万。可见，日本进行所谓"解放"战争，不过是把亚洲人民从西方殖民者统治下转移到日本殖民者统治下，亚洲国家的地位没有丝毫改变。

事实证明，亚洲人民获得解放，不可能依靠任何殖民者的赐予，只有依靠自己，通过民族解放战争才能真正获得独立自由。自日本侵略者的铁蹄踏上中国领土伊始，中国人民就揭起了反抗的义旗。70多年中，中国人民的反抗斗争从未停息。特别是在第二次世界大战中，中国人民与世界其他国家的人民一起，进行了英勇的战斗，直到打败了日本侵略者，取得反法西斯战争的最后胜利，赢得了国家的独立。中国人民抗日战争暨世界反法西斯战争最直接的目的，就是要粉碎德意

1943年11月下旬，中、美、英三国首脑在埃及举行开罗会议，通过《开罗宣言》。图为三国元首蒋介石、罗斯福和丘吉尔在开罗会议期间合影。

日法西斯企图称霸世界并在全世界建立法西斯独裁制度的阴谋，使世界人民从法西斯的侵略和奴役下解放出来。1943年12月1日，中、英、美三国联合发表《开罗宣言》。宣言除明确规定日本所窃取的中国领土归还中国外，还提出要"使朝鲜自由独立"。1945年7月，中、美、英三国在促令日本投降的《波茨坦公告》中宣布："欺骗及错误领导日本人民使其妄欲征服世界者之权威及势力必须永久剔除，盖吾人坚持非将负责之穷兵黩武主义驱出世界，则和平安全及正义之新秩序势不可能建立。"1945年8月，随着日本法西斯的灭亡，中国、朝鲜获得了民族解放。

世界反法西斯战争胜利带来的一个最大的成果，就是促进了世界范围内的民族解放和国家独立运动的蓬勃发展，帝国主义殖民体系开始瓦解。"二战"对殖民地附属国民族解放斗争来说，是一个伟大的历史转折点。"二战"前，占世界人口少数的欧美列强对占世界人口多数的亚、非、拉地区实行殖民统治是国际政治的特点。反法西斯的世界大战，严重地削弱了帝国主义的力量。随着德意日法西斯被打倒，他们的殖民体系宣告瓦解。以英、法、美为代表的西方殖民体系也受到很大冲击。法国在大战中失去了对部分殖民地的控制。英国海上霸权衰落，无法阻挡民族独立的潮流。美国在战后也感到力不从心，因而大大减轻了对民族独立运动的压力，给民族独立运动提供了十分有利的国际环境。"二战"中，全世界几乎所有的殖民地附属国人民都加入了反法西斯斗争的行列，在斗争中人民的觉悟不断提高，力量逐渐强大，为民族解放运动创造了条件。特别是中国人民在反对日本法西斯的斗争中，摆脱了日本的殖民统治，废除了各帝国主义国家强加在中国人民头上的不平等条约，争取了民族的独立和解放，极大地鼓舞了世界被压迫民族和国家的反帝斗志，为世界民族独立运动提供了丰富的经验。正如毛泽东所说，反法西斯的第二次世界大战的胜利，就是给全世界无产阶级和被压迫民族的解放事业开辟了更加广大的可能性和更加现实的道路。"二战"后，经过反法西斯战争考验和武装的、具有强烈的民族意识和一定物质基础的民族解放运动在世界范围内蓬勃发展。1945年8月越南民主共和国宣告成立，随后法国被迫承认越南、老挝和柬埔寨的独立。1945年8月东印度爆发革命，宣告印度尼西亚成为独立国家。1948年1月缅甸独立，1957年马来亚联邦宣布成立，英国被迫废除在这两个地区的殖民统治。1946年菲律宾宣布独立。随着亚洲民族独立运动的发展，非洲、拉丁美洲也掀起了民族解放运动的高潮。从"二战"结束到20世纪70年代中期，全世界共有80多个国家摆脱殖民主义统治，成为独立的主权国家。

世界反法西斯战争胜利带来的另一个影响，是促进了社会主义运动的发展。反法西斯的战争不仅削弱了帝国主义的力量，也削弱了各国封建统治阶级的力量，减轻了无产阶级革命进程中的障碍。战后，社会主义超出了一国范围，在欧亚一系列国家中获得了胜利。抗战胜利后，中国人民在中国共产党的领导下，很快取得了解放战争的胜利，取得了新民主主义革命的胜利，建立了中华人民共和国。朝鲜、越南、罗马尼亚、南斯拉夫、阿尔巴尼亚、波兰、保加利亚、匈牙利、捷克斯洛伐克等国，依靠抗击法西斯斗争中壮大起来的力量，通过武装斗争，建立人民政权，成为社会主义国家，从而形成了以苏联为首的社会主义阵营。

民族独立运动的发展，促使国际关系发生了巨大的变化。"二战"前，殖民地附属国国家的命运都操纵在帝国主义、殖民主义手中，毫无平等地位可言，根本不可能参与或决定世界事务。"二战"中，中国人民的抗日斗争赢得了世界的广泛承认和尊敬，中国在国际社会的地位不断提高，开始参与世界事务，并成为联合国的创始国之一，在国际事务中发挥着越来越重要的作用。战后，获得独立的第三世界国家作为一支新兴的政治力量登上了历史舞台，作为享有主权的发展中国家平等地参与决定世界命运的国际事务。

世界反法西斯战争的胜利，对战后世界的政治格局产生了深远的影响，奠定了战后世界和平的基础。争夺世界霸权是帝国主义的重要特点。无论是第一次世界大战还是第二次世界大战,最根本的原因都是帝国主义之间为争夺世界霸权和划分势力范围矛盾激化。战前,帝国主义之间通过争夺和妥协,形成了英、法、美、日、苏多极的世界格局。这个多极的格局是世界不安定的根源。最终,德国为争夺世界霸权和重新划分势力范围,联合日、意发动了战争。战争的结果是 3 个法西斯国家被打垮,英、法等帝国主义国家被严重削弱,从而结束了近代以来的多极格局,形成了美、苏两极的世界格局。"二战"中,美英苏同盟国就如何打败法西斯以及战后世界的安排问题先后召开了德黑兰会议、雅尔塔会议、波茨坦会议。会上就战后划分势力范围问题也达成了协议,为战后两极格局的形成奠定了基础。战争中,战火未延及美国,美国的经济得到了高速发展。战后初期,美国垄断了资本主义世界工业产量的 62%、出口额的 32.5%、黄金储备的 70%、谷物产量的 1/3、棉花产量的 1/2,一跃成为资本主义世界的霸主。苏联作为世界反法西斯战争的主要力量,在战争中的影响使得它在战后成为欧亚大陆的强国。因此,在战后形成了以美国为代表的资本主义制度和以苏联为代表的社会主义制度这两种不同社会制度、不同政治力量的两极世界格局。两极世界格局较之多极格局有利于世界和平的发展。

"二战"后,盟军对德日两国进行了民主化和非军事化的占领和改造,摧毁了军国主义势力,革除了封建生产关系残余,将之导向和平发展之路,不仅奠定了战后世界和平的基础,也为世界经济的发展扫清了道路。

"二战"后,国际关系上发生的一系列变化,使得世界历史发展出现了新的趋向,这就是和平与发展、平等与依存成为世界发展的主流。从这个意义上来说,世界反法西斯战争实际上成为世界历史发展的转折点。

七 日本的侵略给中国造成了什么灾难

1 日军对中国人民实施了怎样的暴行

从1874年日本侵略中国神圣领土台湾，大肆屠杀我台湾同胞起，至1945年8月日本战败投降止，在日本侵华史上，与日本对中国主权的破坏、对中国领土的掠夺、对中国资源的攫取和对中国文化的摧残等等侵略行为相伴始终的，是以天皇为最高统帅的日本军队在中国土地上犯下的无数的惨无人道的极端暴行，是日军官兵用滴血的战刀对中国无辜的和平居民所进行的随时随地的屠杀，是日本侵略者对中国人民欠下的无可数计的累累血债。侵华日军铁蹄过去，留在其身后的是遍布于大江南北的"万人坑"内的累累白骨，是散落于城镇乡村的断臂残肢，是飘荡于无边浩劫中的冤死的亡灵。尤其是在日本全面武装侵华的8年间，日军官兵在中国所实施的暴行更达到无以复加的地步。这同时也彻底地暴露出日本军队嗜杀成性、疯狂暴虐的恶魔面目，暴露出近代日本国家对中国人民一贯的杀戮残害的策略和近代以来日本民族扭曲、凶残而无人性的民族性格和畸形变态的民族心理。

侵华期间日军官兵在中国土地上对中国人民所实施的暴行，种类繁多，简而言之，大致可分为大屠杀、大轰炸、大焚掠、大奸污、残害儿童、虐待劳工、细菌战、毒气战等等。在不同种类的日军暴行之下，中国人民蒙受了无以复加的生命和财产损失，中华民族付出了无以数计的民族牺牲。日军在中国对中国人民实施了怎样的极端暴行呢？

第一，日军对中国人民进行了长期的肆无忌惮的大屠杀。

近代史上，日本对中国发动了一次又一次的侵略战争，中国的国家主权和

七 日本的侵略给中国造成了什么灾难

领土完整遭受日本侵略者严重破坏，物资财富遭受空前劫掠，文化遗产遭受巨大损失。踏上中国土地的日军官兵们，恰似一群嗜血的恶魔，肆意践踏国际法准则，挥舞着手中的战刀，对中国广大的无辜平民展开了疯狂的残酷屠杀。一部长达70多年的日本侵华史，正是一部日军官兵对中国人民进行大规模屠杀的历史，更是一部用中国人民的鲜血涂写、用中国受难同胞的断体残肢堆积而成的中华民族苦难史。凶残地屠杀中国无辜居民、屠杀中国非战斗人员，在这一历史中逐渐形成为日本的一项侵略政策，被日本侵略者当局和侵华日军当局长期地奉行、实施着。

从1874年日军第一次侵略中国神圣领土台湾、大肆屠杀当地高山族同胞开始，日军对中国人民血腥屠杀的历史便拉开了序幕。此后至1937年七七事变发生、中华民族全民族的抗日战争爆发，日军在中国的宝岛台湾、东北、华北制造了数千起大规模屠杀中国民众的血案。在这些血案中，无数的中国和平居民惨死于日军的屠刀之下，台湾宝岛血迹斑斑，长城内外积尸如山。可以毫不夸张地说，日本全面武装侵华的8年，是日军官兵对中国人民进行大规模残酷屠杀的8年，是日军官兵在中国的土地上随时随地实施暴行、制造血案的8年。中国人民在这8年之间所遭受的生命损失，是人类文明发展史上的最大悲剧，同时更是近代日本对外侵略之极端罪恶的永恒的见证。

第二，日军在中国进行了疯狂的大轰炸。

在全面侵华期间，除了日本军队在战场上凭借其空中优势，动用大批飞机投入战斗，造成我无数抗战官兵死难，侵华日军当局还严重违反国际法，以飞机在其航力所及的范围内，对我城镇乡村实施无差别级轰炸。空中轰炸除作为战斗手段，还成为日军大规模屠杀中国无辜民众、摧毁中国国民经济重要设施的一种重要手段。

在日军疯狂的大轰炸下，无数的中国城镇化作一片瓦砾，无数的中国居民被炸得躯体支离、血肉横飞。其中，尤以抗战爆发初期日军飞机对上海、南京

抗战 热点面对面

等地的轰炸,以及抗战中期日机对作为国民政府战时首都的重庆市及西南云贵各省的轰炸最为惨烈。

据有关资料显示,自1937年8月13日淞沪抗战爆发至1938年1月3日,在不到5个月的时间内,日军飞机共轰炸中国13000余次,其中轰炸淞沪地区6000次,轰炸南京1200次,轰炸粤汉、广九两路900次,轰炸津浦、陇海两路660次。在日军飞机的狂轰滥炸下,上海、南京等地人民的生命财产遭受到极其惨重的损失。

以上海为例。1937年8月14日,日军飞机轰炸南京路与黄浦滩,炸

广州市被日军飞机轰炸后的惨状。

死729人、炸伤865人。同一天,日机轰炸爱多亚路和虞洽卿路,炸死1011人、炸伤1008人。8月23日,日机轰炸同济大学,该校校舍等各种建筑物及所有校具设备全遭炸毁,损失无计。同日,日机轰炸上海公共租界和江西路一带,永安、先施两公司及邻近各商店多被炸毁,市民死伤达700人以上。8月28日,日机12架轰炸上海南北两个车站,投弹8枚,炸死难民与居民七八百人,伤者不计其数。8月31日,日军飞机轰炸世行汽车站,炸死候车离沪的难民、伤兵200余人。9月5日,日机空袭北新泾、周家桥地区,炸死、炸伤300余人。9月8日,日机猛炸淞江火车站,一列难民客车亦被炸,死300余人、伤500余人。9月10日上午,5架日机轰炸龙华镇,投弹30余枚,炸毁房屋80余间,龙华寺500尊罗汉化为灰烬,炸死、炸伤五六十人。9月13日下午,日机在虞姬墩吴淞江上空投弹4枚,炸沉上海驶往嘉兴的3只难民船,炸死、炸伤

300 余人。9 月 24 日，日机结队滥炸交通设施，沪杭铁路之西门站建筑被毁过半，炸死乘客 300 余人。10 月 18 日，日机 3 次轰炸难民车，炸死、炸伤妇幼 700 余人。同日，日机轰炸虹桥镇，炸死、炸伤 100 余人，炸毁虹桥桥梁和 30 余间民房。10 月 28 日和 29 日，日机向松江县城厢投弹 200 余枚，毁屋极多，炸死、炸伤平民 400 余人。11 月 1 日，日机对松江县钱泾桥、小仓桥一带进行猛烈轰炸，西门外北起菜花泾、西抵小仓桥均落有炸弹，死伤 200 余人。11 月 7 日晨，日机数十架次轮番投弹轰炸朱泾，接着日军冲进市镇，放火焚烧，有 78 个隐匿于家中的居民被屠杀，全镇 2460 余幢房屋尽成瓦砾。……

淞沪抗战期间，日军飞机对上海的轰炸，不仅密度极高、时间持续长久，而且轰炸范围也极为广泛。不论是市镇乡村、华界租界，还是民房店肆、车站学校，皆遭轰炸。由于日机轰炸主要以车站码头、火车轮船、民宅商肆、学校工厂为目标，每次日机过后，中国民众伤亡人数都十分巨大，少则数十人，多则成百上千人，建筑群落、公共设施也尽成瓦砾废墟。

在整个抗日战争期间，日军飞机不仅在各大会战的战场上，在我抗日将士的头顶上肆意飞行，更像是一群来自天空的死神，飞出战场之外，对战区内的交通要道、城镇乡村实施轰炸。更有甚者，日军飞机更远至日军兵力未至的中国西南、西北等大后方地区，将其罪恶的炸弹倾泻在中国无辜民众的头上。

从 1939 年初开始，日军出动飞机数千架次，对当时作为中国战时首都的重庆市实施了长期的狂轰滥炸。5 月 3 日下午 1 时许，日机 26 架空袭重庆，投弹 100 余枚，大梁子、苍坪街、左营街、陕西街等地均被炸起火，死伤居民近千人。5 月 4 日，日机 27 架再度空袭重庆，市区发生大火，27 条主要街道有 19 条被炸为废墟，大火至 7 日方熄，全市约有 1/3 的建筑化作灰烬，居民死 2000 人左右、伤 3300 余人，约有 30 万人被此次空袭波及受难，驻重庆的英、法、德使馆均无幸免，人员亦各有伤亡。此次日机空袭重庆，为卢沟桥事变以来日军飞机对中国重要城市最猛烈的轰炸。5 月 25 日，日本海军飞机继续轰炸重庆，造成的损失更为严重。据国民党官方《陪都空袭救护委员会关于敌机空袭伤亡损失的通报》称，日机此次空袭所造成的死伤约达2万人以上。1940年至1943年间，日军飞机几乎无日不以上百架次轰炸重庆。以1940年6月为例：6日，117架次空袭重庆，炸毁民房100余栋；10日，129架次分4批空袭重庆，投弹数百枚，毁房约60栋；11日，126架次分4批空袭重庆，投弹200余枚，炸死、炸伤60余人，炸毁房屋70余栋，苏联驻华使馆及德、法两国驻渝通讯处亦中弹；12日，154架次空袭重庆，投弹480枚，炸死、炸伤200余人，毁房屋300余栋；16日，117架次分4批空袭重庆，投弹300枚，炸毁房屋371栋，炸死、炸伤400余人；24日，117架次分4批空袭重庆，在市区及江北、北碚投弹400余枚，炸毁房屋50余栋，英、法使领馆均中弹；25日，125架次分4批空袭重庆；26日，90架次空袭重庆，炸死、炸伤30余人，苏、德大使馆被炸，沙坪坝学校区被炸毁校舍数十栋；28日，90架次空袭重庆；29日，90架次分4批空袭重庆。1941年6月5日，日机夜袭重庆，导致校场口大隧道惨案，当时避难躲于隧道中的众多中国民众窒息而死。

西南云贵地区也遭到了日军飞机的狂轰滥炸，人民生命财产遭受巨大损失。贵州省贵阳市，仅在1939年2月4日一天，即遭受日机18架次投弹200余枚的轰炸，民众被炸死488人，被炸重伤735人，轻伤者不计其数，民房被炸毁1326间，财产损失在3380万元之上。在云南省，省会昆明及蒙自、保山等县城先后多次遭日机轰炸。1939年12月4日，日机空袭蒙自县城，炸死186人、炸伤185人，炸毁房屋1285间；1942年5月4日、5日，日机轰炸保山县城，并投下燃烧弹，整个城区房倒屋塌，烈焰熊熊，血肉横飞。据《保山县志》记载，保山县全城除东北角外，被炸区域有90多处，所有繁华街道、机关学校、店铺商肆及其他公共设施等等无一幸免。保岫公园内的中山礼堂、图书馆、阅报室均被炸毁，嵌于壁间和展列于入口处的历代石碑无一完整，公园内被炸死的民众达300余人、学生达100余人。太保山麓的元代建筑法明寺，只留下一堆废墟和七八个弹坑。吴家牌坊中弹后毁坏,因石块飞落压死10余人。上巷街孔宪章家中燃烧弹,除孔宪章及子孔庆余外出幸免于难,在家10人均被火焚而亡。云集于环城公路一线的摊贩、修车工死伤二三千人,其中多数为南亚归国华侨。华侨中学遭第一批日机轰炸,师生死伤100余人,占该校师生的一半左右。省立保山中学校舍全部被炸毁,大殿后的操场上30多名学生被炸死。保山县立中学男生部校舍被炸毁过半,教务主任雷祖荫和30多名学生被炸死在校内。位于马里街的女生部校舍中燃烧弹全毁,100多名女学生葬身烈火,前往参加运动会的学生更是死伤无数。此后日机又先后于5月13日、23日、24日数次轰炸保山县城。据当时的调查统计,日机在保山县城先后炸死平民和学生计3828人;云南省会昆明市,从1938年9月至1943年12月,先后遭日机67次1311架次投弹1742枚的轮番轰炸,无辜民众被炸死1430人,被炸伤1717人,民房被炸毁14990间。

中国西北内地,同样遭到日军飞机的猛烈轰炸。据不完全统计,抗战8年间,陕西省仅西安市及周围各县即遭受日机200多次投弹2200多枚的轰炸,当地民众被炸死、炸伤6000多人,民房建筑被炸毁者更是无法统计。另据1947年甘肃省政府的不完全统计,在1937年11月至1941年8月期间,日机先后出动38次共1700架次,对甘肃各地的城镇乡村实施轰炸,炸死炸伤当地民众1343人,其中被炸死663人,人民财产的直接损失按1947年8月份兰州市批发价折算,高达国币64789亿元。

日军飞机飞出战场之外,对中国人民所实施的无差别级的轰炸,究竟炸死了多少中国无辜的平民百姓,造成了多少财产损失,时至今日人们也无法做出相对准确的估计。但其作为侵华日军对中国人民实施暴行的一个重要表现,严重违反了战争法,应该永远受到人类正义的谴责。

第三,日军在中国实施了空前规模的大焚掠。

与一切侵略战争相伴始终的,从来都是一系列的惨无人道的暴行,都是侵略者向被侵略的国家和人民头上强加的无穷无尽的苦难。侵华战争期间，日军官兵在中国境内，除了用手中的战刀枪炮和天上的飞机制造了成千上万起大规模血腥屠杀惨案，致使数以千万计的中国民众死难，还对中国人民实施了疯狂的大焚烧和大劫掠。日寇铁蹄经过，中国无数的城镇乡村、商肆民宅、古刹名寺被烧作一片废墟，无数的财富、文物、图书、家畜、粮食尽被抢走。抢运不走的，也被日军临离时付之一炬。侥幸从日军屠刀下逃生苟活的广大民众，又会因为失去家园、缺衣无食而长期过着饥寒交迫的苦难生活，而等待他们的往往是日军再一次的屠杀、焚烧和抢掠。因此，在抗战期间侵华日军对中国人民所实施的大焚烧和大劫掠，同样是其在华所犯暴行的重要表现之一，给中国人民带来了无穷无尽的苦难。

杀人放火是最无耻的强盗行径，侵华期间日军把这种强盗行径表演得淋漓尽致，时间上持续了整整8年，地域上覆盖了大半个中国。日军在每一次屠城、屠村、屠镇之时，都会到处纵火，大肆抢掠。8年之间，日军的大焚掠给中国人民造成的财产损失难以估量。下面，我们以抗战初期上海、南京所遭浩劫为例来说明日军大焚掠的野蛮与疯狂。

八一三淞沪抗战期间，侵华日军在上海以极为凶残的手段进行了毫无人性的破坏活动。在其以枪击刀刺、炮击空袭等恶劣手段大肆屠杀上海民众的同时，还到处纵火，焚毁无数民宅、工厂、商店、仓库，造成数十万难民无家可归、流离失所，过着饥寒交迫的悲惨生活。1937年8月27日，日军侵入闸北后，大举纵火，一时烈焰冲天，连绵数里，日夜燃烧，至30日未熄，致使全区民房及其他财产被焚一空，整个市区变成一片焦土。据《立报》当年10月31日之粗略统计，此一地之大火所造成的损失最少在2万万元之上。11月12日，日军占领南市后，一路纵火，大火整整烧了5天。繁华街市顿成火海，无数店肆全成灰烬。在上海市郊农村，日军同样肆意纵火，所经之地，无一例外。据不完全统计，在八一三淞沪抗战期间，日军在上海市郊纵火烧毁房屋218532间，仅蕴藻浜以北各乡就被烧毁房屋87700间，占原有房屋总数的81.42%。境内疮痍满目，元气大伤。罗店、吴淞、大场、杨行、刘行等地及宝山城厢外围遭日军轰炸、炮袭、纵火，房屋大部分被毁。罗店被烧房屋7258间；罗泾在日军小川沙登陆时被烧毁房屋10948间；大场在战争中屡遭日机猛烈轰炸和炮袭，所落下的炮弹、炸弹达160吨之多，大场镇东起康家桥，西至西街马路桥长约500米的整条大街以及浜南的房屋，几乎全部被夷为平地。在金山地区，日军仅在金山卫一处即烧毁房屋3095间。山阳地区被焚房屋4269间。金山全县共有19个乡镇遭到日军的大焚烧，被焚毁的房屋共达26418间。

攻占上海后，侵华日军沿沪宁线挥刀西向，一路奉行杀光、抢光、烧光的"三光"政策，冲向南京，在其途经的常熟、太仓、苏州、江阴、无锡、常州、丹阳、句容、镇江等市县及沪宁间的大片乡村土地上，杀人放火。在其身后留下了成百上千处黝黑的焦土和无数中国死难民众的尸体。1937年12月13日，日军攻占南京后，在这里制造了震惊世界的南京大屠杀惨案。同时，日军还在南京市郊和城内肆意抢掠、到处纵火。南京城内外，数月之内烈焰冲天、浓烟滚滚。南京无辜民众无数的房屋、粮食、家具、财物、牲畜，尽在火海中化为灰烬。市区内无数公司机关、学校商店皆付之一炬。无数公私财物、文物古董、衣物粮食、书籍字画尽遭抢掠或焚毁。经此浩劫，整个南京城被日军杀成一座死城，抢成一座空城，烧成一片废墟。对于日军在南京大规模纵火的罪行，战后中国审判战犯军事法庭在《战犯谷寿夫判决书》中判定："日军锋镝所至，焚烧与屠杀常同时并施，我首都为其实行恐怖政策之对象，故焚烧之惨烈，亦无与伦比。陷城之初，沿中华门迄下关江边，遍处大火，烈焰烛天，半城几成灰烬。我公私财物之损失殆不可以数字计。"日军"至12月20日，复从事全城有计划之纵火暴行，市中心区之太平路，火焰遍布，至夜未熄。且所有消防设备，悉遭劫掠，市民敢有营救者，尽杀无赦"。战后远东国际军事法庭亦在其有关审判日军南京大屠杀案的判决书中称："在日本兵抢劫了店铺和仓库以后，经常是放一把火烧掉它。最重要的商业街道太平路被火烧掉，并且市内的商业区一块一块地、一个接一个地被烧掉了。日本兵毫无一点理由地把平民的住宅也烧掉了。这类放火就像按照预定计划似的继续了6个礼拜之久。因此全市约1/3都被毁。"

像这样在上海、南京城内市郊所进行的大焚烧、大劫掠，绝不是一时一地的偶发现象。在整个抗日战争期间，侵华日军所制造的焚掠事件，遍布于大江南北、长城内外。日军在每一次"扫荡"、"讨伐"时，在每次屠城、屠镇、屠村的同时，都会伴以焚城、焚镇、焚村，都会继以疯狂、贪婪的抢劫和掠夺。可以说，侵华期间日军在中国制造了多少起暴行，就会有多少次纵火破坏，亦就会有多少次大肆的抢劫和掠夺。8年之间，中国大地火海遍布、强盗横行，生活于其中的广大民众，生计之断绝、境况之悲惨，自然是无以言喻而又不言而喻的。在日军这种极端的暴行之下，中国人民所遭受的生命和财产损失，更是无以尽书、无以数计。

第四，日军对中国妇女实施了骇人听闻的大奸污。

日本军队作为一个"兽类的集团"，在对中国人民进行极端残酷的屠杀的同时，对中国妇女同胞进行了规模空前的大奸污。数以万计的中国妇女遭到日军官兵无耻的强奸、轮奸。这是中华民族历史上最屈辱的一页。

允许、纵容日军官兵肆意强奸受害国的妇女，作为日本天皇和日本国家当局对其"忠勇的战士"们的一种肉欲的犒赏，在抗战8年间被日本的战争指导者们确立为鼓舞军队士气、提高战斗力的一项基本政策，在日军部队中长时间地、普遍地执行着。日军官兵，上至师团长，下至一般士兵，皆以强奸、杀戮、凌辱中国妇女同胞为乐事。八一三淞沪抗战后，日军在向南京推进的途中，日本军中曾经流行过这么一句话："吃中国的鸡，奸中国的妻，杀中国的狗东西。"这是日本士兵得到纵容和允许后肆意奸污中国妇女同胞的得意忘形的表露。长期在日本军中广泛实行的"慰安妇"制度，可能是近现代军事史上最具

七 日本的侵略给中国造成了什么灾难

"日本特色"的日本军中制度和日本国家政策。全面侵华8年间，日本军方在日本国家最高当局的纵容许可下，有组织、有计划地策划并实施了军中"慰安妇"制度，在上海、南京、天津、山东、安徽、江西、山西、河南、海南，在每一块日军的占领区内，都设置了规模大小不同、名目不一的"慰安所"。日本军方通过各种无耻的手段，诱拐、强征、抓捕中国无数的妇女，将她们羁押在"慰安所"里，充当日本官兵的性奴隶。"慰安妇"制度的普遍实施，是出于日本最高侵华当局和日本在华最高军事当局的蓄谋和安排，是日本军方和日本国家有组织、有意识的犯罪行为。

于是，自日本军队一踏上中国土地，日军官兵对中国妇女实施性暴力的事件就层出不穷，强奸成了日本军队所"特许"的事情，任由日军官兵在任何时候、任何场合，肆无忌惮地对中国妇女施暴。在日军所到的每一处城市、每一处村落，都发生着大规模的日军对中国妇女的强奸犯罪。

这里，我们列举无数日军强奸中国妇女事件中的极少一部分，以说明侵华日军8年间在中国的土地上，在日本军方有组织、有系统地设置的"慰安所"之外对中国妇女同胞所犯下的严重强奸罪行。

据统计，在上海，1937年11月6日，日军在金山县亭林镇四乡大肆淫杀，杀害百姓152人，强奸妇女195人。从1937年8月至1945年8月，日军仅在青浦县境内就奸污妇女1540人。

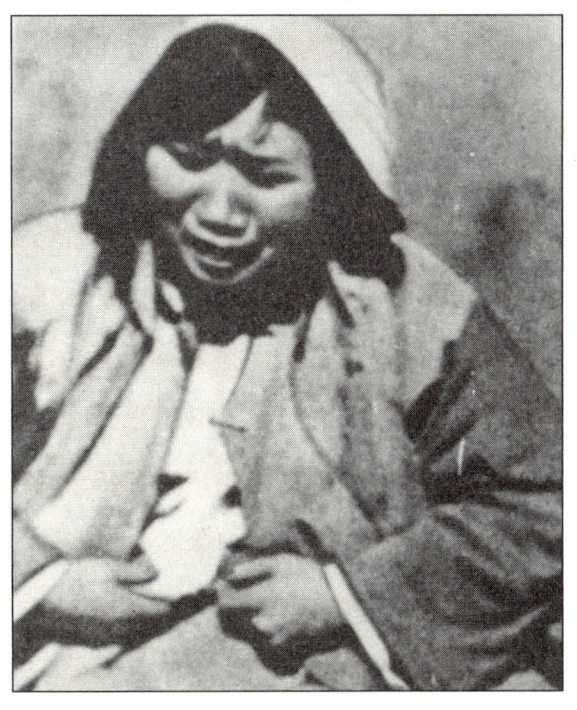

惨遭日军侮辱，痛不欲生的中国妇女。

在江苏，1937年11月13日，一天时间内，日军仅在常熟吴市一带就奸污妇女374人。11月23日，日军在无锡东亭强奸妇女504人。12月1日，日军攻陷江阴，8年之间日军杀害江阴平民2万多人，强奸妇女无以数计。1937年12月9日，日军侵入镇江市区后，凡山洞、地下室，一律以机枪扫射，避难妇女均惨死其中。日寇狂肆兽欲，妇女不论老幼，不论病人与产妇，均无幸免，被轮奸致死者极多。仅红十字一机构收尸共3000具，男尸多在途中，妇尸多于床榻。之后，日军在旧武庙医院内设立关东武妓院，供军官泄欲之需，士兵仍在四乡淫掠。

1937年12月13日，日军攻陷南京，制造了震惊中外的南京大屠杀惨案，超过30万的中国军民惨遭杀害。同时，日军在南京犯下了史无前例的对中国妇女的大规模强奸罪行，在不到5个星期的时间内，大约有2万多中国妇女遭到日军强奸。关于日军官兵在南京强奸中国妇女同胞的丑行，《拉贝日记》所附附件中记载颇多。当时日军第一一四师团一等兵田所耕三供称："女人是最大的受害者，不管是老的还是年轻的，全都遭殃。从下关把女人装上煤车，关到村庄，然后分给士兵。一个女人供15至20个人玩弄。在仓库周围选个有阳光的好地方，用树叶之类铺好。士兵们拿着有中队长印章的纸，脱下兜裆布，等着轮到自己。""没有不强奸的士兵，大部分强奸完了就杀掉。往往是强奸完后一撒手，女人就逃跑，便从后面向女的开枪。因为不杀的话会给自己惹麻烦……尽管不想杀，但还是杀了……虽然在南京几乎没有宪兵。"12月16日，日军侵占仪征县城。仅据不完全统计，在日军侵占仪征之初，城乡居民就有400多人被杀害，200多名妇女遭到日军强奸。1938年2月19日，日军再次侵入江苏溧阳县，四处掳掠，恣意蹂躏妇女。日军将抓捕到的妇女就地轮奸后，又将其带至驻防地，强迫其脱光衣服，将其裸体禁闭于一处空房内，到夜间任由日兵入内奸宿。在一旬之内，仅此一处空房内，就禁闭了被掳的中国妇女50多人。不久这些妇女全遭日军官兵奸杀或溺毙。

1939年，日军在江苏盱眙掳掠1000多名中国妇女，以铁丝洞穿其手掌，将其鱼贯押送到驻地，供日军官兵夜间淫乐。违者以刺刀剖腹，死者累累。1940年5月，日军在龙华镇扫荡，从天主教堂内抓去20多个妇女，将其关在一个屋子里，晚间由日军官兵任意轮奸。其中有一个13岁的女孩，被几个日军轮奸后，又刺了两刀，抛到半山草丛中死去。仅1943年4月至1945年5月，日军在江苏启东县东南地区一带就强奸妇女871人。8年间，日军在江苏武进县强奸妇女2570余人，在盐城县境内强奸妇女500多人，在建湖县境内强奸妇女986人。

在浙江，1937年11月5日，日军在杭州湾金山咀登陆，当天即在白沙湾全公亭沿海一带强奸妇女200多人。1939年6月23日，日军侵入舟山，侵占定海6年，杀害居民900多人，奸污妇女无数，仅在城内光裕里即设"慰安所"多处，掳掠中国妇女100多人在里边供日军淫乐。1942年5月17日，日军侵扰建德县长乐镇，一天时间内强奸妇女100多人。5月29日，日军窜扰浙江省鄞县大皎村，枪杀村民11人，强奸妇女40多人。在汤溪县境内，8年间日军强奸妇女1805人；在龙游县境内，日军强奸妇女1820人。在金华县，仅1942年下半年，就有1370多名妇女遭日军强奸。1942年7月7日，日军侵入青田县，此后40多天内，在该县境内强奸妇女334人。

在江西，1939年3月9日靖安沦陷，至8月1日，日军在该县境内强奸妇女100多人。1942年5月日军侵占鹰潭后，许多中国妇女被日军蹂躏后又惨遭杀害；5月12日，日军在东溪村抓到7名妇女，将她们赤身裸体地绑在树上，然后进行轮奸；在路上，日军当众强奸两名青年姑娘后，又将其当作活靶子开枪打死；5月至6月，日军3次窜扰江上艾家等地，奸淫妇女34人，奸后还将竹竿插入其阴部将其杀害；6月1日，一队日军在流源彭家、余项、虎岭奸污妇女24人。1942年5月，盘踞南昌的日军侵入余江县，在不到4个月的时间内，强奸该县妇女4000多人。同年6月8日，日军攻陷崇仁，在其侵占崇仁期间，杀害中国百姓320多人，强奸妇女数百人。仅奸后被杀的中国女学生即有30多人。1944年6月、7月，日军两次侵犯萍乡，造成当地居民死亡达29017人，妇女被日军强奸者达6389人。从1939年至1945年，日军在高安县强奸妇女15300余人。抗战期间日军3次进犯清江，奸污妇女1083人。

在河南，1937年11月日军侵占安阳，屠杀城内无辜居民2000多人。被日军搜出的妇女，从10多岁到70多岁，均遭奸污，稍有反抗，立即被砍死。临走时，日军还掳走两汽车妇女，以充作军妓。8年间，日军在巩县奸污妇女480多人。1938年2月8日，日军侵占濮阳县城。晚上，日军三五成群地在城内各地追逐寻找妇女，进行强奸。妇女、婴儿的惨叫声彻夜不息，有的幼女被奸后不能行走，有的被奸后昏迷不醒。同年2月24日，日军侵占淇县县城，在城内大肆施暴，很多未及躲避的青年妇女遭到强奸。城北下关有位青年妇女，被堵在屋内，在刺刀的逼迫下，遭9名日军士兵强奸，该妇女含恨自杀。沦陷期间，河南温县共有3663名妇女遭到日军强奸。1944年日军攻占许昌县，至抗战结束，日军在该县境内强奸妇女8868人。8年间，日军在通许县奸污妇女1288人。

在广大的晋冀鲁豫边区，日军所犯暴行更是亘古未有。仅其强奸中国妇女同胞一项，即骇人听闻。8年间，日军在边区奸淫妇女达36.3万人，仅太行区即有10万余人，太岳区有4.29万人。被日军强奸后患性病的中国妇女，在全边区共计有12.2万人。

在湖南，1942年10月19日，驻岳阳日军制造了洪山惨案，7天之内，残杀洪山、昆山等10多个村庄村民1800多人，奸污妇女600多人。1943年5月9日，日军在汉寿县厂窖地区进行了4天大规模的屠杀和奸淫，共杀害中国军民3万多人，强奸妇女2000多人。据不完全统计，在常德争夺战期间，日军残杀常德市民3300人，奸淫妇女5000多人。在常德四周各县境，日军强奸妇女35180余人，其中有4200多人被强奸致死。1944年6月21日，湘乡沦陷，在1年2个月时间内，日军在该县境内强奸妇女1655人。

在海南，1939年2月14日，日军在三亚登陆，攻占崖县城。至1945年日本投降，日军在该县强奸妇女774人，并在崖县10多处日军据点设立"慰安所"，从海南各地农村抓来320多名妇女充当"慰安妇"，以供官兵宣淫。1942年7月，日军侵占屯昌县乌坡墟，3年之间，在这里强奸妇女433人。1939年7月，日军侵占牙县，6年间，在该县强奸妇女7560多人。在临高县，被日军强奸的中国妇女数以千计，日军还在新勇、临志、加来设3个"慰安所"，先后强迫当地妇女数百人充当军妓。

以上所列，仅是日军强奸中国妇女同胞事件中极小的一部分，至于日军在其所到的每一块中国土地上，在每一个村舍、每一个城镇对中国妇女同胞所实施的无休止的强奸暴行，无可数计。与学者们估计的在抗战期间有二三十万中国妇女同胞被强征为日军的"慰安妇"，在"慰安所"中遭到日军官兵的肆意蹂躏相比，在日军"慰安所"之外遭到日军任意强奸的中国妇女的数量，要超出数倍，或许是数十倍。我们认为，伴随着日军在中国的每一次军事行动，伴随着日军对中国乡村城镇的每一次"扫荡"，伴随着日军在中国所制造的每一次血腥惨案，都发生着日军大规模的对中国妇女同胞的强奸犯罪。也可以说，在日本全面侵华的8年时间内，几乎每一天都发生着成百上千起日军官兵对中国妇女同胞的强奸暴行。8年时间内，在日军铁蹄所到的每一块中国土地上，都留有日军无耻暴行的记录。中国妇女同胞在8年间所遭到的残害，是用语言和文字难以表述的。

侵华期间日军在华所犯暴行，除上述的大屠杀、大轰炸、大焚掠和大奸污外，还有对中国少年儿童灭绝人性的残害。日本侵华当局掳掠上千万的中国劳工及对其实施的惨无人道的虐待和迫害，日军在哈尔滨、北京、南京、广州等城市及各级部队中所设的细菌部队以中国民众为对象进行的细菌试验、活体解剖和日军在中国东北及山东、浙江、湖南和云南等地所实施的大规模的细菌作战，日军严重违反国际法在战场上对中国抗日官兵和在广大乡村对中国无辜村民残酷实施的毒气战和化学战等类型的极端暴行,同样造成了中国民众极大的生命牺牲,为人类的正义所不容,为人类的道德所不齿。

2 日军在中国实行过哪些大规模屠杀

日军残杀中国人民的极端暴行,无论是从其时间持续的长久、范围覆盖的广阔,还是从其施暴规模的巨大或杀人手法的繁多等角度来看,都是人类文明史上最野蛮、最凶残的,都是对人类理性和道义最肆无忌惮的践踏,也是人性中罪恶一面最全面、集中和典型的暴露。

说起侵华日军对中国人民的大规模屠杀,最令世人震惊,最能表现日军官兵残暴本性,同时也最具典型性的事件,自然是发生在1937年12月13日至1938年2月间侵华日军对沦陷后的南京城内中国居民和放下武器的中国军人进行的有计划、有组织的大屠杀。在这一惨绝人寰的大屠杀事件中,攻占南京的日军以各种手段残杀中国同胞30万人以上,强奸妇女数万起,焚毁城市建筑1/3以上,制造了人类文明史上罕见的暴行。这一大屠杀事件在战后经远东国际军事法庭审判认定,被当作日本军队在华实施暴行、日本侵华战争所犯罪恶的标志性事件,也成为中国人民在抗战中所受巨大民族灾难的象征,成为教育炎黄子孙永记民族灾难、发愤图强的典型教材,载诸史册,永世不灭。

但同时我们还应该注意到,南京大屠杀既不是偶然发生的,也不是侵华日军对中国人民实施的唯一的大规模屠杀。它是日本在其近代侵华史上一贯实行的对中国人民疯狂残杀的国家政策的必然产物,同时也是侵华日军官兵在中国土地上长期对中国人民肆无忌惮地实施暴行的罪恶实践的必然结果,还是自日

七 日本的侵略给中国造成了什么灾难

本挑起全面侵华战争后日军在华北和华东地区由东向西进攻过程中、在南北两条线上大规模屠杀中国居民的残暴活动极端发展的结果。在南京大屠杀事件发生之前、之后，侵华日军在铁蹄所经、战车所过、炮口所向、飞机所至之处，持续不断地大规模地屠杀中国人民，

南京大屠杀中，日军进行砍头表演。

随时随地地制造令人发指的暴行，直至全面侵华战争的最后败亡。从时间的延续性上来看，在长达70余年的日本侵华史上，日军官兵对中国民众所实施的大规模屠杀，大致可分作1937年七七事变之前、七七事变至南京大屠杀事件发生、南京大屠杀事件发生至1945年日本战败投降3个时间段。下面，我们着重看一下日本全面侵华战争期间，侵华日军在中国进行了哪些大规模的屠杀。

在七七事变爆发后，至南京大屠杀事件发生之前，随着日军在华北地区和华东地区长江沿岸南北两线由东向西的军事进攻的展开，侵华日军同时在南北两线上对中国无辜的和平居民进行了血腥的大规模屠杀。我们在这里就日军在南北两线所进行的较大规模的屠杀，各举数例以为明证。

以下为南京大屠杀发生前，日军在华北地区进行的大屠杀。

在天津境内。1937年10月29日，盘踞在杨村一带的日军扑向武清和宝坻交界的集镇崔黄口，一路烧杀，制造了崔黄口惨案。这天正逢崔黄口大集，四

周群众纷纷来到这里赶集。日军进镇后，逢人便抓，稍遇反抗，便施以刀挑枪杀。接着，日军把抓来的300多人集中在三官庙前的西大坑旁，让人们伸出手来，把手上没有长茧子的100多人挑出来，用刺刀逼到坑旁，然后用机枪扫射，加以集体屠杀。受难者尸体个个倒入坑内，鲜血把坑水染红。仅在这一处，惨遭日寇杀害的无辜群众即达127人，加上镇里镇外遭日军杀害者，总共有150多人。

在河南境内。1937年10月13日，侵华日军第三十七师团和酒井旅团的飞机轰炸安阳县城，炸死居民1000余人，导致各种财产损失无数。11月3日，日军侵占安阳县城，对城内的老百姓进行血腥的屠杀。在这次屠杀中，日军运用枪刺、刀砍、枪击等恶劣手段，共杀害无辜居民2000余人，其中仅西营街就有1000余人。遇害者中有刚出生不久的婴儿，有年逾古稀的老人。仅据裴家巷粗略统计：全家被杀绝的占4/10，家人惨遭杀害的（其中被杀人数不等）占6/10；全家幸免于难的，仅有战前逃往农村的3户。日军在大屠杀的同时，还纵火、奸淫。从小西门到现红光剧院一带和北马道街等处一片火海，3天不熄，900家房屋全部被烧毁。无数妇女遭到日军奸污，稍有反抗，立即被砍死。12月15日，日军首次侵犯清丰，入城后屠杀居民千余人，烧毁全部临街房屋。随后，日军又窜到城外附近各村，见人就杀，见物就抢。据统计，仅3天时间，就有无辜群众1096人被惨杀，

日军集体刺杀中国战俘。

所有贵重物品被抢劫一空，日用杂具全部被摔毁，牲口家禽被杀食干净。

在内蒙古境内。1937年9月21日上午10时许，4架日军飞机轰炸从内蒙古集宁开往归绥（今呼和浩特）的一列满载难民的列车。同时，从西南方向沿西山进逼集宁的日军，架起机枪杀害从车上逃下的难民300余人。9月24日，日军从南交通门、小南门踏入内蒙古集宁后，立即挨门逐户搜寻居民，把居民押到大东门。凡手上及肩上有老茧者即被认作是扛枪拉栓的军人，被押出东门外。50余名居民遭枪杀。10月16日，日军攻占内蒙古萨拉齐县城，在不到两个小时之内，将49名群众用枪击、刺刀捅等残酷手段杀害在玉皇庙戏台后的大水坑边。加上沿途遇害的9人、被炮弹炸死的5人、被吓死的3人、被枪杀致残的4人，受害者共70人。上午，日寇沿京包铁路进犯到萨县以西，在公积板村东遭到国民党军队的狙击，死伤数名。疯狂的日军闯入公积板村后，就抓老百姓进行报复，将东半村的刘金全、段龙等32人用机枪打死。

在河北省境内。1937年8月23日，日军制造万全惨案，杀害无辜百姓300余名。9月7日，日军窜至张家口地区南壕堑一带，对手无寸铁的平民进行了大搜捕和大屠杀。据当时维持会的事后统计，这次惨案中，日军共残杀我无辜同胞330多人。9月24日，日军攻占保定后，保定的商户、居民罹难者达3000余人。地处北关附近的东大街商会防空洞内，有许多商民在避难。日军将避难者逼出地洞，逐个刺杀。当场死亡16人，重伤数十人。9月26日，日军飞机3架轰炸景县城，炸死110余人，炸伤190多人，惨状不忍目睹。10月7日，日军在灵寿县孙楼村残杀20岁左右的青壮年29人。10月8日，日军在正定制造了岸下、北关、朱河等13处惨案，杀害无辜百姓1506人，伤103人，烧房106间，抢走牲口80余头，群奸妇女多人，掠夺财产不计其数。10月12日，日军500余人在与国民党军队交战后，把抓获的七八十名百姓全部杀害于赵县豆腐庄村南的砖窑场内。之后，又将北辛庄、徐家庄、苏家疃、投头庄、西罗村、大吕村等村的村民全部驱赶到豆腐庄西北角的一个操场上，用刀捅枪射，一批批地杀死。此次惨案，村民共被日军杀害 200 多人，其中豆腐庄被杀 130 多人，被杀绝的有 20 多户，无数妇女遭到日军蹂躏，财产损失不计其数。同日，日军闯进赵县常洋村，疯狂烧杀了 4 天，杀害村民 68 人，杀绝 11 户。另外，日军还杀害了外村百姓 100 余人。日军还把村内的牛、羊、猪、鸡皆杀光吃光，并把所有农具、家具烧毁、砸毁，把粮食、衣物抢掠一空，离开时装了 10 辆车拉回县城。同一天，日军制造梅花镇惨案，杀害无辜百姓 1547 人，斩尽杀绝 46 户，致 24 人造成终身残废。房屋被烧毁 650 余间，其他财产被抢劫一空。10 月 23 日，日军第八师团侵入成安县城，大烧杀 7 天 7 夜，在魁星楼、后大坑、西南街、东西大街、东路嘴、天爷庙等地，每处都杀了一二百人。11 月 5 日，日军对成安又进行了第二次大屠杀。据不完全统计，在这两次大屠杀中，日军残杀平民 5200 多人，烧毁房屋、抢劫财物难以数计。10 月 24 日，日军侵入邢台洛村，杀死村民 66 人，烧毁房屋 100 多间。11 月初，日军沿邯广公路向大名进犯，大名境内凡是未及转移的村民尽遭杀害。日军此次出动，残杀无辜百姓有名可证者计 73 人。11 月 14 日，日军在井陉县制造黑水坪大血案，从 14 日至 24 日，杀害无辜百姓近 1000 人，仅在老虎洞就用瓦斯毒死村民 155 人，杀吃大小牲畜 270 余头，烧毁民房不计其数。11 月 15 日，日军制造丘城惨案，杀害无辜百姓 800 余人。同日，日军飞机 7 架轰炸武安县城及附近村镇，炸死 49 人，其中和村 30 人，还炸毁县政府和政府礼堂。12 月 9 日，日军在正定县制造王耨惨案，杀害无辜百姓 220 余人，斩尽杀绝 17 户，重伤 50 余人，烧毁房屋 200 余间。12 月 19 日，因驻高邑县城火车站的 6 个日本兵闯入东塔影村搜寻年轻妇女，被村民打死 2 人，日军对该村施行报复，连续屠杀四五天，共残杀村民 42 人，烧毁房屋 500 多间。全村 2/3 的人家被洗劫一空。

在山西境内。1937 年 3 月 4 日，占据山西离石县的日军谷口部队在大武镇（当时属离石县）屠杀无辜百姓 300 多人。9 月 9 日，日军东条旅团制造阳高城大屠杀。日军侵入阳高城后,在南大街瓮城处用机枪射杀和平居民600余人。9月11日,凡是没有"良民证"的男人都被拉出去处死。在南街、西南大街、悬楼底街5个门内,被日军刀砍、枪杀、刺刀戳死者达400人之多。其中南街一个青年,被日军砍下头来扔进煮饭锅里。妇女、少女惨遭奸污蹂躏,难以言状。在这次大屠杀中,日军共血腥杀害中国平民1000余人。9月12日,日军侵占天镇县,施行持续两天的屠城。在北门月城奶奶庙惨案中,日军屠杀居民300多人;在南街马王庙惨案中,日军砍杀居民300多人;在西门南侧惨案中,日军枪杀居民300多人;在狐神庙惨案中,日军刺杀居民500多人;在大操场惨案中,遇害居民达500多人。在这些惨案中,共有蒙难者2000多人,其中计有外地客商受害及本地受害不知姓名者约700余人。9月18日,日本侵略军侵占左云城后,杀人、放火、奸淫妇女,无恶不作,制造了一起惨案。在南门街东、西两巷等处,日军烧死、枪杀无辜百姓210余人。9月中下旬,日军飞机连日狂轰滥炸大同城,街市店肆民房被炸毁,大火延烧数日。19日和25日,日机30余架次投弹300余枚,炸死、炸伤无辜居民320多人。大轰炸以后,大同城成了一座死城。9月23日,侵占灵丘城之日军紧闭城门,进行全城大搜捕,在大云寺、奶奶庙等处集体枪杀居民600人。日军还把妇女集中起来,强行剥光她们的衣服,抽打着让妇女们裸体扭摆,然后对她们实施集体强奸、轮奸,遇反抗者当场杀死。9月23日以后,日军天天抓人,天天在3个杀人场进行比赛与杀人表演,又残杀了居民400多人。日军先后共残杀群众1000余人。23日,进占灵丘城之日军川原旅团侵入东河南村,屠杀村民30余人。24日,更大规模的屠杀开始,在五道庙巷等处残杀老人、孩子和学生70余人。这些蒙难者,有的被活活钉死,有的被刺死,有的被狼犬咬死。9月28日,日军攻占朔县城,大屠杀3昼夜,杀害无辜百姓近4000人。10月2日,日军攻占宁武,10月7日在宁武县城开始了有计划的大屠杀。日军将几千名群众集中于师范学校的大操场上,用机枪对其进行疯狂扫射,随后又将抓获的群众在东城拐角、水口门、大务城院内、财神庙等地集体屠杀。10月14日，在八路军一二〇师的沉重打击下，日军被迫撤退。从进城到退出，短短13天时间，日军烧毁宅院80处、寺庙8座，将县城内七八条街巷几乎变成无人区。仅有7000多人的宁武城，在这次浩劫中就被屠杀了1700多人（一说4800余人）。就连佛家圣地也在劫难逃，延庆寺9个和尚，有8个被杀。10月8日，日军侵占崞县城（现崞阳镇）后，纵火焚毁王家围、西关庙、西崖等房舍店铺。第二日，在西门附近屠杀居民100多人。另在正街、西街、南街、明顺义院等处，枪杀、活埋数百人。日军先后杀害城内居民1300多人。10月10日，日军占领原平，展开了灭绝人性的屠城残杀。日军将小北关20多个群众抓住，当作活靶，一人喊，众人刺。有一农民反抗，用手抓住刺来的刺刀，10个指头全被削掉。日军又用麻绳将这20多人浑身缠住，使之不能躲，被一一刺死。在北关，日军将17个群众赶到一处院内，令其排成队，割头比刀快，杀死16人。在魏家庄，日军抓住16个群众毒打后，又让他们快跑，结果，这16人在前边跑，日军在后面用枪瞄着打，一枪一个，打死15人。据1938年统计，日军这次原平屠城，共烧毁房屋3000余间，杀害居民1800多人、商人近300人、晋绥军一九六旅官兵两千七八百人。此外还杀害应差民夫、过往客人、逃难百姓以及附近村庄居民几千人。10月11日，日军五六辆汽车载兵侵占阎庄村后，逼迫村民上汽车，装满一车后开到野外用机枪扫死。群众知道后，有的躲到窖里或藏到井里。日军看见井和窖就塞上柴火，点着火烧。全村先后被枪杀、烧死400多人。10月12日至11月2日，日军在崞县西南乡地区制造了骇人听闻的大惨案。在西南乡地区即今王家庄、阎庄两个乡镇和原平镇南部部分村庄，日军杀害村民5000余人，烧毁房屋近10000间。其中仅在永兴村一次杀死百姓900多人，烧毁民房500间。在池上村杀死百姓500多人，烧毁民房400间。在南、北郭村杀害村民500多人。王家庄当时只有500人，被日军杀害了60%。下王庄当时只有200户人家，被日军烧毁房屋3000间，烧杀致死160多人。西南乡地区近50个村庄，有95%

的村子死人都是成百上千。10月13日拂晓，10000余名日军扑进南怀化村。日军进村后，抢占村南的山头，用机枪封锁了村北的河川，然后实行灭绝人性的大烧杀。在村民柏润海院内的窑洞里藏着52个村民，日军用枪把他们赶出来，将男人用机枪扫射死，强迫女人脱光衣服，遭到拒绝后，用刺刀把她们一个个扎死。该窑洞52名群众除4名被枪打倒又挨了两刀未死外，48人全被杀害。在村民赵喜全院内的窑洞里藏着40余人，日军先用机枪向窑洞内扫射，继而在洞口堆起柴火，倒上汽油点燃，致使洞内40余人全部死亡。在另一处院内的3孔窑洞内藏着100余名群众，日军将他们赶出洞外，或砍下头来挂在树杈上，或绑在柱上当刺杀活靶。怀孕妇女有的被开膛破腹取出婴儿，有的被踩着肚子压流产，还有不少妇女被剥光衣服轮奸。之后，日军又在洞内塞满柴火，倒上汽油，点着火，逼迫人们钻进窑洞内。居民不进，日军就用机枪、步枪将其杀害。最后，日军把院内的尸体扔进大火熊熊的窑洞，100余名群众化为灰烬。从10月13日至11月8日，日军在南怀化村杀了一批又一批的无辜老百姓，烧了一回又一回村子，使这个原来204户的村子，仅剩下104户，有100户被杀绝，只有24户未死人。在这个当时有1024人的村子，日军杀害了本村766人，另杀害外村来此避难者500多人，烧房1000多间。10月21日，大批日军烧杀王董堡及其附近的小营、河头、丁家寨等8个村庄，杀死百姓约130人，烧毁房屋700余间。10月25日，日军围袭平定县前小川村，一天一夜杀害和烧死村民92人，烧毁房窑百余处，抢劫牛、驴、羊、鸡410多头只。10月26日，日军侵入平定县东沟一带村寨肆意烧杀抢掠、奸淫妇女，无恶不作。经过一天一夜的烧杀，东沟81人惨死在日军的屠刀之下。10月27日，日军在平定县桥头村进行4天大屠杀，杀害和平居民117人，烧毁房窑170余处，抢走牛、驴、骡、马、羊等大小牲畜不计其数。日军抢走的粮食除喂大洋马之外，全部被泼上汽油烧光。11月3日，占据怀仁县岱岳镇之日军300多人，侵扰刘晏庄，奸淫烧杀，屠杀村民108人，烧房300余间。11月7日，日军制造榆次张庆惨案。在这次惨案中，日军烧杀3天，残害百姓117人，奸污妇女数十人。11月8日夜半，日军侵入太原后，进行大搜索、大屠杀。据粗略统计，当时太原居民约十三四万人，仅这一次被日军屠杀的约一万三四千人。

以下为南京大屠杀发生前，日军在华东地区进行的大屠杀。

在上海周围。1937年8月13日，淞沪抗战爆发，日军出动飞机对上海市进行疯狂轰炸，至11月中旬上海沦陷，被炸死的市民无以数计。中国人民在日军飞机轰炸下所遭受的生命和财产损失，尤以是役为最惨重和最集中。11月5日，日军在塔港登陆，在增丰村对无辜村民进行残酷屠杀。全村101户，被杀52人，老至75岁，小至吮奶婴儿皆未幸免，有30多名妇女被侮辱，有7人被拉夫，下落不明。11月6日，日军从朱行方向侵入亭林镇，大肆烧杀掳掠。镇上被害者有50多人，被拉夫者无一生还。除镇上外，四乡被焚农房352家、1378间，被奸污妇女195人，被杀害百姓152人，被拉夫未归37人，人民损失惨重，无法详计。11月7日晨，日军飞机数十架次，轮番投弹轰炸朱泾。接着，日军冲进市镇，放火焚烧，有78个隐匿于家中的居民被屠杀，全镇2460余幢房屋尽成瓦砾。同日，日军冲进松隐，将东起今医院弄堂，西至今浦南家具厂石碑楼的房屋，尽数烧毁。日军路过荡新村朱家圈时，把村里朱毅夫等15人用刺刀捅死，血流遍地，积尸成堆，惨不忍睹。11月9日，金山县枫围乡张家村惨遭日军血洗，共有村民18人被枪杀或刺死。同日，日军侵扰松江城，出动飞机五六架，轰炸泗泾，全镇精华付诸一炬。日军冲入市区后，大肆屠杀居民。惨死于日军屠刀之下的无辜居民有300多人，受伤者有200余人。

八一三淞沪抗战期间，日军在所到之处，对我同胞以枪击、刺杀、火烧、砍头、剖腹、活埋等各种惨绝人寰的手段展开屠杀。8月间，日军在上海北之宝山登陆后，在罗泾地区屠杀民众2244人。30多平方千米内之民房全被烧毁，计10908间。据不完全统计，宝山全县被日军残杀居民达11233人，其中男性6527人，女性4706人；连同瘟疫、饥饿，全县有2.3万无辜居民死于战祸，占战前人口的19.27%。在金山地区，共有1015人遭残杀，房屋被烧毁3059间。其中日军在西山塘桥杀害筑路工人等20人，在朱海、南门枪杀居民71人，在新庙村活埋青年10多人，在松隐杀死居民10余人、奸淫侮辱妇女10多人。

在江苏境内。1937年11月13日，日军向常熟县城进犯，先头部队沿途烧杀抢掠，烧毁民房30000余间，杀害群众3000余人。仅在吴市一带，日军即杀害571人，奸污妇女374人，烧毁房屋1090间。11月14日，日军侵占吴江平望镇后，屠杀百姓400多人，烧毁房屋700多间。11月16日，日军攻占昆山县，至1939年1月，在昆山县共杀害无辜百姓3762人，烧毁房屋10961间，造成当地财产物资损失合计约4070万元。11月19日，苏州沦陷，日军入城后大肆抢劫、纵火，苏州城内外霎时间变成了血泊火海、瓦砾尸堆。据伪吴县知事公署《事变损害统计表》（苏州、吴县同城）记载，全县13个乡镇被烧毁、破坏的房屋达7927间，其中城区4739间，阊门石路一带商业区被日机投掷燃烧弹烧毁，"被毁地区东自石佛寺、小菜场路一线以北，西至小鸭蛋桥河以东，南自老石路北侧的耶稣教堂以西至惠中旅社以东一线，北至饭店弄南侧，面积达几万平方米，大火燃烧3天3夜，石路一带遂成焦土。这一地区被毁商店、旅社、茶馆、戏院、饭店、浴室等约二三百家，民宅约六七百户"。全县遇害死难者约6774人，其中城区3738人。全县被损财产1043.3万余元，其中城区810万元。此外，日军还屠杀数以千计的外地难民及中国被俘士兵。仅中秋节这一天，日机炸毁难民列车10余节，炸死、炸伤外地难民四五百人。日军侵占苏州前夕，日机炸毁外地难民船4艘，炸死难民300余人。日军侵占苏州后，在齐门一次就用机枪残杀外地难民100余人。据11月21日出版的《朝日新闻》报载，日军入城后俘中国士兵2000余人，日军上海派遣军司令官曾密令"杀掉全部俘虏"。自1937年八一三事变至苏州被日军侵占的数月间，日军在苏州屠杀中国百姓及中国士兵逾万人。11月19日，日军占领常熟城，进城之后，到处杀人放火、奸污妇女。据调查，当时城区有1/3的房屋被炸毁、烧毁，遇害民众1500余人，无数妇女遭受日军奸淫，许多妇女为免受污辱，不惜跳井、跳河自杀。当时，常熟城内商店停业，无盐供应。11月30日，南门居民和附近农民结队搬运食盐，遭遇日军，被日军架起机枪扫射，当场死亡300多人。11月20日，日军侵入沙洲县恬庄镇，杀害居民200余人。11月23日，日军在无锡东亭残杀村民1821人，烧毁房屋13340间，烧掉稻谷共15518亩，强奸妇女504人。11月29日，日军侵入武进县城（常州市与武进县同城），进行了血腥屠城，死难居民无以数计。据曾在伪自治会任职者所述，事后仅埋尸队掩埋的尸体即有4000余具。次日凌晨3时，日军侵占武进县奔牛镇，枪杀无辜百姓401人，烧毁民房1742间。据不完全统计，城区和戚墅堰被炸毁、烧毁的厂房、民房、店堂、庙宇等共9000余间，全城80%的工厂、商店遭到破坏。12月7日，日军侵入高淳县淳溪镇，对当地民众，不分男女老幼，肆意枪击、刀刺、阉割、剖腹、火烧、活埋，全县有1233名无辜民众死于日军各种暴行之下，另有314人致伤致残。12月8日，镇江沦陷，日军进入市区后，疯狂地烧杀奸淫。城内被杀居民4525人，仅红十字的一个机构就收尸共3000具。大队日军分散四出，到处放火达10天之久，所毁区域遍及全市。当时全城39个镇中，除三阳、黄华、铁路3镇未被烧外，其余36个镇均遭焚，全市被日军纵火烧毁房屋30151间（其中城区16700余间），原本商店林立的大西路西段及城里南门大街变成一片焦土。

在山东境内。1937年10月23日上午，日军在陵县凤凰店对当地居民开始了残酷的屠杀，仅24日一天就有30多名无辜群众惨死于日军的屠刀之下。在此后1个月的时间内，日军在凤凰店一带四处烧杀淫掠。据事后统计，仅凤凰店一村就有108名群众惨遭杀害，另有邻村和过路学生200余人遭到日军屠杀，总计遇害人数在300人以上。此外，日军还在凤凰店一带放火烧毁房屋1200余间。10月27日，日军连续两日血洗平原县马颊河东西两岸村庄，屠杀村民87人，致重伤15人，烧毁房屋355间，制造了马颊河畔惨案。10月31日，日军制造济阳大血案。是日正逢济阳城大集，9时左右，两架日军飞机飞来，在人群稠密处投下8枚炸弹，落于高家祠堂一带，当场炸死11人（5男6女），致重伤4人、轻伤无数，炸毁房屋21间。接着，日军又于11月13日猛攻济阳城。到下午4点，城内中国守军由于三面受敌，孤立无援，全面溃败。城门一开，城内居民、守军拥挤而出，日军伏于两侧，疯狂地进行扫射、炮轰，不到半个小时，100多名守军、1900多个居民和壮丁共计2000余人，尽遭屠杀。接着，日军又逐尸检查，发现没死者即随手补刺一刀。日军攻占济阳县城后，指挥官下达"大杀七天"的命令，一城两关未及逃出的无辜百姓，尽成日军屠刀下的羔羊。14日，日军在城内搜出四五十位60多岁的老人，将他们押到南门外，全部用机枪射死。在南关的大堤下，日军军官高森率领日军一次杀害百姓13人。同一天，日军军官菅野指挥宪兵队用机枪在文庙一次杀害百姓40余人。7天之内，日军在济阳城内残杀无辜平民402人，杀光4户，打伤致残29人，奸淫妇女100多人，烧毁房屋550余间。日军侵占济阳城后，惨无人道地屠杀平民共2400余人。11月15日，日军进犯鹊山，被枪杀、劈死、烧死及被迫跳湾摔溺而死的群众有96人，受重伤的有56人。12月12日，日军数百人，坦克十几辆、汽车若干辆，由惠城出发，血洗阳信城。一部分日军冲进北园子村，砸门闯户，抓住32名群众，将其押到村西北角的一块平地上，用刀砍枪刺，全部杀死。在西北城墙下，日军又一次集体屠杀30余人。这一次日军血洗阳信，共屠杀无辜群众400余人。12月14日，日军土肥原师团一部占领观城县城以后，杀害无辜群众158人。仅南街被杀绝的就有4户人家，妇女被日军奸污20多人。

上列日军大规模屠杀中国人民的暴行案例，可以清楚地告诉世人，在南京大屠杀发生之前，日本侵略者自其挑起全面侵华战争伊始，即展开了对中国和平居民的大规模的惨无人道的大屠杀。

以下为南京大屠杀发生之后，日军在中国境内制造的大屠杀惨案。

在南京大屠杀这一震惊当时整个东西方世界的极端暴行发生，日军残暴行径受到世界舆论的强烈谴责之后，侵华日军对中国无辜民众的大屠杀并未停止，仍然在随时随地地发生着。在全面侵华的8年间，日军在中国制造了数以万计起杀害中国和平居民的血案，其中较大规模的杀人血案有四五千起之多。在每一起血案中，惨遭日军残杀的中国无辜居民，少则三五十人，多则成百上千人，更甚者数万人。这四五千起大屠杀暴行血案，除较少一部分发生在1937年12月南京沦陷之前，其余绝大多数则是发生在南京大屠杀之后。这里，因篇幅所限，我们只能按时间顺序，列举其中数例。

芜湖浩劫。从1937年12月4日起，日军飞机开始对安徽省芜湖市进行狂轰滥炸，炸死不少逃难居民。1938年5月6日至8日，日军飞机对芜湖进行了连续3天的猛烈轰炸，把芜湖这座当时有18万人的城市，炸成了一片废墟瓦砾。10日，日军侵入芜湖市，一路杀人放火。大火从西门烧到徽州会馆、上海银行，又从上海银行一直烧到江边。闹市区中山路国货大楼一带，被烧得只剩残墙断垣。未及逃出城的1万多居民，尽遭日军残杀：有的被大火烧死，有的被当街枪杀，有的在家中被刺杀。一日之间，芜湖变成了一座死城。

清丰屠城。1937年12月15日，侵华日军攻占河南省清丰县城，接着又窜至城外附近各村，见人就杀，见物就抢。据统计，仅在3天时间内，日军残杀当地无辜群众1096人，把所有贵重物品抢劫一空，日用杂具全部摔毁，制造了骇人听闻的清丰屠城血案。

盱眙屠城。1938年1月2日，日军攻陷江苏省盱眙县。14日凌晨，日军撤走。在此13天中，日军在盱眙城内杀害无辜民众近2000人，其中外地人300多人。全城有100余户全家被杀绝，另有19名身穿白衣的救济队员也被日军杀害。全城21条街巷，有17条被日军纵火烧毁，8000余间民房化为灰烬。劫后盱眙，成了一个名副其实的人间地狱。

温县暴行。从1938年2月至1945年8月，日军在侵占河南省温县期间，残杀全县无辜民众5262人。全县人民间接死于战祸及饿死、病死者达38229

人，村民房屋被日寇焚毁者达15322间，妇女惨遭日军侮辱者计3663人，粮食被抢走85000石，牲口被抢走8571头，金银首饰、家具什物、商业财产之损失则更无以数计。

博爱惨祸。从1938年2月至1945年8月，日军在侵占河南省博爱县期间，共残杀中国无辜民众69214人，烧毁房屋15895间，掠夺粮食2815635石，占用土地6809亩，支差劳役民工411125人次，杀死牲畜14423头，掠夺羊9324只、猪3476头、鸡12420只，毁蜂215箱，损毁农具131072件，抢劫钱财118483819元，造成当地工商损失4470821元，土地荒芜60%以上。

长治屠杀。1938年2月21日，日军第一次占领山西省长治县。在第十四师团长下野的指挥下，日军疯狂屠杀长治人民，在北关厢、大北街、小北营、玄武庙等10余处专设杀人场。在第一次侵占长治的63天时间内，日军屠杀长治人民1000多人。

双池镇屠镇。1938年3月4日，日军山元部队进占山西省交口县双池镇（原属灵石县），残酷屠杀镇上居民400多人。全镇街道上、屋内屋外、水缸里，甚至粪坑里，到处都是被日军杀害的居民尸体。屠镇之后，日军又到处纵火烧房焚屋，把双池镇烧成一片废墟。

大武镇屠镇。1938年3月4日，日军纠集盘踞在汾阳、离石的兵力2000余人，围袭山西省方山县大武镇。当时大武镇总计人口约有1000余人，此次被日军残杀340余人。此外，日军还在周围各村大肆屠杀无辜村民，武回庄、洞上、留子局、盛地、红罗沟等村被杀群众有260余人。在这一惨案中，共有600人以上惨遭日军屠戮。杀人之际，日军还到处纵火烧屋，致大火4日未熄。

濮县血案。1938年3月初，驻黄河以北、平汉铁路沿线的日军土肥原师团之大乌联队，对山东省濮县进行了残酷的烧杀淫掠，共杀害无辜群众1000多人，奸污妇女四五百人，烧毁房屋、粮食财产无数，制造了骇人听闻的濮县血案。

马迹山屠杀。1938年3月12日，1400余名日军在3架飞机和47艘汽艇的配合下，对江苏省武进县马迹山（又名马山）进行大规模的"扫荡"。日军首先进行狂轰滥炸，然后又实行灭绝人性的"三光"政策。在这次"扫荡"中，日军残杀当地民众1500人左右，炸毁、烧毁民房3600多间，击毁、击沉大渔船28艘，抢劫财物不计其数。

滕县屠城。1938年3月17日，日军攻占山东省滕县城后，杀害百姓720余人，烧毁房屋5425间。滕县城内到处是残墙断壁，满地是断体残肢，景状之惨，不忍目睹。

长垣屠城。1938年3月25日，日军再次攻占河南省长垣城，屠杀城乡居民1700余人。

浚县屠城。1938年3月29日，日军攻陷河南省浚县城，在县城内外血腥屠杀民众4500余人，奸污妇女500余人，烧毁房屋1000余间。

金乡屠城。1938年4月2日，日军一架飞机窜到山东济宁金乡县鸡黍集，在人员密集的街中心和东门外，投下3枚炸弹，当场炸死117人、炸伤174人。5月16日，日军第十六师团侵入金乡县境，实行了连续4天的烧、杀、淫、掠。在县城内，日军挨门逐户地搜杀，搜出一人杀死一人，抄出一批杀死一批，耄耋翁妪，襁褓孩童，皆无幸免。在奎星河前的天主教堂里，日军搜出180多人，将其赶至文峰塔下，先架机枪猛扫，然后又扔下手榴弹，使180余人尽遭屠戮。在旧衙门后，日军搜出21名居民，将其带到东面的城墙上，刀劈枪挑，弃之城下，随后又投下20多枚手榴弹。屠杀过后，仅县城东城墙下就有尸首300余具，城西南角南家后坑边有400多具；在城北门里的女子学校里，30多具女尸纵横狼藉，尽是十几岁的少女，她们披头散发，裸身露体，满身血污，不堪入目，都是在遭到日军轮奸后被杀害的。据不完全统计，日军这次在金乡县城，共屠杀我同胞3347人，烧毁民房670间。

阳城惨案。1938年4月14日，日军进犯山西省阳城县。城破之后，日军把居民驱赶到开福寺、东王殿、城隍庙、旧盐店、西坛上等处，逐个戮死。在城内各处有10余个较大的地洞，洞内有避难居民数十人，都因日军放烟雾毒气，窒息而死在洞内。日军还在城郊内城，采用砍头、割舌、挖眼、剖腹、割乳等杀人手段残害百姓。一夜之间，日军共在阳城屠杀民众700余人。

路家庄屠村。1939年3月22日，日军第一一〇师团第八混成旅团出动2000多人，"围剿"河北省冀、衡、深、束4县交界的路家庄，屠杀当地村民237人，烧毁民房700多间。

武陟傅村大屠杀。1939年12月14日，日军突然包围河南省武陟县傅村。当时有国民党当局征集的1000多民工正在该地筑河堤，防堵洪水。日军把围住的民工和村民分为四五十人一组或百十人一组，加以集体屠杀。2个小时之内，日军杀害民工997人，烧房880余间。

濮阳大屠杀。1940年5月5日，日军三十五师团骑兵第四旅团等部12000人对河南省濮阳、清丰、南乐、内黄、滑县等地进行了18天的轮番"扫荡"。日军疯狂地烧杀抢掠，数十村庄财物被抢一空，村民被残杀者数以千计，房屋民宅尽遭焚毁。仅在濮阳县的大保、大堤口、余庄、东大保、薛村、破车口等15村，日军即残杀群众1477余人，杀伤致残129人，致使258人失踪，杀绝48户。

兴县屠城。1940年12月21日，日军窜入山西省兴县城，逢人便杀，见物就抢。全城共有1300多人惨遭屠杀，其中在北关紫沟一处即有183名老弱妇孺被日军残杀。在西关郭家沟康家大院，日军用刺刀捅死42人。临走时，日军又纵火烧毁全县30104间房屋，抢走无数粮食和财物。

丰润潘家峪惨案。1941年1月25日，数千名日军包围了冀中抗日根据地老区丰润潘家峪，把全村人赶进潘家大院，然后用机枪扫射、手榴弹炸，并把点燃的玉米秸扔进大院。霎时间，潘家大院烟火四起。大火从上午一直烧到下午，全村被烧成一片瓦砾。在此次惨案中，全村有1703人被日军杀害，1100多间房屋被烧毁。

应县下社惨案。1941年2月18日,日军驻山西省大同的黑田师团进攻应县下社,在新堡等处进行屠杀、奸淫和劫掠。24日再次对当地群众进行大屠杀,共杀害群众、外地客商等1000多人(一说1500多人),烧毁房屋850余间,掠夺无数银圆、布匹等贵重物资。

东黄泥惨案。1941年9月14日,日军数千人对河北省平山县东黄泥一带11个村庄进行"扫荡",屠杀村民711人。

枣林村屠村。1942年春,日军在河南省内黄县枣林村,用机枪集体屠杀男女老幼1300余人,并把尸体填入七八口水井。全村居民几乎被杀绝。

修武北睢村大屠杀。1942年4月11日,驻修武、焦作各据点日军,包围河南省修武县南部的北睢村。上午9时,日军开始对抗日军民展开血腥屠杀。日军将人群分别逼向北树园、北场和东南场等3个屠杀场,用机枪扫射、大刀劈砍,直杀到中午12点左右。下午,日军又在全村到处纵火,烧了两个多小时。在这次大屠杀中,共有抗日军民800多人被日军杀害。

冀中大"扫荡"。从1942年5月1日开始,日军在其华北方面军司令官冈村宁次的亲自指挥下,集中4个师团的兵力,对冀中敌后抗日根据地进行残酷的大"扫荡",时间持续了近两个月,给冀中人民带来了极大的灾难。在这次大"扫荡"中,日军前后共杀害冀中群众5万多人,造成冀中地区"无村不戴孝,到处是哭声"的悲惨景象。

海南岛大"扫荡"。1942年5月5日,日军为镇压海南岛琼崖游击纵队的抗日斗争,对抗日游击区实行野蛮的"三光"政策。5~6月间,仅琼山县的三江、道崇、苏寻三等地,文昌县的潭文、大昌等地,就有3000多群众被日军杀害。在琼山县的树德乡,有5个村庄的群众被日军杀得一个不剩。在成来乡的木石桥边,日军仅一个早上就用刺刀捅死200多名妇孺。在南阳乡时,日军一次就杀害1500人。在文昌县东阁乡的流坑、流翠等村,日军一天杀了300

多人，其中将100多人关在一间祠堂里用火活活烧死，另将100多人用刺刀捅死。日军还把尸体堆在桥底，垫桥通车。日军的杀人手段极其残忍。遇害者有的被斩头、断脚，有的被挖去眼睛，有的被开膛破腹。有的日军甚至把婴儿抛向空中，然后用刺刀向上一顶或用军刀一劈，以此取乐。在南阳乡大屠杀时，日军把婴儿、小孩投进水井，或者把婴儿双脚朝天倒插在田里。在琼山县的美庙村、王荣村、博无村，不少妇女被日军强奸后再剖腹，有的被奸污后暴尸路旁。文昌县流坑村10多名妇女遭强奸后，又被锁在屋内活活烧死。在大肆残杀中国民众的同时，日军还疯狂地到处纵火。他们"扫荡"到哪里，就烧到哪里。民解、武侯、海志、美福、独龙、能仁、略里、美巢、抗间等十几个村，被烧为平地。抗日游击中心区域文昌县的酒中、南阳、高隆和琼山县的钟瑞、树德、三江、道崇、云龙、苏寻三等乡，被烧房屋1800多间。据不完全统计，在此次大"扫荡"期间，日军在海南岛共杀害20000人以上，烧房屋10000多间。

定县北疃村惨案。1942年5月27日，日军第五十九师团第五十三旅团长上坂胜指挥第一大队日军500余人，包围河北省定县北疃村，施放毒气，致使躲避在地道的村民800余人中毒窒息死在洞内。是为定县北疃村五二七惨案。

柘林街大屠杀。1942年7月17日深夜，驻江西南昌附近荷埠周村、龙口范村两个据点的日军出动100余人，对柘林街及其附近村庄进行大"扫荡"。沿途烧杀抢劫后，于18日凌晨分4路杀进柘林街。从东港头、陈家进街的日军，把当地农民50余人和街上盐店内10多人，逼到街东祖师坛集中，以机枪扫射，全部杀害。另一批日军在张家山杀死30余人后，窜入柘林街吴家祠堂，强奸妇女，杀人放火，将藏在祠堂里的40余人全部杀害。日军把住在令公庙内的22户难民，用刺刀和机枪逼迫出来，先将男人每6个绑一串，推出庙门，在河边枪杀，然后又将妇女两人分为一组，把头发连起来，拖出庙门，用刺刀捅死。日军对小孩，有的用刺刀捅肛门，有的用石块砸死，脑浆涂地，惨不忍睹。最后，日军将柘林街上的 200 余人反绑双手，驱赶到三面环水的西塘沟，以枪击、刀砍、刺刀挑等手法进行屠杀。除 5 人伤后被死尸掩盖而得幸免外，其余全遭杀害。据幸存者目睹，尸体填满了西塘沟，河水被鲜血染红。在此次大屠杀中，日军共残杀平民 860 人，烧毁房屋 723 幢。

洪山惨案。1942 年 10 月 19 日，驻湖南岳阳的侵华日军集结 1200 人，分 4 路包围洪山、昆山等 10 多个村庄，对这里进行了连续 7 天的杀烧淫掠。据不完全统计，遭日军杀害的村民有 1800 多人，有 72 户被杀绝，600 多名妇女被凌辱，2180 多间房屋被烧毁，5400 多头猪牛和大量财物被洗劫一空。是为洪山惨案。

滦南潘家戴庄惨案。1942 年 12 月 5 日，日军在骑兵队长铃木信的指挥下，血洗、焚烧河北省滦南潘家戴庄，屠杀村民 1110 人，其中有 60 名孕妇和 30 名婴儿。同时，日军还纵火烧毁了 1030 间民房。

六王冢屠村。1943 年 5 月 3 日，日军在河南省襄城县六王冢一带实施惨绝人寰的大屠杀，屠杀村民 2000 余人，强奸妇女 200 余人。被害群众的尸体填满了一眼底面 30 多平方米、30 多米深的大水井。此外，周围村庄还有 800 多名群众被杀害，许多房屋被焚烧，妇女被污辱。

黎城暴行。1943 年 5 月 7 日，日军"扫荡"山西省黎城地区，抓捕壮丁、杀死群众 7000 余人。仅在城隍庙，日军将 130 多人用刀刺、绳勒、刀砍、剖腹、割生殖器、摘心肝等手段残害后，将尸体踢进井内，然后覆盖黄土，毁尸灭迹。在许多树枝上挂着遭轮奸后又被刺烂阴户的女尸和被撕成两片的孩童。

厂窖大屠杀。从 1943 年 5 月 9 日开始，日军侵扰湖南省汉寿县厂窖周围 10 千米的地区，在这里进行了 4 天大规模的屠杀、奸淫、纵火、破坏、掳掠。日军将躲避在同善社宋梅甫家的平民 80 余人，不分男女老少，集体加以屠杀。在垸子里，日军追杀农民几百人。在裕成垸，日军把搜捕的 100 多人捆在杨树上，用机枪杀死。在厂窖，日军刺杀平民 100 多人，将尸体全部扔进一条小沟里。在龚家港、萧家湾、莲子巷的沙滩上，到处堆满了被日军屠杀的尸体。在这次连续4天的大屠杀中，日军共计杀害24000多人，其中本地居民7000多人，外地难民12000多人，国民党官兵5000多人。另外，在厂窖附近的武圣宫、三岔河、游巷等地，日军屠杀6000多人。数日之间，日军在厂窖地区以枪杀、刀砍、绞舌头、刺肛门、火烧、盐腌等骇人听闻的杀人手段，共屠杀中国军民30000多人，奸杀妇女及挑死孩童不计其数。此外，在这次历时4天的大屠杀中，日军还烧毁民船2500多只，毁坏民宅3000多间。腥风血雨，惨绝人寰。厂窖大屠杀是侵华日军在南京大屠杀之后制造的又一起对中国人民极大规模的大屠杀事件。

长沙浩劫。1944年5月29日，日军集中20万人的兵力分3路进犯湖南。是日，日军第十一军分3路侵入湖南，连克通城、公安、湘阴、古港、益阳、浏阳等地，合围长沙。6月19日，岳麓山失守，长沙沦于敌手。日军在长沙城里杀人放火，奸淫掳掠，无恶不作。据不完全统计，在日军先后4次攻掠长沙中，仅在长沙市就残杀36460人，致伤残9788人，造成财物损失不计其数。

三灶岛大屠杀。1944年7月1日至4日，日军在广东省三灶岛进行疯狂的烧杀，共残杀无辜民众700多人，焚毁民房531间、学校3所、祠堂5间、华安圩商店41间，造成财物损失无法估计。日军的杀人手段十分残暴，将妇女怀抱的小孩强夺过去，向空中高高抛起，随即用军刀迎空一劈，将小孩劈成两段。母亲见了晕倒在地，日军却在旁边哈哈大笑。在一山坑中，填满200多具尸体。

井陉黑水坪惨案。从1944年11月20日，日军"扫荡"河北省井陉县，历时3个月。在老虎窝村，日军对躲匿在山洞中的村民施放毒气，致使男女老幼150余人全被毒死。在黑水坪，日军用火烧、狗咬、刀砍、枪刺等手段，杀害平民400余人。在这次大"扫荡"中，被屠杀的平民达1000余人。

万丰暴行。1945年7月25日，日军3万余人由江西省万载县窜入宜丰县，至8月4日离县境。旬日之间,全县14个乡镇受到骚扰。民众被日军残杀657人,致伤1461人,掳走2990人。民房被毁约3600间。损失耕牛2908头,猪8565头,禾19893亩,稻谷27841石。

以上所列举的数十起暴行惨案,同样也只是侵华日军南京大屠杀之后在中国所制造的数千起大规模屠杀中国无辜民众暴行案件中极少数的一部分。其实,日军的每一次屠城、屠镇、屠村,每一次"讨伐"、"扫荡",都会造成成百上千中国民众的生命牺牲、无以数计妇女同胞的屈辱和不可估量的财产损失。侵华日军当年在中国所犯下的极端暴行,在地域分布上极其广泛,遍布当时中国的20多个省份,几乎占中国2/3的国土;在时间延续上也极其久长,涵盖了从日本全面武装侵华战争开始到其败亡的整整8年。因此,我们可以毫不夸张地说,日本发动全面侵华战争的8年,也正是日本军队在中国极端残酷、大规模地虐杀中国无辜人民的8年。在这8年之中,日军官兵恰如恶魔,在我神州大地上磨牙吮血,毫无人性地残害中国同胞,随时随地地制造令人发指的惨案,对中国人民犯下了累累罪行,欠下了累累血债。

3 日军是怎样对中国人民实施极端暴行的

侵华期间,日军对中国人民的血腥屠杀,无论是从哪个侧面看,都超越了人类文明史上所有的非人道的暴行。其规模之巨大、覆盖面之广泛、时间延续之长远、施暴类型之多样,空前绝后,世所罕见。以其残暴程度而论,更是出乎人类理性所能想象,较禽兽等而下之,与恶魔难分轩轾。这里,我们再从日军残杀中国人民的手法的角度,看一下当年侵华日军是怎样对中国人民实施极端暴行的。

据我们所搜集掌握的资料，包括中国受害同胞幸存者的亲身经历和亲见亲闻，战时战后相关机构的调查报告，新中国成立后全国各级史志，人武部门的采访资料，陆续公布的侵华日军官兵的战时日记、事后回忆及其他一些档案材料，都无可辩驳地说明，日军对中国人民采取了人类历史上罕见的屠杀方式，其杀人手法之花样繁多、手段之残酷血腥，为一切有正常人类理性的人所无从想象，这是人类发展史上最卑污的一页。经过我们的梳理排列，至少可以举出250余种日军残杀中国人民的杀人手法。为条理起见，我们将这些残酷的杀人方法略加分类，分列于下。

枪击炮轰、空袭弹炸类。机枪扫射、飞机轰炸、坦克碾压、手榴弹炸、装入邮袋手榴弹炸、"活靶子"、"坐飞机"、小钢炮活靶、人头靶、枪托砸、试枪、子弹穿透试验、"人工苏生器"试验等等。

砍刺挑铡、杀人比赛类。刀砍、刀挑、刀刺、刀劈、铡刀铡、刀刮皮肉、刺头、扎肋、刀分阴茎、砍头、刀挑摇拨浪鼓、杀人比赛、杀人表演、活靶刺杀、割头比刀快、瞎眼人靶、"试胆教育"、"试斩"、砍头祭旗、"猪（朱）羊（杨）大祭"、抽签杀人、砍首祭灵、杀人祭马等等。

残害妇女、虐杀儿童类。奸杀、轮奸致死、棍棒戳阴、剖腹取胎、刀挑幼童、油烧胎儿、踩肚压流产、孕妇灌水、枪击孕妇腹部、奸后挑腹、刀挑婴孩掷于崖下、刀戳阴户、撕婴、摔婴、刀挑双婴、切腹剖胎、倒插婴儿、婴儿抛空刀挑、婴儿投井、活煮婴儿、活烧婴儿、刀挑胎儿、胎儿喂狗、水田倒栽婴儿、火烧婴儿、凌迟幼童、野猫叉穿儿童、幼童杀祭、幼童奠基等等。

大卸八块、肢解肌体类。戳尸成酱、五叉分尸、劈脸、砸头、断肢、开膛剖腹、挖心、活剜人心、割舌、割奶、剁成肉块、砍腿、割生殖器、剖腹挂肠、活体解剖、抽手足筋、活剥人皮、剐皮、活拔神经、电磨粉身、阉割、铅丝穿掌、铁丝串锁骨、穿锁沉海、斩指、零刀割肉、铁丝穿腮、铁丝穿鼻、剖腹剜心剁八块、刀捅肛门、剖腹剜心肝祭马、砍头祭马、敲牙、割耳、挖眼、剜取喉结、钉棒抽打、钉死、凌迟处死、割嘴巴、刺嘴穿脑、杀人戮尸、焚尸灭迹、"楠竹分尸"、"耳锲"、滚钉桶、茨上滚死、钉手足倒悬、"拌豆腐"、悬首示众、"十字钉板"、四肢钉墙、割肝取胆等等。

烟熏火烧、水淹电击类。火烧、杀人焚尸、烟熏、冰冻、塞冰窟窿、淹溺、灌凉水、装入麻袋雪地上摔、裸体跪雪、雪天泼水、烙铁烙、活点天灯、灌煤油、火烫、吊水桶、灌辣椒水、投井、呛死、开水烫、冷水大瓮浸泡、火柱烙、火烧阴部、坠石沉河、七窍灌辣水、雪埋、刀捅锁骨串烧、穿锁沉海、开水锅煮、电刑、电刑试验、浇油活烧、强迫跳潭跳井淹死、"火筷子"、"烧草人"、"烧山羊"、晒死、铁钟烤烙等等。

活埋绳勒、摔压吊碾类。活埋、吊打、吊死、杆子压、跪梯子、摔死、"吊架"、立埋深壕、活埋露头、填堵矿井、石磨压、石头砸、碾子碾、从山顶向下摔、摔崖、"摔西瓜"、"倒栽葱"、"扛梯子戏"、提腿撞墙、倒吊死、绞死、杀人填井、"人肉开采"、"以人换煤"、"集团部落"、军事工程内屠杀劳工、炼人炉、死人仓库、自己挖坑埋自己、绳索勒死、饿死、掐死、"好汉床"、杖杀等等。

活体试验、生化作战类。细菌战、毒气战、毒气熏、水井投毒、抽血致死、注射毒剂致死、注射细菌致死、鼠疫菌注射、施放毒菌、抽血注水、散播伤寒菌、毒瓦斯喷火烧死、"霍乱作战"、毒瓦斯熏、一氧化碳毒、细菌杀人试验、空气注射、毒药注射、"特殊输送"、细菌弹爆炸、灌镪水、硫酸腐蚀致死、石灰牢闷死等等。

喂狗饲马、饮血食肉类。狼狗撕咬、狼狗扒胸、割肉喂狗、砍首祭军马、剁碎煮肉、杀人食肉、挖脑喂狗、剁肉喂马、心肝下酒、割胸喝血吃肉、人肉饺子、剜心为药等等。

上面的这8个分类并不严格,仅是出于行文的条理而略加排列。事实上,

七 日本的侵略给中国造成了什么灾难

日军在对中国人民进行残杀时，随心所欲，杀人方法层出不穷，在不同的地点，于不同的时间，对不同的被害对象，随着日军士兵的个人喜好，就会"发明"不同的杀人方法。可以说，在全面侵华的8年间，每一个日军官兵，都是世界上最"杰出"的杀人方法的"创造者"。

我们可以结合侵华期间日军对中国人民实施的具体的暴行案例，对其所"发明"的五花八门的灭绝人性的杀人手法，进行一些简单的介绍，借以让世人有一个形象的理解和感受，从中了解日军官兵的凶残性格。

炮轰。炮轰是日军官兵在大规模屠杀中国民众时最常用的手段，可能也是最普通、最不具"特色"的杀人手段。但这种手段的凶残与野蛮，同样丝毫不逊色于日军所"发明"的其他各种杀人手段。1939年10月19日上午，驻霸县胜芳的日伪军绕到中口村，将大炮架在中口村南的高地上，对着王泊村进行炮轰。当时，天下小雨，村民们刚吃过早饭，尚未下地。突然两声炮响，一炮打在村边文昌阁北，一炮打在文昌阁东，顿时浓烟滚滚。群众扶老携幼，急忙向村子东北部中亭河湾停船处跑去，想上船去苇塘隐蔽。日军又连续打来十几发炮弹，炸死群众21人，炸伤20多人。正准备下洼套苇的曹连，听到炮响，急叫他全家和邻居陈家上船去苇塘躲避。船未离岸，一发炮弹打来，即将曹连腿部炸断，肚子炸破；其子曹永珍也被炸伤腿部；二子曹富清被炸伤了腿、炸掉了两个手指，在惨叫中死去。刘振生全家10口逃到船上，被一炮弹炸伤8口，4人丧命。薛志余的妻子，脸部和前胸均被炸飞，头部只剩一个发鬓连在后背。

飞机轰炸。飞机轰炸同样是日军大规模残杀中国无辜民众最常用的手法之一。由于在抗战期间中国航空和防空能力都较日本为弱，日军飞机肆意在中国的天空中逞其淫威，且远途奔袭我大后方腹地，狂轰滥炸我城镇乡村、军事设施等人员密集之地，经常造成重大人员伤亡。其暴虐残酷，实无法抗拒，亦无与伦比。1937年9月26日，日军飞机轰炸河北景县城，造成110多人死亡、

190多人受伤。据后来景县党史资料征集办公室的调查,景县劫后情形至为悲惨。这天天气晴朗,正是南关大集。上午10点左右,集市上人声鼎沸,买卖正浓。就在这时,突然传来阵阵飞机的马达声,不一会,3架鬼怪似的日军飞机出现在县城的上空。转眼间飞机便冲到人们的头顶,一连串的机关枪弹如雨点般地从飞机上射向赶集的人群。许多人中弹倒下,顿时街面大乱。人们惊恐地四散奔逃时的呼喊声,受伤者凄厉的呼救声和痛苦的呻吟声,愤怒的叫骂声,响成一片。被挤散的粮食、散落的布匹、瓜果、钞票等满地皆是。紧接着,敌机又在南关、南城门、南门里大街、文庙、天主教堂等处投下一颗颗炸弹。炸弹爆炸之处,房屋倒塌,尘土飞扬,浓烟滚滚,瓦砾遍地。许多人被炸死炸伤,血肉横飞。几分钟前还是好端端的县城,顷刻间变成了日军屠杀我无辜群众的现场。整个县城陷入一片混乱。一幅幅惨景使人触目惊心。从南关集上,到南城门和南门里大街,被机枪打死和被炸死的人横七竖八地倒在地上,被炸伤的很多人发出凄惨的呼救声。他们有的被炸掉了腿,有的被炸掉了脚,有的被炸掉了胳膊,有的被炸瞎了眼睛……尤其是南城门附近,景象更惨。当时赶集的人群和城内的一些人听到枪炮声便潮水般地涌进城门正门和套门洞里躲避。一枚炸弹正落在两个城门洞中间的观音庙旁爆炸,许多人当即被炸死,尸体成堆,血流满地,一块块人肉、一团团脑浆、一片片血浆,飞溅得到处都是,惨不忍睹。仅此一处被打死炸死的就有70多人。南门里年仅18岁的男青年王洪魁头骨被炸裂,脑浆流了一地;老庄农民王凤祥整个脑盖被炸掉,脑浆溅得到处都是;郁桥村王振清的两条腿被炸掉,血从两个断腿上一股股地向外流着;南关李小多被弹片炸破肚子,一团肠子淌在外部,他两手捂住肚子,疼得惨叫着,身子在地上转了好几圈之后痛苦地死去了;一个姓石的中年妇女,被炸掉一个乳房,双手捂着伤口在呼救,但终因流血过多死在了地上。南门里染房被炸毁,正在染坊的张麻子、葛田小、张师傅、刘师傅4个山西染坊匠和胡登龙以及7岁的儿童霍玉领6个人全被炸死。

火烧。侵华期间，日军长期奉行"三光"政策。日军不仅到处纵火烧屋毁房，而且经常把中国无辜的民众推入火窟，或在其身上浇上煤油、汽油，然后点火将其活活烧死。抗战8年间，中国同胞惨死于日军火烧暴行之下者，不计其数，事例亦不胜枚举。

活埋。活埋也是日军残杀中国同胞的一种常见手法，在日本军队中被广泛地使用。在活埋我无辜同胞时，日军还会变换出诸如"倒栽葱"、深壕立埋、埋身露首、掘坑互埋、自己掘坑自己埋等等多样的埋人方法，随心所欲，以之为乐。1938年6月12日，日军在河南省杞县高阳南门外土岗上，采用"倒栽葱"的办法，活埋阁口等村青壮年130余人。从1940年5月1日起，日军在山西省昔阳县以"清政"为名，对该县人民进行残酷屠杀。至12月间，日军在该县境内共制造了29起惨案，屠杀无辜平民1243人。仅5月1日一天，日军对县城各机关、学校进行搜查，抓捕群众，先后屠杀、活埋百姓300余人。5月2日，日军又抓捕了大批知识分子和伪机关人员，将其押回县城，一次活埋了100多人。同月，日军特务头子清水利一带领部属骚扰左权突堤村，将雷冬喜、宋润月等11人抓回县城，在西城根挖了一条5尺深的长壕，将11人立埋于壕内，只露一个脑袋。日军还用水洗净其脸上的泥土，往每人嘴里塞上一支香烟，拍照取乐。深夜，有5人挣扎出土，正欲搭救其他受难者，被敌人发现，剩余6人被敌人用刺刀捅死。

刀挑。1938年2月5日，驻河北省霸县日军300多人攻打新镇未克，归途中在善来营、栲栳圈一带遭到中国抗日军队的伏击。6日，日军出动400多人进行报复。他们首先闯进栲栳圈。当地群众向村南逃去，日军架起机枪，当场打死7人。接着，日军又进犯牛庄伙村，端着刺刀挨门搜查，抓到12名群众。有的群众被当场杀死，有的则被押往村西大坑前屠杀。上午9时，日军包围了善来营，一路烧杀后，把其余群众押往村西大场，用刺刀一连挑死24人，然后把尸体扔进山窟之中。这一天，日军在上述3村共残杀我无辜同胞47人，烧毁民房430余间。

　　剖腹取胎。1937年10月13日拂晓，日军在山西原平县血洗南怀化村，杀害当地村民及外来难民近1300人。怀孕的妇女有的被开膛破腹取出胎儿，有的被踩着肚子压流产，还有不少妇女被剥光衣服轮奸。1938年6月5日，侵占开封县的日军进犯小杜庄和紧邻的杨庄，杀害无辜村民213人，还将两村的数名青年妇女轮奸。其中有一孕妇被奸后，又被剖开肚子，把胎儿挑在刺刀上让群众看。9月15日，日军窜犯河南省修武县秦庄，残杀村民86人。村民秦绪洞之妻怀有七八个月的身孕，日军扒光了她的衣服，用刺刀挑开肚皮，扒出胎儿，挑在刺刀上，然后扔给狼狗吞吃。之后，日军又在秦绪洞家把十几个儿童全部刺死。在秦绪廉家，日军搜出十几个儿童，把他们全部用火烧死。在秦绪功家，数十名男女老幼，尽遭日军用机枪射杀，然后纵火灭迹。1939年6月16日，盘踞湖北省黄陂的日军有3人窜至沈家田欲强奸妇女，2人遭村民打死，1人逃回据点。深夜，驻黄陂县的日军一队偷袭沈家田湾村，四处放火烧村，抓捕无辜农民，共烧毁房屋110多栋，用刺刀戳死村民18人。日军虐杀妇女的手段更是残忍。日军抓住一孕妇，强行脱去其上下衣，反绑其双手，围成一圈对她肆加侮辱和戏弄。之后，日军手执利刃割去她的双乳，又用刺刀从其阴部刺入，切腹剖胎，直到胎胞坠地，肠肚流出后将其割颈致死。1943年秋，日军纠集数万兵力，"扫荡"晋察冀抗日根据地。9月21日，日军在河北省阜平县平阳南山的山沟里抓到32名老百姓，加以杀害。日军大队长荒井和翻译指着怀孕7个月的张伟生的弟媳打赌，争论胎儿是男是女，相持不下。荒井当即下令日本兵将孕妇衣服扒光，开膛剖腹，当场验看。一日兵奉令上前用刺刀猛地一挑，将孕妇腹部劐开，鲜血四溅，胎儿和肠子一起滚落地上。无辜母子双双惨死在日寇屠刀之下。1945年2月上旬，驻山西省宁化的日军包围静乐任家村，挨户搜财抓人，杀害4人，轮奸两名孕妇，奸后剖腹残杀，掏出胎儿扔入火中。

　　刀挑幼童。1937年9月5日，土肥原部侵华日军占领河北固安县境永定河北岸。14日渡河南侵,当天夜间侵入辛仓村。15日,一伙日军在向东湾、杨屯进犯时,受到中国军队的重创,败退辛仓村后,对村里的无辜村民进行了疯狂的报复。15、16日两天,杀害村民67人。刘贵

在辽宁铁岭龙尾山被日军杀害的中国幼童的尸体积薪待焚。

家3岁的小女孩,被日本兵用刺刀从阴道扎进去,挑在空中,摔在地上,活活摔死。1938年2月17日,日军沿平汉线铁路进行"清乡",窜进河南新乡何屯村,杀死了未及逃跑的无辜居民37人。其中胡承录的两岁小儿,被一个日本兵活活戳死后,挑在血淋淋的刀尖上,当货郎鼓摇,日军还狰狞大笑。1939年10月24日,60多名日本兵突然包围了河南焦作市以西的麻掌村,挨门逐户将全村男女老幼赶到村南进行集体屠杀。日军兽性大发,将刚生下两天的武行的妹妹劙开肚子挑在刺刀上转几圈摔在地上,又将一个3岁的男孩往井里扔,还将年仅6岁的武行毒打后扔到崖下。11月,日军又窜至焦作王庄,对王庄群众进行了惨无人道的大屠杀。在不到两天的时间里,共杀死当地无辜百姓147人,烧死7人,活埋2人,崩死4人,伤30人,杀绝12户,烧毁房屋615间。日本士兵来到赵永贵家,接连杀了8人,最后只剩下一个刚刚满月的婴儿。一个士兵用刺刀挑起这个婴儿在空中转了几圈,然后狂笑着把这个婴儿挑进了燃烧的屋内。仅仅一个多小时,日军就在小王庄杀死36人,伤3人,并把村里房屋几乎全部烧毁。

喂狗。1937年12月4日傍晚,从丹阳方向来的日军在丹句公路边倪塘村,将沿途抓来的老百姓以及村内未走的群众共40多人,统统捆绑在倪安仁家里,用火活活烧死。当天晚上,日军把倪塘村青年倪才东吊在树上,剥光衣服,割

肉喂军犬，倪才东喊叫惨死。1938年9月，日军在河南省留光集抓捕无辜群众38人，将他们全部活埋于村东门外。有的埋了半截身躯，日军唆使狼狗将人活活咬死。

挖心。1939年12月31日，一队日军窜至广东省洋高乡老围，将副乡长谭有举钉在松树岭上，用刺刀从胸部一直捅到肚脐，连心肺都挖了出来。在侵华日军设在长辛店的狗队——加藤部队中，有一名驯狗师叫吉田。他除了是一名专业的驯狗师外，更是一名疯狂地残杀中国人民的恶魔。据说，他外号叫大金牙，非常残忍。他用军刀杀人，会多种砍劈方法，常把人开了膛，取心和苦胆，晒干了卖钱。万人坑里的人骨头，也被他成批地运走卖钱。

开膛剖腹。1937年9月17日，日军石黑联队占领了河北省涿县城西南的泽畔村，对这里的村民进行了残暴的烧杀。藏在萧征、崔庆昌两家的二十六军辎重营的12名伤兵，有的被日寇用刺刀挑开胸膛，内脏流出腹外；有的被日寇用铁镐砸得脑浆迸裂。1940年3月30日，日军在霸县靳家堡制造血案。村民范全林被日军开膛剖腹。1943年冬，日军在交城西川和葫芦一带，肆意残杀中国百姓。在白家庄，日军奸杀4个青年女子后，用刺刀剖开肚子，把肠子拉出来，挂在树枝上。更惨的是，日军用刺刀挑杀婴儿后，却狂笑着用婴儿的血在墙上画圈圈。

水井投毒。1944年3月4日，盘踞在山西省柳林的日军进扰石家峁村，在水井里施放慢性毒药。全村24户人家86口人中，有16户39人中毒，11人死亡。

毒气熏。1943年12月10日，日军纠集了驻河北省南皮县圣佛寺、孙清屯、唐家务、黑龙村等据点的日伪军1000多人包围了前罗寨村，妄图破坏这里的地道。他们进村后，将全村的人赶到一个大院里，挨个毒打拷问。22岁的尚连枝被日军用绳子勒死。下午4时左右，他们在找到的地道口上堆满干柴，泼上汽油燃着推入地道，并放进毒瓦斯，然后用湿被堵严。日军及日伪军站岗把守整整一天一夜。在地道中被熏死的人有地委妇联干部席联华，有60多岁的老人，也有不满周岁的婴儿，共计29人。其中安吉兴一家8口，死了7口。这次惨案中，全村有31人惨遭杀害。1945年2月8日，驻河北河间县的日伪军出动300多人袭击禅阁村，干部和群众闻讯进入地道躲避。日伪军进村后，拆墙破屋寻找地道口。10点左右，日伪军发现几个地道口，把洞口打开后，令从村外抓来的老百姓端灯带路，日伪军跟在后边下地道分段堵截，向外驱赶老百姓。夜晚，日军中队长颜泽令日伪军抓来一些猪，将毒气罐拴在猪尾巴上，点火后把猪放进地道里。猪由于屁股被烧，一直往里钻，使地道内毒气弥漫。虽经群众堵塞，仍有多数村民中毒，18人死亡，多为老年人、妇女和儿童。

浇油活烧。1938年3月，日军火烧河南省封丘县城小东关，街巷顿成一片火海，浓烟蔽日，数日不熄，千余间民房尽化灰烬，数百户居民无家可归。然后，日军又出动汽车30多辆，向县北"扫荡"，到安上集大肆烧杀。农民刘洪妮、王五妮、周安德等10多人惨遭日军杀害。粮坊会计靳兴隆被日军绑在柳圈椅上，浑身浇满汽油，活活烧死。其状惨不忍睹。

"南竹分尸"。1940年6月，驻江西南昌之日军和歌山第六十一联队，抓到俘虏。为了从"新鲜的恐怖感"中寻找"快乐"，不再采用砍头、枪毙的办法，而是试用"南竹分尸"的虐杀手段。日本兵把两根直径20厘米粗的竹子压弯在地上，把俘虏的两腿各绑在两根竹子上，而后竹子猛然弹起10米高，俘虏的身体即被撕成两片，血脏流落。

活靶刺杀、"试胆教育"。1942年7月26日，侵占太原一带的日军独立第四师团补充新兵340人。日旅长津田守弥少将下令对新兵进行"试胆教育"，即以活人为靶进行砍杀和刺杀训练。是日，有220余名俘虏被日军当作活靶集体杀害。过了几天，日军又以同样的方法杀害了另外120余名俘虏。1938年8月8日，日军驻扎山西省临晋，蒲坂中学（现临晋中学）沦为日军兵营，时称"红都"。日军在此设有"活人靶场"，用活人练习射击或刺杀。据不完全统计，先后在此遇害的共有60余人。1940年春，山西省平陆县张村被日军占为据点，全村老百姓全部被赶出家园。从1941年至1945年，日军在村内设有杀人场4处：一是"吊架"杀人场，把人吊在木架上，或将人作为练刺杀的活靶，或用狼狗去撕咬；二是"坐飞机"杀人场，将手榴弹放在被害人的屁股下面，在远处拉导火索引爆，将人炸成肉花，四处飞溅；三是"活靶子"杀人场，把人活埋下半截，当作练习射击的活靶；四是"暗杀"杀人场，常常黑夜杀人投入井中。4年时间里，日军共残杀我无辜同胞300余人。

抽血注水。1941年12月26日，日军第三十六师团近藤二三三联队第三大队第五中队，在山西安泽抓到一个八路军战士，命令军医用注射器往其血管里注水，抽出鲜血，往复多次，把俘虏折磨死。

电刑试验。河北省承德监狱是日军残害中国民众的一座杀人场。酷刑有电磨粉身、军犬撕尸、挖肝摘心、活拔神经等10多种。1945年夏季，日军搞电刑试验，就杀死300多人。据不完全统计，从1943年至1945年日本投降，这里就有37690中国人被折磨而死。

杀人比赛、杀人表演。1937年12月间，在日军攻陷南京前夕，日军片桐部队的向井敏明少尉和野田岩少尉在句容作战时，举行杀人竞赛，约定在完全占领南京前，能亲手杀死100人夺得锦标。据《朝日新闻》消息，星期日在句容城外作战时，两人记录如下：向井少尉已杀死89人，野田少尉已杀死78人。1937年12月14日，该报又刊载以下新闻：据《日日新闻》的战地特派员从南京城外紫金山来电称，向井少尉已杀死106人，野田少尉已杀死105人，但不能决定谁先杀死100人；目前两人同意不以100人为标准，而以150人为标准。

活体解剖。活体解剖作为日军细菌战部队对中国人民所犯下的一项最令人发指的极端暴行，并不只是发生在臭名昭著的731细菌部队本部，也发生在日军设在北京、南京、广州等地的细菌战部队中，更在日军实施细菌战之后，经常发生在中国广大的城镇乡间。1938年10月,日军在湖北省应城县长江埠一带的池塘和水井中投放细菌,瘟疫四起,不少人抽筋窒息而死。在日军战地医院内,日军常常把中国人抓去作解剖试验和细菌试验,并挖出其肝脏制药,不少人死于非命。1942年7月,侵占安徽省铜陵的日军将抓捕的中国民众先押送至水牢,然后再送往医院进行注毒、肢体解剖,把他们当成生物试验品。有一次,有8个抗日志士落入日军手中,日军先是将他们剖肚、剜心,再剁成8大块,装进草包丢在荒山上。1945年4月,驻河南焦作日军为了训练20名军医,将我们一位年轻同胞活生生地用作解剖试验,先搞盲肠手术,后又进行大开膛、截肢、喉结、注射空气等,残杀在手术台上。

毒气战。抗战期间,日军对中国抗日官兵和无辜民众实施了无数次大规模的毒气作战,给中国人民造成了巨大的人员伤亡。在1938年武汉外围会战时,日军于瑞昌、郎君山、广济、松阳桥、浠水等战役中,大肆发动毒气战。仅在广济一役中,日军使用大量毒烟,致使中国守军官兵中毒伤亡达2000多人。

侵华日军毒气战演习。

事实上，侵华期间日军对中国人民实施的各种杀人手法，我们都能举出若干例证。从我们在上文中列出的日军对中国民众所实施的200多种杀人手法，以及数十种具体的日军暴行例证中可以看出，日军杀害中国民众的手法极端残酷，无所不用其极，且多数出乎常人的想象。这深刻地反映出了侵华日军与恶魔相同的暴虐心理。8年的全面武装侵华战争，300多万侵华日军官兵个个如凶恶的野兽、嗜血的恶魔，手执着战刀，在中华大地上肆意杀戮。赤县神州，每一寸土地都被中华民族优秀儿女的鲜血浸透；万里关山，处处散落着惨死的中国无辜同胞的皑皑白骨！

4 日军在中国沦陷区实行了哪些殖民地统治政策

日本全面侵华战争期间，包括中国台湾、东北地区及华北、华东、华南、华中部分地区，大片国土沦陷为日本侵略者的殖民地。日本当局对中国沦陷区人民实施了残酷的镇压与统治，给沦陷区人民带来了巨大的灾难。

日本殖民者残害中国民众的刑具。

第一，日本当局对沦陷区人民的反抗斗争实施了残酷的军事镇压，用武力维护其在占领区的统治。

在台湾，日本侵略当局推行严密的宪警统治，对当地人民生活的各个方面进行严格控制。针对台湾民众的反抗斗争，日本殖民统治当局对台湾民众实施了残酷的屠杀。从1895年台湾沦为日本的殖民地开始，台湾人民遭受了日本侵略者长达50年的残暴统治和血腥屠杀。1895年7~8月间，侵台日军在台湾新竹地区残酷屠杀当地居民5000多人，焚毁民宅七八千栋。1896年6月17日至23日，日军在台湾中南部的云林地区进行大规模"扫荡"，数日之内，残杀当地民众3万余人，是为云林惨案。1897年陈发等人在台南番仔山进行抗日起义，起义失败后，日军对番仔山一带进行了疯狂的大屠杀，陈发等1659人惨遭杀害。1902年5月30日至6月4日，日军在台南屏东制造林少猫事件，虐杀台湾人民逾4000人。半个世纪内，惨死于日本军警当局屠刀之下的台湾同胞，不可胜计。

在中国东北地区，关东军长期对东北各地抗日军民进行残酷"扫荡"，制造了无数起血腥屠杀事件。1932年9月15日，日军在辽宁省抚顺市南部的平顶山村制造大屠杀事件，屠杀当地村民3000多人。据统计，在中国人民全面抗日战争爆发前，仅从1935年至1936

东北沦陷后，日军在铁岭北门外残杀中国同胞后把头颅高高挂起。

年3月间的短短时间内,东北抗日武装在日军残酷军事进攻下,死伤者就达11000多人。日本发动全面侵华战争后,为巩固其在东北的殖民统治,更是对以东北抗日联军为主体的东北抗日军民实施疯狂的镇压。从1937年11月至1939年3月,日军以关东军第四师团为主力,同时纠集大批伪满洲国军共2万多人,向活动在松花江下游地区的抗日联军发动大规模的进攻,使抗日联军受到巨大损失,许多中华民族的优秀儿女壮烈牺牲。从1939年至1942年,日本关东军纠集日伪军警7万多人,对当时伪满洲国所属的间岛省(延边)、通化省、吉林省、牡丹江省等地区发动大规模的军事"扫荡"。日伪军警所到之处,实行"三光"政策,使东北抗日联军再次遭受巨大牺牲。

在华北、华东、华南等占领区内,日军也对沦陷区内中国人民的抗日斗争进行了残酷的军事"扫荡"和"清乡",给当地人民带来了巨大的灾难,给抗日根据地造成了严重的困难。

第二,日本当局对沦陷区实施残酷的经济掠夺政策,使其占领区的社会经济严重殖民地化。

九一八事变后,东北地区全境沦陷。侵略者在所到之处,疯狂地强占交通运输、通讯关税机构,为其经济掠夺服务;大肆开采矿山,掠夺石油、煤炭、钢铁及其他金属资源;发行伪钞,控制金融系统;调整关税,便于其向本土运送劫来的大批战略物资。侵略者还大肆移民东北,强占土地,掠夺粮棉油等农产资源,以实现其"以战养战"的战略目的。

在关内地区,日本当局同样严格控制占领区域内的水陆交通设施,用以运输其掠夺的战略物资。对华北、华中地区丰富的矿藏资源进行竭泽而渔式的开采。当时华北地区的煤矿,几乎全部为日本当局所控制。针对华北地区蕴藏的丰富的金、银、铅等矿藏资源,日本占领当局在华北开发公司下设立不同的子公司,掌握其产销,以供应日本本国的产业,用于侵略战争。在华中地区,日军在湖北、安徽等省设立铁矿公司、矿业公司等机构,开采铁、锰、铜等军需物资，运往日本，并长期掠夺开采淮南煤矿。

沦陷区的农畜产品也成为日本当局的重点掠夺对象。华北地区的稻米、小麦、棉花，蒙疆地区的皮毛、烟草，华中地区的稻谷、生丝等等，尽成日军眼中的"重要军需品"，被日本当局以极低的价格强制收购。日本占领当局还在华北地区大力推行鸦片政策，武装走私毒品十分猖獗。他们将大批毒品运销北平、上海等地，实行专卖，牟取暴利，毒害中国人民。此外，日本当局还在占领区内设置银行，发行钞票，控制金融系统，掠夺中国人民的财富。对沦陷区内的电力、食盐、渔业、林业等资源，他们也都进行疯狂的开采掠夺。

日本当局在中国沦陷区实施的经济掠夺政策，给当地中国人民的生活造成了巨大灾难，严重破坏了中国社会经济的发展，造成了中国财富与资源的严重流失。全面侵华期间，日本侵略者给中国造成的经济损失极其惨重，对中国经济社会的发展产生了严重的阻碍作用。

第三，日本当局还在沦陷区实施文化奴役政策。

日本侵占台湾后，日本殖民者对台湾民众实施同化、奴化政策。在日据期间，殖民当局宣布日语为"国语"，强制台湾人学习和使用日语，同时排斥汉语教育。1920年实施共学制后，又规定升学考试必须测试日语。在课程设置上，有意识地向台湾学生灌输效忠日本及天皇的奴化思想。1937年中日战争全面爆发后，日本殖民者在台湾推行"皇民化运动"，强制台湾人在日常生活中使用日语，禁止出版所有报纸的汉文栏，强行拆除寺庙及各家的祖先神主牌位，逼迫人们尊奉"天照大神"；禁止台湾固有的戏剧、音乐，鼓吹改良剧、皇民剧，强迫台湾民众唱日本军歌和日本歌谣，向台湾民众灌输"大和魂"思想。1941年太平洋战争爆发后，日本殖民当局在台湾成立"皇民奉公会"，进一步强化其法西斯统治，强迫每家每户为其侵略战争效忠，把台湾变成其向海外国家发动侵略战争的跳板及兵源供应基地，强化军事教育，逼迫台湾青壮年男子参加日军，成为日本对海外侵略战争的牺牲品。

在东北、华北等广大沦陷区内，日本侵略当局同样对当地人民实施文化奴役政策。日军侵占东北后，炮制伪满洲国傀儡政权，对东北人民极力鼓吹日本大和民族是优秀人种，宣扬伪满洲国是"王道乐土"，东北地区是不属于中国而与日本有密切关系的"独立国家"，妄图以此模糊东北人民的民族意识，使其甘心成为日本殖民政策统治之下的亡国奴。日本侵略当局实行文化奴役政策的一个主要内容，就是在占领区内实行奴化教育。日军占领东北地区后，封闭原有的公立学校，组建由日本人掌管的"日满学校"，并规定私立学校也必须接受日本人的严密监督。原有的教学内容与教材全部被废止。1932年6月，日伪当局又强令各学校"废止三民主义、党义及其他与新国家建国精神相反之教科书或教材"。许多教材和书籍被焚毁。同时重新编写教材，向当地学生宣扬"日满一体""同文同种""王道乐土"以及"忠君爱国"等殖民统治思想与封建道德观念。殖民当局还禁止对中国学生讲授中国历史，并强行规定日语与汉语一样，许多教材则完全用日语印制。在实际教学中，殖民统治者要求也以日语为主，企图以此向中国学生灌输其所谓的"日本精神"。殖民统治者还强迫中国学生每天向日本天皇遥拜，诵读天皇诏书，企图以此使中国学生养成亡国奴意识。殖民统治者还对学校内中国师生的思想活动进行严格监视，禁止教师向学生灌输国家与民族意识，对教员实行严格的"思想检定"；在各个学校中安插特务，控制中国师生的思想。此外，日伪当局还对沦陷区实施严格的文化统制，颁布思想控制法规，建立文化统制机构，进行新闻检查，管制报刊出版，把沦陷区的文化宣传与舆论大权死死地控制在手中。

总之，在全面侵华战争期间，日本侵略当局对中国沦陷区人民实施了残酷的殖民统治政策，给中国的社会进步、文化发展和人民生活造成巨大的灾难，对中国人民犯下了无边的罪恶。

七 日本的侵略给中国造成了什么灾难

5 日本的侵略给中国造成了什么损失
热点面对面

  近代史上，在众多的侵略中国的帝国主义列强中，原本与中国一衣带水并保持着上千年友好往来的日本，从19世纪70年代开始，逐渐成为中华民族和中国人民最凶恶的头号敌人，对中国进行了长达70余年的侵略。从1937年7月7日卢沟桥事变，到1945年8月15日日本宣布无条件投降，在日本帝国主义全面侵华期间，日本侵略军挥舞着罪恶的战刀，在中国辽阔的国土上狼奔豕突，横冲直撞，对中国人民展开了人类史上最凶残的屠杀，对中国的物质财富进行了极端疯狂的掠夺与破坏，对中国的文化遗产进行了旷古罕见的摧残与毁灭。他们杀人、放火、奸淫、掳掠，无恶不作，把侵略者所独有的兽性本能表

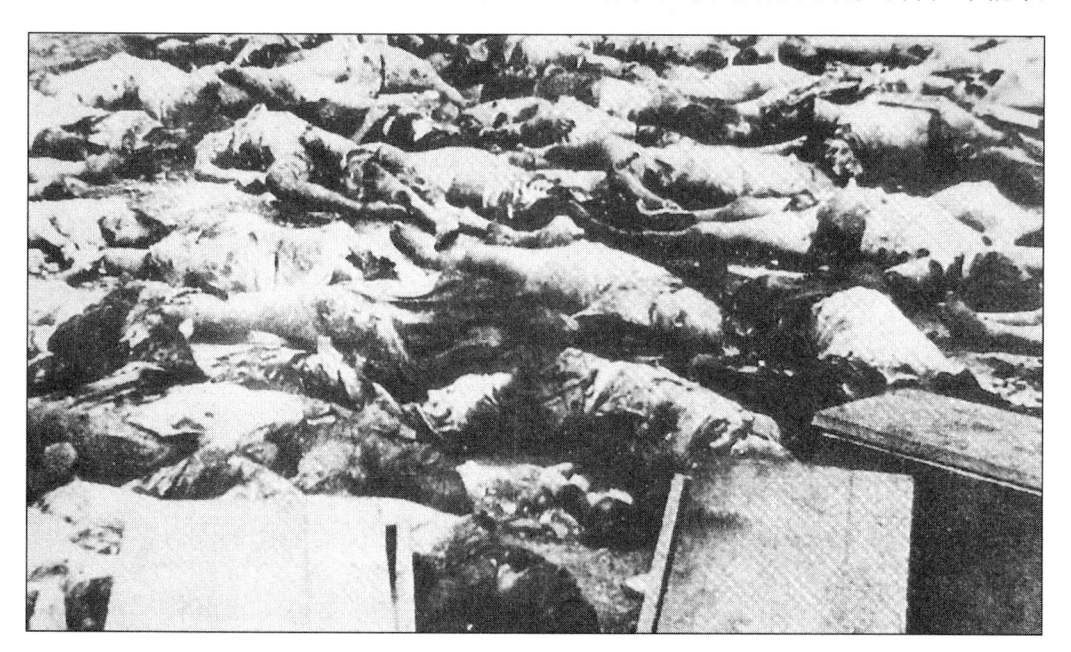

八一三淞沪抗战期间，大批上海市民被日军炸死。

演得淋漓尽致。侵略者铁蹄所至，血汇成河；炮口所向，尽成焦土。中国的每一处村镇都遭到日军的烧杀，每一条河流都漂浮着死难同胞的尸首，每一寸土地都被中华儿女们的鲜血染红、浸透，中华民族遭受了有史以来最为空前的浩劫。

日本侵华战争给中国造成的损失与破坏是多方面的。简而言之，大体表现为人口损失与财产损失两个主要方面，以及由此导致的中国社会进步的停滞。

在战争进行过程中和战争结束后不久，国民政府及中国共产党领导下的解放区民主政权，即曾设立专门机构、组派专门人员，对中国抗战损失进行过调查。据1947年2月国民政府行政院关于抗战损失和日本赔偿问题的报告统计，8年战争期间，日本军队造成的中国军民伤亡合计12784974人，1亿多人家破人亡，背井离乡。而这组数据只是依据其不完全的调查与统计累计得来，并未包括中国共产党领导的解放区军民在抗战期间所遭受的人员损失，也不含中国东北地区、台湾的人员伤亡及海外华侨的伤亡。中国共产党领导下的抗日根据地的人口伤亡损失，据1946年6月中国解放区救济委员会主任董必武致行政院善后救济总署署长蒋廷黻函所载，据晋察冀、山东、冀热辽、晋绥、晋冀鲁豫、苏皖、中原7个解放区不全面的材料的初步统计，在抗战8年中：被敌伪杀死或被虐待伤病致死者320万人，被敌俘捕者276万人，造成鳏寡孤独残废296万人，即在战争结束近10个月后，中国解放区尚有2600多万人依然是无衣无食或无住的难民，在饥寒交迫、疾病相连的苦痛中急待救济。本人近数年一直关注抗战时期中国人口损失问题，通过现在发掘出的档案资料所载的数据并结合合理的推算，可以得出中国抗战直接人口损失达2062余万人，伤者亦达1418余万。两项合计，便已达3480万，非常接近中国官方所公布的3500万人的伤亡数字。如果再结合对典型地区的战时直接人口损失的伤亡比例分析，军、民战时伤亡之比为49.77∶50.23，则战争直接造成的受伤人口又可高达2070余万。那么，整个抗战期间中国直接人口损失可能会高达4100余万。如果我们从全面的中国战时人口损失的角度来看，则整个抗日战争期间中国人口损失数量，利用人口学的相关指数，结合1953年第一次全国人口普查统计资料对1937年和1945年中国实际可能保有人口数量的估计，可得出抗日战争时期包括直接人口损失与间接人口损失在内的中国人口损失总数的最低限数在4500万至5200万之间。结合中国战时经历的战争情形及兵役、劳工的巨大损失，战争期间自然灾害、疾病瘟疫等造成的人口非正常死亡的增长数及战争期间由于出生率下降、死亡率增高、人口增长率降低而直接导致的人口增长数的相对减少等方面因素综合考虑，我们大体认为抗日战争时期中国人口损失总体上至少在5000万以上。

日本侵华战争给中国造成的财产损失，数目同样是十分巨大而惊人的。战争期间，日军在所到之处，疯狂地掠夺公私财富，破坏文化遗产，开采矿藏森林资源，发行伪钞，焚毁、炸毁无数军民用设施，中华民族的物质精华几乎被侵略者抢夺一空。以当时中国28省及行政院辖7市计，只有西藏、新疆两个省级行政区未直接受到战祸摧残，其余26省并7市，皆曾全部或部分沦陷，或局部化为战区，或遭日军飞机狂轰滥炸。以县级以上政区计，整个战争期间中国境内全部沦陷或曾经战祸殃及的县市，至少可累计出1246个。兵燹之后，无论是城镇乡村，到处是断壁残垣，满眼是瓦砾废墟。战后不久，国民政府曾组织赔偿委员会对中国抗战财产损失进行过调查统计。据其不完全的调查资料累计，当时国民党管辖区域内的公私直接间接财产损失约560多亿美元。此即为战后一段时期内有关中国抗战财产损失数目的来源。但是，近数年更进一步的研究结果表明，整个战争期间，中国遭受的直接财产损失高达1000亿美元，间接损失达5000亿美元。这种主张，目前也基本上成为学术界的一种共识。当然，由于当年战争状态下的局限，中国倾举国之力抵抗日本侵略，对抗战损失的调查不论是从时间的完整上，还是从空间的覆盖上，都极不完全。日本侵略战争给中国带来的巨大的社会物质财富的破坏与毁灭情况，几乎不可能寻出准确无误的数据来记述。其对中国社会造成的巨大伤害、对中国近代化进程产生的严重阻碍，也需学术界下大力气进行深入的研究。值得欣慰的是，近数年来学术界逐步注重对中国抗战损失的研究，若干区域性研究的学术专著也已面世，对推动这一专题的研究起到了积极的作用。

总之，日本侵华战争给中国社会带来了巨大灾难，它严重破坏了中国国家安全、主权独立和领土完整，给中国造成巨大的物质财产损失，对中国经济、文化事业产生毁灭性影响，对中国社会发展与进步产生严重滞碍作用。有人认为，日本侵华战争延缓了中国社会现代化进程可能会超过半个世纪之久。中国人民为取得抗日战争的胜利，付出了空前惨重的代价；中华民族为世界人民反法西斯战争的胜利，付出了巨大的民族牺牲，做出了巨大的贡献。可以毫不夸张地说，中国是世界人民反法西斯战争期间遭受损失最惨重的国家，世界上没有任何一个国家为了这场战争付出了如中国所付出的惨重的民族牺牲与代价。战后中国政府或迫于国际形势的变化，或出于中日两国人民友好的美好愿望，主动放弃了对日战争损失的赔偿要求。但是，中国国家和政府放弃对日本的战争损失赔偿要求，并不代表着中国人民对我们民族所曾受到的灾难与损失的遗忘，也不代表着中国人民对日本国家及其军队当年在中国所犯下的战争罪恶与反人道暴行的宽恕。抗日战争期间，中华民族以宁死不屈的精神，与日本侵略者强加于我们民族身上的一切灾难抗争，并最终艰辛地迎来了她的伟大胜利。她数千万儿女牺牲和无以数计的物质财富损失的价值，又在这伟大胜利中得以体现；她数千万死难儿女的生命，又在中华民族的生命永恒延续中延续。

八

抗日战争对中国社会产生了什么影响

抗战 热点面对面

1 日本的侵略怎样中断了中国现代化历程

从19世纪中叶开始，已经工业化了的西方列强，依仗由先进科学技术武装的坚船利炮，轰开了封建中国尚用砖石城墙和冷兵器把守的大门。在西方列强兵临城下，人为刀俎、我为鱼肉的形势下，率先觉醒、睁眼看世界的中国先进人物，开始了不断地寻求救国之路的探索。清末，标榜"自强"的洋务运动，就是试图从军事和经济上挽救国家——清王朝——覆亡的命运，维护民族独立，保持国家主权完整。此后，许多志士仁人，怀抱实业救国、科学救国的理想，学习西方先进科学技术，开办近代工矿企业，以图富民强国，一雪前耻。虽然历经甲午战争等一次次的失败，但先进的中国人不断探索、实践的步伐并未停止。近代中国历史的主题之一，就是完成工业革命，使中国由农业社会进为工业社会，实现国家现代化。

从中华民国成立直至抗日战争前数年，不论是北洋政府还是南京国民政府，对于中国工业的发展均有一定的方针与计划。北洋政府时期曾颁布过一些如机制物品免税办法及专利法、商标法的法律法规，对近代工业有一定的推动作用。同时，由于第一次世界大战的爆发，西方列强自顾不暇，对中国的经济侵略、掠夺有所减轻，中国民族资本主义获得了一个喘息、发展的机会。民国初期1914年至1920年，被称为中国资本主义发展的黄金时期。在此期间，中国新式工矿业年增长率达13.8%，新式产业资本达23.68亿元，全国工农业总产值中，资本主义工业成分达到10.8%。

南京国民政府成立以后，国民党对于促进中国工业发展也采取了一些措施，如举办电厂、修建铁路、减轻货物运费、改订进出口税则、改革币制等，对于工业发展有一定的积极影响。1935年，主管国营工矿业建设的资源委员会成立后，南京国民政府开始编订国营工业建设计划，从事重工业及其他基本工业建设，或由政府自办，或协助商人经营，对于发展工业化的方针逐渐具体化。

1920年以后至抗日战争前，中国新式工业的发展虽也有波动，但总的趋势是向前的。抗日战争爆发前的一段时间，是南京国民政府全面展开经济建设时期，尤其在水利、交通建设方面成绩显著。如在西北修建了绥远民生渠，陕西泾惠渠、洛惠渠、渭惠渠，还有甘肃各渠、宁夏各渠，有些在抗战前已经完成，有些则刚开工建设。陇海铁路延长通至宝鸡，兰新公路竣工，西汉公路开通，沟通了西北与西南交通。甘青公路、甘川公路成为连接甘、陕、川三省的要道。甘新公路修至星星峡。1932年至1937年间，平均每年筑成铁路1300多千米。如建成浙赣铁路杭州至萍乡段1000多千米，粤汉铁路南段株洲至韶关段450千米，同蒲铁路850千米，以及钱塘江公路铁路两用大桥等。全国经济委员会主持修建了川陕、川鄂、川湘、川黔、黔湘、黔桂、黔滇、川滇等公路。至1936年，全国公路通车里程达到12万余千米。

工矿业生产也取得了一定成绩。在孙中山节制资本的思想影响下，国民政府比较强调建立国营企业，强调国家对重要工业部门的控制："凡关系全国之交通事业，如铁路、国道、电报电话、无线电等；有独占性质之公用事业，如水电、商港、市街、城市公用事业等；关系国家前途之基本工业及矿业，如钢铁业、基本化学工业、大煤矿……悉由国家经营之。"1928年设立的建设委员会，是最早办理国营事业的机构。在接管北洋政府时期官办工矿业的基础上，建设委员会开发建设了安徽淮南煤矿，兴建了一些发电厂。1935年成立了专门负责掌控国防资源、经营国家重要工矿企业的资源委员会，并直接隶属于军事委员会，由蒋介石亲自出任委员长。到抗战前，资源委员会利用易货贸易的形式，以出口钨、锡、锑等重要战略物资所得外汇，进口国外先进设备和技术，陆续建立起中央机器厂、中央电工器材厂、中央无线电机制造厂、中央钢铁厂等多个大型现代化工业企业。

1920年至1936年间，中国工业总产值增加了近一倍，年平均增长率为4.06%（按净值计算为3.98%），高于美、英、法、德诸国，只低于日本。其中近代工业的增长速度高于日本，例如工矿交通业中的近代生产总值增加了1.79倍多，年增长率达6%以上。资本主义生产关系在工矿交通事业方面已占据优势。工农业总产值、国民收入、人均国民收入3项指标，都在1936年达到旧中国历史上的最高水平。这一时期是中国近代经济发展增长速度较快的时期，中国在国家工业化和资本主义化的道路上取得了长足的进步。据著名经济史学家吴承明估算："中国人投于新式工业的资本，在抗日战争前的1936年是21亿元左右。""中国资本主义发展水平已由1920年的10%左右，增长为1936年的20%左右。""在工业总产值中，已有一半以上是资本主义性质的生产了。""在交通运输业中，一半以上已经资本主义化了。""1936年的工业都有一种供不应求的气象，营业额的增加率在1/3以上，最多的要达到1/2。""内地各省多数是逢着丰年。中国往年的农产收入是200亿元，1936年有340亿元，增加了1/3以上。农民购买力增加，工业制品的出路自然旺盛。"在拉动经济快速增长的诸多因素中，政府投资的增加，如水利建设、交通建设及工矿业建设的投资，应该是起着重要作用的。但是，这一时期资本主义世界经济危机及日本侵占中国东北，也给中国工矿交通业带来较为严重的负面影响。

然而，更为严重的是，卢沟桥燃起的战火，使中国750余个市县、150余万平方公里的土地沦于日军铁蹄。这些曾经集中了中国新式工矿生产能力绝大部分，并拥有丰富自然资源的地区，天津、上海、青岛等中国一个个沿海重要新兴工业城市，相继陷落和被毁。总计战时关内被毁工厂达2370家。上海仅在八一三事变中，完全被日军炸毁的工厂就达905家，损失达15576.4万元。据有人初步估计，中国毁于战火的直接损失中，工业为4.4亿元，矿业为0.68亿

八一三淞沪抗战期间,上海市被日军轰炸成一片废墟。

元,航运业为0.21亿元。这是中国民族资本遭到的一场空前浩劫,刚刚露出一点苗头的中国工业化进程,再一次被打入万劫不复的深渊。

中国大量的工业资源、资金被日本劫掠。日本在华疯狂掠取沦陷区的资源输往日本以及东南亚地区,重点为二黑(煤、铁)、二白(棉花、盐),以达到其"以战养战"的目的。沦陷区的中国银行、中央银行、交通银行等50多家公私银行机构全被日寇夺占,损失达数亿元。日军还在华中、华南地区强行发行大量军用券,以掠夺战略物资,并把战争负担转嫁给中国人民。日军的烧杀抢掠、"三光"政策,使沦陷区人民生命财产遭受空前的劫难,生活难以维持。饥饿夺去了无数生命。除了掠夺土地、农产品和各种物资,日寇还在沦陷区强征劳工,掠夺农村劳力。不仅大量农村劳力被征派去修碉堡炮楼、建公路、挖壕沟,还有数百万青壮年被诱骗或强抓到中国东北和日本做劳工苦役,从事筑路、开矿及军事工程建筑等劳动,许多人再也没有活着回来。

抗战 热点面对面

战争中难民迁移。

据不完整的统计，整个抗日战争期间，中国经济直接、间接损失达6000亿美元。3500万的人口伤亡，更是中国现代化进程中无法估量的损失。

与这些直接、有形的损失相伴随，中国现代化的进程和发展条件也被彻底改变，一切转向了战争的轨道。刚刚取得的一点工业化成果被彻底毁坏，刚刚起步的工业化进程被打断；沿海港口被封锁，正常的对外贸易被迫中断；大学和科研机构也被迫内迁，正常的科学研究与教育都难以维持；人民的生命财产无法保障，经济生活水平倒退了几十年。由于中国大片国土沦陷，国民政府被迫内迁到经济落后、工业化水平极低的西部地区。工业品生产的数量和水平难以满足战时需求，战时财政问题日益严重，国民政府只得不断增加大后方货币发行量。通货膨胀政策必然带动物价上涨，使社会经济陷于混乱的局面，国民经济达到了几乎崩溃的状态。

直到新中国成立后的1952年，在中国共产党领导和全中国人民艰苦努力奋斗数年以后，中国经济方恢复和达到抗日战争爆发前1936年的水平。中国工业化的进程就这样被日寇的侵略破坏和打断，白白浪费了10余年的时间。幸运的是，中国共产党领导的新中国的成立，又为中国现代化打开了一条崭新的途径。

2 抗日战争是否改变了中国内部不同政治力量的对比

1937年至1945年的8年抗日战争,决定性地改变了中国内部政治力量的对比。在抗日战争中,军事上与国内政治关系上同时并存着两个过程、两种演变。一个过程、一种演变是,日本侵略力量由强变弱,最后走向彻底失败;另一个过程、一种演变就是,中国国内两大政治组织——共产党与国民党的力量对比发生了历史性的转变。

先说战前国共两党的形势与力量。

抗战前,南京国民政府实现了名义上的全国统一,但是实际上,不仅国民党党内各派系间政治争斗不断,四分五裂,各地方军阀实力派更是与国民党中央政府貌合神离,甚至不时爆发武装反蒋的内战。

中国共产党由于党内"左"倾错误路线,造成国内革命战争的重大挫折,红军被迫放弃南方苏区根据地,长征到了西北。革命力量受到削弱,但同时也经受了考验。

九一八事变后,中国共产党提出抗日民族统一战线的政策,呼吁停止内战、一致抗日,获得全国各阶层抗日民众的拥护。受全国蓬勃发展的抗日救亡运动的影响和中国共产党抗日民族统一战线政策的感召,爱国将领张学良、杨虎城于1936年12月12日发动了西安事变,对蒋介石实行兵谏,逼蒋抗日。在错综复杂的政治形势下,中共中央从民族大义出发,确定了和平解决事变的方针,通过谈判,敦促蒋介石改变"攘外必先安内"的政策,停止内战,同共产党一致抗日。蒋介石被迫接受了停止内战、联共抗日的条件。西安事变的和平解决,成为时局转换的枢纽，对推动国共合作和抗日民族统一战线的形成，起到了重大的历史作用。

再说战时的变化。

七七事变发生的第二天，中共中央便向全国发表通电，号召"全中国同胞、政府与军队团结起来，筑成民族统一战线的坚固长城，抵抗日寇的侵略。国共两党亲密合作，抵抗日寇的新进攻"。同日，朱德、毛泽东、彭德怀等红军将领，通电请缨开赴华北抗日："我全体红军愿改名为国民革命军，并请授名为抗日前锋，与日寇决一死战！"随后，中国工农红军改编为国民革命军第八路军，南方红军游击队改编为国民革命军陆军新编第四军。八路军东渡黄河开赴抗战前线。

国共合作推动了一切爱国党派和团体的团结与合作。国民党的地方实力派们也表示捐弃前嫌，服从南京国民政府的作战指挥，并开赴各个战场，参加对日作战。同时，蒋介石和国民党也表现出了积极抗战的态度。全国出现了空前的民族大团结局面，中国的政治形势出现了较大的进步。然而，随着战争的发展，特别是由防御阶段转向相持阶段后，由于国民党本身的性质决定，国民党由抗战初期积极抵抗的态度逐步后退，加强了对共产党及其所领导的抗日武装和敌后根据地的限制和封锁。

国民党执行的是片面抗战政策，不是团结各个爱国党派共同组织一个广泛的爱国民族统一战线，而是继续坚持一党专制，强调"一个信仰、一个领袖、一个政府"，实际上是排斥各政党共谋国是；不是广泛地动员和组织民众共同抗战，而是将敌后人民武装力量视为心腹之患，借口战时需要军政高度集中与统一，限制、阻止人民武装抗战力量的发展壮大。中国的政治局势、政治体制不但没有向民主的方向发展，而且借助抗战的特定历史条件向独裁化发展，逐步形成以蒋介石为首的国民党独裁统治。

另一方面，中国近代特别是五四运动以来发展起来的民主化思潮，由于抗战爆发、国难当头以及民众社会性活动的增多，而更加活跃起来，并逐渐演变成声势浩大的民主宪政运动。1938年7月，作为战时民意机构的国民参政会正式出现在中国政治舞台上。参政员基本上包括了各党派、各地区、各界人民的代表，给各党派提供了一个可以公开发表政见的场所。各抗日爱国党派与民主人士利用这个公开的讲坛，同国民党日益增长的反动倾向进行了积极的斗争，对维护民主、反对国民党一党专制统治、坚持抗战、反对妥协发挥了一定作用。

中国共产党坚持统一战线中独立自主的政策，紧密地依靠和率领广大人民群众，开展敌后游击战争。由红军改编的八路军、新四军迅速地发展成为抗战的中坚力量，建立了许多抗日根据地。与此同时，在整个抗战期间，中国共产党不断地开展自身整风及思想教育运动，总结历史经验。特别是在抗战胜利前夕召开的第七次全国代表大会，为建立新民主主义的新中国制定了正确的路线、方针和政策，使全党在思想上、政治上、组织上达到空前的统一和团结，极大地提高了党的政治水平、思想水平、凝聚力和战斗力。

1939年国民党五届五中全会后，国民党的对内政策开始逆转，国民党限制、削弱以至取消共产党的企图愈益强烈，逐渐加强了防共、限共、反共的活动，国共两党的关系日趋紧张、恶化，并逐步成为国内政治和舆论关注的焦点。

在政治防共的同时，国民党还加强了军事限共。国民党军队和地方反共顽固派，接连制造军事摩擦。西北胡宗南的部队对陕甘宁边区实行长期的军事包围和经济封锁。对新四军在江南的抗日游击活动，国民党更是如坐针毡，必欲去之而后安。1941年爆发了震惊中外的皖南事变。中国共产党为维护团结抗战大局，对国民党制造的反共摩擦事件进行了有理、有利、有节的斗争，坚持国共合作、团结抗战的基本方针。1944年，日军发动以打通大陆交通线为目的的"一号作战"，国民党军队节节溃败，洛阳、郑州、长沙、衡阳、桂林等地相继失守，大片国土沦丧。日军的进攻彻底暴露了国民党的腐败与无能，激化了它与中国人民之间的矛盾，各民主党派与爱国进步人士争取民主的呼声更加强烈。以该年秋季为转折点，风起云涌的民主运动席卷西南大后方，对揭露国民党的本质、打击顽固分子、教育团结群众，起了重要作用。

最后看战争后期两党力量的变化。

国民党在军事上的溃败，导致了国统区经济形势的进一步恶化，大后方的民主运动也有了空前规模的发展。与此同时，中国共产党领导的人民抗日武装力量却在各地对日军发动了猛烈的反击，力量迅速壮大。1944年，中国共产党及其领导的八路军、新四军和抗日游击队，利用有利的国际国内形势，采取内线与外线结合的战术，开展了攻势作战，进行了声势浩大的局部反攻，给日伪以沉重的打击，收复了数十万平方公里的国土，巩固、扩大了根据地。

鉴于当时国际国内的形势与大后方民主运动的发展，在1944年9月召开的三届三次国民参政会上，中国共产党提出了结束国民党一党专政、组织各抗日党派联合政府的主张，得到了各民主党派及全国人民的热烈响应，国统区的民主宪政运动走向新的高潮，但国民党、蒋介石以将召开国民代表大会、"还政于民"为托词，再一次拒绝了这个要求。

抗战胜利前夕的1945年4月，中国共产党召开第七次全国代表大会。毛泽东重申中国共产党废止国民党一党专政、举行自由选举、召开国民大会、成立联合政府的主张。而在同年5月召开的国民党六大上，国民

1945年4月23日至6月11日，中国共产党第七次全国代表大会在延安杨家岭中共中央大礼堂召开。图为毛泽东在会议上致开幕词《两个中国之命运》。

八 抗日战争对中国社会产生了什么影响

抗日战争期间,中国共产党领导下的人民武装发展壮大。图为抗战胜利之际的炮兵部分。

党坚持一党专政和反共方针,再一次拒绝了各党派和全国人民成立联合政府的要求,一意孤行地决定在1945年11月召开国民大会。国共两党关系也因此陷入僵局。国民党还于1945年7月对陕甘宁边区发动了大规模的军事进攻。民主党派严厉谴责内战行为,呼吁全国人民共同起来制止内战。

战争促进了中国人民的觉悟和团结,同样极大地教育和锻炼了中国共产党,也使越来越多的人从8年抗战的事实中认识了中国共产党,把他们的希望寄托到中国共产党的身上,汇集到它的旗帜下来。

抗日战争以比人们预料得要快的速度胜利了。到抗战胜利时,中国共产党和以中国共产党为代表的国内进步政治力量在中国社会政治生活中的地位,已远非抗战开始时的状况可比了。

抗日战争胜利后,中国人民渴望建立一个独立、和平、民主、统一和富强的新中国。中国面临着两个前途、两种命运的较量。

3 工业内迁使中国经济发生了什么变化

由于半殖民地的特殊性,近代中国经济发展很不平衡。新式工业当时主要集中于沿海、沿江及东部重要铁路沿线城市。抗战以前全国60%的工厂集中在上海、天津、武汉、青岛、广州等大中城市。规模稍大一点,即资本在1万元以上的工厂,全国(不包括东北)有3935家,创办资本37700万元。其中有1235家在上海,占总数的30%以上。内地各省交通梗塞,封建性的小农经济尚占着绝对优势,缺乏新式工业所必需的各种经济条件,现代化工业极少。西南西北的川、滇、黔、陕、甘、湘、桂7省的工业发展水平很低,共有工厂237家,占全国工厂数的6.03%;资本1524.4万元,占全国资本总额的4.04%;工人3.3万人,占全国工人数的7.34%。据统计,"抗战前后方较具规模之民营厂家,在四川仅有电力厂一,水泥厂二,面粉厂五,纸厂一,机器厂二;陕西有纱厂一,面粉厂二;贵州有纸厂一;江西有机器厂一。后方较大之工厂,仅此而已"。而且产量在全国也处于无足轻重的地位。

在敌我力量悬殊的全面战争爆发后,为建立巩固的后方经济基础,支撑持久抗战,国民政府在将数量极少的国营厂矿、兵工厂内迁的同时,也不得不协助和组织沿海重要民营厂矿内迁。民营厂矿的内迁是1937年八一三淞沪抗战之后由上海民营厂矿自发开始的,后由资源委员会主持,会同财政、军政、实业三部组成"工厂迁移监督委员会",负责全面的工矿内迁。后由工矿调整委员会成立"厂矿迁移监督委员会",向内迁民营企业发放迁移补助费,组织运输力量和沿途免验免税等,全面负责战区厂矿的内迁,开始了全国性的工业内迁运动。

国民政府最初想按战前设计的计划，在汉口到宜昌、长沙到衡阳间两个区域，建立新的工业中心，因此初期内迁工厂大都以上述两地为目的地。不料，战事的进展证明，南京政府还是过高地估计了自己的军事实力。1938年6月，武汉告急，由上海等地内迁及原在武汉等地的厂矿，以及资源委员会原来在湘、鄂等地规划新建的工厂，均被迫再度西迁。它们一部分向南，迁往湘西、湘南及云、贵；一部分向北，赴陕西；一部分向西入川。于是四川、云南、贵州、陕西及湘西，成为战时新工业建设中心。武汉失守以后，大规模的工业内迁基本完成。以后因战局的变化，局部也有小的零星内迁。据具体负责内迁工作的资源委员会专门委员林继庸报告，战时内迁工厂总数为452个，物资约为12万余吨。其中矿业6个，冶金工业1个，机械工业181个，电器工业25，化学工业60，纺织工业103个，饮食工业21个，教育用品业37个，其他工业18个。另外还有数万技术工人也随厂矿一起内迁。内迁的地点以四川为最多，其次是湖南、陕西及广西等。

抗战初期中国工业的西迁，不单纯是中国工业地理上的调整，还对改变中国工业的不合理布局、推动内地工业的发展起到极大的促进作用，最重要的是对战时后方经济开发建设、支撑抗战的经济基础起到了极其重要的作用。沿海企业设备和技术力量内迁后，在后方新建或扩充原有厂矿，或者生产在后方原先无法制造的设备、产品，或者扩充生产能力，提高产品技术水平，为抗战做出了重要贡献。

抗战初期，在原有工业基础极为薄弱的西部，内迁工厂很快成为发展新式工业的骨干力量，不仅保证了战时军需民用的基本需求，也使西部基本改变了战前那种现代工业几乎完全空白的局面。

工业内迁对战时内地工业的发展起到了很大的促进作用。因内迁工厂多为较大的工厂，设备和技术力量都较强，特别是机械厂数量相当不少，占内迁企业的40%以上，可以生产机床特别是内地本来无法制造的工作母机与工具机，为其他工业部门的发展提供了条件。当时许多较有影响的民营大厂内迁,极大地推动了大后方工业的发展。同时迁入内地的技术力量也对后方工业的发展起了很大的作用。内迁科技人员对西南地区的资源情况做了大量勘查工作,发现和掌握了后方各省的矿产、水利资源,开发建立了许多水电、煤铁、金属工矿企业。

由于国民政府强调发展国家资本,因此,在后方工矿业发展过程中,特别是在国防重工业上,资源委员会成为最重要的部门。例如,在钢铁工业方面,资源委员会先后设立了大渡口钢铁厂等6家钢铁企业,占后方大型钢铁企业的一半。而这6家企业的生产能力,炼钢占64%,炼铁占89%。资源委员会所属企业钢与铁的产量,则分别占到后方总产量的56%和46.5%。资源委员会还兴建了中央电工器材厂等电器企业,不仅填补了西部工业产品的空白,也缓解了因战争使进口来源断绝所造成的困难。

战时中国西部工业发展的进步,尤其表现在制造力量的提高上。战前西部现代工业设备极少,每年生产制造动力机仅有600马力、工具机300部。至1942年度,这一数字分别跃升至3800马力和1000部。抗战的前5年间,共制成动力机10200余马力、工具机4030余部。

机床被称为工作母机,机床工业是国家机械化和工业化程度的重要标志。战前中国民族机器工业的工作母机(机床)制造水平很低,而且全行业出现全面衰退景象。以上海为例,1935年出现机床全面滞销,生产厂家不能维持状况。各厂已有机床多为仿制的老式机床,精密机床极少。战前西南、西北地区工业水平极低,机床生产几乎空白。战争初期,资源委员会新建了中央机器厂,上海几家规模较大的民营机器厂也均内迁西部。在战时国际运输断绝,国外机床难以进口,而后方工业发展需要紧迫的情况下,后方机床生产厂家和科技人员努力仿制或自行设计制造了一些不同规格的普通机床和精密机床,使战时后方机床的品种和数量较战前有很大增加。中央机器厂设计制造了车床、钻床、刨床、铣床等共四五百部,并仿制了部分精密机床和工具。

由于敌人封锁,战时后方液体燃料极为匮乏,有"一滴汽油一滴血"之说。为解决战时液体燃料供需紧张的局面,资源委员会在四川、新疆及甘肃组织石油的勘探开发。四川虽未见油,但出产了大量的天然气。成绩最大的是甘肃玉门油矿的开发。玉门油矿于1939年获得工业油流,1940年发现主力油层以后正式开始工业开发。尽管进口的美国器材在运输途中被日军毁坏,但玉门油矿因陋就简,艰苦创业,1939年到1945年间,共实现钻井61口,生产29万余吨的原油,提炼汽油1303万加仑、煤油511万加仑、柴油近72万加仑,能加工生产润滑油、白蜡等12种石油产品。玉门成为当时中国最大、产量最高的油矿。玉门油矿不仅给抗战增加了巨大的物质力量,也为以后中国石油工业发展奠定了基础,培养了人才。

抗战期间资源委员会所属企业,从最初1938年的53个,增加至1945年的125个。其产品的产量与产值在后方重工业、重要矿业和动力事业等部门生产中已拥有举足轻重的地位。这些企业还广泛罗致和培养了大量中国工业专家和专业技术人才。

抗战初期,内迁及新建的民营工矿企业,在西部也经过了一个较快发展时期。据统计,1937~1939年间,西部年均新设工厂达196家,平均每年投资额为4826万元,大大超过了战前全国平均水平,而

内迁妇女工人参加生产。

且民营企业的规模、生产数量、产值及增长速度都是空前的。仅从产值指数来看，1938～1942年间，西部民营工业的年增长率为11.4%，大大超过了战前水平。

但是，1942年以后，由于日寇的封锁和国民政府管理不善的战时经济体制，后方通货膨胀，造成西部工业出现衰退景象，特别是民营企业遭受的打击更大。

总之，抗战时期沿海工业的内迁虽然是被迫的，但客观上对改变近代中国工业地区布局上的畸形有积极意义。沿海工业设备、技术及人才的内迁，客观上带动和促进了西部原落后地区的经济和工业化程度。

4 战时农村社会有什么改变

与第二次世界大战中的欧洲战场不同，在没有实现工业化的中国，抗日战争实质上是一场农民战争，中国支撑这场战争的物质力量主要来源于农村，来源于农民。

抗战前，中国农村中一般依然因袭着古老的耕作方法和传统的手工劳动方式，劳动生产率低下；占统治地位的封建生产关系，更束缚着农民的生产积极性。而世界资本主义经济危机已经波及中国，西方过剩农产品的大量涌入，更造成了中国农村经济的危机和大批农民的破产。虽然国民政府也采取了一些挽救农村危机的措施，但实际效果有限。

日本发动的全面侵华战争，不仅使众多农民家破人亡、背井离乡、流离失所，也给中国农村和农业经济造成极大的破坏。为了推动农业经济发展，支撑持久抗战，不论是国民政府还是中国共产党领导的抗日根据地，都采取了一系列的农业政策和措施。中国农民为这场伟大的民族战争做出了巨大的牺牲和贡献，战时中国农村社会也悄然发生了一些重要的变化。

国统区农业生产力衰退。

千百年来，中国以农立国，农业是中国经济的基础。中国的抗日战争实质上依然是一场农民的战争。不仅战时粮食衣被的供给、耕牛役马的配备全赖农业的保障，而且许多工业原料、交通建设材料等也依然有赖于农业的供应。

国民政府战时农业政策的核心，就是增加粮棉及其他农产品生产数量，以保障军需民用和对外易货贸易，采取的措施主要有增加种植面积、改良农业技术、推广优良品种、建设农业水利工程，以及实施粮食统制、田赋征实等。然而，由于国民党政治腐败，多数措施并没有达到目的，甚至适得其反。以农业合作金库制度的推广为例。为发展农村经济，国民政府于1936年成立农本局，抗战期间更以推动农业贷款为其工作重心。但是，这种农贷完全依靠农村中的封建势力来进行，成立的基层合作社多数都操之于土劣地主、保甲长之手。他们假公济私，利用政府的农业贷款来放高利贷，结果为推动农业生产而发放的农贷，变成了妨碍农业生产的高利贷资本。

据统计，除1938年、1939年获得丰收外，抗战8年，后方国统区的农业生产呈现的是一种下降和萎缩的趋势。据国民政府农产促进委员会调查，后方14个省主要粮食作物的平均亩产量一般都呈减少的趋向。如果以1937年单位产量为100，1940年的产量总指数为96.1，即平均降低了近4%。抗战8年，国统区封建性的土地关系不仅没有减弱，反而加强了，同时土地的集中、租税的繁重、高利贷的猖獗，再加上物价飞涨和乱抓壮丁等各种农业经济关系的进一步恶化，使得农业生产在资金、人力、畜力方面更加缺乏，而陷入日益萎缩的境地。这是造成国统区农业生产力衰退的直接原因。

根据地新型生产关系出现。

抗战8年，中国共产党领导的抗日武装先后创建了陕甘宁及晋察冀边区等

抗战 热点面对面

10多块敌后抗日民主根据地。这些农村根据地本身大多处于经济落后的贫困地区，因而发展农业生产、保障经济供给，成为中国共产党和敌后抗日根据地经济建设的第一位工作。毛泽东曾特别强调，进行伟大的生产运动，增加粮食和日用品，准备同灾荒作斗争，将是继续坚持抗日根据地的物质基础。

根据地妇女参加选举。

抗战时期，中国共产党农村和农业政策的核心就是促进生产进步，发展经济，保障供给。抗日战争时期也是中国新民主主义经济成长的重要阶段。为了发展农业生产，中国共产党在抗日根据地实行新民主主义经济制度，打击日伪汉奸的经济利益，保护一切抗日阶层的利益。

减租减息是中国共产党在抗日战争时期对农民土地问题的基本政策。为了团结一切尚能反对日本帝国主义侵略的力量，建立最广泛的抗日民族统一战线，中国共产党在1937年8月提出的《抗日救国十大纲领》中，主动把抗日以前执行的没收地主土地分配给农民的政策，改变为减租减息的政策。

减租减息政策一方面是减少封建性地租和高利贷利息额，削弱封建剥削，使农民改善贫困生活的合理要求得到适当的满足，吸引占人口80%以上的广大农民积极参加抗战；另一方面是在减租减息后仍然要交租交息，使地主也能保持一定的经济地位，以此来调整农村社会关系，达到各阶层共同抗日的目的。

减租减息运动。

　　减租减息是抗日战争时期根据地经济政策和经济实践中最重要的一个内容,它得到了广大农民群众的拥护,有力地调动了他们抗日与生产的积极性,也有利于团结各阶层组成抗日民族统一战线。

　　减租减息不仅改善了农民生活,而且在一定程度上削弱了地主和高利贷者的封建剥削,激发起农民空前高涨的抗日和生产积极性,推动了根据地对敌斗争和大生产运动的开展,促进了根据地农业生产的发展。例如,在晋察冀边区,1939～1940年实行减租减息后,在对付敌人春季"扫荡"中,有2万农会会员参战,配合作战32次,扰袭敌人284次,破坏敌人交通2000千米以上。

　　减租减息运动,更使解放区的土地占有关系和阶级结构发生了一定的变化。由于地主经济被削弱了,雇农、贫农的经济地位有了一定的上升,中农经济迅速发展,农村中出现了中农化的趋势。也有不少中农靠增加生产、劳动致富而上升为新式富农。

　　同时,由于在减租减息中鼓励地主向资本主义工商业转化,奖励富农的资本主义经营,在一些彻底实行了减租减息的根据地,还出现了地主土地分散和将资金投入工商业和合作事业的现象,促进了新民主主义经济的繁荣。

抗战 热点面对面

在中国共产党领导的各抗日根据地，党通过减租减息运动，将千百年来受剥削、受压迫、处于社会最底层的农民发动组织了起来，提高了群众的觉悟，建立了各种群众性农民组织，培养、锻炼了一大批农村基层干部，打破了地主在农村中的传统专制统治，从根本上改变了地主把持基层政权的情况。

解放区开展大生产运动。

在实行减租减息政策的同时，中共中央还号召和组织解放区军民开展了"自己动手、丰衣足食"的大生产运动和劳动互助运动，使根据地农业生产得到迅速恢复和发展，农作物产量不断上升，促进了解放区农村经济的发展。

在抗战进入相持阶段以后，由于日寇对敌后抗日根据地的大规模军事进攻和经济封锁，以及国民党的侵扰，敌后抗日根据地经济出现了极端困难的情况。为了克服困难，坚持持久抗战，1938年底，中共中央号召各根据地广泛开展生产运动，保障各地区物质供应的自给自足，于是大生产运动从陕甘宁边区到敌后各根据地逐步开展起来。1942年以后，根据地经济形势更加恶化，毛泽东号召"把一切老百姓的力量、一切部队机关学校的力量、一切男女老少的全劳动力半劳动力，只要是可能的，就要毫无例外地动员起来，组织起来，成为一支劳动大军"。八路军三五九旅南泥湾大生产的故事，就是其中一个典型代表。

抗战期间，由于许多农民参军参战，加上日寇

1941年春，八路军三五九旅开进南泥湾，开荒造田。

的"扫荡"使农村大量人口伤亡，耕畜农具遭到很大损失，造成农村劳动生产能力严重匮乏。中国共产党在根据地推动开展了劳动互助运动，使劳动互助不但在数量上有了空前发展，在内容和组织方式上也比过去有很大改进，还出现了一些有较多社会主义性质的组织——类似集体农庄性质的农业生产合作社。例如冀中根据地耿长锁领导的生产合作社。

根据地的劳动互助形式，是在吸收中国农村原有劳动互助形式的基础上发展起来的。但过去的劳动互助，不过是农民为救济自己悲惨生活而兴起的自发组织。这种互助组织多是短期的、临时的、不固定的。从1943年开始，在中国共产党的领导下，首先在陕甘宁边区，一种以互助合作为中心的农业生产运动蓬勃发展起来。与民间旧有的劳动互助相比，这时期的劳动互助组织不仅在量上有了极大的发展，而且在本质上发生了变化。这主要表现在：从短期的、临时的、不固定的劳动互助，向着长期的、全年的、固定的劳动互助发展；从原来本族亲友之间狭小规模的互助，变为大规模的甚至全村参加的劳动互助；从以前没有一定的组织领导、没有劳动纪律和劳动日计算不严格，变成为有比较严密的组织、民主选举领导人和劳动日计算比较清楚、公平合理；劳动互助的范围大大扩展，从单纯的农业耕作，扩展到兴修水利等各项农事；有的地方还把生产同拥军优抗、自卫动员联系起来。这时期的劳动互助改造了过去"变工"中许多不合理的制度和办法，但又保持了其吸收短工、调剂农村劳动力的长处。它不仅解决了劳动力不足的问题，也使农民有更多的时间和力量来开荒、扩大耕地面积、改良耕作方法。各根据地政府还大力组织农民兴修水利，扩大灌溉面积及奖励开荒，给农民发放农业贷款等。

解放区的劳动互助组织，是建立在个体经济和参加者自愿基础上的集体劳动组织，不仅促进了根据地农业生产的发展，而且由于农民经过劳动互助被组织起来，对于提高农民的政治觉悟、改进农村社会文化生活等都产生了积极的影响。

5 民族独立运动与妇女解放运动之间有什么联系

1938年3月10日，在全面抗战爆发的烽火中，在武汉，一个名为"中国战时儿童保育会"的妇女组织成立了。它的领导人是当时中国妇女界最重量级的两个人物：蒋介石的夫人宋美龄和军事委员会副委员长冯玉祥将军的夫人李德全。邓颖超、史良等一批国共两党及全国各界妇女的领袖级人物都是它的常务理事、理事。

正如邓颖超所指出的："战时儿童保育会……由共产党提倡发起的。保育会理事多半是中共、民主党派、无党派人士，也包括个别的国民党党员组成。战时儿童保育会可以说是我们抢救战时儿童工作时，首先出现的各界妇女联合战线。"可以说，抗战时期中国妇女界的统一战线，就是从战时儿童保育会的成立开始的。从这时起，中国妇女运动也掀开了新的一页。

回顾一下中国近现代的妇女运动，我们会发现，妇女运动总是与反帝反封建的民族民主革命紧密地结合在一起的。

自戊戌变法——中国妇女运动启蒙时期开始，到义和团运动中的红灯照，再到辛亥革命时期以秋瑾为代表的先进妇女群体的出现，中国妇女都是在投身民族民主革命中，寻求自身解放的。五四新文化运动开始，一度沉寂的中国妇女运动又迎来了一个新的时代。其突出特点之一是，由辛亥革命时期单纯争女权的社会上层妇女运动，发展成为全国范围的各阶层妇女广泛参加的妇女群众运动。马克思主义的传入与中国共产党的成立，为中国妇女解放运动指明了前进方向。特别是在大革命时期，在国共统一战线的旗帜下，中国妇女界实现了大联合,广大女工、农妇等劳动妇女被发动、组织起来,成为反帝反封建运动的重要生力军。大革命失败以后,城市妇女运动陷入沉寂。在中国共产党建立的根据地,动员妇女参加土地革命,保卫和建设红色根据地,成为妇女运动的重要内容。

1931年日本发动九一八事变后,在民族危亡日益深重的关头,中国妇女运动也出现了新的局面。从东北白山黑水间的抗日队伍,到北平、南京街头游行学生的行列,到淞沪抗战中的伤兵医院,抗日救亡、为民族求生存的爱国主义运动为中国妇女运动注入了一股新的活力。

七七事变,日本发动全面侵华战争,中国国土沦丧,人民惨遭屠戮,大量难民流离失所,幼弱的儿童更是最大的受害者。他们即使幸免于敌人的炮火之下,也要丧亡于饥饿疾病之中。甚至传来许多敌人掳掠战区儿童,将其鲜血输给受伤的日军;一些儿童被日军用船载往日本作细菌武器的试验品,有的则被"施以奴化教育,使其将来成为攻打我们父老兄弟姐妹的敌人"的消息。儿童的悲惨处境,引起国人尤其是妇女界的广泛忧虑和极大同情。社会舆论也不断揭露日军在华暴行,呼吁"救救孩子"。时任中共中央长江局委员、妇女组组长的邓颖超,1938年1月5日在武汉出版的《妇女生活》杂志上发表了《对于现阶段妇女运动的意见》,号召"动员广大妇女参加到抗日救亡运动中来"。1938年初,在汉口女青年会举办的座谈会上,著名女电影演员、共产党员陈波儿首先提出要赶快到各战区去抢救难童的建议,得到与会者的拥护。与此同时,爱国团体救国会中的妇女界领导人、《妇女生活》杂志主编沈兹九也多次主持召开以"抢救难童"为题的座谈会,邀集邓颖超、史良等妇女界知名人士,讨论如何宣传动员社会各界,开展和支持抢救难童工作。邓颖超表示:"要把力量集中起来,组织各界人士,一起来抢救难童!"随着讨论的深入,成立固定组织专门从事这项既迫切又复杂的工作,在妇女界形成广泛共识。为此,邓颖超与周恩来还专门拜会了冯玉祥、李德全夫妇,希望得到二人的支持。1938年1月

24日，儿童保育会筹备会在汉口成立，李德全被推举为筹委会主任委员，邓颖超担任了筹委会常务理事。成立儿童保育会的倡议，得到各界广泛响应。除妇女界人士外，沈钧儒、郭沫若、邹韬奋、田汉等各界知名人士也都参与发起。1938年3月10日，战时儿童保育会在汉口正式成立。为扩大影响、推动工作，保育会同时还广泛邀请各党政军机构长官、各界知名人士担任名誉理事。从蒋介石、毛泽东，到胡适、老舍，都是该会的名誉理事。

  保育会以建立保育院的形式，对收容的难童实行集中养育。据统计，整个抗战期间，战时儿童保育会先后在四川、湖南、广东等地成立了20余个分会，约40余所保育院，共收养救济了近3万名难童。为了促进国共合作，加强难童保育会工作，中国共产党不仅在延安成立了战时儿童保育会陕甘宁边区分会和儿童保育院，组织许多优秀妇女干部从事儿童保育工作，还派出许多妇女干部到大后方保育会系统工作。这些人中，既有在总会上层公开以共产党员身份参与工作的邓颖超、孟庆树，也有以民主党派或无党派身份出现的沈兹九、曹孟君、罗叔章，更多的则是在基层保育院中默默无闻地从事保育工作。她们以伟大的母爱、高昂的抗日救国热情和为革命无私奉献的精神，投身难童保育工作，如赵君陶（郁仙）、陶承、任锐等。在以邓颖超为代表的共产党员和妇女界进步人士的共同努力下，战时儿童保育会克服重重艰难险阻，为抗战伟业做出了独特的贡献。

  战时儿童保育会更为抗战时期中国妇女界统一战线的形成，起到了积极的促进和推动作用。抗战爆发后，各界妇女积极行动起来，投入到如火如荼的抗战中。但当时妇女团体繁多，各自为政，盲目性很大，与客观要求很不适应。通过难童救助活动和战时儿童保育会的成立，妇女界在这场民族解放战争中找到了共同的目标，建立起妇女界的爱国民族统一战线，将各阶层妇女紧密地团结起来。1938年4月，宋美龄在庐山召集全国各界妇女代表举行战时妇女工作座谈会。通过协商，决定将原新生活运动总会妇女指导委员会（"妇指会"）改

八 抗日战争对中国社会产生了什么影响

组为全国性的妇女运动领导机关,动员妇女大众参加神圣抗战建国工作,迅速提高妇女文化水平,努力扩大妇女就业范围,积极改善妇女生活状况,扫除一切束缚妇女的风俗习惯。

随着妇女界抗日统一战线的形成,妇女运动出现了蓬勃高涨的局面。在中国共产党领导下的敌后抗日根据地,抗日民主政权下成立了各级妇委会,广大妇女被发动、组织起来,支援前线,参加后方生产,参选参政,甚至直接参与对日武装斗争。

河北完县的妇女自卫队。

据统计,陕甘宁边区1939年就有10万妇女参加生产劳动。1943年,山东有约80万妇女参加纺织,创造的收入可以维持500万人一年生活。她们的工作不仅有力地支援了抗战和边区经济建设,同时也促进了自身地位的提高。抗战后期,根据地妇女更掀起了支前参战热潮,她们不仅赶制鞋袜、运送伤员,还开展"妻子送郎上战场"活动,掀起参军参战热潮。

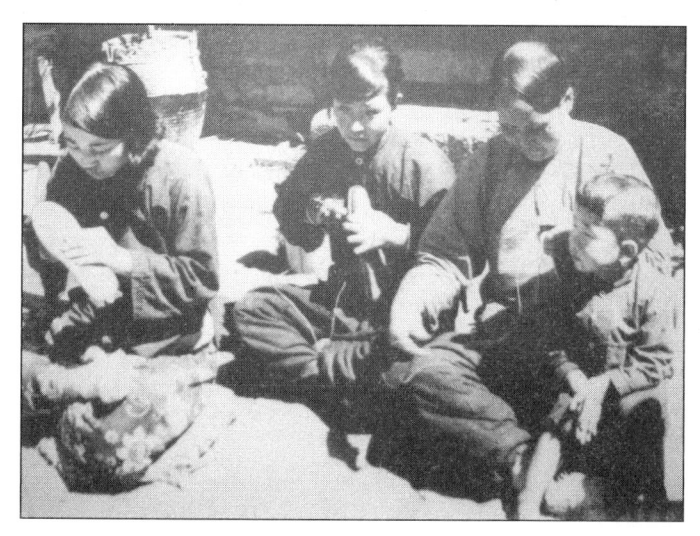

做军鞋的农村妇女。

国统区的妇女运动也进入全面高涨时期，一方面宣传组织妇女开展各种各样的战时服务，推动妇女救亡工作，如开展征募献金活动、救护伤员、慰劳抗战将士、举办妇女识字班、妇女干部培训班等，同时以促进民主宪政、反对专制独裁为核心的妇女宪政运动也开展得有声有色。例如，1939年末到1940年初，有30余个妇女团体发起举行了7次宪政座谈会，讨论宪政运动的理论和实行宪政的措施，呼吁增加国大代表中的妇女名额等。

沦陷区的妇女同样开展各种形式的抗日救亡运动，书写了中国妇女运动史上光辉的篇章。她们当中，既有武装抗日的女战士、女英雄赵一曼，也有利用公开身份掩护秘密抗日运动的许广平等等。

总之，在这场伟大的民族解放战争中，在中国共产党的领导和影响下，中国妇女界形成了最广泛的抗日民族统一战线。广大的妇女紧紧地围绕抗战，积极投入到抵抗日本帝国主义侵略、挽救民族危亡的斗争中，也将中国妇女解放运动推向一个全面高涨时期，其参与的广泛性、取得成绩的显著性都是空前的。抗日战争也为中国妇女运动提供了一个宝贵经验：妇女解放运动必须与民族解放运动紧密结合，没有民族的解放，就不会有真正的妇女解放。

九 什么是战争遗留问题

1 战争遗留问题是怎样形成的

当我们纪念抗日战争胜利的时候，回过头来看，虽然战争结束已经70年了，但那场战争留下的很多问题却至今没有解决。这种不正常的现象，值得人们去思考。

在我们分析这种现象之前，首先应该弄清楚什么是战争遗留问题，它又是怎样形成的。其实，战争遗留问题的存在，早在战后不久就已经为人所知，只不过从20世纪90年代以后，由于日本右翼及政府保守势力对于战争的认识和解决战争遗留问题的立场，明显地伤害了中国与亚洲其他曾经受到日本侵略的国家人民的感情，战争遗留问题才成为一个特有的名词出现并受到人们的关注。

那么，什么是战争遗留问题呢？如果笼统地说，战争性质所属和战争责任追究问题至今未能解决，这是战争遗留问题由来的源头。具体地说，由中日战争而产生的至今尚未得到解决的一切问题，都属于战争遗留问题的范畴。这些问题既是现实问题，又有历史的延续性。从类别上看，与问题的由来相一致，包含了两方面的内容。

一是对战争性质的评判。1945年12月，日本众议院通过《关于战争责任的决议》，其中确认日本发动战争"违反了国际法规，犯下了残虐的刑事犯罪"。1951年，日本与美国等国签订的《旧金山和约》之第十一条明确规定："日本接受远东国际军事法庭与其他在日本境内或境外同盟国战罪法庭之判决。"这表明，关于战争的性质所属问题当初已经得到解决。但是，从20世纪70年代以后，日本社会即开始涌动否认战争侵略性质的暗潮。1972年，在中日两国恢复邦交的当年，否认南京大屠杀事实的言论首次出现；1978年，在中日两国缔结友好条约的当年，东条英机等14名甲级战犯的灵牌被秘密摆进靖国神社并受时任首相福田赳夫参拜；20世纪80年代发生歪曲历史的教科书事件，引起包括中国在内的曾遭受日本侵略的亚洲国家的强烈不满；20世纪90年代，随着"自由主义史观研究会"的成立和《大东亚战争的总结》的出版，日本右翼朝野合流，在历史认识方面明显地形成了一股强大的逆流；而进入21世纪之后，日本文部科学省审定通过严重歪曲历史的右翼教科书，并且日本首相多次参拜靖国神社。这些情况说明，关于对战争性质评判的问题，至今仍是没有解决的最大的战争遗留问题。

二是战争责任的清算。按照国际法实施的一般形式，东京审判理应完成战争责任的清算。但是，由于众所周知的原因，这种清算并没有完成。20世纪90年代开始出现的中国战争受害者在日本提出民间赔偿诉讼，在很大程度上体现了中国人民清算日本战争责任的要求。这种要求得到了日本正义人士的积极支持。中国政府在"以史为鉴、面向未来"的处理中日关系的基本原则之下，多次督促日本政府妥善解决这一问题，但是却未得到日本政府的积极回应。于是，中国人民战争受害事实的认证和对加害者的清算，又成为战争遗留问题的另一项重要内容。其中，"慰安妇"受害问题、强制劳工受害问题、细菌战受害问题、化学武器受害与贻害问题等，成为人们关注的个人战争受害问题的焦点。而这些问题至今没有解决，仍为中日战争遗留问题。另外，钓鱼岛领土主权归属问题，不仅至今没有解决，还由于日本朝野的行动而使两国矛盾激化，使之成为战争遗留问题的一项重要内容。

战争遗留问题的存在是一种不正常的现象，而这一现象又是如何产生的？

先从历史方面来看。虽然70年前中日两国之间的战争已经以日本的战败而宣告结束，但是，在相当长的时期内，作为战胜国之一的中国却没有与日本签署结束战争状态的和约。这与美国在战后的冷战政策有直接的关系。

实际上，还在战争没有结束的时候，美国就已经为战后国际政治格局预作打算。最初，美国有扶植中国以对抗苏联的设想，因此在开罗会议后，极力把中国推上世界大国的地位，并允许中国以大国身份参与国际事务。在中国抗日战争后期，美国还对国民党进行了大量的援助，而这些援助除了以对日作战为目的，也不排除以国民党与中国共产党之后可能发生对抗为目的。而在战后不久，美国公开采取了扶植国民党政权而打击中国共产党的政策，继续给予国民党大量援助。1947年，美国政府出笼了"杜鲁门主义"，在世界范围内开始了对抗共产主义阵营的冷战政策。在这一政策指导下，美国希望在亚洲地区建立对抗苏联的阵地。为此，美国曾寄希望于中国的蒋介石政权。但中国的政局发展并未按美国的意图进行，以中国共产党为代表的中国进步力量很快打败了国民党，1949年中华人民共和国成立。而蒋介石国民党则败走台湾，失去了在中国的统治地位。在此情况之下，美国不得不重新考虑如何在东亚地区建立反对共产主义阵营的问题，于是，日本便成为美国的扶植对象。很快，美国就实施了扶植日本的政策。怎样扶植日本？停止对日本战争责任的清算与追究，是美国选择的重要手段。为了达到这个目的，美国操纵召开了旧金山对日议和会议。本来，中国是亚洲对日作战的主要国家，又是联合国的主要成员国，作为战胜国，理应成为对日议和会议的重要国家。但是，在美国的一手操纵下，中国却被排斥于旧金山会议之外，而在旧金山会议最终签署的所谓对日和约，因没有中国的签署，缺乏真正的法律依据。并且，由于中国没有参加对日和会而形成了一个非常严重的后果，这就是，尽管有中国代表参加的东京国际法庭宣判了日本国家的战争犯罪，但对于这种战争犯罪的惩处却不能彻底实施。其中最为重要的一点是，日本对于中国的战争赔偿问题，被长期搁置起来。此外，许多已经在东京法庭被判罪的战犯，包括甲级战犯也陆续开释。而且其中的一些人得以进入日本政财两界，继续在日本社会发生重要影响。如甲级战犯岸信介，后来成为日本的首相，在战后的日本社会居最高的决策地位。由此可见，日本的战争责任在战后并未得到彻底的追究。而由此带来的一个严重后果是，一切结束战争的必要法律程序和执行这一程序的必要措施，在中日两国之间很长时间都没有真正建立起来。上述战争遗留问题因此而长期存在。

再从现实方面考察。1952年，仍然是在美国的操纵下，日本政府与台湾的国民党政权签署了所谓的"和约"。在这份和约中，国民党政权明确表示放弃对日本的战争赔偿要求，以谋求日本和美国对其"法统地位"的承认。当时，周恩来立即代表中国政府声明，中华人民共和国不承认所谓的"日台和约"，国民党无权代表中国放弃对日本的战争赔偿。1972年中日两国恢复正常邦交，日本的战争赔偿成为两国关注的焦点。最终，中国政府正式宣布放弃对日本政府的战争赔偿要求。应该说，这才是具有法律效应的中日两国结束战争状态的标志。但是，中国政府放弃战争赔偿要求有一个重要前提，即日本政府承认对中国的战争犯罪。而在这一点上，尽管当时和后来的日本政府不予否认，但实际上，受到右翼势力的影响，日本政府的态度至今仍然十分暧昧。比如，1978年中日两国签署了和平条约，以表明中日两国关系的进一步正常化。但是，也正是在这一年，以东条英机为首在侵华战争中对中国人民犯下严重罪行的14名甲级战犯的灵牌却被摆进了日本的靖国神社，并受到当时的日本首相福田赳夫的参拜。由此可见，中日两国虽然在20世纪70年代以后恢复了国家正常关系，但横亘在两国之间的战争遗留问题，特别是关于战争性质所属的评判问题，并没有得到彻底解决。在20世纪80年代初，日本又出现了对教科书的严重改恶，否认日本对中国的侵略历史，否认包括南京大屠杀在内的日军对中国人民的战争罪行。这种对于历史的恶意歪曲，立即引起中国和其他曾遭受日本军国主义侵略的国家的强烈抗议。日本政府为了缓解外交的不利局面，制定了《邻国条款》，要求教科书的撰写和出版应考虑到邻国的态度，一度使日本教科书出现了改善趋势。但是，日本的右翼并没有停止错误史观的宣传，日本政府也经常地出现"失言大臣"，不断地发表歪曲历史的言论。可见，关于战争历史的评判问

东京街头的日本右翼宣传车。

题仍然没有解决。进入21世纪，历史问题作为影响中日关系的最大问题，不仅没有解决的迹象，而且还进一步严重起来。2000年，日本右翼公开提出"南京大屠杀是最大的谎言"。之后的几年，日本文部科学省多次审定通过了严重歪曲历史和宣扬错误史观的历史教科书，表明了日本政府对历史问题的错误立场，使历史遗留问题尖锐起来。而日本多位首相对靖国神社的屡屡参拜，更表明了日本政府的保守势力仍坚持着错误的历史认识。另外，到目前为止，同样是战争遗留问题的中国民间战争受害的诉讼，也没有得到妥善的解决。从以上事实可以看出，尽管中日两国恢复了邦交正常化，但结束战争的法律程序和执行这一程序的措施，从它建立起来后不久，就面临着十分严峻的考验。而战争遗留问题能否解决，则是这一考验的重要标尺。

2 靖国神社问题的实质是什么

在日本，许多人认为，靖国神社是日本的宗教神社，参拜靖国神社是日本人的自由，别国无权干涉。事情是否如其所说？回答是否定的。靖国神社问题的实质不是宗教问题，而是关于战争历史认识的政治问题。为什么这样说？那就要从靖国神社的历史说起。

靖国神社确是日本神道教的祭祀场所。神道教是日本的三大宗教之一，它与佛教和基督教不同，不是外来的，而是日本本土生长出来的。神道教教义认为，凡是得惠于日本风土的人及万物皆可成为神。

日本东京的靖国神社。

人可成为神，自然物也可成为神，神社就是供奉神的地方。在日本很多地方，随处可见神社，有人统计，全日本共有 8 万余座神社。而靖国神社却与一般的神社有区别。因为，在神道教看来，那些非正常死亡的人是不能成为神的，只能成为怨灵，而这种怨灵会给人世间带来麻烦，如果是一般的人成为怨灵倒也无所谓，但是如果死去的是对国家有过功劳的人，怨灵就成为一个问题。比如在日本的内战时期，有许多人是为了天皇和明治政府的成立而战死的军人，如果不给这些人以适当的名分，显然不利于天皇权威的建立和日本"国体"的强化。于是，在 1869 年，即明治维新后的第二年，由日本近代陆军创始人、时任军务官副知事的大村益次郎主持，在东京都千代田区九段建立了名叫"东京招魂社"的神社，并在当年举行了大规模的招魂仪式。招魂社就是靖国神社的前身，而它的建立明显地与战争纪念相关。

明治政府还认为，日本是世界上有绝对优越性的"神国"，具有领导世界的责任。而天皇是神的后代，所以以天皇的名义进行的战争都被称为"圣战"。为了"圣战"而死去的人，无论他以前的行为是善是恶，都是保卫国家的神，即"靖国之神"。在此指导思想之下，1879 年，"东京招魂社"正式更名为"靖国神社"。可见，靖国神社绝不是一般意义上的宗教场所，而是与战争相关、与天皇制度相关的含有政治意义的宗教纪念场所。

靖国神社占地很大，在通往神社的大道上，竖立着28米高的青铜"鸟居"（类似中国的牌楼），号称日本第一大"鸟居"。在靖国神社内有拜殿和本殿，有存放"靖国之神""灵玺簿"的奉安殿。另外，还有面向社会的展览馆，馆内展示的是表述在战争中死去的"靖国之神"事迹的物品。此外，还有为阵亡者家属使用的靖国会馆等等。在靖国神社中每年都举行例行的祭祀仪式，对"靖国之神"进行参拜，对新入神社的亡灵举行"合祀"仪式。因为"靖国之神"是为天皇或国家牺牲的，所以举行仪式的时候，天皇和政府要员一般都要参加，即"公式参拜"。这些参拜仪式是以法令的形式制度化的，因此是国家性的政治活动。这种活动一直持续到1945年盟国占领军发布《国教分离指令》为止。

了解了靖国神社的来历，再来看它与日本扩张侵略战争的关系。明治维新以后，日本先后发动了第一次侵略台湾的战争、甲午战争、八国联军侵略中国的战争、争夺在中国权益的日俄战争、出兵西伯利亚干涉俄国十月革命的战争、"九一八"侵略中国东北的战争、全面侵华战争和太平洋战争。在这些战争进行时，各地的神社都是日本人祈祷日本军队胜利的场所。而在战争中的阵亡者，则以天皇的名义被作为"英灵"陆续合祀到靖国神社。特别是发动全面侵华战争之后，日本的对外战争规模越来越大，死亡的人数也越来越多，为了强化军国主义宣传，动员更多的日本人入伍，参拜靖国神社以宣传为天皇牺牲的精神就与战争有了更加密切的关系。尤其是在日本法西斯势力的极度膨胀下，神道教变成了法西斯主义的国教，靖国神社在日本社会生活和政治生活中越来越显示出了重要性。在战争期间，靖国神社的例祭与活动规模不断地扩大，不仅有天皇和政府首脑参加，而且由电台向全国进行现场播送，以此来向日本青少年灌输为天皇献身的精神，鼓励他们参加对外侵略战争。在当时的日本课本中，就有为靖国神社专门编写的内容，并且还有歌颂靖国神社中"靖国之神"事迹的内容。靖国神社在战时成了鼓吹军国主义思想的重要阵地，并且随着战争的不断扩大而作用愈加显著。

再来看看靖国神社到底供奉了什么"英灵"。据2000年的统计，在靖国神社的"灵玺簿"中登录的日本军人总计246万人之多，死亡时间如下：

明治维新……………………………………7751人
西南战争……………………………………6971人
甲午战争……………………………………13619人
占领台湾……………………………………1130人
参加八国联军侵华…………………………1256人
日俄战争……………………………………88429人
第一次世界大战……………………………4850人
出兵济南……………………………………185人
九一八事变局部侵华………………………17175人
七七事变全面侵华…………………………19128人
太平洋战争…………………………………2133760人

以上统计不是战争死亡人数，而是合祀靖国神社中的军人人数。仅凭这些数字就可以得出这样的结论：在靖国神社供奉着的所谓"靖国之神"绝大多数不是死在日本本土，而是死在海外，换句话说，是死在日本对外扩张战争中。

由于靖国神社的性质与日本的军国主义相联系，所以在战后，盟国占领军对靖国神社和日本的国家神道采取了打压的政策，明确规定日本实行政教分离，取消国家神道，靖国神社也不再是国家神社，而成为普通的宗教设施。1947年，日本公布战后的宪法，也从法律上明确了政教分离的原则。但是，由于战后对于日本的战争责任并没有进行彻底的追究，特别是在美国的纵容下，日本的许多战犯在战后不久就被释放，并且其中的一些人相继进入了政界，对日本政治重新产生了影响。这不仅使靖国神社问题没有解决，而且还使靖国神社变成了日本复辟军国主义的一块土壤。

抗战 热点面对面

从 20 世纪 50 年代开始，靖国神社就成了日本右翼和保守势力活动的大本营，在那里经常举行针对日本和平反战力量的各种集会和活动。特别是每年的 8 月 15 日，即日本的战败日，许多右翼分子都要聚集在靖国神社，有的穿上战争时期的军服，有的打着鼓吹军国主义的标语，还播放战争时期的日本军歌，在一片乌烟瘴气中表达对战争年代的怀念。其政治倾向不言而喻，完全超出了一般的宗教活动范畴。而这样的活动，实际上是受到日本政要支持的。可以例举的事实如下：

1952 年，日本以政府的名义举行"全国阵亡者追悼仪式"，天皇和皇后参加了仪式，并在仪式后参拜了靖国神社。这成为战后恢复天皇与靖国神社的关系以及恢复国家神道的一个标志。

1953 年，靖国神社向战争遗族发出新的合祀通知，提出恢复例行的祭祀。

1955 年，靖国神社联络日本各地的护国神社，要求日本遗族会支持，向日本政府提出靖国神社国营化的要求。

1959 年，靖国神社举行盛大仪式，声称在太平洋战争中阵亡的全体人员已经合祀在靖国神社中。同年，日本国会通过了在靖国神社举行皇太子结婚仪式的决议。

1962 年，日本遗族会通过了要求靖国神社由国家护持的决议。

1963 年，日本国会自民党系遗族议员成立关于靖国神社问题小委员会。

1964 年 8 月 15 日，"追悼阵亡者仪式"在靖国神社举行，日本政府为在 1945 年后因日本投降而未被受勋的 205 万战争阵亡者重新授勋。

1966 年，日本政府宣布以 2 月 11 日为"建国纪念日"，即恢复神道教的"纪元节"（日本天皇统治的国体在神话中的起点，战前日本的盛大节日）。同年，日本 160 名海上自卫队官兵参拜靖国神社。

1969 年，日本自民党向国会提交"靖国神社法案"，要求靖国神社由国家管理和维护。

由以上可以看出，日本右翼和保守势力意图改变战后规定的靖国神社的一般宗教地位，而恢复它在战争中的特殊的国家神社的地位，这样，被合祀在靖国神社的"英灵"就要受到政治性的参拜，日本的侵略战争责任也因此可以一笔勾销。但这个提案复活军国主义的意图太过明显，公开地破坏了战后日本"政教分离"的宪法原则，因此在国会被否决。

通过以上对靖国神社性质的分析，可以得出这样的结论，即靖国神社问题关系到如何看待过去的战争，也关系到对军国主义的拥护或批判，因此，这个问题是严重的政治问题而不是宗教问题。那么，日本的政要又是如何处理靖国神社问题的？

除昭和天皇在战后8次参拜靖国神社外，还有日本首相多次参拜过靖国神社。而更为引人注意的是，1978年中日两国签订友好条约的当年10月，靖国神社竟然把在东京审判中被判处绞刑的东条英机等14名甲级战犯和2000名乙、丙级战犯合祀进来。当时这一行动是极其秘密的，后来才被媒体披露出来。靖国神社解释："不能让为国尽忠的昭和的殉难者们连个安息的地方都找不到。"当年，时任首相的福田赳夫参拜了靖国神社。因此可以认为，日本政要对靖国神社供奉甲级战犯的行为是默许的。此外可以例举的还有：1975年8月15日，日本首相三木武夫在出席全国阵亡者追悼会后直接参拜了靖国神社，开了在日本战败日参拜的先河；1980年、1981年、1982年，日本首相铃木善幸每年3次参拜靖国神社；1985年，日本首相中曾根康弘一年当中多次参拜靖国神社，并要求内阁找出"正式"参拜的合法理由；1996年，日本首相桥本龙太郎参拜靖国神社；日本首相小泉纯一郎6次参拜靖国神社等等。

靖国神社问题的实质说明，如果日本政府和社会不能很好地处理战争历史认识问题，中日关系的发展将遭遇最大障碍。为了妥善解决这个问题，中国政府曾多次与日本交涉。2001年10月8日，江泽民在北京会见小泉纯一郎时明确表示：靖国神社里供奉着日本军国主义战犯的牌位，如果日本领导人去参拜，就会构成严重问题。2002年4月29日，江泽民再次指出："令我们遗憾的是，日本领导人在两国邦交正常化30周年这一重要时刻再次参拜靖国神社，严重伤害了中国人民和亚洲人民的感情，不能不引起中国人民和亚洲人民的严重关切和强烈不满。"2003年10月20日，胡锦涛在会见小泉纯一郎时指出："推进新世纪中日友好关系的发展，需要牢记中日友好的历史和经验教训。"他忠告对方："两国领导人要坚持以史为鉴，面向未来，着眼长远，筹谋全局，共同推动中日睦邻友好关系长期稳定健康发展。特别是历史问题，千万不要再做伤害战争受害国人民感情的事。"在日本，也有许多和平团体强烈地反对日本政要参拜靖国神社。但是，日本政府在靖国神社问题上的立场却没有改变，这不能不引起人们的警惕。由此也可以说明，纠正日本右翼和政府保守势力的历史认识，是一个长期的艰巨的任务。

3 日本历史教科书问题说明了什么

与靖国神社问题一样，日本教科书问题同样是影响中日关系健康发展的症结之一。教科书对历史进行了直接的描述，并且它面对的是日本青少年，起到了向国民灌输什么样的历史知识及史观的作用，因此它的严重性超出了任何一个与历史认识相关的中日战争遗留问题。如果这个问题不能妥善地得到解决，它的影响将是十分长久的。

日本历史教科书问题是怎样产生的？它的出现说明了什么？要回答这个问题，就不能不从头说起。

先说日本历史教科书的历史沿革和历史教育在日本近代社会处于什么样的

位置。

　　首先来看战前和战时的日本历史教科书。从明治维新以来的近代历史看，日本的国民教育一直是国家行为，并且在很大的程度上，国民教育也是日本推行国策的一种重要手段。重视教育，提高国民文化素质，无疑对日本近代化与现代化的推进产生过积极作用。但是，在军国主义国策主导下，日本近代国民教育从一开始就带有极端的反动性，是充满封建因素和宣扬对外扩张的皇国史观教育。这在1890年颁布的天皇"教育敕语"中即有明确的反映。"教育敕语"立足于以天皇为顶点的日本大家族的民族共同体的思想体系，即"家族国家观"，提出日本人必须无条件遵从天皇，树立为天皇献身的国民道德规范。其中规定："一旦有事发生，必须以义勇奉公的精神，保卫天地无限的皇运"；"在发生战争时，必须为天皇尽忠尽义，保卫国体"。从这些内容来看，"教育敕语"的实质就是要把皇国史观作为日本国民的普遍信念。战前与战时的日本历史教科书就是按照"教育敕语"的规定而编写的，其内容如何从中可知。值得注意的是，"教育敕语"是在日本第一届议会提出"大陆政策"的同一年颁布的，4年之后，中日甲午战争爆发，日本开始实施对外扩张国策。而在这期间，"教育敕语"被张贴到日本的各个中小学，连同天皇的照片，被供奉在被称为"安奉殿"的地方。每逢重要节日，各学校师生都要在这里举行仪式，由校长宣读"教育敕语"，全体师生高呼天皇万岁，向天皇像行礼。从中可以看出，"教育敕语"与日本的对外扩张政策有着极为密切的联系。事实上，在"教育敕语"指导下，无论是战前还是战时，日本的国民教育起到了向日本国民灌输军国主义思想意识的作用。如在甲午战争后的日本小学二年级国定"修身"课本中，就有描写日本天皇检阅海陆军演习的课文；三年级课本中有皇后到医院看望受伤军人的课文。另外，关于甲午战争的描述，日本军中一个号手"英勇作战"的事迹被写进了课本。日俄战争后，课本里又出现了"水兵之母"的课文，歌颂把儿子送上战场并鼓励他为天皇英勇作战的一位母亲。九一八事变后，

抗战 热点面对面

日本的教科书又开始强调"肇国精神",即通过对神武天皇开国事迹的介绍,向学生灌输向外扩张的思想。太平洋战争爆发后,日本的教育仍以皇国史观为中心。当时的文部大臣明确地说:"国民学校的精神是什么?就是皇国之道。皇国之道不仅是国民学校的中心,而且是整个教育的中心……日本国现在面临的时局是什么?日本用什么来开拓?还是皇国之道。"由此不难看出,战时的日本教育完全是服务于战争的。许多参加过侵华战争的日本老兵都回忆,军国主义教育确实对他们影响很大。

再来看战后的日本历史教科书。如果说战后日本的战争责任没有得到彻底清算,那么,教科书问题也应该是没有被清算的问题之一。尽管从墨涂教科书开始,国际社会与日本社会进步力量对日本教科书的改善产生了重要影响,但是,由于包括天皇在内的大批军国主义战犯逃脱了因战争犯罪而本应得到的惩处,尤其是天皇制得到了保留,使战后日本的国民教育不可避免地存在着极大的隐患。战后日本历史教科书曾经出现过三次改恶。第一次出现在1955年,日本政府首次规定在教科书里把对中国的侵略称作"对大陆的进出",教科书的改恶从此拉开了序幕。其后,以家永三郎先生为代表的教科书改善力量与以日本政府为主导的教科书改恶力量之间,进行了长期的、激烈的较量,结果是改善力量占据了上风。20世纪80年代中期,日本出现了对教科书的第二次改恶,又把日本对中国和亚洲其他国家的侵略称之为"进出"。这次改恶在形

2001年,日本和平人士在日本文部科学省外抗议审定通过右翼教科书。

式上不再是以日本政府为主导,但是,包括阁员屡屡失言和首相不断参拜靖国神社在内的种种现象,表明了日本政府主导的日本社会政治走向比以往更加明显地右转,右翼势力正是在这样的背景下有了比以前更加广阔的活动空间。这说明,教科书改恶在实质上仍然是一种国家行为。但在中国及亚洲其他国家的强烈谴责和日本国内进步力量的斗争下,改善力量依然占据了上风。2000年开始,出现了第三次教科书改恶。2001年4月,日本文部科学省公布严重歪曲历史事实和恶意解说历史的右翼教科书审议通过,把这次改恶推向了高潮。这次改恶与以往不同的特点是,在形式上表现了民间右翼势力与政府保守势力的结合,并且,这种结合造成了强大的潮流,以至于影响到中间力量右转(扶桑社以外7家出版社出版的教科书均在不同程度上出现了倒退)。到2005年4月,日本文部科学省再次审定通过了扶桑社出版的右翼教科书,说明日本的教科书改恶一直没有完结。尽管在国际呼声和日本国内进步力量的压力下,改恶潮流得到了很大的抑制,但改恶势力仍然受到国家的支持,存在着卷土重来的极大可能性。上述事实表明,战后日本教科书的改恶,都直接或间接地与日本政府相关,与战前和战时相同,也是一种国家行为。可以说,这里面存在着历史的延续性。

了解了日本历史教科书问题的来龙去脉,再来看一看这个问题的要害是什么。

上述教科书三次改恶,核心内容是完全相同的,要害有三点。

第一,否认战争的侵略性质。自1955年开始,第一次教科书改恶即把矛头对准战争性质的评判上,提出对中国的侵略是"对大陆的进出"。其后两次改恶,否认战争的侵略性质也都成为首当其冲的问题。以"新历史教科书编纂会"教科书为例,在否认战争侵略性质方面采取了两种手法。

一是制造战争发生的假因。在1890年和1927年,日本先后提出以对外扩张为目标的大陆政策和新大陆政策,这正是日本吞并朝鲜、霸占中国台湾,进而向中国大陆和东亚实施大规模侵略的基本原因。但是,教科书却强调日本发动的是"自卫战争",把对中国东北的侵略和统治说成是"以建立近代国家为目标",把"日本的战争理念"说成是"提倡各国独立、合作发展经济、消除各族歧视",把日本对亚洲的侵略说成是"各国独立的契机"等等。

二是否认日本是战争的祸首。以侵略中国为例,右翼教科书把1874年对中国台湾的侵略说成是"日本向清政府追究杀害琉球岛民的责任",把甲午战争说成是中国"以日本为假想敌国"引起的,把卢沟桥事变的起因说成是"有人向正在演习的日本军队开枪",把"两名日军官兵被枪杀"说成是中日全面战争的契机,污蔑中国共产党夺取政权的战略使中日"陷入无休止的战争"等等。

通过以上手法,教科书完全混淆了侵略与反侵略这两种不同的战争性质。

第二,推卸战争责任。这是由上一个问题派生出来的问题,它在2005年的改恶中表现得尤为突出。在这个问题上,教科书同样采取了两种手法。

一是否认战争犯罪的具体事实。由于改善力量的斗争,从20世纪90年代开始,许多日本历史教科书在不同程度上如实地记载了战时日军罪行。而2005年的改恶,多数教科书删去了诸如细菌战、迫害"慰安妇"、实行"三光"政策等记载。在引人注目的南京大屠杀问题上,"新历史教科书编纂会"教科书更是故意把包括中国军民死亡数字在内的实际情况说成是"资料上有疑点,有各种各样的见解,至今仍有争议",以此推卸日军的犯罪责任。

二是否认战后审判的公正性。20世纪90年代以后,随着"自由主义史观研究会"的成立,日本出现了否定东京审判的呼声。2005年的教科书改恶,重新提出了这个问题,一是认为东京审判缺乏国际法依据,二是歪曲帕维尔法官意见书本意,三是否认"不允许对审判有任何形式的批判"。

通过以上手法,教科书把日本的战争责任从具体的事实到国际社会对战争犯罪惩处的合理性完全否认了。

第三,宣扬皇国主义史观。在这一点上,"新历史教科书编纂会"教科书与日本战前、战时教科书是一脉相承的。只是它没有直接宣扬"保卫天地无限的皇运"，而是用编造历史的手法，把日本描绘成是"神的国家"，把"天照大神"和"神武天皇"的传说作为真史来叙述。显然，这种描述完全是以天皇为中心。众所周知，皇国史观与天皇专制制度，正是近代日本军国主义产生的重要基础之一，因此，引导人们对天皇绝对崇拜，不能不说是怀有在思想意识方面为军国主义翻案的企图，这同样是要害所在。

除以上三个方面，"新历史教科书编纂会"教科书还存在着大量歪曲史实和恶意解说历史的描述，这里不一一列举。而从中却可以看出，日本历史教科书问题中改恶与改善之间的激烈斗争，表明了教科书问题已经成为日本社会政治走向的一个风向标。从中可以给中日两国人民的警示是：

第一，军国主义思潮不仅在日本社会有复活的土壤，而且还有卷土重来的极大危险。事实上，教科书事件并不是一个孤立的事件，联系到首相多次参拜靖国神社等现象，表明这种危险已经超出了过去人们所能预计的程度。

第二，以教科书改善与改恶为代表的进步力量与右翼力量之间的较量，不仅日益激烈，而且有长期化的趋向。从三次改恶的历史可以得出这样的经验，这就是，每一次较量的结果，都是以改善力量取得上风。但是，如果改善力量停止斗争，将会出现完全相反的结果。改善力量与改恶势力的斗争将要长期进行下去。

第三，与日本右翼的斗争已经不存在国家与民族的界限。在2005年的这次改善与改恶的斗争中，中国和其他亚洲国家的政府和人民与日本国内正义进步力量，事实上已经结成了比以往更加紧密的一个战线。在这个战线中，不存在国家和民族的区别。另外，教科书改恶虽然是日本的国家行为，但这种行为并不能体现多数日本国民的意志。从这个意义上说，这个战线的斗争对象，同样也超出了国家与民族的界限，是反对人类进步和世界和平的腐朽势力。

4 怎样看待中国民间战争受害诉讼

靖国神社问题和教科书问题，关系到中日战争的性质评判，因而它们还只是历史认识问题。而战争遗留问题的另外一个方面，是关于战争责任的清算。从20世纪90年代开始没有完结的中国民间战争受害诉讼，关系到战争责任的清算，当然也是战争遗留问题。

日本发动侵华战争，给中国人民造成了极大伤害。由于前述各种原因，战争结束后，对于日本战争责任的清算一直没有完成。中国政府在中日两国恢复邦交正常化的时候，明确表示放弃对日本政府的战争赔偿要求。但是，从20世纪90年代开始，对于中国民间战争受害诉讼，中国政府给予了极大的关注，并希望日本政府认真对待这个问题，予以妥善解决。

中国民间战争受害诉讼的出现，有四个背景。

第一，日本右翼否认战争加害是中国民间战争受害诉讼产生的根本原因。中华民族历来有以德报怨的传统。中日战争结束后，中国人民并没有因为在战争期间受到侵略伤害而念念不忘对日本的仇恨。1972年中日两国恢复邦交正常化之后，中国人民也没有因为中国政府放弃对日本政府要求战争赔偿而另外要求个人的受害赔偿，而是真诚地希望中日两国接受历史教训，共同开创和平美好的未来。这种宽容，在世界历史上是少有的。但是，20世纪80年代以来，日本却不断地出现为侵略战争翻案的言论，而这些言论中的重要一项，就是对包括屠杀、残害劳工、违反国际法规使用生化武器、强征"慰安妇"等加害罪行的掩饰与否认。这对于曾经在战争中遭受过严重创伤的中国人民来说是难以忍受的。既然中国人民的宽容不能得到应有的回报，那么重新清算战争加害者的加害责任也就在情理之中了。

第二，对战争历史的重新反思使人们更为关注战争的受害者。1989年，随着与战争有着密切关系的昭和天皇的死去，日本

战时生产化学武器的大久野岛。

政府和国民终于迎来了可以理性反思"二战"的最佳时机。许多正直的法律专家、历史学家及民间和平人士开始同战争受害国民众一起共同追究日本的战争责任。如以律师尾山宏为团长的"中国人战争被害者赔偿要求事件辩护团"。该团有280多名日本律师志愿参加，以被害者代理的身份向日本政府提出诉讼。以土屋公献、一濑敬一郎为首组成的"浙江等省日军细菌战受害者索赔律师团"，对日军在浙江进行细菌战造成的被害者承担了代理诉讼。以新美隆为首的"花冈劳工受害索赔支援团"，为花冈劳工幸存者对鹿岛公司的诉讼做了大量工作。数十名日本国内著名学者、著名作家如森村诚一、吉见义明、笠原十九司等等，也都从不同角度参与和支持了上述诉讼活动。

第三，国际社会支持第二次世界大战受害者对日索赔。第二次世界大战结束以后，人权得到国际社会的普遍重视，联合国人权委员会及各专门人权机构在维护人权方面做了大量的工作，在战争受害索赔问题上也向日本政府施加了强大压力。如针对"二战"期间日军性暴力犯罪，1994年，联合国人权委员会先后派遣特别调查员库马拉斯瓦密、麦克道格尔等人到亚洲对日军"慰安妇"问题进行深入调查。1998年调查人员建议联合国人权委员会高级专员和日本政

府确立对造成这一事态的负责人和有关人员进行处罚的制度，并且设置有助于法律赔偿的行政基金。1999年8月30日，联合国人权委员会通过一项决议，敦促日本政府对原"慰安妇"进行赔罪和赔偿。1999年3月11日，国际劳工组织在《1998年度报告》中就战时日本企业强制奴役劳工问题提出："本委员会认为，在极其悲惨的条件下，为日本民间企业大规模地征用劳工，是违反有关禁止强制劳动条约的。尽管受害者正在日本法院持续着索赔要求，但对他们没有采取任何赔偿。相信日本政府能够承担自己的责任，采取符合受害者期待的措施。"1999年8月10日，美国加州议会通过S6264法案，允许受害者在2010年以前起诉日本企业要求赔偿。更具有讽刺意义的是，鉴于遭日本迫害的16700名英国战俘生年无几，而向日本索赔又遭拒绝，英国政府遂于1998年决定给每位受害者补偿15000美元。另外，中国红十字会和人权基金会也给予中国民间受害诉讼很大关注与支持。

第四，世界各国的民间对日索赔运动鼓舞了中国受害者对日索赔的信心。最早在东京起诉日本政府，要求道歉和赔偿的是被战争遗弃在萨哈林的韩国人。1990年8月29日，他们中的21人向日本政府提出每人1000万日元的赔偿诉讼。其后，曾经在"二战"中饱受日本伤害的世界各国民众都纷纷向日本提出受害索赔。如1991年12月和1992年2月，3.5万名在战争期间充当日本兵和1100名被日军雇佣的韩国人在东京地方法院提起诉讼，要求支付未发的工资并进行赔偿。在澳大利亚，昆士兰州原俘虏赔偿委员会代表6600人，于1990年向联合国人权委员会提出向每人支付2.5万美元的要求。1993年拥有12000名会员的英国强制劳动收容所生存者协会向三菱、日产等日本企业要求补偿2亿美元。1999年9月14日，美国3名原"二战"士兵向美国地方法院起诉曾经奴役过他们的日本三菱集团公司。尽管上述各国战争受害者的对日索赔大多未能胜诉，但是，全球兴起的民间对日索赔运动无疑对中国的战争受害者起到了巨大的示范作用。

在上述背景之下，中国民间战争受害诉讼开始了。1988年9月，山东省茌平县张家楼村给日本驻华大使馆寄去了一封索赔书。其后，南京大屠杀幸存者夏淑琴等20余人也向日本驻华大使馆寄出了索赔书。据统计该年全国各地共有28封索赔书寄往日本驻华大使馆。1989年，索赔运动又向前推进了一步。该年12月21日，来自中国河北、河南的4名花冈劳工幸存者在北京举行招待会，发表了致当年残酷奴役他们的鹿岛建设公司的公开信，要求该公司向其奴役下的986名中国劳工（殉难者家属及幸存者）赔偿谢罪。1992年8月7日，7位山西受害妇女的索赔要求书也被送到日本驻华大使馆。

上述民间诉讼活动，受到中国国内各界人士和政府的极大关注。1992年3月，中国外交部发言人在新闻发布会上明确表示：抗日战争中的民间受害者可以直接要求日本政府赔偿损失。与此同时，外交部部长钱其琛在谈到中国民间受害者的赔偿问题时指出：关于日本侵华战争所造成的复杂问题，日本方面应当妥善处理。同年9月，原国务院副总理吴学谦公开表示：民间赔偿和政府赔偿不是一回事，遭受战争创伤的中国人民通过正常渠道，提出他们的要求，是完全正当的。1995年3月，钱其琛在全国人民代表大会上再度明确指出："中国尽管放弃了国家的战争赔偿，但是，并没有放弃民间的赔偿。"也正是在钱其琛的讲话之后，中国民间索赔运动由向日本驻华大使馆递交抗议索赔书而正式进入利用法律手段向日本索赔的新阶段。

中国内地第一起对日民间诉讼案是花冈劳工诉讼案。1995年6月28日，以耿谆为首的花冈事件幸存者及死难者家属11人向东京地方法院提起诉讼，要求曾在侵华战争期间残酷虐待中国劳工的鹿岛公司赔偿每人550万日元。从此之后，中国战争受害者掀起了对日民间索赔运动的高潮。

中国民间战争受害诉讼涉及的内容十分广泛。从诉讼案的被告对象来分，一是战争期间加害中国人的日本军队和政府，二是战争期间加害中国人的日本企业。从诉讼案的原告来看，有侵华日军进行集体屠杀时的幸存者、性暴力受害者、战时被强制的劳工,有侵华日军生化武器特别是细菌战的受害者,有侵华日军无差别轰炸的受害者,还有战时被日军强夺了财产的企业主等等。从索赔诉讼案内容的性质来分,有四类。一是战争受害诉讼。这一类涵盖了侵华日军战时各种暴行伤害的诉讼案。如南京大屠杀幸存者、日军细菌作战受害者、日军性暴力受害者(原日军"慰安妇")、无差别轰炸受害者和一些战争伤害与惨案等诉讼案均属此类诉讼。由于战时施暴者均为侵华日军,因此这类诉讼案的被告均为日本政府,故这类诉讼案在日本地方法院均无一例外地被驳回。二是战时劳工诉讼。这一类是战时因日本企业强制奴役而造成的伤害诉讼。三是战争经济损失诉讼。1988年12月31日原中威轮船公司业主陈顺通的后人陈春、陈震状告日本奈维克斯海运株式会社,要求该公司赔偿"二战"期间没收其家族拥有的2艘轮船。1998年5月原中国北方航运公司的业主陈瑛起诉,要求日本新日本近海株式会社等3家企业和日本国家就在战争期间租赁、强征及毁坏4艘大型远洋轮船进行赔偿。四是战争受害者名誉侵权诉讼。这类诉讼案以南京大屠杀幸存者李秀英和夏淑琴2位老人为代表,其导因是1998年12月日本自由历史观会成员松村俊夫通过株式会社展转社公开出版了《南京大屠杀的大疑问》一书,此书对南京大屠杀幸存者李秀英和夏淑琴的证人身份提出了质疑,认为她们二人为伪证人。面对日本右派的新攻击,1999年9月17日,日本进步律师和学者代理李秀英以"损害名誉"向东京地方法院提起诉讼,正式起诉该书作者松村俊夫、发行人相泽宏明和出版社株式会社展转社,要求赔偿1200万日元(包括

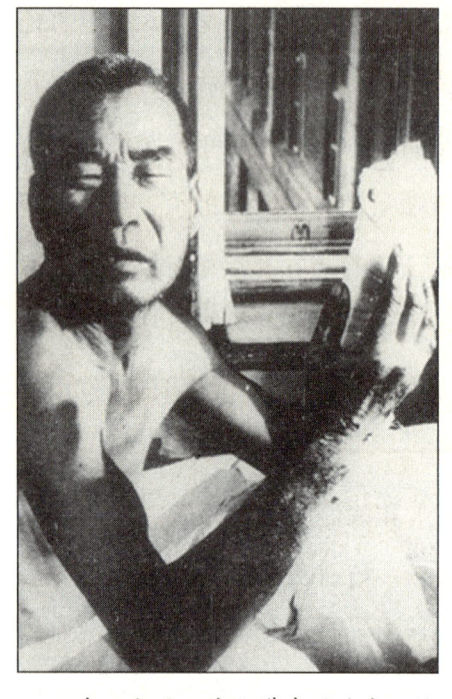

1982年,牡丹江市化学武器被害人鲍培中。

2002年8月27日，中日人士在日本东京声援中国细菌战受害诉讼。

律师费用200万日元），在《朝日新闻》等媒体上登道歉书。但直到李秀英故去，该诉讼仍然没有最终结果。

上述情况说明，中国民间战争受害诉讼，到目前为止还没有一起取得最后的胜利。但是，几乎所有的诉讼人都表示，无论诉讼的结果如何，都要把诉讼进行到最后。这是因为，不管诉讼的结果如何，诉讼的过程都具有重大意义。在上述各类诉讼中，中国受害者以大量的历史事实，揭露了在军国主义时代日本侵略军、日本政府和服务于侵略政策的日本企业对中国人民犯下的严重罪行。通过这样的揭露，让日本人民和日本社会了解被右翼掩盖了的历史真实。而诉讼的实际情况已经证明，通过法庭的辩论和调查，诉讼者的这一目的都在不同程度上达到了，甚至有的庭审法官也表示，诉讼人提出的受害证据是确凿的，日本确实在战争中犯下了严重的加害罪行。另外有数起诉讼案，地方法院在不同程度上支持了受害者的诉讼要求（但是上一级的法院驳回了诉讼要求）。

中国民间战争受害诉讼是以法律的形式追究日本的战争责任，但它的最终解决却超出了法律的能力范围，也就是说，决定诉讼成败的并不是法律因素，而是政治因素。实际上，无论是哪一个自称实行了司法独立制度的国家，它的司法仍要服从国家的意志，日本也是一样。而从目前日本政府对待历史问题的立场和态度来看，并无妥善解决中国战争受害者诉讼问题的诚意。在这一点上，日本与德国的态度形成了鲜明的对比。德国可以通过立法，一揽子解决战争受害者的个人赔偿问题，而日本却很难通过这样的立法。

中国民间战争受害诉讼作为中日战争遗留问题最终解决，至少需要三个条件。第一，日本政府必须做到真诚反省，自觉地清算过去的战争责任。第二，日本社会必须认识到，解决中国民间战争诉讼问题，不仅有利于中国的受害者，更有利于中日之间友好关系的发展，而中日友好关系的发展，无疑也会给日本带来长远的利益。第三，中国政府和中国人民继续关注并给予中国民间战争受害诉讼最大的支持。

5 怎样解决中日战争遗留问题

由前述可知，中日战争遗留问题作为一种客观存在，其解决无疑也是政治问题。1972年中日两国恢复邦交，为中日两国妥善解决战争遗留问题创造了极为有利的政治条件。日本的侵华战争，曾经给中国人民造成了近代以来空前的灾难，人口伤亡3500万，财产损失6000亿美元。但中国政府把"以史为鉴，面向未来"作为处理中日关系的原则，一直以积极的态度来处理中日关系问题。为了妥善地解决好战争遗留问题，中国政府主动放弃了向日本索要战争赔偿的权利。这种宽宏大量，在国际关系史上是少有的。但是，随着日本社会政治走向的右倾化，中国的宽容却没有得到应有的回应，使得包括战争性质评判和战争责任清算在内的战争遗留问题，至今不能得到解决。因而可以说，日本社会的政治走向是中日战争遗留问题能否得到最后解决的一个关键。

日本社会目前的右倾保守化，确实严重地阻碍了战争遗留问题的解决。但是，不去解决历史遗留问题，中日关系就不能得到健康的发展，这不仅牵涉到中日两个国家和人民的长远利益，也影响着东亚乃至世界的和平与稳定。从这点来看，我们又不能因为日本社会的右倾保守化现状而放弃对解决战争遗留问题的努力。怎样去努力？至少有两方面的问题应该思考。

第一，坚决地与日本右翼势力进行斗争。有人说，战争遗留问题就是遗留的战争问题。此话不无道理，但还应当补充说明的是，我们的对手已经不再是日本帝国主义，而是为日本帝国主义翻案的右翼以及日本政府的保守势力。过去，中国人民为了反抗日本的侵略曾经进行过艰苦卓绝的斗争；今天，为了民族的利益，同时也是为了人类的进步，我们仍然要与日本的右翼势力进行坚决的斗争。

与日本右翼势力的斗争包含了两个主要内容。

一是维护历史的真实。日本右翼为侵略战争翻案的主要手法就是歪曲历史的真实。如在右翼的教科书里，对中日战争发生的原因，对包括南京大屠杀和"三光"政策在内的日军罪行，对中国劳工、"慰安妇"的受害历史事实等等，都有不同程度的歪曲。这就需要我们寻找历史的铁证来真实地描述历史，通过这样的描述来揭穿右翼的谎言。

二是宣传正确的史观。右翼对历史的歪曲，从根本上说是受到军国主义史观和皇国史观的支配。因此，要揭穿右翼对历史的歪曲，就必须首先纠正错误的史观。历史也已经证明，曾经使中国和亚洲其他国家受到极大伤害的日本侵略战争，正是在错误的史观影响下发生的。这是我们在批判日本右翼的时候要特别加以说明的。

第二，加强中日两国与两个民族之间的相互理解。日本的右翼，虽然影响了日本社会的政治走向，但他们毕竟是少数人。我们还应该看到，在日本社会还存在着和平进步力量。诸如中国战争受害民间诉讼等力求解决战争遗留问题的各种斗争，都在不同程度上得到了日本和平进步力量的支持。尤其应该看到，为了维护正义，还有许多的日本民间团体与中国和韩国共同批判右翼的教科书。如家永三郎先生，为了捍卫历史的真实，坚持进行了34年的斗争。对于这些和平进步人士和团体，我们必须给予最大的支持。另外，我们还应该着眼于对大多数日本人民的教育，通过各种方式，使他们不仅了解历史的真实情况，也认识到战争遗留问题的解决不仅有利于中国，并且有利于日本。在一定程度上说，中日两个民族之间的彼此沟通，指的就是两国大多数人民之间的沟通。这种沟通，甚至比单纯地批判日本右翼更为重要。中、日、韩三国学者共同编纂的《东亚三国的近现代史》同时在三个国家出版，在三国都引起了广泛的关注。通过对历史的共同描述，起到了纠正被右翼歪曲的历史的作用。更为重要的是，这种描述已经成为三国人民进行沟通的一个渠道。

但由于三国历史、文化以及社会心理方面的差异，这样的沟通并非易事。这是笔者参加该书编写的切身体会。但是，通过讨论甚至争论，加深了三国编写者之间对他国历史与文化的了解，而最终形成的成果，也起到增进三国人民

1972年9月27日，毛泽东、周恩来在中南海会见日本首相田中角荣。

之间彼此了解的作用。我们强调正确认识历史，是着眼于未来。只有在历史认识方面达成了大多数人民之间的共识，中日两国之间，东亚各国之间，才会真正地建立起和平美好的未来。

当然，战争遗留问题的解决，最终还得依靠法律的、外交的途径。但是我们有理由相信，当两国大多数人民之间的相互理解已经达到了彼此信任的程度，那么在一切解决战争遗留问题的法律和外交途径中，任何障碍都可以突破，任何困难也都可以战胜。

最后还应该说明的是，解决战争遗留问题，还有一个民族主义的评判问题。大家知道，民族主义在中华民族抵御外侮时起到了至关重要的作用，并且，维护民族利益也正是我们致力于解决战争遗留问题的一种不可缺少的动力。同时还应该看到，在任何一个日本和平进步人士心中，维护正义与维护日本民族的根本利益也是完全一致的，民族主义也正是支持他们在十分艰难的环境下勇敢斗争的力量源泉。

1978年8月12日，《中日和平友好条约》签字仪式在北京举行。

但是，还必须看到问题的另外一个方面，那就是，从更高的角度来看，战争遗留问题也是一个超越了民族界限的问题，是一个关系到亚洲和世界和平与人类美好前途的问题。从这点来看，我们对它的审视和研究，又不能完全受到民族主义的支配。特别是在批判日本社会存在着的社会达尔文主义的时候，我们就更应该防止把自己也降低到同样的程度。由此再回到政治的层面，如果我们可以把战争遗留问题看作是遗留的战争问题的话，那么这个战争的两方已经不再是中日两个国家，而是推动着历史车轮向前的人类进步力量和阻挡着历史车轮向前的人类腐朽力量。决定着这场战争胜负的至关重要的因素，也已经远远超出了民族主义所能容纳的范畴，而是打破一切历史反动的人类进步。

十

怎样看待战后钓鱼岛问题

1 抗日战争前的钓鱼岛是谁的

　　钓鱼岛及其附属岛屿，是中国的固有领土。中国台湾方面称其为"钓鱼台列屿"，日本称之为"尖阁列岛"，是位于中国东海的一系列岛屿的总称，包含钓鱼岛、黄尾屿、赤尾屿、南小岛、北小岛等岛屿和岛礁。众所周知，当下中日两国都宣称对钓鱼岛拥有主权，双方在钓鱼岛的领土归属上存在巨大争议。钓鱼岛问题是一个历史问题，也是一个战争遗留问题，更是大国博弈"制造"出来的问题。

　　日本认为钓鱼岛处于琉球群岛的范围之内，因而是日本的领土。但即使查阅日方古籍文献与地图中关于琉球群岛的领土构成的内容，也可以发现钓鱼岛并不属于琉球群岛。1609年，日本的萨摩藩岛津氏攻陷首里、那霸，德川家康发表"御内书"，令岛津家久氏处理琉球。此后的琉球变成了"两属"之地，一方面照旧向中国朝贡，接受中国的册封；另一方面则向日本称臣，成为岛津氏的属地。从1649年开始，萨摩藩就开始绘制关于琉球国的地图，总称《琉球国绘图》，包括《正保国绘图》（1649年）、《元禄国绘图》（1702年）、《天保国绘图》（1834年），每幅图都将琉球国分为奄美群岛、冲绳群岛、先岛群岛三部分。在关于先岛群岛的绘图中，萨摩藩将宫古岛、八重山岛都囊括了进去，还绘制出了平时隐藏在海面之下、只有涨潮时才会露出水面的八重干濑珊瑚礁。这样一幅细致的绘图代表了当时萨摩官方对琉球国疆域的认识。必须指出的是，当时的琉球国与萨摩藩都知道钓鱼岛、黄尾屿、赤尾屿等岛屿的存在，但这些岛屿却都没有在地图上被绘画，可见当时的琉球国与萨摩藩都认为这些岛屿并不是琉球国所有。

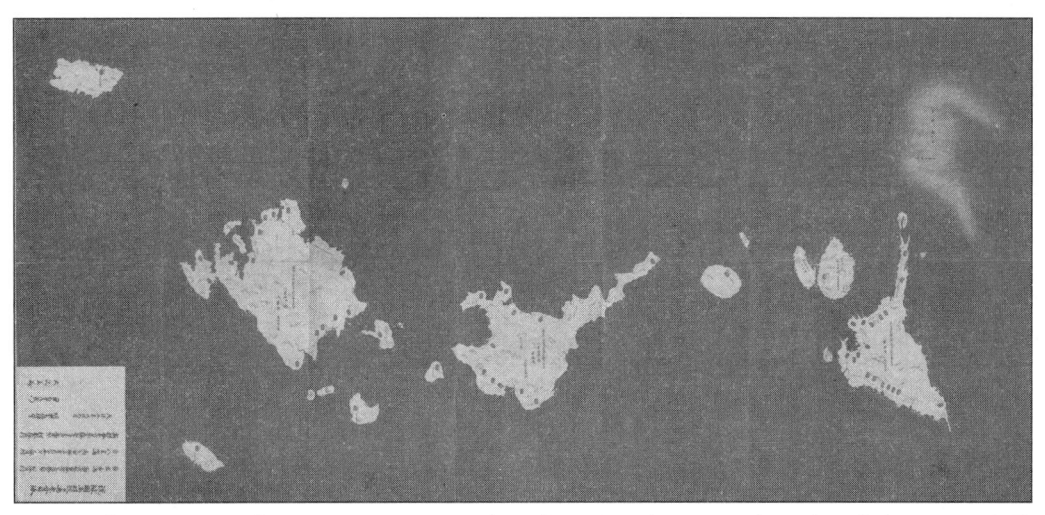

1834年《天保国绘图》之琉球国的八重山岛。在八重山岛的地图中,并没有出现钓鱼岛等岛屿,说明当时日本认识到钓鱼岛及其附属岛屿不是琉球国属土。

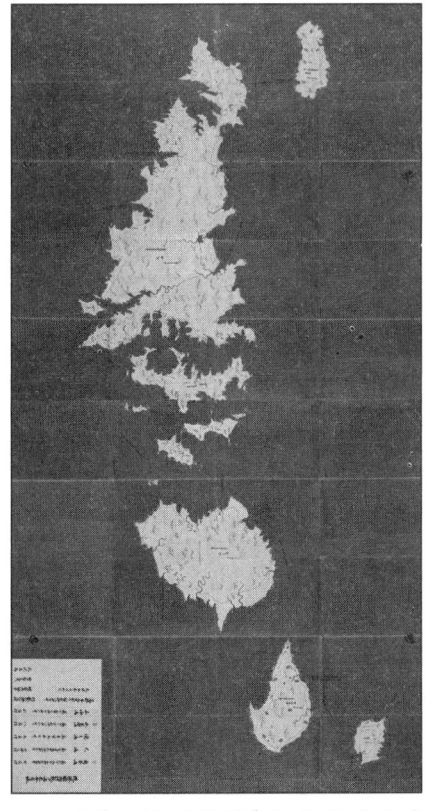

1834年《天保国绘图》之琉球国的冲绳群岛。

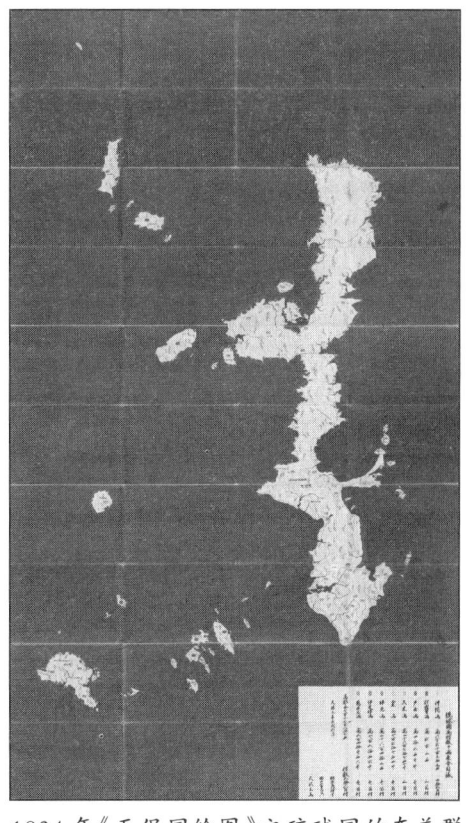

1834年《天保国绘图》之琉球国的奄美群岛。

"钓鱼"用来命名岛屿，最早出现于中国古籍《顺风相送》（成书于1403年）中。据其记载，"北风东涌开洋，用甲卯取彭家山。用甲卯及单卯取钓鱼屿。……正南风梅花开洋，用乙辰取小琉球。用单乙取钓鱼屿南边。……用甲卯针取琉球国为妙"。另据明清两代中国赴琉球的册封使者的记录，可知钓鱼岛并不在琉球范围内。在郭汝霖、陈侃、萧崇业、夏子阳、汪楫等册封使的记录中，都可以看到钓鱼屿位于中国赴琉球的"针路"之上，是往来中琉的海上标识之一，处于中国的海域范围之内。例如：明代的郭汝霖在《重刻使琉球录》中记载："闰五月初一日，过钓鱼屿。初三日，至赤屿焉。赤屿者，界琉球地方山也。"清代汪楫的《使琉球杂录》记载："二十四日天明，见山，则彭佳山也。不知诸山何时飞越？辰刻过彭佳山，酉刻遂过钓鱼屿……薄暮过郊（或作沟），风涛大作。……问'郊'之意何取？曰：'中外之界也'；'界'于何辨？曰：'悬揣耳'。"琉球学者程顺则的《指南广义》亦记载"福州往琉球，由闽安镇出五虎门，东沙外开洋，……用乙卯并单卯针十更，取钓鱼台；……用乙卯针六更，取姑米山（琉球西南方界上镇山），用单卯针取马齿，甲卯及甲寅针收入琉球那霸港"，可见姑米山是琉球西南方的"镇山"，是琉球海域与中国海域的"分界"之处，而位于去往姑米山海道上的钓鱼台自然是属于中国。

此外，负责镇守东南沿海的明代总督胡宗宪的《筹海图编》（成书于1562年）卷一《沿海山沙图》中的《福七》《福八》两幅图内，自右至左第五岛"鸡笼山"起，依次有彭加山、钓鱼屿、花瓶山、黄毛山、橄榄山、赤屿等岛屿。这就清楚地显示了胡宗宪已经把钓鱼岛等岛屿列入中国海防区域。

进入近代以后，中国的清王朝与日本的德川幕府都遭遇到了来自西方炮火的冲击，相继签订不平等条约，被迫开口通商，同时亦开启了中日两国的近代化历程。在迈向新的国际秩序的同时，中日两国亦进行了国际关系的调整。1871年，日本与清朝开始了签订新约交涉，在两国对等友好、保全领土、互不侵犯的宗旨之下，两国全权代表李鸿章、伊达宗城签订了《日清修好条规》，并于1873年交换了批准书,中日两国平等邦交正式开始。但"保全领土、互不侵犯"原则很快就被日本抛之脑后了。

1871年,日本明治政府废藩置县,原萨摩藩变为中央政府直辖的鹿儿岛藩,如何处理琉球国的版籍问题开始提上议程。1871年的11月前后发生了琉球人漂流至台湾地区被当地土著杀害事件。事件发生时,日本方面并没有任何反应。1874年5月,日本决定出兵台湾,其主要目的就是企图通过"牡丹社事件"来解决琉球国的版籍问题,消除琉球的"两属"状态,以实现将独立存在之琉球国在法律上纳入日本版图的企图。此次中日外交冲突的结果是清政府在英国公使的斡旋下,接受了日本的条件,签订了《中日北京专条》,在字面上承认"台湾生番曾将日本国属民等妄为加害",也就认可了琉球国宫古岛岛民为"日本国属民"。日本凭此认为清朝实际上默认了日本对整个琉球的领有权。

1879年,明治政府不顾琉球国人民的强烈反对,决定废除琉球藩,设置冲绳县。通过对琉球的"废藩置县",日本将琉球完全与中国脱离,编入了日本国土。虽然由此引发了清朝的抗议照会,亦有诸多琉球本地不满者赴北京请愿,更有美国前总统格兰特的三分琉球调停,但都没有改变琉球被强行纳入日本领土范围内的现实。

1874年,日本借口"牡丹社事件"出兵台湾。图为日本士兵在台湾留影。

在日本政府看来,钓鱼岛属于琉球,琉球属于日本,因此钓鱼岛属于日本。但这个推论是错误的。其一,琉球归属日本是否得到琉球人民的认可,实属存疑之事。其二,前述古籍文献与地图资料证明钓鱼岛及其附属岛屿不属于琉球。其三,退一万步讲,日本领有琉球,但废藩置县后的冲绳县政府自身,对是否应在钓鱼岛上树立"国标"就存在否定的史实。

19世纪80年代，西方列强在东亚的活动日渐频繁。1884年，中法之间曾因越南支配权爆发战争，法军袭击了福州马尾军港，并进攻台湾基隆，清政府加强了台湾的建设，设置台湾省，任命刘铭传为第一任台湾巡抚。差不多同一时间，中日两国因朝鲜的"甲申政变"而相继出兵，在撤兵问题上签订了《天津条约》，约定中日两国对朝鲜享有同等出兵权。面对日益动荡的东亚政局，日本政府为确定本国领域，开展了对周边海域无人岛的调查与占领活动。

1885年6月与7月，日本内务省密令时任冲绳县令的西村舍三调查位于冲绳东部的无人岛大东岛。8月，西村舍三指示石泽兵吾跟随"出云丸"号船赴大东岛调查。9月1日，石泽返回那霸。9月3日，西村舍三提交了《大东岛巡视完毕之事宜呈报》，建议"将其纳入我冲绳县的管辖范围，并建立国家标志"。日本政府随后予以了确认批准。随后山县有朋内务卿再次密令西村舍三调查散落于冲绳县与清国福州间的无人岛、久米赤岛（即赤尾屿）及

西村舍三。

另外两岛。西村舍三先是指示石泽兵吾调查了在琉球和福州之间具有航海往来经验的人。9月21日，石泽兵吾提交了《久米赤岛、久场岛、鱼钓岛三岛调查书》（久场岛即黄尾屿，鱼钓岛即钓鱼岛）。西村舍三根据石泽的调查书向内务省提交了《第315号久米赤岛及另外二岛调查情况的呈文》，内称："盖久米赤岛、久场岛及鱼钓岛……与《中山传信录》记载之钓鱼台、黄尾屿、赤尾屿相同，无置疑之处也。若果为一者，则已为清国册封旧中山王之使船所详悉……故此番若效大东岛之行，勘查之后即立国境标识，恐有所不妥。"10月22日，西村舍三命令石泽兵吾跟随"出云丸"从那霸起航巡视鱼钓岛及另外两个岛屿，

西村随后进京。"出云丸"从入表岛（即西表岛）回来的路上，于10月29日对鱼钓岛及另外两个岛屿进行了巡视调查，30日从西海岸登上鱼钓岛，11月1日返回那霸。

在外务省公文汇编《冲绳县与清国福州间散布之无人岛国家标志设置事宜》中收录着石泽兵吾的调查报告。内称："其中最令吾等感觉新奇者为长二间半许、宽四尺许之大舢板。其形状甚为奇异，未曾有所见闻。问之于'出云丸'船员，答曰为支那驳船。"根据石泽兵吾等人的调查，代理西村舍三职务的大书记官森长义于11月5日拟定了《第384号鱼钓岛及另外两岛实地调查情况之呈报》，内称"这次复命及报告书中，记载其为珍贵岛屿，从地理上看，其位于我县八重山群岛西北、与那国岛东北，可确定为本县所辖。若果如是，即可效大东岛之例，在鱼钓岛、久场岛设置我县所辖之标志"。但当已经进京的西村舍三收到这个呈报后，立即对这个报告予以了"否定"的回复，"提议在该岛设置国家标志一事，未必与清国全无关系，万一发生矛盾冲突，如何处理至关重要，请给予指示"。这份回复的收件人是内务卿山县有朋，该回复代表了西村舍三对设置国标的态度。同时，西村舍三还希望能够撤回森长义以自己名义代拟的呈报。

此后，为了解决由内务卿密令发起的设置国标这个问题，内务卿与外务卿决定采用相互通报，并上报太政大臣的方式来了结。11月30日，内务卿向外务卿发送通报《秘第218号之2关于在无人岛设置国家标志事宜给冲绳县令的指令案协商事宜》，表示："复书面请示，目前勿要设置为盼。"12月4日，外务卿对内务卿回复："关于冲绳县下无人岛国家标志建设之事宜……外务省与内务省意见一致。该案涉及指令之官方记载及盖章文书，望处理后返还。"12月5日，内务卿与外务卿向太政大臣三条实美提交了《秘第128号之2无人岛设置国家标志事宜之内部报告》，内称"设置国家标志须与清国交涉，目前宜暂缓进行"。可见，是否应在钓鱼岛、黄尾屿、赤尾屿设置国家标志，日本的官方态度是"目前宜暂缓进行",原因在于意识到这些所谓的"无人岛"与中国有历史与现实的关联,因而不是无主岛。

1885年的国标事件虽然以最终"否定"的决议结束了,但日本的野心却无法得到遏制。近10年后,对钓鱼岛等岛屿的"目前宜暂缓"决议被抛弃,而代之以"情况已今非昔比"的指示。这个转变的根本背景就是1894年的甲午中日战争。

自解除海禁后,日本人就积极向外洋发展,其中有部分人从事于寻找"信天翁",通过交易"信天翁"的羽毛获得暴利。福冈县的古贺辰四郎就是其中的佼佼者,他于1884年开始,相继派人前往黄尾屿、钓鱼岛等岛屿探险,采集鸟毛。这也成了日本引证为是日本人最早发现并开发钓鱼岛的证据。至1893年,时任冲绳县知事的奈良原繁向内务大臣井上馨与外务大臣陆奥宗光请示"拟仿效大东岛做法,将位于本县八重山群岛西北的无人岛——久场岛与鱼钓岛纳入本县管辖,设置本县管辖标桩"。针对1885年12月5日的"暂缓进行"决议,奈良的理由是"但近来有人试图在该岛从事渔业等"。内务省的回复一直到1894年的4月14日才做出。这次的回复仍以暂时搁置为主要答复,内称"上述议案已询问,可否尚需判断","另,此事详见附页,明治18年请示得悉,因要与清国交涉,经与外务省协商,形成勿设置标桩的指令",可见内务省根据1885年的决议再次否定了设置国标的提议。

但随着甲午中日战争的爆发以及日本的最终获胜,这一切发生了变化,内务省的顾忌逐渐消失了,"与清国交涉"变成了可有可无的前提。1894年春,朝鲜爆发东学党起义,日本迅速成立大本营和动员出兵,中国也随即派兵入朝。7月下旬,中日发生武装冲突。8月1日,双方正式宣战。9月中旬,日本的海军在黄海、陆军在朝鲜半岛都取得了胜利。11月,清朝准备媾和谈判。12月12日,清朝提议由美国公使担任调停人,双方任命全权委员,在上海召开媾和会议。日本在取得甲午中日战争的胜利之际,开始了对钓鱼岛的"窃取"计划。1894年12月15日，内务省开始起草新的指令，推翻了4月14日对冲绳县的回复。12月17日，内务省下达了关于《在久场岛和鱼钓岛设置管辖标桩的呈报》，内称"此事……因要与清国交涉，经与外务省协商，形成勿设置标桩的指令，且已经内部报送太政官。但时至今日，情况已今非昔比，故就设置标桩事宜提出如下请示，请予批准"。同时拟订了向内阁总理大臣的提议："……拟同意县知事请示，将其纳入该县管辖，设置标桩。妥否，恳请内阁审议。"但因要修改1885年的指令，12月27日，内务大臣野村靖向外务大臣陆奥宗光发函称："……但鉴于目前情况与当时不同，故拟以另文将此事提交内阁会议审议。"从内务省的多个指令与函件中可以分析得知，内务卿所谓的"情况已今非昔比""鉴于目前情况与当时不同"，指的就是日本在甲午中日战争中取得了最终胜利，对钓鱼岛的"窃取"已无须再经过"与清国交涉"了。1895年1月10日，外务大臣对内务大臣回复称："……关于此事，我外务省无特别异议，余以为应按预定方针处理。"

在得到外务大臣的同意后，内务大臣于1月12日正式向伊藤博文提交了《秘别第133号关于设置标桩事宜》的提案，内容与12月17日拟订的提议基本一致，"虽然位于冲绳县八重山群岛西北的久场岛和鱼钓岛自古以来就是无人岛，但近来有人试图往该岛从事渔业等。因须对之加以取缔，县知事在呈报中拟将其纳入冲绳县管辖，设置标桩。若承认冲绳县管辖，就应如呈报所云设置标桩。恳请内阁审议"。1月21日，内阁全体成员通过了该提案，"准许此二岛归冲绳县管辖并设置标桩"。这样，日本悄悄地将黄尾屿和钓鱼岛纳入了冲绳县管辖，赤尾屿或许因为只是岩礁而被忽略，而且，将黄尾屿和钓鱼岛纳入冲绳县管辖后长时间没有向国际社会公示。虽然标志甲午中日战争结束的《马关条约》签订于1895年4月，但条约草案在1月份已经大致拟定。日本通过要求撤换中国全权大臣、将台湾排除在停战条约之外、反复修改条约具体内容等手段，完成了对钓鱼岛的"窃取"。这也是日本至今否认《马关条约》中的清朝割地范围包含钓鱼岛、黄尾屿的时间差依据。

在内阁通过的决议中还有"关于设置标桩事宜,按请求方案处理"的"指示案"。那么被内阁会议批准设置的标桩又是何时设置的呢?一直到1968年联合国亚洲远东经济委员会发布对钓鱼岛周边海域的资源调查报告后,琉球之石垣县才匆忙立下界标,以应对台湾海峡两岸关于钓鱼岛属于中国的诉求。但当时,琉球的"施政权"尚在美国"民政府"手中,还没有被"归还"给日本,也就是说,石垣县1968年之举动,并不是日本的主权主张行动。这也从侧面说明了钓鱼岛被日本"窃取"的性质。

总之,从中国古籍文献与有关琉球的地图资料中,我们可以知道钓鱼岛是中国人最早发现的,并被用作来往中琉之间的海上标识,明显不在琉球的管辖范围内。1874年,日本借助牡丹社事件,消除了琉球的"两属"状态,随即吞并了琉球。但在1885年的国标设置事件中,冲绳县令西村舍三反对在钓鱼岛设立国标,并有日本政府"暂缓进行"的决议。到了1894年与1895年,日本借助甲午中日战争的胜利,利用"情况已今非昔比"的现实背景,"窃取"了属于中国台湾省的钓鱼岛。这种状态一直延续到了抗日战争胜利前后对日本领土的处理时期。

2 抗战胜利前后的中国是怎么考量琉球群岛归属的

1931年9月18日,日本制造九一八事变,侵入中国东北,东三省随即沦陷。1937年7月7日,日军通过卢沟桥事变,挑起了蓄谋已久的全面侵华战争,中国进入全民族的全面抗战阶段。同时,中国的抗日战争亦是世界范围内的反法西斯战争的重要组成部分。在抗日民族统一战线的号召下，国共两党密切合作，带领中华民族取得了中国近百年来第一次反侵略战争的彻底胜利，中国军民在取得反法西斯战争的胜利中做出了巨大贡献。在胜利来临之际，如何处理日本法西斯在侵略过程中非法占据的领土为盟国所重视，中国迎来绝佳时机。

根据 1942 年 11 月 9 日的《蒋介石日记》记载，蒋介石拟与美国商讨事项，计划收回东三省与旅大、台湾、琉球、外蒙古等地，可知蒋介石确实有收回琉球的计划。1943 年 3 月，蒋介石发表《中国之命运》一书，提及琉球问题，称："以国际之需要而论上述完整山河系统，如有一个区域受异族之占据，则全民族、全国家即失去天然之屏障，河、淮、江、汉之间，无一处可以作巩固之边防，所以琉球、台湾澎湖、东北、内外蒙古、新疆、西藏，无一处不是保卫民族生存之要塞，这些地方之割裂，即为中国国防之撤除。"这是当时中国政府领导人在公开著作中首次比较明确地提出琉球的归属事关中国的国防，明确地表达了中国收复琉球的意向。

1943 年 11 月，美、英、中三国首脑在开罗召开盟国会议，专门讨论如何处理日本等政治问题。根据会议记录记载，罗斯福在琉球问题上曾不止一次地询问蒋介石中国是否需要琉球，蒋介石回复中国赞成由中美联合占领琉球，并最终由国际机构委托中美两国共同管理琉球。根据蒋介石后来的自述记载，其当时提议"可由国际机构委托中美共管"，理由是"一安美国之心，二以琉球在甲午以前已属日本，三以此区由美国共管比归我专有为妥也"。开罗会议上形成的最终宣言称："……使日本所窃取于中国之领土，例如东北四省、台湾、澎湖群岛等，归还中华民国……"

开罗会议后，美、英、苏三国又在德黑兰召开三国首脑会议。在德黑兰会议期间，美苏就东亚领土处理曾有讨论，并涉及琉球。根据美国太平洋战争委员会的记录，罗斯福曾回忆道：斯大林熟知琉球群岛的历史，完全同意琉球群岛的主权属于中国，因此应当归还给中国……

1945年3月底，美军开始在冲绳群岛进行登陆作战。4月1日登陆冲绳岛，与负责防卫的日军展开了冲绳岛战役。6月，美军基本占领了冲绳群岛全部区域，建立了美国军政府，以管制琉球。1945年7月17日，在欧洲战场取得胜利的背景之下，美、英、苏三国首脑在柏林近郊波茨坦举行会议，商议解决对日作战问题，并发表了对日最后通牒公告，即《波茨坦公告》。该公告由美国起草，获得英国同意。中国虽没有参加会议，但该公告征得了蒋介石的同意。苏联于1945年8月8日对日宣战后亦加入该公告。《波茨坦公告》重申了《开罗宣言》，第八条规定"开罗宣言之条件必将实施，而日本之主权必将限于本州、北海道、九州、四国及吾人所决定其可以领有之小岛在内"。8月15日，日本裕仁天皇通过广播发表《终战诏书》，宣布无条件投降，向美、英、中、苏四国照会接受《波茨坦公告》。

从1942年开始，中国的各界领导者与政论家们就开始讨论应该收回哪些领土了。1942年7月7日，立法院长孙科强调要求归还琉球群岛政权。11月3日，外交部长宋子文召开新闻发布会亦要求归还琉球群岛，称国民政府否定包括《马关条约》在内的中日间一切条约，在领土方面要恢复至甲午战争前之状态，要彻底清算日本从中国攫取的一切侵略权益。陈独秀更是于1943年7月发文指出"拒绝中国对琉球群岛的索赔等同于质疑中华民族主权的存在"。在开罗会议期间，美国的媒体注意到中国媒体的反应是很赞成开罗会议的，其中一个附加的建议是旅顺港、大连和琉球群岛等被日本掠夺的中国领土应该列入清单里。

1945年3月26日，时任外交部长的宋子文提议借助在旧金山召开关于成立联合国的会议的契机，向美苏英等国提出解决关于中国的各项问题，并草拟了《关于中国领土经盟军解放后之行政协定大纲》："琉球群岛应归隶中国。附注：琉球群岛比诸台湾及澎湖列岛情形稍异，如美英异议时，我方可考虑下列两种办法：甲、将琉球划归国际管理；乙、划琉球为非武装区域。"

怎样看待战后钓鱼岛问题 十

抗日战争胜利之后，如何落实处置被日本掠夺的领土是国人关注的重点。战争结束以后，美国在给中国战场美军司令的电文中重申了《波茨坦公告》的第八条。1947年6月，日本芦田外相称，冲绳岛在甲午战前德川时代，即为日本所有。针对日本企图要求美国"归还"琉球，国人纷纷表示反对。王正廷称，台湾琉球，自古以来，即为中国之领土，故日本之要求，极不合理，无论其要求能否实现，中国必须密切注意其发展，并作充分之防备。王宠惠亦称，至于琉球之地位，绝对不能"归还"日本，而宜采取国际共管或委托统治（委托于联合国机构或某国某数国），使为一有力基地，以为西太平洋之安定力。

国内各种媒体亦主张琉球应当归还中国。报纸杂志通过梳理中国与琉球间历史来往史实来证明琉球是被日本武力夺取的中国属国。例如，著名的政论杂志《观察》称，不论历史、人种或文化方面，琉球和中国的关系，绝不是日本所能望其项背的。政府应当早声明，并且准备切实的资料和方案，以便在未来和会上提出，正式收回琉球。《建国月刊》称，现在各方的看法虽然不同，但其主张琉球应归还中国则一，我们深信这是正确的合理的结论。地理学家张其昀亦撰文指出，地理与历史的研究是解决国际问题的指针，琉球重入中国版图，方能符合国际公道与正义。

1947年7月，美国提议召开对日和会。虽然这次提议因诸多因素制约而没有实现，但中国内部的爱国人士还是利用媾和的机遇开展了收回琉球运动。9月16日，国民政府监察委员于树德、王宣等提出《对日和约意见》，强调中国政府应该主张"琉球与我国有一千多年的历史关系，仍应归属中国"。23日，中国国民参政会通过《对日和约建议案》。该议案明确建议"开罗会议规定日本领土以外之各岛应适用托管制，琉球应托中国管理"。

国民政府外交部于1947年9月14日、19日、30日举行了三次对日和约审议委员会谈话会，邀集各界人士商议政府的对日方针。关于琉球，外交部提出3个方案以供讨论：是否一部或全部要求收回？是否共管？是否托管？会上出现意见分歧。第一种意见是强烈要求收回。认为琉球与中国关系密切，归还中国是上策，由中国托管是中策，由中国托管、以冲绳作美国基地是下策。地理学家胡焕庸认为，中国若不收回琉球，就不能成为太平洋国家。琉球若给日本拿去，台湾就危险了。他提出中国可支持美国对于小笠原群岛、伊豆七岛的要求和苏联对于千岛群岛南部诸小岛的要求，换取它们对于中国收回琉球的要求。第二种意见主张对琉球实行托管。托管的具体办法有两种：一是以监察委员刘士笃为代表，认为应该由中国托管，将来再使它如巴基斯坦一样获得独立，若成为自治领更好；二是以《大公报》总编辑王芸生为代表，主张琉球可交联合国托管，但中国要保有一份权利，力争收回，则可不必，因为就实力言，中国没有海军，把它拿过来也无大用。

10月18日，国民政府行政院长张群在国民参政会上报告，琉球群岛与中国关系最密切，琉球群岛的前途的解决，不外乎中国收回，或中美共管，或联合国托管三种方式，政府对这个问题政权密切注意，无论如何必反对该群岛归给日本。

国民政府通过多种途径表达了中国对琉球归属的态度，虽然没有形成最终的统一意见，但"琉球不能'归还'日本"这一立场是不言而喻的。日本宣称领有钓鱼岛是基于琉球属于日本，因此战后对琉球的处置直接关系到日本在领有钓鱼岛上的主权基础与法律依据。

在国人反对琉球"归还"日本的同时，琉球亦有本地民众展开回归中国之活动，主要代表就是蔡璋（又称喜友名嗣正）及琉球革命同志会。在美

琉球革命同志会成员合影。

国占领琉球之后，琉球就兴起了独立与自治活动，主张琉球复国。1947年琉球青年同志会更名为琉球革命同志会，在会长蔡璋的带领下，于琉球和台湾等地积极宣传琉球独立运动。蔡璋等人的活动引起了国民政府的关注。

1948年3月，蔡璋等人认为琉球为中国属土，史实俱在，胜利后日美两国均有夺取该地之意图，此国防要地绝不能容许落于他人之手，特检呈"琉球国王之印"印模一纸，以为琉球属于我国之史证。6月15日，蒋介石专门致电国民党中央秘书处吴铁城称，据密报称，琉球原属中国领土，现虽美军管治，人民均甚内向，拟请秘密运用琉球革命同志会人员秘密掌握琉球政权，冀于将来和会时，琉民能以投票方式归中国统治，或由琉球地方政府自动内向，以保持中国在太平洋之锁钥等语，应如何秘密运用，希即核议为盼。8月，在国民党中央党部的安排下，蔡璋等访问中国，并相继会晤各政府部门官员，呼吁中国政府收回琉球。8月3日，蔡璋与王世杰举行会谈。根据档案资料的记载，在此次会谈中，蔡璋表明了他关于琉球问题的看法：琉人希望归附中国，但亦可在中美一体中寻求解决，绝对反对归属日本。王世杰亦表示，对于琉球归日本，中国亦反对。9日，蒋介石亲自接见了蔡璋，表达了对蔡璋等人活动的支持，体现了国民政府反对琉球"归还"日本的态度。

随后，国民党中央执行委员会秘书处与外交部合议了收回琉球的五点措施，要点是主张通过台湾省党部展开活动，由台湾省党部秘密与琉球内向团体联络，并商同台湾省政府及警备司令部，协助各该团体或个人从事回归祖国运动。

1949年，蔡璋更是提出要组建琉球国民党，以促进实现琉球的复归。蔡璋称琉球为中国属地，琉球人民即中国人民，不幸至清光绪五年，沦为日本郡县，七十余年间，琉球同胞，日处水深火热之中，过着奴隶不如之生活……兹者，对日和会尚无确期，琉球归属问题，亦尚乏明显确定，本会夙以标榜中琉一体为宗旨，为自由解放而奋斗，并期早日达成归还祖国之最后目标，兹敢冒昧渎陈，组织琉球国民党，拟具政策，务期全琉同志，循此努力。

在国民政府的支持下，琉球革命同志会在琉球与台湾等地持续开展琉球回归宣传活动。虽然受制于美国的战略控制等因素，实际上很难造成琉球独立与回归的现实性，但这种宣传造势在一定程度上代表了中国对琉球归属的态度，表达了对日本企图从美国占领下重新取回琉球的反对态度。

随着中国内战局势的发展，1949年国民党溃退台湾，再加上美苏在东亚地区日益明显的竞争，中国逐渐丧失了在琉球归属问题上的话语权，而实际占领琉球群岛的美国则逐步主导了对琉球问题的处理，钓鱼岛的争端亦随之显现。

3 美国琉球政策对钓鱼岛有什么影响

1945年，美国占领了琉球，对琉球群岛实施军事管制，随后又建立了美国琉球民政府，主导了战后琉球的管理问题。琉球的战略价值与东亚政治局势的变化是美国琉球政策演变的主要背景，而美国的琉球政策则直接影响了钓鱼岛问题的产生。

如前所述，关于琉球的归属，在开罗会议期间，美国总统罗斯福曾有提议归还给中国，但蒋介石综合考虑各种因素予以婉拒，主张实行联合托管。随着罗斯福去世、杜鲁门接任，第二次世界大战结束和美苏全球对抗的形成，以及中国内战局势的发展，美国重估了琉球在东亚的战略地位，美国的琉球政策也发生了改变，实施独家战略性托管成为美国在战后处置琉球的主要目标。

1945年8月15日，杜鲁门发出《一般命令第一号》，对接受日本投降的区域进行了划分。其中对琉球群岛的规定是：日本大本营和日本本土、与此邻接诸小岛、北纬38°以南的朝鲜、琉球群岛和菲律宾群岛的日本军队应向美国太平洋陆军部队最高统帅投降。战争刚结束，美国就企图垄断对琉球的控制权。

从1947年开始，美国军方与国务院在如何处置琉球问题上发生了激烈争论。总的来说，以参谋长联席会议为代表的军方希望对琉球采取排他性的战略托管，不受包括联合国在内的任何组织的制约，将琉球群岛作为美国在亚太对抗共产主义扩张的重要据点，因此需要将琉球的主权从日本分离出来。驻日盟军总司令麦克阿瑟亦指出，该群岛对美国西太平洋边界的防御至关重要，其控制权必须掌握在美国手中。他认为如果美国不能控制此处，日后可能给美军带来毁灭性打击。而国务院则极力反对将包括琉球群岛在内的岛屿主权从日本分离，认为这将会降低这些岛屿的战略价值，并可能为联合国或苏联插手群岛事务打开缺口。

1948年，美国中央情报局（CIA）发布了对琉球战略价值的报告。在这份《琉球群岛及其重要性》的报告中，CIA评估了琉球的重要战略地位、中国和日本对琉球提出诉求的根据以及中日两国为获得琉球可能会采取的措施等。CIA认为："承认中国的领土要求包含着巨大的风险。中国控制琉球群岛可能会拒绝美国继续使用基地，并且共产党最终打败国民党可能会给予苏联进入琉球群岛的机会。这样的发展不仅会给日本带来苏联入侵的威胁，而且会限制美国在太平洋地区的战略军事地位。"同时，CIA认为美国控制琉球能够为美国在日本以及菲律宾和其他太平洋岛屿提供军事支撑；能够消除琉球落入潜在敌人的可能性；一定程度上有助于抵消苏联在南千岛群岛、朝鲜和中国东北的军事存在。琉球群岛上的冲绳能够为美军提供大量军事基地，使得美国的飞机轰炸范围可以覆盖中国内陆，整个日本和朝鲜，包括符拉迪沃斯托克在内的西伯利亚东部，整个菲律宾群岛、关岛和马里亚纳群岛，东南亚与东印度地区的港口。

CIA的报告使琉球的战略价值受到了华盛顿的重视，美国国家安全委员会随后向美国总统、国务卿等提出了"对日政策建议"，主张推迟缔结对日和约，以延长美国的占领，长期保留冲绳岛屿上的设施，以及位于北纬29°以南的琉球群岛、南鸟岛和孀妇岩以南的南方诸岛上的参谋长联席会议视为必要的其他设施。随着"遏制之父"乔治·凯南访日并对国务院提出了诸多建议后，国务院在一定程度上也修改了它的立场，即在某种程度上支持美国长期在琉球诸岛保有军事设施，以后有合适的国际安排再考虑对这些岛屿进行处置。

随着中国共产党领导的解放军在解放战争中的胜利，国民党"退守"台湾，东亚大陆局势逐渐不利于美国，而朝鲜战争的爆发更使美国加快了对琉球的控制。军方与国务院逐渐统一的意见在即将展开的对日谈判中得到了实践，美国对琉球的战略托管地位随之具体化。

从1950年4月开始，为了尽快把日本变为美国在东亚对抗中苏的堡垒，美国全面对日媾和工作，由国务院最高顾问杜勒斯全权负责。朝鲜战争的爆发，使美苏之间对立和冲突的激烈程度远远超过柏林危机，同时也使得美国意识到处于两极势力连接点之处的日本存在巨大的战略价值，国务院与国防部之间逐渐相互妥协。8月3日，杜勒斯在提交给国家安全委员会的对日和约草案中明确列入在美国希望的期间内，美军可在日本本土任何地方驻扎。8月22日，参谋长联席会议在对日和约草案中建议，该条约必须保障美国对北纬29°以南的琉球群岛、马尔库斯岛、孀妇岩以南的南方诸岛的唯一战略管制权。国防部亦在8月23日声明放弃应有中、苏两国参加对日媾和的立场，只是要求在朝鲜战争结束以前媾和条约不能生效。9月7日，国务院与军方达成谅解，在杜勒斯的主导下，美国国家安全委员会以正式决策文件规定了必须确保美国对北纬29°以南琉球群岛、南鸟岛以及孀妇岩以南南方诸岛享有独家战略管制权。美国国务院又据此拟定了一份淡化美国战略意图的"对日媾和七原则"，在琉球问题上规定同意由联合国托管琉球和小笠原群岛，以美国为托管当局。

1950年10月，根据参谋长联席会议制定的文件，军方认为出于琉球群岛对美国安全的重要性，美国将对琉球群岛长期实施管制，在该群岛建设并维护军事设施，处理民政事务，增强该岛居民经济与社会福利，以期实现必要的军事安全，极力要求全权占领权，因为从长远利益来看，控制琉球对于美国安全至关重要。

在琉球问题上，战后苏联的态度也值得一说。根据苏联驻联合国安理会代表马立克在1950年10月与杜勒斯会谈的记录，马立克表示，无法理解为何美国能够建议托管琉球群岛与小笠原群岛，因为二者均属于"其他次要岛屿"，需要从日本分离出去的岛屿另有规定，即千岛群岛、澎湖列岛以及台湾。由此可见，苏联在琉球问题上曾一度基于本国利益与美苏竞争，仅主张分离千岛群岛等岛屿，而提出琉球群岛仍归属日本以离间日美。美国也出于同样的战略与利益考虑，将琉球群岛与库页岛、千岛群岛问题进行捆绑，若苏联坚持占据库页岛及千岛群岛，则美国必须托管琉球群岛。美国参议院外交委员会远东分委会就曾建议条约中规定南库页岛与千岛群岛归苏联所有作为诱饵吸引苏联加入对日条约。如此一来，琉球群岛问题就彻底融入进了美苏冷战的大背景之中，美国可以宣布打算将琉球群岛"归还"日本，只要库页岛被归还。

1951年4月，在具体讨论对日和约的领土条款时，日本方面向当时的盟军政治顾问塞巴德提出用"北纬29°以南的南西诸岛"替代"北纬29°以南的琉球群岛"。日本方面还特别强调南西诸岛包括了萨南诸岛和琉球群岛，即位于琉球与台湾之间的所有岛屿。塞巴德将这个意见转达给了艾奇逊国务卿。7月18日，艾奇逊指示外交部门使用"北纬29°以南的南西诸岛"作为条文用语，不再使用"北纬29°以南的琉球群岛"。在日本方面看来，"北纬29°以南的南西诸岛"范围包括了琉球群岛与钓鱼岛及其附属岛屿。这样一来，通过临时"人造""南西诸岛"这一违背数百年历史事实的名词，钓鱼岛被日本蓄意地裹挟进了对日领土处理条款之中，变成了由美国托管的领土之一。

1951年9月4日，对日和约大会在美国西海岸的旧金山歌剧院召开，包括日本在内的 52 个国家及地区的代表出席会议。但是，由于英国反对台湾当局出席，美国不接受中华人民共和国的状况，最终新中国政府和台湾当局都没有能够参加旧金山会议，作为对日作战主要国家的中国缺席了对日和约大会。9 月 8 日，旧金山对日和约大会举行包括日本在内的 49 个国家对日和约的签字仪式，苏联与波兰及捷克斯洛伐克因对和约内容不满，拒绝在和约上签字。

和约正式文本共七章二十七条，其中第二章"领土"中第三条规定了琉球群岛的地位："日本对于美国向联合国提出将北纬 29°以南之南西诸岛（包括琉球群岛与大东群岛）、孀妇岩岛以南之南方诸岛（包括小笠原群岛、西之岛、硫磺列岛）及冲之鸟礁与南鸟岛置于联合国托管制度之下，而以美国为唯一管理当局之任何提议，将予同意。在提出此种建议，并对此种建议采取肯定措施以前，美国将有权对此等岛屿之领土及其居民，包括其领海，行使一切行政、立法与司法权力。"另外，杜勒斯在旧金山和会期间强调日本对琉球群岛拥有"剩余主权"，并在参议院对和约的批准听证会上再次重复了关于"剩余主权"的声明，参议院随即批准了对日和约。这样，美国取得了对琉球群岛的合法性托管权，对琉球实施了具有法律效力的军事与政治管制，并赋予了以后日本借以复归琉球的所谓"剩余主权"。这里必须指出的是，对日和约已经规定了美国享有对琉球群岛"行使一切行政、立法与司法权力"，那么剥除了行政、立法和司法权力的"剩余主权"如何界定？之后美国将主权、管辖权、行政权等词汇进行混合使用，亦体现了美国意识到琉球问题的复杂，故意在琉球问题上持模糊态度以保留解释空间。

由于新中国政府没有参与和会，在对日和约签订不久，中华人民共和国外交部部长周恩来代表中国人民，在 1951 年 9 月 18 日纪念九一八事变时，再次发表《关于美国及其仆从国家签订旧金山对日和约的声明》："中华人民共和国中央人民政府再一次声明：旧金山对日和约由于没有中华人民共和国参加准备、拟制和签订，中央人民政府认为是非法的、无效的，因而是绝对不能承认的。"

台湾方面则于1952年与日本在台北另行签订了条约，条文中承认《旧金山和约》中关于台湾的条文内容。

《旧金山和约》签订后，美国远东军司令部及国务院开始考虑长期政治控制琉球群岛的利益得失，日本方面也表示对所谓"剩余主权"的不满，要求美国要通过实际行动表示日本对托管岛屿具有最终的主权。

奄美大岛位于琉球群岛的北端，岛上居民与日本本土联系紧密。和约签订后不久，日本就提出要求归还奄美大岛。关于奄美大岛的归还问题，美国国务院与军方也存在诸多分歧。国务院主张归还奄美大岛以改善美日关系，避免日苏接近，向日本表示美国没有领土野心。而军方则担心奄美大岛的归还会影响到西太平洋上的美国托管各岛屿的未来，担心引发"多米诺效应"。

1951年10月17日，美国远东军司令李奇微在给参谋长联席会议的研究报告中建议美国应采取行动将这些岛屿交与日本控制，但要跟日本签订一个协议，保留让美国独自控制参谋长联席会议规定的在那些岛屿的核心军事设施。1952年8月参谋长联席会议认为战略上控制北纬29°以南之南西群岛（包括琉球群岛和大东群岛），孀妇岩以南之南部诸岛（包括小笠原群岛和火山岛），冲之鸟礁及南鸟岛对美国的安全利益十分重要。国防部的立场更加坚决。1953年6月初，他们反复强调政治控制对于军事控制来说是必须的，放弃对奄美大岛的控制权会激起日本想重新控制其他岛屿的热情并且会增强在这些岛屿上民族统一主义的情绪，从而会毫无疑问强化日本努力获得琉球其他群岛的控制权。继任美国远东军总司令的克拉克将军也表示，改变琉球群岛任何一部分的现状，在将来任何危机时刻，都会危害到美国在远东的军事能力，因而强烈建议不要改变美国对琉球群岛现状及统治。

由于美国内部在奄美大岛归还问题上意见不统一，1953年6月25日，国家安全委员会召开第151次大会来讨论这个问题。在这次会议上，已经成为国务卿的杜勒斯主张归还奄美大岛，以体现日本对琉球群岛拥有最大的潜在民政权利，但以参谋长联席会议为代表的军方仍然表示反对。最终是总统艾森豪威尔出于考虑维持日美长期"友好忠诚"的关系而支持归还奄美大岛的提议。

1953年8月8日，再赴日本的杜勒斯在美国驻日本大使馆会见了日本首相吉田茂，向他宣布了美国放弃奄美大岛群岛的权利以便日本恢复对这些岛屿的统治权的声明。至于对日和约第三条中所包括的其他岛屿，杜勒斯在随后的记者发布会中表示，值此远东国际局势紧张之际，美国需保持现程度所执行的控制和权力，才可能更有效地实行美日安全条约之下它所负的责任，有助于维持这个地区内的和平和安宁。

在归还奄美大岛之际，美国的琉球军事政府对琉球的管辖范围进行了重新经纬度划定。1953年12月25日，美国陆军少将奥格登发布《关于琉球列岛地理境界的美国民政府第27号布告》称："根据1951年9月8日签署的对日和约条款，以及《关于奄美群岛的日美协定》将于1953年12月25日生效，因此有必要重新指定琉球列岛美国民政府及琉球政府的管辖区域为如下地理境界内的诸岛、小岛、环礁和岩礁以及领海"，"以北纬28°、东经124°40′为起点，经北纬24°、东经122°，北纬24°、东经133°，北纬27°、东经131°50′，北纬27°、东经128°18′，北纬28°、东经128°18′之各点至起点"。钓鱼岛位于北纬25°至北纬26°、东经121°30′至东经126°4′之间，根据27号布告，钓鱼岛就这样被非法地划归到美军控制的琉球群岛范围内了。

从1957年开始，美日之间就围绕着何时"归还"琉球问题展开了外交斡旋。在是否应该"归还"琉球问题上，国务院与军方意见基本一致。杜勒斯主张在远东局势仍然紧张之际，不应讨论琉球"归还"问题；军方则基于琉球对美国防御体系的重要性，也不主张"归还"琉球。1957年，时任日本首相的岸信介访问美国，艾森豪威尔总统从改善美日关系出发，同时基于日本经济的复苏等因素考虑，答应了日本首相可以商谈"归还"琉球的具体日程。

1960年，美日就安全条约再次签订进行讨论，这引发了日本国内激烈的游行示威，以至于艾森豪威尔被迫取消对日本的访问安排。这次示威游行使得美日双方领导者意识到必须在爆发政治危机前采取共同措施以解决双方存在的问题，这其中就包括了琉球群岛的归属。1961年，肯尼迪当选美国总统。或许是要修复美国在第三世界心目中的"丑恶"形象，肯尼迪在"归还"琉球问题上进一步向日本妥协。当年7月，肯尼迪与池田勇人会面，双方讨论了琉球问题，肯尼迪再次重申了日本拥有对琉球的"剩余主权"。1962年3月，肯尼迪发布行政命令，赋予琉球民政府更大的自主权，并指出琉球是日本一部分，在未来某刻的自由世界安全利益允许情况下，美国同意恢复日本对琉球的全部主权。

继任的美国总统约翰逊与日本首相佐藤荣作亦继续就"归还"琉球问题进行外交磋商。1965年，约翰逊与佐藤会面，双方再次强调日本的"剩余主权"，但是这期间新增加的越南战争因素直接影响了美日之间的琉球"归还"谈判。越南战争期间，冲绳为B—52轰炸机提供了机场跑道，为从关岛起飞的飞机提供中途加油，为美国地面部队提供中转站等。美国国防部、美国琉球民政府和太平洋总司令均认为美国需要保持在这些岛屿上的战略地位以应付越南战争。虽然琉球在越南战争期间的军事作用十分重要，但日本利用经济援助、政治咨询、移民签证等手段进一步密切了琉球与日本本土联系。1967年，约翰逊与佐藤发表联合声明，小笠原群岛将返还日本，琉球也将会在几年内予以"返还"。

核武器、污染、军事设施、越战等诸多因素导致了日美在琉球问题上的激烈争执，也使日美关系出现了很大裂痕。接替约翰逊的尼克松政府开始正式与日本谈判"归还"琉球，一方面是为了弥补日美关系，另一方面也是为了从亚洲地区收缩，减少美国的全球军事负担压力。1969年日本外相爱知揆一访问美国，主要目的就是要获得尼克松总统关于明确"归还"琉球群岛的保证。11月，美国声明将会在不损害日美安全条约和日本政府政策的前提下立即着手"归还"琉球。1970年，美国国务院发表了明显偏袒日本的声明："依据对日和约，美国对'南西诸岛'有行政权……条约中所用之词含有包括'尖阁诸岛'当作一部分管理之意，对琉球之剩余主权仍属日本。"

1971年6月17日，美国国务卿罗杰斯与日本外相爱知揆一签署了"返还"协议。根据协议内容，自条约生效之日起，美国将琉球群岛和大东群岛的一切权力移交给日本。1972年5月，美国正式"归还"琉球群岛给日本。

日本在谋求"复归"琉球的同时，对钓鱼岛的归属亦采取了措施。1970年8月31日，仍在美国琉球民政府控制下的琉球政府立法院决议起草了《关于申请尖阁列岛领土防卫的决定》。琉球立法院根据古贺家族在钓鱼岛上的经营事迹，认定钓鱼岛属于日本的防卫势力范围是毫无疑问的。这是日本首次公开主张对钓鱼岛拥有主权（晚于中国对钓鱼岛及其附属岛屿公开主张拥有主权）。1972年3月，琉球立法院正式宣布钓鱼岛及其附属岛屿属于日本。同年5月美国正式"归还"琉球时，日本根据上述条款等有利条件宣布对钓鱼岛享有领土主权。

由于海峡两岸对钓鱼岛群岛主权的坚持，美国在"归还"琉球、"制造"钓鱼岛问题时，发表了一段玩弄是非的文字："我们坚持，将这些岛屿的管辖权'归还'日本，既不增加亦不减少此岛屿为美国接管前日本所拥有的对该岛的合法权利，亦不减少其他所有权要求国所拥有的业已存在的权利，因为这些权利早于我们与琉球群岛之关系。"

4 钓鱼岛问题是如何酝酿升级的

美国"归还"琉球给日本的同时，将属于中国的钓鱼岛亦裹挟在"返还"范围之内，在中日之间制造了"钓鱼岛问题"。在此之前，中日两国围绕钓鱼岛的主权归属即已展开了斗争。20世纪70年代的保钓运动与中日友好建交联系在一起，"搁置争议"成了中日墨守的准则，双方在钓鱼岛问题与中日关系上选择了双边友好关系的维系与发展。20世纪90年代，日本"青年社"在钓鱼岛上树立灯塔，引发了中国民众新一轮保钓运动，并在中日之间造成了深刻的影响。21世纪以来，日本右翼势力不断增强，中国的爱国主义情绪亦不断攀升，中日两国在钓鱼岛争端上针锋相对。钓鱼岛问题通过不断酝酿升级，已经成为制约中日两国双边关系发展的最重要因素之一。

1968年，联合国亚洲及远东经济委员会资助了一个为期六周的东海和黄海地球物理勘测，并于翌年4月发表调查报告（即埃默里报告）称中国台湾和日本之间的大陆架可能是世界上最大的藏油区，这也是世界上为数不多的几个尚未被钻探的广阔大陆架之一。埃默里报告不能排除是人为制造的、严重缺乏科学依据、可能包含绝大政治阴谋的调查报告，但它的公布，不仅引起了国际上对于该海域石油资源的高度关注，也在沿岸国家和地区引起极大的石油狂热。此后，中国台湾、韩国相继提出自己在东海海域的权利，并与美国等西方石油公司签订合作开发协定，开始在台湾海峡、东海的南部和北部及黄海东部海域进行钻井。一向缺乏石油资源的日本，在获悉这份宝藏后也对钓鱼岛海域产生了极大的兴趣，并开始积极行动起来。

1969年5月，琉球八重山岛公所在钓鱼岛上立水泥标柱，正面为"八重山尖阁群岛鱼钓岛"，反面为"冲绳县石垣市字登野城二三九二番地""石垣市建立"等。这个水泥标柱是琉球（并非日本）在钓鱼岛上树立的首个"国标"，而按照前述，早在1894年，日本内阁就已经通过了树立国标的决议。由此可知，此次树立标柱是受到发现石油的刺激，也是意识到钓鱼岛存在争议而采取的"补救性"措施。这种行为，当然是缺乏事实和法律依据的无效举动。

与此同时，1969年5月至7月间，日本政府暗中派出石油勘测船到钓鱼岛附近海面进行探测石油的活动。随后，日本官方采取一连串的行动，俨若钓鱼岛及其附属岛屿的主权拥有者，并一再声称这些岛屿系琉球群岛的一部分，将于1972年与琉球一并"归还"日本，日本便可依据1958年《大陆礁层公约》之规定得到该地域的石油。1970年7月，日本和琉球当局双方更是三度派遣庞大技术调查团前往钓鱼岛勘测，其目的就是为了勘探钓鱼岛附近的石油矿藏。

这些举动，本属对中国主权的侵犯，在琉球尚未"归还"给日本的情况下，连伪装的合法性也没有。

从1969年左右开始，美日之间就"归还"琉球问题开始了具体日程讨论，最终在1971年6月签订了"返还"条约。美国与日本合谋将琉球群岛"移交""归还"给日本，是对中国领土主权的非法侵犯。在美日谈判期间，《人民日报》就严厉指责日本"妄图把钓鱼岛等属于中国的一些岛屿和海域划入日本版图，这再次暴露了日本军国主义贪得无厌的侵略野心"。同时明确表示，钓鱼岛、黄尾屿、赤尾屿、南小岛、北小岛等岛屿，和台湾一样，自古以来就是中国的领土。这是任何人也改变不了的历史事实。台湾立法主管部门亦通过《大陆礁层公约》，为确保大陆礁层权益提供法律依据，对抗日本企图掠夺属于中国的大陆礁层资源。当时中国台湾旅美教育、科学界五百多位学人们为确保钓鱼岛领土主权及大陆礁层资源权益曾致信蒋介石，表示钓鱼岛为中国领土，法理史实均确定无疑，并请当局保持坚定立场，抵抗日本新侵略。台湾方面对此回复，坚决表示虽寸土片石，亦必须据理全力维护。

当美日两国确定要在1971年6月签订返还条约时，中国方面立即予以了严厉谴责。《人民日报》发文谴责道："中国人民对于美日反动派公然策划侵吞我国领土的罪恶活动，表示极大的愤慨，并提出强烈的抗议。""用武力强迫中国割地让权的时代已一去不复返了。中国对钓鱼岛等岛屿的主权不容任何人侵犯。"中国的严正声明表达了中日双方在钓鱼岛问题上的激烈对峙，也预示了保钓运动的蓬勃发展。

在美日谈判以及正式"归还"琉球这个时间段的前后，中国旅居美国的民众与在美求学的学生等群体在美国掀起了第一次保钓运动。1970年11月，威斯康星大学和普林斯顿大学的中国同学首先集会讨论钓鱼岛事件，会后立刻分别写信给外地的同学，建议各地举行讨论会和游行示威。同年12月16日，美国普林斯顿大学中国留学生首先成立"保卫中国领土钓鱼台行动委员会"，接着纽约、芝加哥、华盛顿、耶鲁、宾夕法尼亚、康奈尔等美国各大学中国留学生相继成立"保卫中国领土钓鱼台行动委员会"。在极短的期间内，全美各校园中的中国同学纷纷响应，大家自动献出金钱、人力与时间，印发宣传刊物，开讨论会，积极展开各项爱国运动。

为了唤醒海内外民众的爱国意识，表达捍卫国家主权的决心，1970年12月19日，普林斯顿、耶鲁、宾夕法尼亚、康奈尔等大学的留学生代表在普林斯顿大学召开座谈会，决定于1971年1月29、30日至纽约游行示威。

由于这个运动一开始便得到各地中国同学广泛的、热烈的支持，美国各地的行动委员会决定于1月底在纽约、华盛顿、芝加哥、西雅图、三藩市、洛杉矶6个大城市举行大规模的示威游行。参加这次示威的，除了来自台湾和香港的同学外，还有各地关心国事的华侨、土生土长的华裔青年和美国人民，甚至还有反对日本军国主义复活的日本朋友。综合来说，各地示威都严正谴责日本军国主义侵略中国钓鱼岛，反对美国政府对日本政府的支持。各地行动委员会的主张和宣言，措辞尽管互有不同，但大家都能在维护民族尊严、保卫国家领土主权的大前提下团结一致，行动起来。

1月的示威后，"保卫钓鱼岛运动"继续深入发展。全美许多大学的中国同学都举行了座谈会，出版通讯，总结示威经验，放映日本军国主义侵华纪录片，宣传"保卫钓鱼岛运动"。2月14日，美国东部各院校代表在纽约举行会议，决定于4月初到华盛顿举行大规模示威，目的是继续施加压力。示威游行定于4月14日下午1时举行。中西部的中国同学也决定参加华盛顿的示威。美国西岸北加州保卫钓鱼台联盟亦准备于4月9日在旧金山市举行示威大会，会后将游行至"台湾领事馆"、日本领事馆、美国联邦大厦进行抗议。其他各地分会在同时期内也举行群众大会及讨论会以表支持，助长声势。

4月9日中午时分，成千的中国同胞在华盛顿参加了一个空前的活动——全美华人保卫中国领土钓鱼岛的示威大游行。游行队伍主要集中在美国国务院侧旁的凯莱公园。大家宣读了致国务院抗议书。后大队绕过华盛顿圆环，走上纽汉夏大道。大家猛呼口号，猛唱"战歌"，游行一直持续至晚上6点许才结束。

在美国西部沿海城市也组织了类似保钓活动，与华盛顿相呼应。4月10日，在洛杉矶商业中心区，有300多名中国学生和华侨参加示威，他们抗议日本企图霸占中国领土及中国浅海资源，强烈抨击美国政府的亚洲政策。旧金山则在前一天的4月9日，就有200多名中国学生和华侨在华埠波特茅斯广场示威。

4月的游行示威风暴也影响了中国港台两地的热血青年。

在台湾地区，4月14日上午，百余名台大的侨生向"日本大使馆"递交了抗议书，抗议日本对中国领土主权的侵略。15日上午，来自台大、政大、师大等院校的侨生约一千人，到"美国大使馆"正门口递送抗议书，并高呼"维护领土""钓鱼台是我们的"等口号。4月16日上午，台大学生自行组织并派遣代表前往"美国大使馆"递送了由2500余名台大学生签名的抗议书，随后又前往"日本大使馆"提出抗议。同日下午，政大的300余名学生亦在"美国大使馆"门前宣读了抗议书。"大使"马康卫接见了学生代表,并表示要把学生的意见和抗议书转达美国政府。4月20日,师大的学生们上血书给国民党当局,抗议美日对中国领土主权的危害。当天晚上,台湾保钓运动的主体在台大成立了"保卫钓鱼台行动委员会",并选出了台大"保钓会"十五位常务委员。

由于美日将于1971年6月17日签订"归还"琉球的协议,台大"保钓会"随即决定在签约当天组织全台学生进行保钓大游行,这就是著名的六一七大游行。六一七大游行将台湾保钓运动推向了高潮,亦是台湾在20世纪70年代保钓运动的高潮。

在香港地区,受留美同学的影响,5家青年刊物于1971年1月底召开紧急会议及座谈会,组成了"保卫钓鱼台临时联络小组"。在北美留学生保钓运动的号召与鼓舞之下,4月10日下午,约有300名青年学生为保卫钓鱼岛领土主权,在香港中区日本文化馆前举行示威,但遭到警方干涉,有21名男女青年被捕。

4月17日上午,香港专上学生联会分别在香港大学及中文大学举行和平示威,多名学生在崇基学院体育馆内集会。大会主席朗读宣言坚决反对美日勾结,企图染指中国神圣领土及天然资源,号召海内外中国人民团结起来为保卫国土而奋斗。演讲及游行完毕后大家将象征日本军国主义的纸像吊起。

在香港大学校园的荷花池畔,亦有1000多名大专学生参加集会。学生纷纷站出来演说,指责日本军国主义复活。一个学生说:"日本有军国主义,我们有五四精神。"全场热烈鼓掌。下午,学联会在联合书院举办"大专学生保卫钓鱼台公开论坛",参加者达500余人。发言踊跃,盛况空前。

此外,加拿大和欧洲的伦敦与慕尼黑等地的爱国青年们,亦受北美留学生以及港台等地青年学生保卫钓鱼岛爱国游行示威的影响,相继举行了抗议日本军国主义复活,誓死保卫中国领土主权的爱国运动。

保钓运动是二十世纪六七十年代世界学生运动的一个组成部分,运动中所展现出来的爱国主义、奉献精神、反抗霸权与维护国家主权等品质，为后来者提供了源源不竭的精神食粮。青年学生用实际行动为捍卫中国领土主权完整做出了贡献。

在爱国青年学生抗议美日侵犯中国领土主权、私相授受琉球群岛和属于中国的钓鱼岛而爆发大规模保钓运动时期，中日两国为实现双边关系正常化，展开了外交交涉，实现了邦交正常化，同时中国政府也表明了在钓鱼岛问题上的官方态度。

当时，中美关系逐渐解冻，中日也开始进行邦交正常化的谈判。1972年9月，日本首相田中角荣访华，中日发表《联合声明》，宣布实现邦交正常化。在谈判中，中日首次对钓鱼岛问题达成搁置争议的共识。1978年，中日在《中日和平友好条约》谈判中，再次就搁置钓鱼岛争议达成共识。

在中日友好谈判中，邓小平的智慧体现了中国领导人在钓鱼岛争端上的态度。《人民日报》记载，1978年8月，邓小平会见来华的日本外相园田直时，就对钓鱼岛问题做出了明确的表示："中日之间并不是没有任何问题，比如钓鱼岛问题、大陆架问题。这样的问题，现在不要牵进去，可以摆在一边，以后从容地讨论，慢慢地商量一个双方都可以接受的办法。我们这一代找不到办法，下一代、再下一代会找到办法的。"同年10月，时任国务院副总理的邓小平为交换《中日和平友好条

1978年，邓小平访问日本。

约》批准书访问日本。《邓小平文选》中记录，在记者招待会上，有位记者提出了钓鱼岛问题，邓小平明确回答："这个问题中日两国存在很大的分歧，例如对岛名叫法都不一样。中日邦交正常化时，中日两国曾约定不涉及这一问题，这次《中日和平友好条约》谈判也是如此。我们都应从大局出发，先将这个问题挂起来，我们这代人解决不了，可以留给后人解决，也许他们能找到实际解决的办法。"

以邓小平为代表的中国领导人认为钓鱼岛存在争议，但这个争议相比较于中日友好关系发展的大局是可以予以"搁置"的，留给下一代人去解决。这是中国在钓鱼岛问题上主张"搁置争议"思想的肇端。《人民日报》记载，1984年10月，邓小平在中顾委会议上曾说："钓鱼岛这样的问题是不是可以不涉及两国主权，我们可以共同开发，合资经营，大家共同得利，不打仗，也不用好几轮的谈判。"这就是"搁置争议，共同开发"的思想。

此后，中日两国在一定程度上墨守了这个"准则"，将中日友好关系的发展放在了第一位。中日两国在经贸领域展开了多方位的合作，促进了两国经济和友好关系的发展。

20世纪90年代，中日两国再次因钓鱼岛争端而发生外交危机。引发此次钓鱼岛争端的是日本民间右翼团体日本"青年社"非法登上中国领土钓鱼岛的挑衅行动。1990年10月初，日本"青年社"在钓鱼岛非法设置灯塔，侵犯中国领土主权。随后，日本"海上保安厅"承认"日本'青年社'设置灯塔为正式航标"。10月20日，台湾区运动会决定选钓鱼岛作为送圣火的地点，圣火队传送圣火到钓鱼岛时，遭到日本海空武装力量驱逐返台，由此引发了第二次保钓运动。"保卫钓鱼台行动委员会"在台北成立，提出了保卫钓鱼台的五项宗旨，并于24日向设在台湾的"日本交流协会"递交了抗议书。随后香港开始响应，来自美国和香港等地的爱国人士积极与台北"保钓会"联络，携手进行保钓运动。第二次保钓运动轰轰烈烈地展开。

抗战 热点面对面

针对 1990 年 10 月 21 日日本海上保安厅派巡逻艇拦截靠近钓鱼岛的台湾船只事件，日本内阁官房长官坂本三十次妄称"尖阁列岛"是日本的固有领土，台湾渔船试图登岛的行为是令人遗憾的。中华人民共和国外交部发言人立即于 10 月 22 日就日本舰艇和飞机进入钓鱼岛海域并拦阻台湾渔民一事，强调指出钓鱼岛是中国固有领土，并强烈要求日本政府立即停止一切侵犯中国主权的活动。10 月 28 日，中国外交部副部长齐怀远紧急约见日本国驻华大使桥本恕，就钓鱼岛问题提出了严正交涉，对日本政府拟向海外派兵问题表明了中国政府的立场："中国政府强烈要求日本政府维护双方过去达成的谅解，立即停止在钓鱼岛及其海域采取任何单方面行动。中国政府建议双方尽快就搁置主权、共同开发钓鱼岛海域资源、开放钓鱼岛海域渔业资源等问题进行磋商。"

1992 年 2 月 25 日，中华人民共和国第七届全国人民代表大会常务委员会第二十四次会议通过《中华人民共和国领海及毗连区法》，规定中华人民共和国的陆地领土包括中华人民共和国大陆及其沿海岛屿、台湾及其包括钓鱼岛在内的附属各岛、澎湖列岛、东沙群岛、西沙群岛、中沙群岛、南沙群岛以及其他一切属于中华人民共和国的岛屿。

1996 年 7 月 14 日，日本右翼团体日本"青年社"在钓鱼岛群岛的北小岛建立了一个高 5 米、重 210 千克的铝合金灯塔，并向日本海上保安厅申请列入版图。7 月 20 日，日本政府宣布开始执行 1982 年《联合国海洋法公约》有关 200 海里专属经济区的规定，并把钓鱼岛群岛列入其中。8 月 18 日，日本冲绳县的右翼团体"尖阁列岛防卫协会"，在钓鱼岛南侧竖了一块画有太阳旗的牌子。8 月 28 日，日本外相池田行彦访问香港，其发言人公然称"尖阁诸岛是日本领土的一部分"。9 月 9 日，右翼分子再次登上钓鱼岛北小岛修建灯塔。由此可见，日本右翼分子在钓鱼岛上进行的这些活动都得到了日本政府的纵容和支持，而且其政客与此相配合，称钓鱼岛就是日本领土，并要日本海上保安厅随时准备用武力排除"干扰"。

日本的非法行为引起了中国的强烈反对。7月19日，外交部发言人崔天凯就发表声明表示，日本一些人擅自在岛上建造设施是对中国领土主权的严重侵犯，我们对此表示严重关切，要求日本政府立即采取有效措施消除由此产生的不良影响。随后，中国方面频繁指责道："日本在钓鱼岛问题上向中国主权挑战，绝非偶然，而是日本国内政治右倾、对外炫耀实力的必然表现。"9月14日，再次表示日本政府完全有责任、有义务妥善处理好在钓鱼岛问题上发生的严重事态。

日本右翼势力的言行极大地刺激了海内外华人，再次引发了保钓运动。8月28日，香港工会联合会举行了盛大的抗议游行；9月2日，香港成立"保钓行动委员会"；9月9日，包括香港8所专上学院校长在内的800位学者，公开在报章发表联合声明，表达保钓之决心；9月12日，纽约市各界华侨首次召开保钓会议，发动和联合各界民众开展保钓运动；9月15日，香港2万多民众在维多利亚公园集会并游行示威，以表示香港人民保卫国土完整之决心；9月22日，"全球保钓华人联盟"乘坐"保钓号"前往钓鱼岛进行主权宣誓，陈毓祥不幸遇难。以陈毓祥遇难为爆发点，引发了世界范围内的全球华人保钓运动，将保钓运动推向高潮。

保钓运动使海外华侨留学生、港台各界人士等国内外爱国人士携起手来，捍卫了国家主权，维护了国家尊严，增强了民族凝聚力和自信心。

进入21世纪，中日双方在钓鱼岛问题上争端愈演愈烈。2003年6月，"中国民间保钓联合会"成立了，中国公民冯锦华倡议登岛宣示主权。15名来自中国内地和香港的爱国人士组成了民间保钓团。但由于日本舰艇及飞机围堵，致使无法登岛。2004年3月，由"中国民间保钓联合会"筹委会组织的"保钓训练营"正式开营，冯锦华、张立昆等7人成功登岛。2005年4月17日，逾万人和平参与了香港保钓行动委员会主办的四一七反日大游行。

2010年9月7日上午，日本海上保安厅巡逻船在钓鱼岛附近海域冲撞一艘中国拖网渔船。当日，日本海上保安厅的一艘巡逻船"与那国"号赶到钓鱼岛海域，试图驱赶中国渔船，并冲撞中国渔船"闽晋渔5179号"。随后，海上保安官登上渔船，以涉嫌违反《渔业法》为由搜查"闽晋渔5179号"。最后日方扣押我国渔船，8日凌晨2点逮捕了船长詹其雄，并将其带到石垣市市政厅进行调查。中日之间围绕此事件进行了频繁、密集的交涉，中国政府先后5次紧急召见日本驻华大使，要求日方释放其扣押的中国渔民。13日，日本海上保安厅释放了7日非法抓扣的14名中国船员，他们乘包机返回。24日，日本冲绳县那霸地方检察厅宣布放还非法抓扣的中国渔船船长詹其雄。这就是2010年的中日"撞船事件"。由此引发了新一轮的中日钓鱼岛危机。

同月14日，保钓船"感恩99"号前往钓岛海域宣示立场，台湾"海巡署"派出12艘船舰随行保护，遭日本7艘巡视船拦截后返航。2011年1月2日，"世界华人保钓联盟"在香港正式成立，来自中国、美国、加拿大等国和澳门、香港、台湾等地区的人士参与到这个联盟当中。2012年8月15日，香港爱国人士冲过日本拦截，成功登上钓鱼岛，插上五星红旗，宣布中华人民共和国对钓鱼岛拥有无可争议的主权。

日本方面，2012年1月3日，冲绳县石垣市议员仲间均等3人登上了钓鱼岛。同时，以日本东京都知事石原慎太郎为首的一批右翼分子更是提出了"购岛"建议。2012年4月16日，东京都知事石原慎太郎在美国华府智库"战略暨国际研究中心"表示，中国大陆为破坏日本对钓鱼岛之"实际有效控制"，已经展开激进活动，日本政府迟不采取行动，乃将由东京都来"捍卫"钓鱼岛；提出向民间"购买"钓鱼岛及其附属岛屿中之钓鱼岛、南小岛及北小岛等3岛，以利强化建设管理；并就"购岛"资金展开募款。截至2012年9月26日止，东京都获得10余万件捐款，募款总额逾14.7亿日元。对日本右翼分子的举动，日本政府积极回应。9月11日，日本官房长官藤村修宣布，日本内阁会议已于当日上午决定动用20.5亿日元预算"购买"钓鱼岛等三岛。

十 怎样看待战后钓鱼岛问题

日本擅自改变钓鱼岛及其附属岛屿的现状，企图强取中国固有领土，引起中国方面的强烈反应。2012年9月，中国国务院新闻办公室发表《钓鱼岛是中国的固有领土》白皮书，严正声明：

"钓鱼岛及其附属岛屿是中国领土不可分割的一部分。无论从历史、地理还是从法理的角度来看，钓鱼岛都是中国的固有领土，中国对其拥有无可争辩的主权。

"日本在1895年利用甲午战争窃取钓鱼岛是非法无效的。第二次世界大战后，根据《开罗宣言》和《波茨坦公告》等国际法律文件，钓鱼岛回归中国。无论日本对钓鱼岛采取任何单方面举措，都不能改变钓鱼岛属于中国的事实。长期以来，日本在钓鱼岛问题上不时制造事端。2012年9月10日，日本政府宣布"购买"钓鱼岛及附属的南小岛、北小岛，实施所谓'国有化'。这是对中国领土主权的严重侵犯，是对历史事实和国际法理的严重践踏。

"中国坚决反对和遏制日本采取任何方式侵犯中国对钓鱼岛的主权。中国在钓鱼岛问题上的立场是明确的、一贯的，维护国家主权和领土完整的意志坚定不移，捍卫世界反法西斯战争胜利成果的决心毫不动摇。"

随之，中国方面对钓鱼岛及其附属岛屿的维权行动进入常态化阶段。

5 如何认识与走出钓鱼岛争端困境
热点面对面

钓鱼岛问题从产生到升级，以致成为影响中日双边关系的重要问题，经历了一个长期的过程。走出钓鱼岛争端困境，避免因钓鱼岛争端走向外交对抗与军事冲突，以致影响中日的长治久安，是中日两国的共同利益所在。有人就曾预言道:"如果存在一个引发中日间第三次大战的导火索的话,这就是双方在东海争夺钓鱼岛的所有权。"

然而,钓鱼岛问题不仅仅是中日两国的问题,战后历史上的琉球处置与钓鱼岛问题的显现都受到美国因素的强力主导。现如今美国确立了"重返亚太"战略,而日本在政治、军事、经济上均处于美国"次殖民地"的被控制地位。所以,钓鱼岛问题固然是中美日三国的外交政治问题,但主要的,是中美两国如何在中国快速发展、日渐改变全球力量平衡的大背景下,处理好东亚太平洋地区乃至全球治理的问题。

美国制海权理论鼻祖马汉曾经设定:"可能为了人类的福祉,中国人和中国的领土,在实现种族大团结之前应当经历一段时间的政治分裂,如同法国大革命之前的德国一样。"马汉的设定没有任何学理支撑,但确实,台海两岸的政治分裂给了所有居间利用钓鱼岛问题的势力,特别是美国以机会。解决钓鱼岛问题,需要考虑台湾问题的复杂性。

被人为故意作为琉球一部分而"归还"的钓鱼岛及其附属岛屿的主权归属问题,在美国有意识、有目的地操弄下,几乎在中日争议的第一天起就进入复杂状态。中国固有领土被私自转让,自然必须反对。1971年12月30日,中华人民共和国外交部严正声明:"绝对不能容忍""美、日两国政府公然把钓鱼岛等岛屿划入'归还区域'"。同时,善意提示日方勿被居间利用:"中国政府和中国人民一贯支持日本人民为粉碎'归还'冲绳的骗局,要求无条件地、全面地收复冲绳而进行的英勇斗争,并强烈反对美、日反动派拿中国领土钓鱼岛等岛屿作交易和借此挑拨中、日两国人民的友好关系。"可以说,态度十分具有建设性。

日本自居与美国是盟友关系,可以在钓鱼岛问题上得到美方的充分背书,但其实没有得到完全的满足——虽然日本一直希望援引美方的表态主张权利,将其设定为"没有争议",但1972年8月美国政府内部指示,对日本应当清楚表示尽管美国政府的媒体指导已进行了部分修改以符合日本政府的要求，这丝毫不意味着美国改变了在钓鱼岛争端问题上保持中立的基本立场。更有甚者，1974年1月，已任美国国务卿的基辛格在讨论南沙群岛问题时，为"教会日本人敬畏"，讨论了将中华人民共和国"引导"到钓鱼岛问题的可能性。这样看，实际上是"系铃人"角色的美国，并不准备担当"解铃人"——促使中日两国长期保持内在紧张，更符合美国作为"渔翁"的利益。

对美国利用钓鱼岛问题牵制中日，中国洞若观火，其长期坚持的"搁置争议，共同开发"这一创新国际法的充满善意的政策，目的就是使钓鱼岛这一东亚地中海热点冷却下来，走上政治解决的轨道。但其善意，为日本政府所轻忽。日本政府如何为了日本人民的长远福祉而改弦更张，放弃短视思维，不沉溺于被操纵利用中，对钓鱼岛问题的政治解决至关重要。

马汉还说："富强起来的中国对我们和它自己都会带来更严重的危险。"这一断言充斥着"文明冲突论"的火药味和深深的种族歧视。他论证说："因为我们届时必须拱手相送的物质财富会使中国富强起来，但是中国对这些物质财富的利用毫无控制，因为它对这种在很大程度上支配了我们的政治和社会行为的思想道德力量缺乏清楚的理解，更不用说完全接受。"马汉以美国价值观作为美国接受中国复兴的前提条件，是今天美国操纵钓鱼岛问题深远的运思基础。

但是，正如布罗代尔总结地中海历史所指出的："历史的普遍的、强大的、敌对的潮流比环境、人、谋算和计划等更为重要、更有影响。"中国的复兴是操盘者无法"谋算"的历史潮流和趋势。然而，这一潮流并不是"敌对的"。2012年，习近平更指出："太平洋够大，足以容下中美两国。"充满前瞻性和想象张力的说法，相比于那些把钓鱼岛作为"遏制"中国的前哨阵地的"敌对的"计划，更着眼于"人类的福祉"。中国所主张的"新型大国关系"，内含了一种可能导向和平之海、繁荣之海的新大国关系模式，值得钓鱼岛问题所有当事者深思。

十一

战后日本为什么要解禁"集体自卫权"

1 为什么说《旧金山和约》为日本旧皇国史观的复苏开了绿灯

众所周知,"皇国日本""军国日本"是日本明治维新后对外侵略扩张的国策的产物。从1890年明治天皇颁布《教育敕语》开始,日本朝野内外的军国主义势力不遗余力地鼓吹所谓的"日本精神""古典精神",张扬"明徵国体,显彰内外"和"万世一系"、"八纮一宇"等,人为炮制一个"神国日本"的天大谎言,成为蒙蔽和愚弄国民意志、统一和强制国民思想、奴役和压榨殖民地民众的重要工具。日本战败投降后,美国对日本的旧皇国史观进行了部分清算,如颁布"神道指令",废除日本军人恩给制度等,但由于冷战的爆发和美国构筑东亚反共堡垒的需要,对日本旧皇国史观的清算半途而废。尤其是1951年9月,美国排斥中国(包括台湾)、韩国和朝鲜参加,不计苏联等国的反对,片面通过了《旧金山对日讲和条约》。该条约除第11条以外,几乎没有涉及战后处理问题,没有清算日本的战争责任,也没有就日本的战后赔偿问题(包括对民间人的战争伤害赔偿)做出有历史价值的决议,等于为日本彻底松了绑。《旧金山和约》签字后,日本当局和决策人物都大松一口气,把《旧金山和约》的签字当作日本战争责任处

1951年9月8日,《旧金山和约》签字仪式的傍晚,日本时任首相吉田茂(中)与美国又签署了《日美安保条约》。

理完毕的句号。1956年，日本政府又颁布《经济白书》，宣布日本已经结束了"战后"，意为战后处理问题已经画上了句号。日本官方之所以在这一年宣布结束"战后"理由在于：第一，1956年日苏之间正式恢复了邦交，日本自认为同交战国之间的"恩怨"已经结束，战争责任问题不复存在；第二，也是在这一年，抑留在苏联西伯利亚的原关东军最后一批士兵回国，日本在海外不再有什么牵挂，意味着"战争遗留问题"也"全面"解决；第三，还是在这一年，日本被吸收为联合国成员国，日本自以为正式被国际社会接纳，历史问题当然就成了过去。

在这样的背景下，原本满脑子充斥皇国史观的政府要员、执政党决策人物、财政界巨头等，从此把战争责任问题弃之一边，使日本战争责任意识不仅越来越淡化，战前旧皇国史观的货色也开始暗潮涌动。其主要表现在：

第一，公开释放战犯，重新启用负有战争责任的政治家、官僚以及旧军人、司法人员、警察等。

1952年12月9日，日本众议院做出"关于BC级战犯"的决议，决定采取"迅速而适当的措施"解决BC级战犯的在押问题。1953年8月3日，众议院又决议声称，"根据国民的恳请，如不全部赦免战争犯罪的受刑者，有伤国民的感情"。这样，从1955年开始，日本政府以年迈患病为由着手释放战犯。到1958年4月，除在狱中死亡的小矶国造等3人外，其余在押战犯全部释放，包括荒木贞夫、梅津美治郎等13名被判无期徒刑的战犯。这些人连同被美国占领当局（GHQ）释放的岸信介等几十名A级战犯嫌疑者，获释后大多加入保守政党的行列，摇身一变又成为日本政界的显赫人物。除战犯外，被美国占领当局明令开除公职的原日本政界人物、旧军官、司法人员、警察头目也重新登上政治舞台，还有95名原代议士（即议员）恢复了公职，占议员总数的20%，另有329人恢复公职后参加了议员竞选，结果有139人当选，占议员总数的30%。也就是说，不包括未被开除公职的议员，在战后初期的国会议员中，至少有

50%以上的人员曾是旧政权的卫道士。此外，一大批恢复公职的旧军人、警察、司法人员和原731细菌部队骨干也分别进入自卫队、警察系统、司法机关或医疗卫生机关重操旧业，甚至担当着重要职务。

第二，"内向型"追悼会及参拜靖国神社。

1952年5月2日，日本政府在东京召开战后首次"全国战没者追悼会"，吉田茂总理在追悼会上致辞说，"每当想起因为战争而负伤的许多人和仍滞留在异邦的近30万同胞时，本人就禁不住百感交集。毋庸置疑，因为战争而殉国的诸位，是以身奠定了和平的基础，使我们能够展望民主日本的成长和发展，值此追悼会之际，我的心驰向那些战没者，谨此祈祷其冥福"。吉田茂这段短短的致辞为后来的各届政府定了"调子"：一是他们所悼念的战没者是日本军人，不是亚洲各国的牺牲者；二是称颂战没者"奠定了和平基础"，"为了东洋和平"，是"为国殉难"。1963年5月，池田内阁通过了《关于实施全国战没者追悼会之件》，法定每年的8月15日为追悼战没者日，届时全国降半旗，国民默祷一分钟；天皇和皇后出席；从全国各地前来的遗族代表费用由国费承担等。1963年8月15日，池田内阁成员以及昭和天皇、皇后、遗族代表等出席了追悼会，这是日本首次选择战败投降日召开的追悼式典，以此次"式典"为先河，每年的8月15日，日本当局领导人照例要主持召开追悼战没者会，选择这一天召开追悼会，本身就带有对日本战败耿耿于怀的潜意识。

美国占领期间，曾颁布了"神道指令"，明令日本政府（国家）必须同靖国神社断绝"特殊关系"，"防止利用宗教达到政治目的"。但日本战后内阁成员从来没有顿住迈向靖国神社的脚步。东久迩组阁的当年（1945年）就参拜了靖国神社。接任的币原喜重郎在任期间参拜了2次。吉田茂参拜了5次。昭和天皇从战后到1976年先后8次迈进靖国神社。从1963年开始，以日本遗族会为骨干掀起靖国神社"国家护持"运动。1969年6月，自民党正式向国会提出了《靖国神社法案》，遭到朝野各界的强烈反对，使这纸法案成为废案。这以后，自民党政权连续 5 次向国会提出靖国神社国家护持的法案,但都以失败而告终,宣告了靖国神社国家护持法案的彻底破产。

第三,军人恩给制度的复活。

军人恩给制度是日本当局为了给侵略战争的炮灰鼓劲打气而设立的一种制度。战后,该制度被 GHQ 废除。《旧金山和约》签字后的 1951 年 10 月,日本政府通过了《关于处理战伤病者与战没者遗族以及设立协议会之件》,正式将恢复军人恩给制度提到了日程。1952 年 3 月,国会通过《战没者遗族及战伤者援护法》。这以后,日本政府又相继恢复和出台了一系列有关"军人恩给"的法律。从本质上言,这些法律是战后日本政府维护旧体制法典的具体体现,它将普通民众和殖民地被征用的军人排除在外。并将在战争期间先后强掳到日本的数十万朝鲜和中国劳工排除在外。再看日本政府对外赔偿的数额,其差距更是令人咋舌。据统计,战后以来日本政府向国内"援护对象"发放补助金达 40 兆亿日元之多,而向被侵略和践踏国家的赔偿总数(包括无偿经济援助)不过 1 兆亿日元。从 1970 年开始,战争时期的"赐杯"制度也得以恢复,即向"功劳者"颁发银杯或木杯,以资嘉奖。截止至 20 世纪 90 年代中期,日本当局计向 205 万军人(含军属)授予了各类勋位、勋章以及"赐杯",包括战争时期已经获得授勋的战没者,可以说,在战争中死去的军人、军属等几乎都获得了这类表彰。

第四,文化教育界的复古倒退。

进入 1950 年以后,随着冷战局势的加剧,朝鲜战争的爆发,美国大力扶持日本构筑对抗"共产主义势力"的桥头堡,助长了日本社会政治复辟倒退的趋势。这一年的 10 月,吉田内阁的文部大臣天野贞裕在一次讲话中要求各教育机关在开学、毕业等仪式时必须张扬日之丸国旗,合唱君之代国歌,并指令恢复战争时期的修身课。《旧金山和约》签字后,日本政府更是放开手脚,明目张胆地在教育领域掀起复辟倒退的浊浪。1954 年 6 月,日本政府相继颁布了《教育公务员特例法改正法》《关于义务教育学校确保教育政治中立的临时措施法》

（统称"教育二法"）。1956年，又出笼《关于地方教育行政组织及运营的法案》《临时教育制度审议会设置法案》《教科书法案》三法案。这些法律的实质是为了强化国家政权对教育的统制，约束教育不得逾越国家权力的意图和方向，压制和禁止教职员工参加左派政党活动和政治运动，特别是压制日本教职员组合（日教组）正在掀起的反对再军备运动和和平教育运动。同时也强化了对教科书的审定。

1955年8月，由民主党（今自民党的前身）编写的《值得忧虑的教科书》公开向社会发行。这就是日本战后史上被称作的"第一次攻击教科书逆流"。这部小册子对当时教科书中出现的种种"偏向"表示担忧，攻击由三家出版社出版的四部教科书是"赤色教科书"，"推动政治活动"，"美化和赞美苏联、中国，贬低自己祖国日本"，"在学生中培植马克思列宁思想，即共产主义思想"等。日本教育界在战后不久之所以出现一系列倒退和复古的逆流，归根结底是执政当局没有转换固有的皇国主义观念，极力想把历史的车轮拉回由天皇主义一统天下的体制。

第五，"纪元节"的复活。

"纪元节"是日本历史上子虚乌有的神武天皇"降临"人间的日子，来源于《日本书纪》毫无根据的记载，纯属无稽之说。但为了向海内外宣扬天皇统治的"万世一系、八纮一宇"，1872年，明治天皇颁令2月11日为神武天皇即位日，翌年更为"纪元节"。从此每逢这一天，日本要举行全国性的纪念活动和崇拜天皇的各种仪式，并强迫殖民地人民面朝东方向日本天皇顶礼膜拜，否则会被视为大不敬而受到严厉处罚。所以，日本战败投降后，"纪元节"被明令取消。1967年2月11日，佐藤荣作内阁强行通过了将该日定为"建国纪念日"的法案，从这一天直到如今，每年的2月11日就成为日本历史上根本不存在的、莫名其妙的"建国纪念日"了。

2 PKO法案及《周边事态法》是什么性质的法案

1963年，日本防卫厅秘密研制了《昭和38年度综合防卫图上研究实施计划》，又称作"三矢研究"，寓指海陆空自卫队的三支箭。该"研究"以中国和朝鲜为假想敌，主观臆断某年某月，中国援助朝鲜突然发动第二次朝鲜战争，日本必须"整备自卫队"、"强化警察等治安机关"、建立"民防组织"等，甚至连总理大臣届时的电视讲话也事先成稿，内称，"我国面临共产国家直接侵略的危机，为了祖国的防卫，（政府）号召国民总崛起"。1965年，该"研究"被社会党议员冈田春夫查知，披露于国会之上，于是引起社会舆论大哗，纷纷抨击此举是"策划军事政变，否定议会民主制度"，要求追究政府和执政党的责任。最后，防卫厅以"泄密"为由处分了26名防卫厅官员了事。

1977年，福田赳夫内阁正式授权防卫厅开展"有事法制研究"，把"有事法制"问题正式纳入政府的议事日程。期间，防卫厅提交了两次报告，详细提出"有事"之际自卫队出动时官民各界需要"协力"的要点，以及保障部队作战活动的各项法规。在此基础上，1978年，《日美防卫合作指针》出台，日美间成立了"日美防卫协力小委员会"，对《日美安保条约》进行了实质性的修订，将自卫队的活动范围扩大到可以协助美军"共同作战"。1978年7月19日，自卫队统幕议长（相当自卫队最高长官）栗栖弘臣声称，在"有事法制"尚未制定和通过的情况下，"我国如受到突袭，自卫队第一线指挥官必须根据自己的判断进行超法规的行动"，言外之意是可以不受法律的约束。栗栖的"超法规"发言引起国内外舆论的强烈抨击，结果，栗栖在一片抨击声中下台。

1982年，战时曾任皇家海军军需官的中曾根康弘上台伊始，提出了一个"战后政治总决算"的口号，主张清算战后以来的经济主义政治，向政治、军事大国迈进。中曾根认为，日本正处在"重大的转换期"，日本应该"为人类的和平、繁荣做出积极贡献，在国际社会上享有名誉的地位"，"之所以提倡建设国际国家日本，是考虑到我国在国际社会上地位的提高，寄予我国的期待和要求也将增大"。1983年，中曾根在访美时公开宣称，日本应该"全部与完全掌握控制日本海的战略海峡，以便在出现紧急情况时不使苏联潜艇通过，并不会有其他海军活动"，日本应该成为"一艘不沉的航空母舰"。中曾根打着"国际贡献"的幌子，旨在发展日本军备，扩大自卫队"防卫"范围，所以，在中曾根任上，日本的防卫开支首次突破吉田茂内阁以来不超过 GDP 1% 的限界，并跃居世界各国军费开支的第二位。

1990年爆发的海湾战争给了日本摆脱宪法制约出兵海外的契机。1990年8月，伊拉克突袭并占领了科威特，海湾燃起战火。1991年1月17日，以美国为首的多国籍部队开始轰炸伊拉克和科威特，随之，地面部队控制了科威特，2月27日，美国布什总统宣布海湾战争的"胜利宣言"。在海湾战争中，日本虽然没有出动自卫队，却资助美国等多国部队 130 亿美元，显示出对"国际事务"的"特别关心"，以及染指"世界危机"的"格外热心"。以海湾战争为契机，日本当局开始策划如何摆脱"和平宪法"的制约，出台一部可以准许自卫队开赴海外的法案，这就是《联合国维持和平行动合作法案》，简称 PKO 法案。1992年6月，在自民党政权的全力运转下，PKO 法案终于排除在野党和广大民众的强烈反对获得国会通过，这样，在"国际贡献"的幌子下，日本自卫队战后首次出现在柬埔寨、卢旺达、莫桑比克等日本列岛之外，"和平宪法"处于被架空的危险。

20世纪90年代末，日本进一步出台了"新指针及相关法案"。人们知道，1951年日美之间签订了一纸《日美安保条约》，其重点一是局限于"日本有事"的"共同防卫",二是为美军提供军事基地。1960年,岸信介内阁修改了《日美安保条约》,仍没有跳出"日本有事"的"专守防卫"框架,这是世人皆知的。后来,随着苏联解体与东欧剧变,冷战结束,失去目标的《日美安保条约》理应因失去意义而被废弃。然而,由于世界政治格局的变化,特别是海湾战争爆发后,美国布什政权提出"世界新秩序构想"的战略,其中最引人注目的是,把"地区不安定因素"视为比"苏联威胁"更为关注的重点。在欧洲,美国连同北约打着消除"不稳定因素"的旗号,不断东扩,到处插手,肆意干涉地域争端甚至他国内政。诸如插手安哥拉,染指波黑战争,轰炸科索沃等等,力图以唯一超级大国的姿态和实力维持世界一级化的格局。在亚洲,美国主要的战略目标是盯在朝鲜半岛和台湾问题上。而它在亚洲的同盟伙伴只有日本最为"忠实可靠"。所以,为了服从美国"世界新秩序"战略,《日美安保条约》不仅没有废弃,还被赋予了新的定义和内容。

PKO法案出台后,仍不能满足美国的"世界新秩序构想"以及日本的军事大国化欲望。1997年9月,日本首相桥本龙太郎同美国总统克林顿共同签署《日美防卫合作新指针》,改变自卫队以往"专守防卫"的"自卫"方式,允许日本追随美国之后,开赴"周边",甚至开赴美国需要染指的世界各地。

1998年7月,小渊惠三登台组阁,出台"新指针及相关法案"将日本自卫队的防卫范围从"本土有事"扩展到"周边有事",因此被称作"战争法",以及美国北约战略的"亚洲版"。"新指针及相关法案"包括《周边事态法》《自卫队法改正案》《ACSA改定案》,其中,《周边事态法》是三项法案的中心,计十二条及附则。之所以被称作"战争法",它的实质及要害反映在下几个方面。

一是违反了日本宪法第九条规定的"放弃战争""放弃交战权""不保持战力"的原则。"新指针及相关法案"赋予自卫队三大任务,即后方地域支援、后方地域搜索救助及船舶检查等,而且可以"有限度地使用武器"。众所周知,现代化战争几乎难以区分前方与后方,当自卫队追随美军干预"周边事态"之时，特别是在"搜索救助""船舶检查"过程中，与当事国发生纠纷乃至冲突是不可避免的，势必导致日本重新走向战争之路。

二是突破了《日美安保条约》规定的"专守防卫"的原则。《日美安保条约》的中心内容是自卫队不能走出家门，只能"专守防卫"。然而，"新指针及相关法案"却把"日本有事"扩张到自卫队可以走出家门、走向海外。

三是一旦"周边有事"，不仅日本政府，包括地方政权、民间企业、普通民众都有可能卷进战争的旋涡。"新指针及相关法案"明确规定了发生"周边事态"之际，政府有权要求全国上下"予以必要的协力"。换句话说，一旦官方认定"周边有事"发生，只需一个早上，战时的国家总动员体制就会复活，这样，日本距离走军国主义的老路就不遥远了。

四是所谓的"周边事态"并没有约束准则。"新指针及相关法案"采取瞒天过海的伎俩，故意在条款中模糊其词，称"周边事态并非地理概念"，而是指"在我国周边地域对我国和平及安全给予重要影响的事态"。其实明眼人都知道，所谓的"周边"不仅包括台湾地区、朝鲜半岛，还包括中国大陆及俄罗斯。更令人担忧的是，"周边事态"及"对应措置"是由日本内阁总理通过阁议确定的，根本不需国会通过或全民表决，这同战争时期东条英机内阁发动太平洋战争没有本质区别。另外，"新指针及相关法案"中的"对我国和平及安全给予重要影响""有限制使用武器""予以必要的协力"等用语，更是暧昧而无检测标准，很容易导致专制权力的泛滥。

五是一旦战争爆发，日本将彻底沦为美国的战争基地。美国现今在亚太地区驻军近10万人，其中45%驻扎在日本，加上以日本军港为母港的美军航空母舰人员，美军在日人数占亚太总数的57%之多。"新指针及相关法案"出台后，美军驻日人员有渐增之势。而且，早从1994年起，美国就要求日本在"特别事态"之际，要向美军提供8个机场和6个港湾。一位日本学者评论认为，"新指针即是一份战争便览，它促使日本朝着（对美国）军事性承包体制迈进"。

六是自卫队可以走出家门，本质意义上开始向国军转化。可以说，今天的自卫队不再是日本宪法及"自卫队法"规定的"专守防卫"的武装力量，它的军费开支（绝对值）已经大大超过了法律规定的不超过 GDP 1% 的限界。而且，由于"新指针及相关法案"的出台，日本更加积极地参与美国的"战区导弹防御体系"（TMD）。1999 年，日本同美国达成 4 项 TMD 合作项目，2000 年又拨款 20 亿日元用于 TMD 研究，超过历年的 2 倍。不仅如此，日本防卫厅还抛出一个 2001～2005 年度军备建设计划，准备装备两艘最新的"宙斯盾"战舰（现已服役），以增加海上 TMD 能力。后来的种种迹象也表明，自卫队不再囿于"自卫"，它已经把触角伸向美日军事战略感兴趣的地区。

日本冲绳，美军普天间基地。

3 《有事法制》是在什么背景下出台的

2000 年 10 月 11 日，美国以副国务卿阿米蒂奇的名义发布了一份《美国与日本——面向成熟的伙伴关系》的报告，也称《阿米蒂奇报告》。该报告强调了亚洲对于美国的重要性，认为亚洲占世界人口 53%，占世界经济 25%，同美国的年贸易额达 6000 亿美元，正因为亚洲"对于美国的繁荣具有至关紧要的重要性"，所以，日美关系"比过去的任何时期都重要"，日美同盟是"美国世界安全保障战略的中轴"。报告还列举了1994年朝鲜核试验的"危机"，1996年中美在台湾海峡军事对峙的"紧张"，中国对日美强化军事关系的"反对"等现象，最后，《阿米蒂奇报告》的结论认为，"禁止日本行使集体自卫权，制约了（美日）同盟之间的协力，只有解除这种制约，在安全保障方面才有可能紧密而有效率地协力"。这就是新世纪到来之前，美国出台的所谓以日美军事同盟为"中轴"的"亚洲安全保障战略"，也是日本解禁集体自卫权的先声。

2001年九一一恐怖事件爆发，美国打着反恐旗号，先惩塔利班，再治萨达姆，频频出击，到处施威，已经是力不从心之时，朝鲜又出现"核问题"争端。这样，发挥日本在东亚的军事钳制作用比以往任何时期都显得重要。所以，美国人希望日本能够早日摆脱"和平宪法"的制约，尽早以军事伙伴的姿态加入到美国的世界警察行列。

九一一恐怖事件爆发之前的8月13日，刚刚上任的日本首相小泉纯一郎不顾国内外舆论的抵制和抗议，公然以首相身份参拜了靖国神社，引起国内外媒体的强烈抨击。同时，因为他违背了竞选之初约定在8月15日前往参拜的许诺，一部分右翼势力也感到"失望"。就在小泉内阁因为参拜靖国神社遭到国内外舆论抨击、颇有些疲于应付之时，九一一恐怖事件发生，如同"天赐良机"，"成为小泉内阁实行军事大国化的最好的顺风旗"。于是，打着反恐怖的旗号，日本政府紧锣密鼓，展开了一系列向军事大国化迈进的切实步骤。一是以《周边事态法》局限了自卫队向周边以外地区派兵为由，制定了《恐怖对策特别措置法》（2001年10月29日），并付诸行动，派出海上自卫队舰队游弋印度洋，支持美国打击塔利班；接着，海上保安厅竟在中国的海洋经济区发动武力，击沉一艘不明国籍船（2001年12月22日），这是日本政府出台《有事法制》之前切实的军事行动。二是呼应布什政权指责三个"邪恶轴心"的"反恐怖战略"，肆意夸大朝鲜半岛核问题、不明国籍船问题以及日本人被绑架事件，散布"朝鲜威胁论",把国民的目光移向国外,这是出台《有事法制》的国内舆论。三是借北约集团的东扩和世界范围的反恐怖行动,强调"集体自卫权",强调日美同盟关系,这是出台《有事法制》的"国际依据"。

就这样,比"新指针及相关法案"更进一步、更露骨地向军事大国迈进的《有事法制》终于浮出了水面。

2002年4月,小泉内阁正式将《有事法制》提交国会讨论。2003年6月6日,继日本国会众议院通过《有事法制》后,参院又以202票赞成、32票反对的绝对优势顺利通过了《有事法制》。《有事法制》出台后不久,2003年12月,日本政府批准了陆海空自卫队携带重武器出兵伊拉克的计划,彻底突破了自卫队"专守防卫"的宪法原则,使日本的"和平宪法"名存实亡。它的出台至少说明了以下几个带有实质性的问题。

日本自卫队正在伊拉克修筑营地。　　日本自卫队伊拉克营地入口。

一是《有事法制》是日本军事大国化国策与美国全球战略趋同的产物。

本来,战后日本并不乏确保本土安全的法律,除《日美安保条约》外,还有《自卫队法案》《日美防卫合作新指针》《周边事态法》及其相关法案等,这些法律不仅足以保证日本本土的安全,还对亚洲太平洋地区造成了一定的威胁。尽管如此,日本当局还是不肯止步,又择机抛出了《有事法制》,标明日本军事大国化的国策已经同美国的全球战略合拍。

二是日本的一系列动作是日本长期以来军事大国化的目标使然。

如果说，从20世纪80年代开始，日本确立了军事大国化的目标，那么，进入20世纪90年代后，军事大国化的步伐开始加大。这期间，日本各大财团、企业为了消除泡沫经济的影响，纷纷把目标瞄向海外，日本在世界各地的经济事业呈现空前规模。于是，日本的经团联（经济团体联合会）、经济同友会、商工会所等跨国集团、财团为了自身的经济利益，打着全球化的幌子，不断发表各类"报告书"，鼓吹日本的"国际贡献"，敦促政府尽早实现军事大国化，甚至鼓吹修改宪法、成立国军、发展军备，借以保护日本的资源补给线及在外的经济利益。

除财界外，日本朝野上下还不断涌现出一批改宪派及"新国家主义派"。他们积极主张借助美国的军事力量，乘机增加军费开支，扩充军备，强化自卫队的军事实力，进而向政治及军事大国的目标迈进。为此，他们利用朝鲜发射卫星越过日本上空等事件，故意夸大朝鲜半岛的"危机"，人为制造各种危言，强调"地区不安定因素"，煽动修改"和平宪法"，修改自卫队"专守防卫"的原则，从而建立起日美联合干涉包括台湾在内等亚洲事务的军事合作关系，还将这种合作美其名曰"军事贡献"。

三是《有事法制》的通过标志着日本政治右倾化的加剧，执政党与在野党之间出现政治合流趋势。

《有事法制》并非是小泉内阁的"专利"，它是战后以来日本政界和社会右翼势力蓄谋已久的夙愿，是修改宪法、发展军备、建立国军、实现军事大国梦想的前奏曲，它的顺利通过标志日本政治右倾化的加剧，也从另一个侧面凸现出日本从经济大国向政治、军事大国迈进的轨迹。

更值得关注的是，《有事法制》之所以顺利获得国会众参两院的通过，一个重要的原因是执政党与在野党的政治合流。人们知道，战后以来，代表"革新势力"的社会党、共产党一直是自民党右倾保守主义路线的对决力量，他们否认自卫队的合宪性，反对《日美安保条约》，坚持捍卫"和平宪法"，一定程度上拖迟了日本政治右倾化的进程。然而到了 1994 年，最大的在野党社会党竟自毁长城，同自民党联手执政，宣布自卫队合宪，承认安保条约，结果导致党内分裂，国会席位大减，从此沦为二三流的在野党，不得不更名为社会民主党，却难以恢复昔日在国会的影响和地位。另外，日本共产党也是历来否认安保条约和主张解散自卫队的政党，同时还主张废除天皇制。但在 2003 年 6 月 21 日，日本共产党在召开的第七次中央委员全会上，决定修改 1961 年以来贯彻执行 43 年之久的党章，宣布承认"自卫队的事实存在"，"承认宪法制度上的天皇制"，并准备将党章规定的"建立革命政府"的目标更改为"建立民主联合政府"等。这一切，都反映了日本"革新势力"的弱势化，在野党在国会的影响力以及对政府的约束力、监督力等都面临着最大的挑战。

现下最大的在野党是民主党，他们的政治主张实际同执政党没有根本的分歧，该党除一部分原社会党的右翼成员外，大多数成员是从自民党分化出来的。所以，该党赞同改宪，赞成发展军备，主张扩大自卫队的"防卫范围"。据新闻媒体的调查问卷，该党议员中至少有 65% 之人赞同改宪。正因为如此，民主党在《有事法制》的立场上同执政党一致，结果促成该法案以绝对多数的赞成票通过。2006 年末，日本防卫厅升格为防卫省的法案，民主党同样站在支持和赞成的立场上，使这一法案在毫无悬念的情况下顺利通过。

最大的在野党与执政党政治合流，使近 40 年来未能成行的《有事法制》以及 52 年来执政当局梦寐以求的防卫厅升格的法案一朝通过，说明国会议员中改宪派势力已经占据主流，其结果必将继续加剧日本政治的右倾化，这是值得人们深思的。

4 日本改宪派势力为什么逐渐成为强势

日本战败投降后,在美国的压力下日本政府勉强接受了放弃战争的新宪法。新宪法付诸实施后,尽管迷恋明治宪法的政治家心怀悻悻,但因战争的创伤还没有在人们的心中平复,他们的改宪论调没有引起社会的反响。到了1952年《旧金山和约》生效,美国结束了对日本近7年的占领,因战争责任受到追究的政客、官僚、财阀等要员纷纷重新回到政治舞台。1954年3月,执政的自由党正式成立了宪法调查会,由A级战犯嫌疑者岸信介出任会长,开始了改宪的具体运筹。1954年11月,鸠山一郎登台组阁。鸠山上台后立即打出"自主制定宪法"的旗号,主张确立天皇的"元首"地位和职能,建立"自卫的军队",并对新宪法中的基本人权条款予以一定的限制。时人评论其"从整体言带有恢复明治宪法的浓厚色彩"。与此同时,岸信介主持的宪法调查会拿出一个"日本国宪法改正案要纲案",国会中的改宪派还成立了"自主宪法期成议员同盟",展开了修改宪法的切实步骤。

1955年11月,自由党和民主党合并,成立自由民主党(即自民党),确立了保守主义政治的"55年体制",从这时开始,自民党把修改宪法正式列入党纲之中,明确提出"将占领下制定的现行宪法,适应国情,基于国民的意志自主地修正"。

可见,改宪论的急先锋是日本的执政党以及右翼保守派政治家,而绝非是国民的意志。1955年12月2日,鸠山首相在国会演说时明确把修改宪法列为内阁"三大目标"的首位。他说,"第一是宪法的改正,为了使我国回到真正独立的国家，首要的是按着全体国民的意志制定国之根本的宪法，使之合乎独立自主的姿态，这是十分重要的，为此，内阁决定成立宪法调查会，进行慎重的准备"。1956年1月，鸠山又在众议院上公开表示"反对不具备军备的现行宪法"。当年6月，鸠山内阁正式成立了宪法调查会，由岸信介出任内阁宪法调查会长，这比自民党宪法调查会又前进了一步。7月，内阁宪法调查会把改宪议案提交国会，由于在野党的强烈反对，提案没有获得2/3以上的赞成票而流产。这就是改宪派同护宪派的第一次较量。改宪派之所以失败，是因为受到社会党、共产党等护宪派政党的强烈抵制，特别是1955年社会党左右两派势力也实现了大联合，成为最大的在野党，在国会赢得了超1/3的席位，使自民党内阁的改宪主张未能得逞。另从社会舆论和国民意志看，人们对战争的记忆毕竟还没有淡漠，加之朝鲜战争刚刚结束，绝大多数国民厌恶战争，希望安定和平的环境。包括当时的媒体也出现了"低调的宪法论议"，甚至连一度主张改宪的《每日新闻》《读卖新闻》《产经新闻》等也表示应"慎重地研究"，"不能动摇和平主义和民主主义的支柱"。据统计，1956年日本的各家报纸中，只有5家报纸赞成改宪，6家表示反对，23家主张"慎重论"。

1957年2月，岸信介接替患病的石桥湛山上台组阁，其人曾任伪满洲国的产业部次长、东条内阁的商工大臣，战后由于美国的袒护重返政坛，兼任自民党和内阁的宪法调查会长，是个狂热的改宪派。所以，他上任伊始就信誓旦旦地表示要把修宪问题列入本届内阁的议事日程，他在一次对美国记者的谈话中称，"日本为了充分发挥自由世界的防卫作用，从宪法中剔除放弃战争条款的时机已经来到"。是时，东西两大阵营的对立日甚一日，基于《日美安保条约》，仅美国陆军就在日本驻有17000余人，使用457处、占地约100平方公里的军事基地，为此，日本国内反对美军基地的斗争此起彼伏，成为岸信介上台后面临的最头痛问题。1957年6月，岸信介出访美国，事先，他通过阁议拿出一个扩充陆上自卫队人数达到18万人、海上自卫队舰艇总吨位12.4万吨、飞机 1300 架的"自卫力增强计划",希望得到美国方面的支持。在美国,他鼓吹要开创"日美关系新时代",并同艾森豪威尔、杜勒斯等美国要员议定了进一步强化安保体制的框架,成立了关于安全保障的日美委员会,具体协商了安保条约的改定事宜,这一切都得到美国的理解,并为确立新安保体制埋下了伏笔。最后,双方在共同声明中明确提出,"美国欢迎日本的防卫力整备计划……随着日本防卫力的增强,美国计划减少(在日本)兵力"。可见,岸信介的改宪更侧重于从"防卫实力"上强化日本的军备,并把日本紧紧地绑在美国的战车上,推动新安全保障体制的落实。所以,在岸信介任上,他的工作重心是强制通过《新日美安保条约》,因而也爆发了日本战后史上最大规模的反安保斗争。为了保证新安保体制的建立,岸信介不惜动用警察,驱动右翼,疯狂镇压群众运动,甚至发生了流血事件。最后,岸信介内阁以总辞职和"自然通过"的方式通过了《新日美安保条约》。

接任岸信介登台的池田勇人接受岸内阁的教训,为了避免大规模的群众斗争,采取"低调处理"的方针,提出"国民所得倍增计划",试图把国民的目光引到经济主义上来。然而,这并不等于池田内阁在改宪上没有动作。1963 年 9 月 5 日,池田内阁的宪法调查会提出一纸全面改宪的文书。其中心意旨一是重新确立天皇的地位,规定"天皇对外代表日本";二是废除宪法第九条,理由是现今宪法规定"不准海外派兵,不准持有核武器,这样,同美国的协力就无力进行,即使强化自卫队也难堪此任";三是削除宪法第 41 条"国会是国家最高权力机关"的内容,改为"立法、行政、司法三足鼎立";四是修改有关基本人权的内容,主张"为了公共利益限制个人自由和基本人权是必要的"。其他还有国民"保卫祖国义务"条款、"地方自治"条款、接受国际条约条款等,都进行了大幅度的修改。这份全面改宪的文书出笼后在社会各界和在野党中产生强烈反响,池田内阁唯恐再产生类似安保斗争那样的大乱子,急忙表示要"慎重处理",池田甚至表态,"即使自民党占据 2/3 以上席位,也不立即修改宪法"。这样,第二次改宪风波才草草收场。

改宪派经过两次挫折后放"聪明"起来,一度变换手法,另从"释宪"入手,即不是着眼于修改宪法的条文,而是自取所需、自取所用地解释宪法,曲解宪法的条文,为发展军备、强化自卫队寻找借口。这样,宪法调查会无事可做,只好一度"冬眠"停止了活动。1980年铃木善幸组阁,是时的日本已经步入世界经济大国的行列,建设"政治大国"、"发挥符合日本国际地位的作用"等论调开始登堂入室,日本新保守主义思潮初露端倪。铃木上台后立即启动了多年处在"冬眠"状态的宪法调查会,委任老右翼分子奥野诚亮为法务大臣,着手宪法的修改事宜。奥野上任伊始就放厥词称,"现在的宪法是基于占领军的指示决定的,我希望由国民自己制定宪法",从而拉开了20世纪80年代改宪的序幕。

1982年,中曾根康弘上台组阁,更明确地抛出了"战后政治总决算"的口号,主张彻底清算经济主义政治,向政治、军事大国迈进,甚至冒天下之大不韪,公然以首相身份、在日本战败投降日的8月15日参拜了靖国神社,首开战后日本首相"公式参

北京高校学生在天安门举行集会,抗议中曾根参拜靖国神社。

拜"靖国神社的先河。中曾根原本就是一个坚定的改宪派,早在20世纪50年代初,他就上书麦克阿瑟,指责日本宪法"是美国式宪法",是"强加在日本头上的束缚"。他组阁后更明确表示,"(日本)法律、制度都不完善,宪法也是如此","我个人是改宪论者,我考虑需要就宪法进行研究",应该"打破禁区",

"今天的日本如同幕末向明治过渡一样的时代，从幕末到明治的政治课题是锁国还是开国，现在的政治课题是做改正宪法、创建自卫军、提倡与国联协力的开国派，还是做反对宪法改正、结果是中立孤立的锁国派"。所以，朝野内外的改宪派对他的上台寄予了"厚望"，称"理解宪法改正的总理诞生了"。1983年1月22日，自民党大会再次明确地把"改宪方针"列入自民党的决议中，内称，"自主制定宪法，即自主地改正宪法是自民党建党以来的党是，今后要继续坚持和平主义、民主主义和尊重基本的人权，适应时代的变迁，就改正现行宪法进行研究"。

尽管中曾根内阁明确提出改宪主张，但他们的呼吁没有得到国会大多数议员的响应，甚至自民党内的一部分势力也反对修改宪法。1983年12月，这部分护宪派从自民党中分裂出来，成立了"新自由俱乐部"，使议会中的护宪势力超过2/3。加之当年10月，司法机关对前首相田中角荣贿赂案的审判，自民党"黑金政治"的内幕被曝光，社会各界对自民党的不信任感加剧。在这样的局势面前，中曾根内阁不得不在改宪的步伐上放慢下来。

对于自民党改宪步伐的放慢，"自主宪法期成议员同盟"会长岸信介十分恼火，谩骂中曾根是"风向标"、"墙头草"。还在一次党的大会上猛烈批判自民党在改宪问题上的"懦弱"，他说，"自民党中有人忘记了我们是改宪政党，请年轻的议员们学习一下党纲和宪法的制定"，"有人明知道我们是改宪政党，可是称现在不可能改宪，对改宪失去热情"，改宪"在我闭上眼睛之前难道就不能实现吗"？历史的确是无情的，就在岸信介讲话后的第二年，即1987年8月，这位一贯坚持反动皇国史观、始终与中国人民为敌的顽固分子，终于没有看到宪法"改正"的那一天，撒手而去。

如同前述，1991年，日本执政当局未经国会批准就派出自卫队扫雷艇进入波斯湾，公然违反了不准海外派兵的宪法原则。接着，众参两院强行通过了PKO法案，日本军人的身影开始出现在柬埔寨、卢旺达、莫桑比克等国家和地区，事实上等于架空了日本宪法。从这时开始，日本执政当局采取另外立法、强行通过的手段把宪法置之一边，造成既成事实，导致宪法在潜移默化之间被事实修改。

1995 年，美国为了实现"世界新秩序构想"，抛出一份《东亚战略报告》，建议日本政府对《日美安保条约》予以"新的定义"。1996 年 4 月，克林顿访日，与桥本龙太郎发表了《日美安全保障共同宣言》，决定修改日美防卫合作的指导方针，将"日本有事"扩展为"日本周边有事"，将"保障日本本土安全"扩展到对付亚太地区的"不稳定、不确定因素"。1997 年 9 月 23 日，《日美防卫合作新指针》出笼，规定了一系列有悖宪法的军事战略指导方针。

1998 年 7 月，小渊惠三登台组阁，为了把修改宪法的问题提上国会的议事日程，他以自民党内的新保守派为核心，同自由党以及中间偏右的公明党联合，排除内阁中的革新势力以及护宪派，以图顺利实施修宪的具体步骤。小渊是参拜靖国神社的活跃分子，还是一个积极的改宪派。早在 1993 年 1 月，他在一次讲演中就说过，"我过去一直感到有必要修改宪法，宪法制定的过程，以及其中的条文和字句，并非不存在着问题"。由于"保保联合"体制的树立，国会内主张护宪的社民党（原社会党）、共产党的势力大大削弱（当时两党众参两院议员总数仅为 40 人），而最大的在野党民主党，又是积极主张改宪的政党。致使小渊任上通过了《周边事态法》《自卫队改正案》《物品役务相互提供协定》（简称 ACSA 改定案）。时人将这三法称为"战争法"，表明日本政府已经放弃了"专守防卫"的宪法原则，积极追随美国之后，以日美军事合作、"地域干涉"的姿态凌驾于亚洲之上，从而向军事大国迈出了切实的一步。

2000 年 1 月 20 日，修改宪法问题正式提交国会，尽管在讨论中产生一些疑义或反对意见，但是，控制着绝对票数的"保保联合"体制还是促使国会通过了成立众参两院宪法调查会的议案。这表明，修改宪法已非过去的政党意志或内阁意志，而是国家最高权力机关（国会）的意志。为此，参议院宪法调查会长村上正邦十分兴奋地说,"禁忌被打破,在新千年这一具有历史意义的年份成立宪法调查会,实在令人感慨万千"。

2001年4月,小泉纯一郎上台表示,要在任内做四件"大事",分别是修改宪法、重新解释"集体自卫权"、制定《有事法制》和在"终战纪念日"这一天参拜靖国神社等。8月13日,小泉提前两天参拜了靖国神社,遭到国内外舆论的强烈抨击。此后不久,九一一恐怖事件发生,"成为小泉内阁实行军事大国化的最好的顺风旗"。于是,打着反恐的旗号,日本政府紧锣密鼓,又抛出了一连串明显违背宪法原则的《有事法案》,实现了战后陆海空自卫队联合行动、携带重武器首次进入战斗地区的突破。

综上所述,改宪一直是日本战后执政党的党是。战后以来,自民党始终是主导日本政坛的中坚势力,而它的前身又同战争时期的政党、官僚有着密切的关联,出于对明治宪法和旧体制的迷恋,自民党从成立之日起就没有放弃改宪的初衷。自民党改宪的手段无非有三种:一是"立法改宪",即修改宪法条文;二是"解释改宪",根据政策和策略的需要曲解宪法条文;第三是另外立法,出台违背宪法原则的法案冲击和架空宪法。

日本战后的一系列努力是日本军事大国化的国策使然。如果说,从20世纪80年代开始,日本确立了军事大国化的目标,那么,进入20世纪90年代后,军事大国化的步伐开始加大,《周边事态法》及其相关法案就是在这个时期出台的。一时间,朝野内外的右翼保守势力鼓吹成立国军、发展军备的呼声甚嚣尘上。而"和平宪法"是限制日本走向军事大国的最大障碍,其必欲改之而后快。所以,日本打着"维护世界和平"等幌子出台了一系列有悖宪法的法案,目的是为了构筑日本在国际上的政治、军事大国地位,重振"大和民族"昔日的雄风。

日本的军事大国化目标和举措同美国霸权主义的全球战略合拍。九一一恐怖事件以来,美国打着反恐旗号,到处插手国际事务,疲于应付。尤其是围绕伊拉克的战后"重建",美英军队陷在伊拉克举步维艰,难以自拔。而法德等西欧国家则"坐视不问",在这样的态势下,只有日本是出兵增援、拉美国盟兄一把的最佳人选。这样,日本的军事大国化目标同美国的霸权主义全球战略趋同,也赋予了日本摆脱"和平宪法"制约、修改宪法、建立国军的最好时机。

2001年秋,《读卖新闻》分别对知识阶层和普通民众就改宪问题进行了问卷调查,结果是:在知识阶层中有58%之人赞成改宪,普通民众中也有54%赞同修改宪法。也就是说,有一半以上的日本人赞同改宪。但是,普通民众同国会议员和知识界所关注改宪的焦点有本质不同。比如,赞成"在宪法中明确规定自卫权和承认自卫队存在"的国会议员有64%,知识阶层为69%,超过国会议员5个百分点,而普通民众不过19%。关心"放弃战争和自卫队问题"的国会议员和知识阶层均为87%,普通民众则为34%。答卷中普通民众关心的则是"环境问题""生存权和社会福祉问题""保护隐私权问题""情报公开"等。以上可以看出,尽管有一半以上的国民赞成改宪,但是,他们大多关心的是同家庭或个人生活密切相关的问题,并非是废弃"放弃战争"条款、发展军备、建立国军等内容。值得关注的是,知识阶层的改宪观与国会议员趋同,他们对改宪的推动力和社会影响不容小觑。

5 热点面对面 日本为解禁"集体自卫权"做了什么

通过剖析战后以来日本旧皇国史观的复苏,日本当局连续出台PKO法案、《新指针及相关法案》、《有事法制》等一系列违背宪法原则的法案,以及推进修改宪法的切实步骤,我们可以看出,日本"巧借"国内外局势的变数,尤其是美国全球战略以及"重返亚太"的战略转移，打着恢复"普通国家"的旗号，大张旗鼓地进行军事大国的建设。使自卫队实现了从"日本有事"之际的"专守防卫"到"周边有事"及"全球有事"（实质是"美国有事"）之际走出列岛的梦想，可以跟在美国人的屁股后面到亚洲、太平洋等地域炫耀武力。日本当局采取另外立法的手段架空宪法，张扬的旗号即行使所谓的集体自卫权，而"集体"则指美国及其西方盟友，他们的利益就是日本的利益，日美结盟反恐反邪恶轴心乃至反独裁政治等都是其行使集体自卫权的体现，是为"国际和平和安全做贡献"。然而，只要日本宪法第九条规定的"放弃战争""不保持战力""不以军事手段解决国际纠纷"的原则不被修改，日本自卫队虽然可以追随美国之后从事"后方地域支援""后方地域搜索救助"及"船舶检查"等军事行动，但毕竟有条件或有前提地限制着自卫队的战斗行为。这样，解禁集体自卫权问题便成为日本突破"和平宪法"约束的"瓶颈"。

2006年，第一次安倍内阁成立。9月29日，安倍晋三在国会就职演说中提出了六点任内"目标"，其中之一就是"具体研究宪法禁止的行使集体自卫权"问题。解禁集体自卫权的先声是鹰派政治家掀起的"核讨论"。外务大臣麻生太郎和自民党政调会长中川昭一在各种场合一唱一合，煽动日本应该围绕是否拥有核武器问题展开讨论，立即遭国内外舆论的关注和指责，也引发在野党提起书面弹劾案和内阁不信任案，要求内阁罢免麻生和中川。而在一旁的安倍晋三煞有介事地宣称日本仍要严守"无核三原则"，却对麻生等人的"核讨论"听之任之，演出了一场明眼人均可看穿的双簧戏。2006年11月30日，日本众议院未遇多大阻力通过了将防卫厅升格为防卫省的法案，12月15日，参议院也顺利通过了该法案。防卫厅升格为防卫省，绝非是一字之差。从2007年开始，防卫厅长官就以内阁大臣之一的"防卫相"身份参加内阁会议，直接就财政预算或内阁讨论的法案议题等进言。更严峻的是，日本自卫队的性质发生了重大改变。以往，日本打着集体自卫权的幌子，把派赴海外的自卫队军事活动称之

"附带任务"，即不属于自卫队的主要任务，而随着防卫厅的升格，自卫队出兵海外则成为它的"本来任务"。这说明日本自卫队已经不再是成立之初"专守防卫"的"自卫"武装，而是以出兵海外作为"本来任务"的正规军。因此，有右翼媒体称，防卫厅的升格，"加速了宪法禁止的行使集团自卫权的议论，迎来了日本防卫政策的一大转机"。

以上不难看出，在第一次安倍内阁组建初期，解禁集体自卫权便成为日本当局的施政目标，并展开了具体的运作。还要指出的是，日本当局鼓吹的集体自卫权绝非是发挥国联的作用，而是要甩开国联，追随美国独往独来。伊拉克战争爆发后，《产经新闻》发表了一篇社论，认为"国联的集体安全保障（体制）的非现实性，已经在伊拉克问题上暴露出来，说明国联安全保障理事会机能的不健全，是追问'国联至上主义'功罪的时候了"，"明言之，只有强化日美同盟，真正保证（日美）同盟关系，才能行使集体自卫权"。《产经新闻》的这篇社论完全吐出了日本当局的心声。

2012年末，第二次安倍内阁成立，围绕集体自卫权问题，安倍内阁展开了更大的动作。2013年2月15日下午，安倍晋三在出席自民党宪法修正推进总部会议时，极力鼓吹修改宪法，称修宪是本届内阁"需解决的重大课题"，表现要在任期内实现修宪的强烈意愿。同年8月，自民党召开外交与防卫部会，具体"研究"行使集体自卫权问题，试图以解释（实际是歪曲）宪法的形式允许日本行使集体自卫权。2014年7月，关于解禁集体自卫权的内阁决议案获得执政的自民党和公明党认可，即采取修改宪法的解释方式允许行使集体自卫权。

安倍内阁解禁集体自卫权的举动首先获得美国的认可。2013年6月24日，美国前副国务卿阿米蒂奇在东京召开记者会，称行使集体自卫权问题应由日本决定，表达了允许行使之意。2014年1月，美国助理国务卿坎贝尔访问日本，在与外务事务次官河相周夫磋商时强调，"日本可以致力于解禁集体自卫权，但不能利用首脑会谈进行宣传"。2014年4月5日，美国国防部长哈格尔访日，商讨日美安保的合作问题，哈格尔在与安倍会谈后接受日本媒体采访时，作为美国官方代表明确表示，"欢迎"日本通过修改宪法解释来解禁集体自卫权。哈格尔还进一步强调，"日美需要牢不可破的关系，美国支持扩大（日本）自卫队的作用"，"美国今后仍将是太平洋国家，重视亚洲的战略不会改变"云云。

2014年4月23日，美国总统奥巴马访日，在抵达日本前接受日本《读卖新闻》专访时指出，钓鱼岛适用于《美日安保条约》。同时表示支持安倍政权解禁集体自卫权。

为了推进解禁集体自卫权，安倍内阁召集一批赞同解禁集体自卫权的学者成立"关于重建安全保障法律基础恳谈会"（简称安保法制恳谈会），该会代会长、国际大学校长北冈伸一发表言论称，"为了发挥包括集体自卫权在内的自卫所必需的最小限度的实力，应当修改宪法解释"。他认为，解禁集体自卫权需要满足五个条件，其中包括"当关系密切的国家遭受攻击之时""当遭受攻击的国家提出请求之时"等，对这些问题"如果置之不理将对日本的安全产生重大影响"。

日本执政当局执意要采取解释宪法的形式解禁集体自卫权，遭到在野党和广大民众的强烈反对。2014年3月，上千名学者、作家等知识阶层成立"反战千人委员会"，对安倍政权试图通过修改宪法解释来解禁集体自卫权之举表示强烈反对。该委员会发起人之一的日本宪法学者、东京大学名誉教授奥平康弘在记者会上表示："修改宪法解释实际相当于修改宪法，绝不允许用内阁解释来架空宪法第九条。"作家镰田慧警告说，日本"已临近战争前夜，需要联合包括政党和工会在内的一切力量，扩大反战运动的阵线"。作家雨宫处凛表示，（安倍政权）"好战的本性已经暴露无遗，正试图从根基上急速改变日本"，"第九条很快就会变成一句空话"。

2014年5月，由12名宪法、国际法、外交和安保领域专家学者发起成立"国民安保法制恳谈会"，9月，该恳谈会向日本政府提交报告书，要求撤回解禁集体自卫权的内阁决议案。报告书指出，解禁集体自卫权的内阁决议，内容暧昧不明，行使条件也不清不楚。报告书批判其颠覆了立宪主义，否定了宪法第九条奉行的和平主义，是篡改宪法的暴举。9月30日，前日本内阁法制局长官大森政辅在记者会上表示，"安倍政权引用1972年禁止行使集体自卫权的政府解释得出了现在可以行使的结论，这是在偷梁换柱、欺骗公众"。前内阁官房副长官助理柳泽协二也表示，"不希望自卫队员因一些不知所谓的国策而做出无谓的牺牲"。

另据日本共同社的全国电话舆论调查，其中有49.8%的受访者反对安倍晋三的关于行使集体自卫权的安全保障相关法案，赞成者为38.4%。另有77.9%的受访者认为该法案必须事先获得国会批准。

2015年2月，日本两名记者被伊斯兰恐怖组织杀害，安倍借机张扬解禁集体自卫权，在国会上发言称，"为了救出国民，要考虑向海外派遣自卫队，并使用武器"，"营救日本人时，让自卫队发挥能力是国家的责任"，自卫队行使集体自卫权

2014年6月30日，日本东京，示威者在安倍官邸外集会抗议安倍内阁试图修宪，以解禁集体自卫权。

"没有地理上的制约"。甚至强调，"在盟国发动先发制人的'先行攻击'而引发冲突的情况下，只要满足行使武力的条件，就不排除行使集体自卫权的可能性"。2015年3月，安倍出席防卫大学毕业式，在训话时再一次强调解禁集体自卫权。

2015年4月8日，日本防卫相中谷元与到访的美国国防部长卡特会谈，双

方一致同意,将于当月下旬就修改《日美防卫合作指针》问题加速磋商,并计划在4月末日美外交与防卫部长磋商会议上正式达成协议。日美双方基本商定,新修订的《日美防卫合作指针》将对以往出台法案中的"平时""紧急事态""周边事态"等界定修改为关系日本和平与安全的四类事态,其包括日本未遭受武力攻击的"灰色地带事态"、对日本和平安全有重要影响的事态,新指针还包括行使集体自卫权时日美如何合作等内容,及应对弹道导弹、强制检查他国船只、自卫队海外扫雷活动等具体事例。新指针修改后,日本自卫队的活动范围将扩大至全球,届时将以"重要影响事态"的名义,展开向美军提供弹药、后方支援、船舶检查等军事活动。日美修改合作新指针的举动引起国内民众及媒体的强烈反响,民众和媒体担心日本从此后与美国捆在一起,充当"全球警察",指责日本政府藐视民意。《朝日新闻》发社论称,修改防卫合作指针后,自卫队将在世界各地支援美军的活动,此举可谓日美同盟的重大实质性转变,将会导致以专守防卫为方针的自卫队发生蜕变,防卫费用也可能会扩大。《每日新闻》的社论称,自卫队的活动范围不应毫无限制地扩大。日本大部分民众不理解自卫队活动范围为何要扩大。

十二

抗日战争给中国人留下了什么经验教训

抗战 热点面对面

1 抗日战争怎样影响和改变了中国近代史的进程

抗日战争是中国近代历史上仅有的以中华民族的完全胜利而告结束的民族解放战争。战争期间，在政府与人民之间、在各个政治派别之间、在各个民族之间、在国内人民与海外同胞之间建立了密切的合作关系，表现出中国近代以来前所未有的民族凝聚力。同时，从20世纪30年代开始的日本对中国的全面侵略，也给中华民族带来了空前的灾难，国家和人民遭受的损失比近代以来任何一次外敌入侵造成的损失都要惨重。另外，受到战争影响，中国国内政治力量的对比以及中国在国际社会中所处的地位，在战争结束时也发生了很大改变，并且这种变化最后促成了中国近代历史因中华人民共和国的建立而告结束。所有这些都表明，抗日战争在中国近代历史中占据着重要地位。

1840年第一次鸦片战争爆发以来，中国进行的对外战争包括第二次鸦片战争、反对日本侵略台湾的战争、中法战争、中日甲午战争、反对八国联军入侵战争等等。这些战争，无一不是以失败而告终。通过这些战争，帝国主义列强从中国掠夺了大量财富，并逼迫中国与其签订了许多不平等条约。中国被各帝国主义瓜分得四分五裂，逐渐成为一个半殖民地半封建国家。辛亥革命推翻了统治中国两千年之久的封建君主制度，但中华民国的成立并没有从根本上改变中国的命运，中国仍然受列强宰割。发生在1914年到1918年的第一次世界大战，中国不仅是参战国，而且还是战胜国。但是，战争的结局没有改变中国的国际地位。在巴黎和会上，中国还要继续听任列强摆布。也正是因为这样，才爆发了以反对日本霸占山东为直接目标的五四爱国运动。

十二 抗日战争给中国人留下了什么经验教训

20世纪30年代,日本加快了对中国的侵略步伐,终于在1937年发动了全面侵华战争。和以往的反侵略战争一样,中国仍然面对着比自己强大得多的对手。但是,战争的结局却与以往大不相同,中国最终完全彻底地战胜了对手,第一次真正意义上成了战胜国。而这样的战争结局,也对中国的历史产生了根本的影响。

抗日战争改变了中国的国际地位。

抗日战争不仅是中华民族的民族解放战争和人民战争,同时还是世界反法西斯战争的一个重要组成部分。并且,由于中国抗日战争对世界反法西斯战争的重大贡献,使得中国在国际社会的地位发生了巨大变化。

中国抗日战争演化成世界反法西斯战争的组成部分,有一个历史的发展过程。抗日战争爆发之前,1936年11月,日本与德国两个法西斯国家就已经结成同盟。抗日战争爆发之后不久,意大利于1937年11月也加入了这个法西斯同盟。这说明日本发动的全面侵华战争,在性质上是法西斯国家瓜分世界的侵略战争。但是,当中国抗日战争开始的时候,世界反法西斯国家之间却还没有成立同盟,社会主义苏联和资本主义英美等西方国家,对中日之间的战争也没有共同一致的立场,它们的态度主要取决于本国利益的得失。

苏联对于中国抗战,明确地采取了支持态度。这主要是因为日本侵略中国对苏联的安全造成了极大威胁,一旦中国妥协或失败,苏联有可能成为日本下一个侵略扩张的目标。尤其是德意日法西斯同盟,最早是以签署反共产国际协定的形式达成的。日本以苏联为敌的立场十分明显,这不能不引起苏联的高度警惕。另外,作为社会主义国家,支持被压迫民族的解放斗争,也是苏联在道义方面的责任。因此,苏联是最早支持中国抗日的国家。1937年8月,中苏两国签署了《中苏互不侵犯条约》,其中规定任何一方遭到第三国侵犯时,另一方不得对第三国提供任何直接或间接的支持和援助。随后,两国又签订了《中苏信用借款条约》,中国从苏联得到大量的军事与技术援助。11月,苏联第一批援华飞机到达兰州。此后，苏联援华物资源源不断地运到中国。到1939年6月，苏联分3次与中国签订贷款合同，共贷给中国2.5亿美元（实际动用1.7亿美元）。另外，苏联还派出以飞行员为主的志愿人员来华直接参加抗日战争，其中200多名志愿飞行员在战斗中牺牲。苏联顾问还参与了训练中国军队和拟定实施作战计划的工作。这些都为中国抗日战争做出了重大贡献。除苏联外，各国共产党和一些国家的友好人士也以种种方式支援中国抗战。包括加拿大的白求恩大夫在内，许多人直接与中国人民并肩作战，甚至为中国人民的解放事业而献出了自己宝贵的生命。

英、美两国，在中国抗日战争开始时，采取了消极旁观的态度。虽然它们在中国的利益因日本发动侵华战争而受到损害，但它们对中国坚持抗战却没有信心，不愿意因支援中国而使日本进一步损害它们的利益。英国的政策是，"拖延时间，期待双方终于完全精疲力竭"，然后"帮助实现这个悲剧冲突的合理解决"，把美国推到对抗日本的第一线。英国不愿直接对抗日本，主要是担心日本会在东南亚英国利益比较集中的地方实行报复。美国的政策是，避免介入，保持中立。美国不愿支持中国，同样是担心引起日本的报复，因为当时日本是美国的重要贸易伙伴，在1937年美国对亚洲的输出贸易中，日本占了49.82%的份额。另外，当时美日军事力量对比，美国并不占优势，因此它不愿过早与日本发生军事对抗。英美两国的对日绥靖，助长了日本的气焰，它们自身的利益也随着战争的不断扩大而进一步受到损害。这里面的利害关系，促使英美逐渐改变了态度。特别是1938年11月日本近卫内阁第二次声明中明确提出"建立东亚新秩序"的口号，使英美感到了日本独霸中国和东亚的野心。是年12月，美国宣布与中国签订2500万美元信用贷款，英国也宣布向中国提供50万英镑的信用贷款。英美开始援助中国抗战。但是直到太平洋战争爆发之前，英美两国在对日、对华政策上多次出现摇摆。

1939年9月1日，德国进攻波兰，9月3日，英法对德宣战，第二次世界大战全面爆发。1940年9月27日，德意日缔结军事同盟。1941年6月22日，苏德战争爆发。8月，美国总统罗斯福和英国首相丘吉尔发表《大西洋宪章》，宣布不承认法西斯国家通过侵略造成的领土变更和解除侵略国家武装等项原则。10月，苏联声明同意《大西洋宪章》原则。12月7日，日军偷袭珍珠港，太平洋战争爆发。1942年1月1日，美、苏、英、中4国领衔，26国代表在华盛顿签署了以反对法西斯国家侵略为内容的《联合国家宣言》，国际反法西斯统一战线正式形成。

中国加入国际反法西斯统一战线，尤其是跻身世界四大国的行列领衔签署《联合国家宣言》，显示了中国抗战和中华民族在世界反法西斯战争中的重要地位。这是最早奋起抵抗法西斯侵略并独立在东方坚持达四年半之久的中国人民应得的荣誉，也是世界各国对中华民族为反法西斯事业做出伟大贡献的肯定和认同。近百年来，中国一直处在被世界列强奴役、压迫的屈辱地位，中国的主权和民族权益长期受到粗暴的侵犯和损害。中国人民在抗日战争中表现出来的民族觉醒和不屈不挠的顽强意志，使世界各国开始以新的眼光和态度来看待中国。中国作为国际反法西斯统一战线的重要一员，初步确立了在国际社会中的重要地位。在共同的反法西斯事业中，中国的民族利益与世界各主要国家的利益前所未有的一致，中国抗战支援了世界反法西斯战争，世界反法西斯战争也为中国人民战胜日本帝国主义、实现民族解放创造了有利的国际环境。在这个历史前提下，1943年，中美、中英缔结新的条约，宣布废除了1901年的《辛丑条约》，废除了帝国主义国家在中国享有的领事裁判权及其他特权，基本上打破了鸦片战争以来列强强加在中国头上的不平等条约的体系。

1945年8月抗日战争的胜利，是近代中国历史由衰转盛的转折点，是20世纪中国历史的分水岭。在这一年，中国参与筹建联合国，成为继美、苏、英、法之后的世界五大强国之一，中国的大国地位由此而奠定。中国虽然实际上还是一个弱国，但由于胜利，在国际关系体系中的地位开始发生本质变化。1949

年以后，中国进一步可以对旧的世界秩序说"不"，开始坦然地面对世界、面对未来，并且信心百倍地努力为世界的和平与发展贡献自己的力量。与半个世纪以前相比，中国与世界的关系已经大大改观了。

抗日战争改变了中国社会政治力量的对比。

在8年抗战中，中国不仅存在着两个战场，而且存在着两个战场的两种不同抗战指导路线，存在着代表中国进步方向和落后方向的两种社会政治力量。由于日本的侵略，民族矛盾成为中国社会的主要矛盾，在8年时间里一直占据支配地位。但是，阶级矛盾并没有因为抗日战争的开展而消失，在8年抗战期间，社会进步力量与社会落后力量之间的矛盾，不仅存在着，而且有时还表现得十分激烈。随着抗日战争的进行，两个战场在解决民族矛盾的抗日战争中所起的作用不断发生变化，而这种变化所带来的结果之一，是代表中国社会进步方向的政治力量逐渐发展壮大，代表中国社会落后方向的政治力量不断削弱。这种力量对比的转变，最终又为解决阶级矛盾创造了条件，中国历史也因此发生重要转折。

抗日战争时期，中国实际上存在着两个不同性质的政权：一个是由国民党掌握的国民政府；一个是由共产党掌握的敌后抗日民主政权。后者名义上是隶属于国民政府的地方政权，实际上在施政纲领不超出抗日民族统一战线所允许的范围条件下，是独立的政权。

抗战开始后，国共两党都提出了抗战建国纲领和具体的施政目标。共产党抗日民主政权的方针主要是：敌后根据地政权的性质是抗日民族统一战线的政权，即几个革命阶级联合起来，对汉奸和反动派专政；抗日民主政权的组织原则是"三三制"，即在政权人员的分配上，共产党员、非党的左派分子和中间派各占1/3；抗日民主政权的施政方针，应以反对日伪汉奸，保护人民，调节各阶级利益，改良工农生活为基本出发点；强调加强抗日民主政权建设，将有助于推动建立全国的统一战线政权。在这些方针之下，各抗日民主根据地通过政治、经济、文化等方面的社会改革，基本上由半殖民地半封建社会转变为具有新民主主义性质的社会，经济、文化不断得到进步和发展。

国民党虽然也提出了基本符合战时需要的抗战建国纲领，但实际上，它的对内统治政策并未因此而发生实质性的改变。这主要表现为：在政治方面，继续坚持一党独裁，延续和新制定了限制人民民主权利的法令；在经济方面，坚持实行所谓的"战时经济政策"，不肯改变落后的经济制度，并且加强了官僚资本的统治地位；在文化方面，宣扬封建专制主义的思想文化，坚持把中国人民束缚在所谓"中国固有的政治与伦理哲学的正统思想"之下。这些政策的执行，导致了国民党统治区的腐败与专制，经济危机，生产凋敝，人民生活难以为继。事实上，抗日战争时期国民党统治下的区域，从社会性质上说，仍然属于半殖民地半封建社会。

国共两党所代表着的两种不同性质的政权的客观存在，使代表着中国社会两种不同发展方向的政治力量之间不可避免地产生矛盾和斗争。特别是抗日战争战略相持阶段到来以后，这种矛盾和斗争变得尖锐起来。一方面，由于日本把作战目标首先放在了巩固占领区方面，在一定程度上减缓了正面战场的军事压力；另一方面，在深入敌后广泛开展抗日游击战的同时，共产党的力量得到了显著的发展，使国民党产生了忧虑和恐惧。于是在抗日与反共之间，国民党产生了摇摆。在对待日本方面，1938年底国民党副总裁汪精卫公开投降日本之后，蒋介石虽然强烈谴责了这种叛国行为，但没有放弃通过和谈结束战争的希望，于1939年开始与日本进行秘密接触。在对待共产党方面，1939年国民党秘密制定了《限制异党活动办法》《共产党问题处置办法》《处理异党实施方案》《防止异党兵运方案》等反共文件，加强了防共、限共、溶共、反共活动。这些情况表明，中国面临着对日妥协和内部分裂的危险。在此形势之下，共产党提出了坚持抗战、反对妥协，坚持团结、反对分裂，坚持进步、反对倒退的口号，毫不动摇地继续发展壮大人民力量，对国民党的反共活动予以坚决打击。

抗战 热点面对面

  1939年末到1940年春，国民党军队分别攻击陕甘宁边区和山西人民抗日武装。在八路军的坚决反击下，这次反共高潮未能达到阻止人民抗日力量发展的目的。1941年1月，国民党调集8万余人在皖南袭击绕道北上的新四军军部及其所属部队9000余官兵，新四军除2000余人突围外，大部牺牲，军长叶挺被俘。这就是震惊中外的皖南事变。事变发生后，共产党一面做好反击国民党继续进攻的军事准备，重建新四军军部；一面进行政治斗争，向人民揭露和斥责国民党的反共暴行。在共产党的斗争和国内外舆论的谴责下，蒋介石被迫声明"以后决无'剿共'的军事"。1943年7月，国民党以3个师的兵力进犯陕甘宁边区关中分区。由于八路军做好了守卫边区的充分准备，并且全国舆论纷纷谴责国民党的反共活动，这次反共活动尚未形成高潮即被制止。

  在军事较量的同时，国共两党在意识形态方面也进行了针锋相对的斗争。中国如何建国？建设一个什么样的国家？两党的主张截然相反。

  1940年，毛泽东发表《新民主主义论》，提出了建立新民主主义中国的主张。他指出，新民主主义的政治，应当是无产阶级领导的各革命阶级的联合专政，而以人民代表大会和民主集中制的政府作为国家政权的构成形式。新民主主义的经济，应当是把操纵国计民生的大银行、大工业、大商业收归国有，使之成为社会主义性质的国营经济；没收地主土地，分配给无地、少地的农民；发展具有社会主义因素的合作经济；不允许操纵国计民生的资本主义经济发展。新民主主义的文化，应当是无产阶级领导的人民大众的反帝反封建的文化，即以共产主义思想为指导的民族的科学的大众的文化。在这种理论指导下，敌后抗日民主根据地成了中国新民主主义社会的雏形，代表了中国以后的发展方向，它得到了根据地各阶层人民的拥护。

  1943年，以蒋介石的名义发表的《中国之命运》，提出了国民党的政治主张。该书极力为国民党一党专政寻找历史依据，宣扬封建主义的思想和理论，把"四维八德"说成是立国之纲，鼓吹一个党、一个主义、一个领袖，表现出强烈的封建法西斯主义思想。它还指责共产党和抗日根据地是"新式军阀"和"变相割据";也指责西方民主制度,说人民要求自由、民主是离经叛道,应予取缔。国民党不仅是这样说的,也是这样做的。这些理论和这些做法,受到国内各界民主人士的批评,也引起反法西斯盟国的不满。在国民党统治区内,反对独裁、要求民主的斗争从来没有停止过。

中国进步政治力量与落后政治力量之间的力量对比,正是在国共两党的上述矛盾与斗争中发生了变化。沿着中国抗日战争的两个战场及其运动这条主线来看,共产党实行的是一条全面的抗战路线,是把民族战争和人民战争结为一体,是把打败侵略者和建设新中国作为同一个目标,代表了中华民族和中国人民的最高利益,因此它在军事上和政治上都得到了广大人民的热烈拥护,敌后战场也因之得以开辟并成为中国抗日战争的主体战场,它所代表的进步力量也因之发展壮大。国民党实行的是一条片面的抗战路线,是把民族战争和人民战争对立起来,是把打败侵略者和恢复旧中国统治秩序作为同一个目标,不能代表中华民族和中国人民的最高利益,因此它没有得到广大人民的热烈拥护,正面战场也因之在中国抗日战争中不能长久地占据主体地位,它所代表的落后力量也因之削弱。

再从实际结果来看,中国社会政治力量对比的变化表现在两个方面。首先是物质力量的变化。在 8 年抗战中,中国共产党领导的人民军队,从抗战开始时的 5 万人,发展到抗战胜利时的 100 万人,民兵则发展到 220 万人,并且中国共产党拥有 1 亿人口的根据地。其次是精神力量的变化。在 8 年抗战中,中国共产党领导的敌后战场不仅上升为中国抗战的主体战场,而且中国共产党坚持抗战、反对妥协,坚持团结、反对分裂,坚持进步、反对倒退的主张和行动,是中国抗战坚持到最后胜利而没有半途而废的重要保障。这种中流砥柱的作用使共产党得到了包括国统区在内全国各阶层人民的真诚拥护。与国民党两相对照,人心向背发生了重大变化。

抗日战争是中国近代历史发展的一个转折点，是近代以来中国第一次取得全局胜利的对外战争。这个胜利，改变了中国历史发展的航向。抗日战争中，并存着两个过程、两种演变：一个是日本的力量由强变弱，由军事胜利到最后的彻底失败；另一个是国内两大政治势力的力量对比发生了重大变化。前一个演变关系到中国亡不亡国、民族能否独立的问题，后一个演变关系到今后是新中国还是旧中国、中国能否打开通向现代化前途的问题。

这后一个演变，在抗战胜利后不过4年就有了结果。国民党、蒋介石丧失了在中国大陆的统治能力。中华人民共和国成立，不仅宣布中国已经解决了国家独立问题，而且开辟了中国通向现代化的前途，中国的历史新生了。

两种社会政治力量对比的变化，是这一历史时期中国历史发生转折的决定性因素。

2 为什么说民族凝聚力是民族复兴的条件

读过萧乾《枣核》的人都知道，文章主人公是位美籍华人，他说过这样一句话："改变了国籍并不等于就改变了民族感情；而且没有一个民族像我们这么依恋故土的。"对于大多数中国人来说，因为境地不同，大概没有这样的体会。但是，对于这位海外华人依恋故土的情感，却没有不认同的。确实，一个民族的民族凝聚力，首先就表现在情感方面。但民族凝聚力又不完全为情感所包容。如果给民族凝聚力下个定义，有人认为它是一种观念形态（感情、理想、价值观），蕴藏在每一个民族成员之中，是中华民族共同的民族心理和民族精神的集中体现。民族凝聚力是一种合力，包括民族整体（通过执政党、中央政府等民族领导核心）对民族成员的吸引力、民族成员对民族整体的向心力和民族成员之间的亲和力，是这三种力的有机统一。其中民族整体对民族成员的吸引力处于主导地位，它经常制约和影响着民族向心力和民族亲和力的状况。

知道了什么是民族凝聚力，还要知道它是如何产生的。其实，从上述关于民族凝聚力的定义可以看出，民族凝聚力包含了民族成员和民族整体的关系，而这种关系又是与代表着民族整体的国家联系着的，因此，国家的执掌者与民族凝聚力的产生有着直接的重要关系。仅从这点来看，除了民族凝聚力以外，与国家的执掌者相关，不能排除民族离心力也有产生的可能。而中国抗日战争的历史，恰恰从两个方面验证了民族凝聚力与民族离心力产生的条件。所谓民族离心力，与民族凝聚力正好相反，它表现出了对民族的情感淡漠，而与这种淡漠相关的是民族整体对民族成员缺少吸引力，及由此造成的民族成员失去了对民族整体的向心力。

一般地说，民族凝聚力的产生有两个特别显著的时间条件。第一，当一个民族的生存受到极大威胁而面临着灭亡的危险时刻，它容易产生内部的凝聚力量，这是任何一个民族都曾经发生过的民族自我保护的自然反应。第二，当一个民族正处于上升阶段而走上振兴道路的时候，民族整体与民族成员的利益最大限度地保持了一致，在它的内部，离心力将被向心力取代，由此产生出巨大的凝聚力。

以抗日战争为例。在它发生之前，中国显然缺少甚至还没有形成一个民族生存和发展所不可缺少的民族凝聚力。这是因为，自1840年以来，中国受到帝国主义国家的侵略，逐渐由一个独立的封建国家沦为一个半殖民地半封建国家，民族的凝聚力也由于国家统治者的对外软弱而开始涣散。尤其是在多个帝国主义国家的操纵之下，中国实际上处于分裂状态，更影响了民族凝聚力的形成。辛亥革命以后，中国虽然推翻了封建君主制，建立了中华民国，但是，中国的半殖民地半封建社会性质却没有得到改变。国家执掌者走马灯一样地变换，服务于不同的帝国主义主子，中国的分裂状态更加严重了。南京国民政府成立后，中国的分裂状态不仅依然存在着，而且愈演愈烈，连年不断的内战使中国出现了一幅民不聊生的悲惨景象，民族的离心力代替了向心力而成为社会的主流。20世纪30年代以后，中国的内战已经到了连年不绝的地步。

我们说，日本发动侵华战争是早已决定的国策，但从另一方面来说，中国的分裂状态也是日本敢于发动侵华战争的一个重要条件。九一八事变发生的时候，虽然东北已经易帜服从南京国民政府，但国民党对共产党的"围剿"战争和国民党内部各地方派别的纷争却没有停止。日本帝国主义正是利用了中国的分裂情况，实施了首先霸占东北的阴谋。而这一阴谋也由于南京政府的"攘外必先安内"政策而得逞，使日军仅仅用了4个月的时间就占领了中国东北。这时，日本已经暴露了独自霸占中国的野心，但南京政府却仍然把全副精力放在了"剿共"战争和国民党内部不同派别之间的战争上。日本利用中国的这种分裂状态，不仅轻易地占领了东北，还很快地把势力渗透到华北，为发动全面侵华战争做了准备。由此可以看出，一个国家，如果它的执政者不能把民族的整体利益放在首要的位置，而把执政集团的利益放在首位，那么这个国家就不能产生民族凝聚力，结果只能是丧失抵御外侮的能力，"攘外"也就无从说起。

其实，就是在抗日战争爆发以后，由于历史的惯性作用，中国内部仍然存在着分裂的消极因素，这对于全民族的抗日战争也是十分不利的。在战争的初期，各党各派各阶级阶层人士集合在抗日民族统一战线的旗帜下，实现了空前的民族团结。但是，仍然有一些人为了保存集团利益而消极抗战，韩复榘的不战而退就是一个典型的事例。而汪精卫的叛国投敌，又与他和蒋介石的离心离德有着重大关系。苏联的卫国战争中很少听说有谁背叛了祖国，而中国在抗日战争时期却出现了大批汉奸，这是一个值得人们深思的问题。

但是，抗日战争毕竟是在中华民族最危险的时候发生的。正如前面说过的，当一个民族的生存受到威胁而使这个民族的成员也面临着生死抉择的时候，这

十二 抗日战争给中国人留下了什么经验教训

个民族的凝聚力就很容易产生了。具体地说，中华民族在抗日战争时期表现出来的民族凝聚力，是以抗日民族统一战线为标识的。

抗日民族统一战线是怎样形成的，本书前面已经进行了回答。而与民族凝聚力相关的几个问题，还需要特别加以说明。

1935年12月9日，北平学生举行抗日请愿游行，一二·九运动爆发。图为北平学生游行队伍。

首先，民族情感的认同是抗日民族统一战线形成的首要条件。一般说来，抗日民族统一战线的形成是以西安事变为开端的。在事变发生之前，蒋介石仍然坚持着"攘外必先安内"的政策。在他看来，共产党的军队已经被围困在西北一隅，"剿共"战争的"胜利"指日可待。因而他不接受张学良等人的意见，执意继续"剿共"。在西安事变发生之后，蒋介石被迫放弃了"剿共"方针，同意了张学良和共产党提出的在全国范围内停止内战、一致抗日的主张。表面上看，事变的发生与结局都有偶然因素，但深入分析，又有着很大的必然性。第一，虽然蒋介石在事变之前没有放弃"剿共"方针，但由于日本的步步侵略，民族危机已经显示出来，使得他的"剿共"不可能出现他所希望的结果，如果他一意孤行，那么基于民族情感的中国舆论将会对他在中国的统治形成巨大冲击。第二，蒋介石本人也意识到日本不断扩大的侵略已经给中国造成了极大威胁，因此，在事变发生之前，他领导的南京政府实际上已经开始了抗日的准备，并且开始与共产党有了秘密接触。有人说，蒋介石是个民族主义者，如果仅从他在抗日问题的最后抉择方面来看，这个说法是比较客观的。民族情感发生了作用。

其次，以国共两党合作为基础的抗日民族统一战线对广大民族成员产生了巨大的吸引力。1935年，中国共产党就已经提出了建立抗日民族统一战线的主张。1936年，中国共产党又明确提出蒋介石和南京政府应加入这个民族统一战线。西安事变发生后，共产党适时提出了实现抗日民族统一战线的各项主张，这些主张既包括抗日的纲领，也包括改革政治的纲领，因此得到了全国大多数人的热烈拥护。而执掌着中国政权的南京政府，也由此一改以往的面目，号召全国人民一致抗日，并为了抗日而进行了比较重大的政治、经济改革。民族整体对民族成员的吸引力产生了。

再次，抗日民族统一战线使中华民族产生了前所未有的民族亲和力。应当承认，抗日战争的发生，并没有解决中国社会固有的矛盾。但是，在民族矛盾成为中国社会主要矛盾的时候，特别是在抗日民族统一战线建立起来的时候，一切社会矛盾都在服从抗战的前提下得到了缓解和淡化。于是，在中国出现了近代以来前所未有的景象：为了打败日本侵略者，在政府与人民之间、不同政治派别之间、不同阶级与阶层之间、国内人民和海外华人之间，形成了空前的民族团结。民族的亲和力产生了。

抗日战争最终以中国的完全胜利而告结束。这个胜利是怎样取得的？除了本书前面已经分析过的以外，还应该特别强调的就是，中华民族在战争中表现出来的强大的民族凝聚力，为抗日战争的胜利发挥了至关重要的作用。人们经常把抗日战争看作是中华民族复兴的枢纽，是因为中国自近代以来就已经开始了的反对帝国主义侵略的斗争，是通过抗日战争才彻底地完成的。同时，抗日战争还改变了中国的国际地位，使中国不仅第一次获得了主权国家的尊严，而且跻身到大国行列，在国际事务中有了独立的发言权。从这点来看，民族凝聚力是民族复兴的一个重要条件。

中华民族的凝聚力是在历史发展长河中维系整个中华民族生存与发展的一种内在力量，因而它历来为人们所重视。今天的中国已经发生很大变化，但是我们仍然可以说，民族凝聚力还是中华民族复兴的一个重要条件。现在，中国已经不再直接面对民族生存的巨大威胁，并且它正以崛起的面目出现在世界民族之林。因此，中国人民的任务已经不再是挽救民族生存，而是使民族振兴。

3 怎样理解"落后就要挨打"

抗日战争给中国人留下了一条深刻的教训，这就是"落后就要挨打"。

最早提出"落后就要挨打"的是斯大林。在20世纪20年代初期，苏联国内开展了大规模的农业集体化运动。与此同时，斯大林感到自己有一种责任，就是把苏联带入世界强国之列。为此，苏联必须变落后的农业国为先进的工业国。斯大林在题为《论经济工作人员的任务》的重要演说中，提出了著名的"赶超战略"。当时他指出，由于苏联是唯一的社会主义国家，处于敌对的资本主义包围之中。苏联经济技术十分落后，而周围的资本主义国家技术先进，工业发达。如果苏联不能在短时期消灭这种落后性，不发展工业，不建立军事工业，不迅速巩固国防，帝国主义随时可能发动军事干涉和侵略，扼杀苏维埃政权。因此，斯大林强调加快工业发展速度，提出延缓速度就是落后，而落后是要挨打的。这里，他讲的"落后是要挨打的"含义是具体的，是指不做好反侵略战争的准备就可能挨打，而不是笼统地指经济落后或综合国力落后只能挨打。

落后果然就要挨打吗？从人类社会发展的历史来看，有许多事实证明了这个说法——一个落后的民族或国家，容易招致外敌的入侵。历史上以强凌弱的事情，给人们的印象十分强烈。但是也有人会说，从另外的史实却可以得出相反的结论。比如，古罗马并不是被比它更先进的文明种群征服的，而恰恰灭亡于野蛮的汪达尔人入侵。在中国，宋、明两个王朝都是被北方经济、文化落后的少数民族灭亡的。

这里有两个问题需要澄清。第一，斯大林所说的"落后就要挨打"，其中的落后还仅指工业或者说是重工业的落后。而实际上，对于近代中国来说，它的落后并不仅仅是工业的落后，也不仅仅是经济的落后，而是综合国力的落后。这个落后既反映在经济方面，也反映在政治方面，其中尤为重要的一点是国家的分裂与民族内部的涣散所表现出来的综合国力的低下。第二，"落后就要挨打"，指的是近代以来，或者说是帝国主义时代到来以后的现象。从中国的经验来看，它确实是一个被证明了的规律，因此它也被毛泽东所强调。

中日战争的发生，印证了"落后就要挨打"的规律。中日两国的近代历史有着相似的地方，两个国家都是在西方列强的炮舰下被迫开港的。但是，开港之后两国却走上了截然不同的道路。日本通过维新运动走上了资本主义现代化的道路。由于19世纪后半期世界已经进入了帝国主义时代，因此，日本在当时提出的"富国强兵""脱亚入欧"等口号，已经显露了它的对外扩张野心。与日本对比，中国被列强打开了闭关锁国的大门之后，并没有走上发展资本主义的道路。尽管在19世纪70年代曾经出现过洋务运动，但是这个运动本身并不是以发展现代资本主义为目的，而是以维护封建王朝为目的，所以它并没有达到发起实施者"富国强兵"的目的。如果说这时两国的差距还不明显，那么甲午战争的发生，则彻底地改变了两国的命运。

1894年甲午战争发生的时候，中日两国大致处在力量平衡状态。但是如前所述，衡量国家先进与落后的标准，还有许多非经济的因素。与日本相比，封建清王朝的腐朽决定了它的战争组织能力低下。战争的结局可想而知，是中国失败。战争后中日两国签订的《马关条约》，使中国遭受了割地赔款的极大耻辱。台湾与澎湖列岛被日本霸占，中国还向日本交付了2.3亿两白银的战争赔款

十二　抗日战争给中国人留下了什么经验教训

在中日甲午战争中，北洋海军全军覆没。图为北洋海军提督署原址。

（其中包括赎回辽东半岛的3000万两赎金）。这批巨款，相当于中国年财政收入的3倍、日本年财政收入的4倍。中国被迫向西方列强大举借款，由此引发了帝国主义瓜分中国的恶浪，中国的半殖民地程度加深。而日本恰好相反，利用从中国榨取的巨额赔款，不仅加速了军事工业的发展，还加速了其他工业的发展。如很著名的日本八幡铁厂，就是用这笔赔款的一部分建立起来的。另外，日本还利用这笔赔款的一部分发展近代教育，以利于综合国力的增长。

我国著名历史学家胡绳曾经说过，在近代中国前面摆着两个问题，即如何摆脱帝国主义的统治和压迫，成为一个独立的国家；如何使中国近代化。这两个问题是密切相关的。如何相关？他解释说，因为落后，所以挨打；因为不断挨打，所以更落后。这是一个恶性循环。胡绳的话是对中国近代历史的经验总结，很有道理。甲午战争以后，中国处在更加落后的地位，而日本也因国力的增长而更富侵略的野心。近代中日两国的基本关系，即侵略与被侵略的关系，就这样被确定下来了。

抗战 热点面对面

如果说甲午战争改变了中日两国的命运和确定了两国的基本关系，那么到了20世纪30年代，"落后就要挨打"的规律，伴随着日本对中国的步步侵略和最终发动全面侵华战争，更加无情地显示出来。

1937年日本发动全面侵华战争的时候，中日两国的力量对比明显地反映出敌强我弱的特点。日本具有亚洲最强的陆海军。卢沟桥事变之初，日本现役兵38万人，预备役及后备役兵160万人；陆军17个师团（编制大体与中国的军相等），海军舰艇约190万吨，飞机约2700架。日本军队经过长期的军国主义和武士道精神训练，装备和战斗力比较强。当时中国陆军兵力现役兵170余万人，壮丁已训练完毕和正在训练的约150万人；陆军编制派系复杂，装备、训练落后，海、空军力量更无法与日本相比。海军新旧舰船仅约6万吨，空军只有314架飞机。另外，中国工业远远落后于日本。1937年中国的工业总产值约13亿美元，不到日本的1/4。日本当年的钢产量有600余万吨，而中国却不足10万吨，机器制造业几乎是空白。尤其是化学、钢铁、机械、光学仪器等工业的薄弱，使中国几乎没有生产诸如飞机、舰艇、坦克以及各种先进武器的能力。

以上还仅仅是军事与经济实力方面的对比，中国的落后还表现在其他方面。如在战争组织力方面，日本在法西斯国家体制之下，动员了日本的全部人力资源，而中国虽然在抗日民族统一战线的旗帜下集合了全民族的抗日力量，但由于国民政府长期坚持内战政策，并且在自给自足的小农经济占主导地位的环境下，在全面抗日战争爆发的初期，抗日的动员仍然不够充分。当然，随着战争的深入，小农经济占主导地位对于中国来说又变成了坚持长期抗战的一个优势条件，但我们却不能因此而否认"落后就要挨打"给予中国人民的教训。

在第二次世界大战中，在所有的参战国家中，中国是人员伤亡最多的国家。据统计，在战争中，英国武装部队、本土加殖民地人民共死亡80余万人；美国海陆空军死亡32万余人；苏联伤亡2600余万人；而中国军民伤亡则达到了3500万人，超过了上述国家伤亡的总和。这种情况，一方面说明了中国人民具有不屈服于强敌的民族牺牲精神,另一方面也说明了中国抵御侵略能力的低下,而这种能力的低下,是落后造成的。从抗日战争中比较大的战役可以看出,以落后的武器装备去面对敌人先进的武器装备,结果只能是付出更多的牺牲。这是中国军队伤亡远远超过日本军队伤亡的主要原因。当然,日本军国主义的种族灭绝政策,如对平民的大规模屠杀,也是造成中国军民伤亡重大的原因之一。但是从总体来看,如果中国与日本同样拥有先进的武器装备,恐怕战争的伤亡要小许多。

"落后就要挨打",是中国人民通过近代历史,尤其是抗日战争史而得出的惨痛教训。但是,还需要看到问题的另一个方面,那就是落后就一定挨打吗。历史还证明了,不畏强暴是中华民族精神的内容之一。抗日战争是因为中国的落后而遭受了日本的侵略,但战争的结局却是落后的中国战胜了先进的日本。这说明,"落后就要挨打"是一般的规律,而正义战胜邪恶、进步战胜反动,同样是历史发展的规律。因此,毛泽东还有一个著名的论断,那就是"帝国主义和一切反动派都是纸老虎"。这也是中国人民从近代历史中总结出来的经验。应当承认,到现在为止,中国还不是一个综合国力强大的国家,为了改变落后的面貌,中国还要走过漫长而曲折的道路。提高综合国力,使中国真实地强大起来,是中国人民当前的奋斗目标。在我们坚持不畏强暴并保持民族尊严的时候,还应该清醒地意识到,落后仍然是我们民族的最大忧患。

4 "自力更生"是民族复兴的重要条件吗
热点面对面

抗日战争是怎样取得胜利的?前面已经进行了分析。简单地说,中国人民主要是依靠着自己的努力奋斗,同时得到反法西斯盟国的援助而取得了抗日战争的胜利。那么,"自力更生"是抗日战争给我们留下的宝贵经验吗?换句话说,"自力更生"是中华民族生存和复兴的重要条件吗?回答是肯定的。

所谓自力更生,对于一个国家和民族来讲,就是依靠国家自身与民族成员的内部力量,来保证国家与民族的生存与发展。当一个国家还没有与世界发生联系的时候,它的生存与发展当然与其他国家没有关系。而当它与外部发生联系之后,它的生存与发展就会在不同程度上受到外部环境的影响。这种影响表现在两个方面:一是与他国的互补互利,一是与他国的利益矛盾。抗日战争是中国反对日本帝国主义的战争,与中国利益冲突的是日本。同时,抗日战争又是世界反法西斯战争的组成部分,中国又与反法西斯同盟国有着共同的利益,产生了互补互利的关系。而我们所说的自力更生,主要是对后一个关系而言。

我们知道,20世纪发生了两次世界大战,中国不仅都是参战国,而且都是战胜国,但是两次世界大战却给中国带来了不同的结果。第一次世界大战后,中国以战胜国的身份出席了巴黎和会。在会议上,日本提出接管德国在中国山东的一切权益。其他列强不顾中国的反对,同意了日本的要求,中国的命运仍然任由他人摆布。中国近代史上著名的五四运动,就是在这种情况下爆发的。这说明,当时的中国在国际上没有丝毫的地位和尊严,不仅民族复兴无从说起,而且民族的生存都是一个极大的问题。这是为什么?从理论上分析,就是我们经常说的,自鸦片战争以来,中国就沦为半殖民地国家。而所谓的半殖民地,主要是指中国是多个帝国主义操纵的国家。既然受多个帝国主义操纵,那么中国就要服从多个帝国主义国家利益的需要。第一次世界大战从本质上说是帝国主义重新瓜分殖民地的战争,中国虽然参加了战争,但仍然是帝国主义瓜分的对象。

在第二次世界大战中,中国仍然是参战国,但与第一次世界大战不同的情况是,中国不是依附于任何一个国家而是以独立的主权国家身份参加了这次大战。并且，中国战场成了第二次世界大战在亚洲的主要战场。其实，在1937年，也就是欧战爆发前2年，太平洋战争爆发前4年，中国就开始了独自抗击日本法西斯的战争，而且这时的战争主要是依靠中国的自力更生进行的。

1941年太平洋战争爆发后，中国的抗日战争融入世界反法西斯战争之中，中国开始与盟国结成了相互援助的关系。从这个时候起，中国才比较多地得到了盟国的援助。但是即使如此，中国的抗日战争仍然主要是依靠着自力更生才得以坚持的。

在敌后战场，共产党领导的抗日武装并没有直接得到盟国的物资援助。八路军、新四军和其他人民抗日武装，是以最简陋的武器，对抗着装备精良的日军。而事实证明，敌后战场的抗日武装斗争，却发挥出了巨大的威力，不仅有效地消灭了敌人，还牵制了敌人的大量兵力，使之无法集中兵力向正面战场进攻。所以，可以说，中国的抗日战争如果没有敌后战场的坚持是不能进行的，正是有了敌后战场对日军的消耗与牵制，正面战场才得以长期坚持，日本才无法达到全部占领中国的目的。而自力更生显然是敌后军民得以生存的一个重要条件。

在中国的正面战场，国民党的抗日武装确实得到了盟国较多的援助。据统计，在全部抗日战争期间，中国从苏联得到了2.5亿美元的援助（实际动用了1.7亿）；从美国得到了6.2亿美元的援助；另外，英国也给予中国一定的援助。这些物资援助，对于穷而弱的中国确实起到了很大作用。除物资援助外，战争初期，苏联还派出援华航空志愿队直接参加了中国抗战，其中一些队员牺牲在中国的抗日战场。在日本投降前夕，苏联出兵中国东北，对使日本加速投降也起到了一定作用。另外，中国战区成立后，美国还派出空军直接到中国参战。在战争的后期，中美联合航空队发挥了重要作用，除了直接作战外，还经驼峰向中国输送了大量战略物资，这些都有力地支援了中国的抗战。一些美国飞行员也牺牲在中国战场。中国人民至今仍然感谢盟国对中国抗日战争的支援。

但是，在肯定国际援助对中国抗日战争产生积极影响的同时，还应该看到，与中国对于世界反法西斯战争的贡献相比较，盟国的援助其实也是十分有限的。以美国为例，它在第二次世界大战的全部过程中，向反法西斯的其他国家总共提供了460亿美元的援助，其中对中国的6亿美元援助仅占不到1/70。而中国对其他反法西斯国家的支援，远远超出了所得到的援助。关于这个问题前面已经说过，这里不再重复，但有一个问题还应该补充说明，这就是在抗日战争时期的一切外援，不能排除道义方面的因素，但是除此之外，在多数情况下，外援大多是在援助国本身利益的驱动下进行的。

先以美、英为例。中国抗日战争爆发后，美、英等西方国家在中国的利益受到了日本的威胁。尤其是在淞沪会战以后，日本对长江流域的占领，严重地侵害了美、英等国的在华利益。因此，美、英等国是反对日本侵略中国的。但是，当时美、英等国更关注的是法西斯德国在欧洲的扩张趋势，无暇顾及亚洲和中国。所以，它们反对日本侵略中国，还仅仅是从道义的方面对日本进行谴责，在经济方面不仅没有对日本实施有效的制裁措施，相反，还从经济利益出发，继续与日本进行与战略原料相关的贸易。并且，在欧战爆发之初，美、英对日本一度采取了绥靖政策，封闭了中国的对外通道，从而给中国抗战造成了很大的困难。

再以苏联为例。不能否认，苏联是首先给予中国抗战援助的国家，并且在当时，这种援助起到了很大作用。但是，一方面，苏联对中国的这些援助，后来中国都以战略物质资源进行了补偿；另一方面，苏联对中国进行援助同样是以本国利益优先为原则。如关于战争初期的《中苏互不侵犯条约》，以往一般认为，中国是单方面的受惠国。但深入分析，当时中国需要并希望与苏联签订的是中苏互助条约，对互不侵犯条约并无兴趣，只是苏联施以不签此约就不向中国提供军事援助的压力后，中国才同意订立这一条约。作为条约的附加条件，中国承诺不与第三国签订《共同防共协定》，这就缓解了苏联对日本联华制苏的担忧。所以，这一条约对苏联也是有利的。再看《苏日中立条约》。有学者认为它分化了日德关系，保证了苏联在远东的安全，使之能够集中力量准备对德作战，这对世界反法西斯战争的全局具有意义。但苏日互相保证尊重"满洲国"和"蒙古人民共和国"的领土完整和不可侵犯，这是对中国领土主权的侵犯。对于《中苏友好同盟条约》，在相当长的时期内，学术界对其持肯定态度。新的研究则认为，此约既有苏联协助中国对日作战的一面，也有苏联恢复沙俄在日俄战争中失去的权益的一面，不应全面肯定。它的积极因素是，苏联红军根据条约精神对日宣战，加速了结束战争的进程，并且在一定程度上遏制了美国的势力。消极因素则是将《雅尔塔协定》合法化，反映了苏联的民族利己主义。也有人明确指出，这是一个不平等条约，其中有关旅顺、大连、东北铁路和外蒙古的内容，都严重侵害了中国的主权。

从以上史实不难做出这样的判断：在抗日战争时期，尽管中国得到了盟国的援助，但这些援助一般是在互利的情况下得到的，是由于中国的抗战有力地支援了盟国，因而得到了盟国的援助，盟国的本国利益优先，是中国得到援助的前提条件。

如果换一种思考方式：要是没有盟国的援助，中国是否可以取得抗日战争的胜利？回答也是肯定的。在太平洋战争开始之前，中国独立对抗着亚洲最强的日本帝国主义，并且打破了日本迅速灭亡中国的幻想。而在抗日战争的相持阶段，中日两国相互矛盾着的特点中，有利于中国的方面已经充分地反映出来，证明日本永远无法达到它霸占中国的目的。另一方面，在战争的中后期，中国得到了盟国的援助，这些援助是中国战胜日本的有利因素，但如果没有中国在此之前依靠自力更生的独立的抗日战争，等不到太平洋战争爆发，中国早就亡国了。

最后的结论是，中国的抗日战争需要外援，同时外援也显示了它的作用；但是，决定战争胜负的关键仍在于中国人民自己的努力。一个民族的生存与复兴，最终只能依靠它的自力更生和奋发图强。过去是这样，现在和将来依然是这样。

5 怎样实现人类和平的美好目标

　　抗日战争以及第二次世界大战，使世界上绝大多数人认识到人类和平的宝贵。对于中国和其他遭受了法西斯国家侵略的国家来说，战争是一场绝大的灾难和浩劫。对于日本等侵略国家来说，战争也没有给它的发动者带来预期的结果，国家和人民同样经历了一场灾难。在战争中中国军民伤亡3500万；日本军民死亡310万，并且受到了人类历史上空前的原子弹攻击。至今，那场战争的阴影还时时出现在经历者的脑海中。在战争结束70年后的今天，为什么在中国，在经历了战争的其他很多国家，都要以不同的方式来纪念那场战争？其中一个重要的目的就是希望战争的悲剧不要重演。实现人类永久的和平，已经成为全世界大多数人的共同愿望。怎样实现这个愿望？在当今世界仍然存在着战争的情况下，这是一个特别应该引起人们思考的问题。

　　列宁说过，帝国主义就是战争，这已经被第一次世界大战的历史印证。同样，法西斯主义或者说军国主义就是战争，也已经被第二次世界大战的历史印证。并且，在第二次世界大战中，法西斯主义和军国主义把战争对人类的危害推到了极致，这更为历史所印证。对于世界人民特别是亚洲人民来说，防止法西斯主义和军国主义复活，是维护和平的首要条件。但是，从现在的情况来看，这个条件还并不充分，人们仍然感到忧虑。而这种忧虑不是没有原因的。

　　就在2005年7月27日，日本众议院通过了一项战后60年决议案，题为

《值此联合国创建及我国终战和被爆60周年,誓为构筑国际和平做出贡献之决议》(以下简称60年决议),全文如下:

实现世界和平乃是世界人类的誓愿,然而,地球上的战争等惨祸不绝,由于战争与恐怖运动,饥饿与疾病以及地球环境的破坏,人们的生命不断在丧失,同时对核武器等大规模杀伤武器的扩散也存有忧虑。

在这样的国际现实之中,本院值此联合国创建60周年之际,对为了维护和创建世界和平所付出的努力和睿智表示深深的敬意。

我们在此值得纪念的时日里,深刻反省我国过去一个时期的行为给以亚洲为主的国家及其国民带来重大苦难,再次对所有的牺牲者献上悼念之诚意。

我国政府在日本国宪法揭示的持久和平的理念下,作为世界上唯一的原子弹被爆国家,决议同世界所有的人们携起手来,为废除核武器,回避所有的战争,探索建造世界联邦的道路,开辟持久可能的人类共生的未来竭尽最大的努力。

这份决议,包含了对战争历史的总结,也包含了对和平的向往之意。但是,如果对照一下10年前,即1995年6月9日由日本国会所作的决议《以历史为教训,重申和平决心之决议》(以下简称50年决议),就会发现,日本政府对于战争历史的认识已经发生了变化。那份决议全文如下:

本院值此战后50年之际,对由于战争而牺牲的全世界战殁者献上追悼之诚意。

在世界近现代史上出现过许许多多殖民地支配及侵略性行为,我们认识到我国过去的行为给予他国国民,特别是亚洲诸国民的苦痛,表明深深的反省之念。

我们必须对过去的战争超越历史观之不同,谦虚地学习历史,建筑和平的国际社会。

本院表明,决意在日本国宪法揭示的持久和平的理念下,同世界各国携手,开拓人类共生之未来。

很明显,两份决议对战争历史的描述不同,要害有三。

第一，对于战争性质的评判不同。50年决议虽然没有单独说明日本对邻国发动的战争是侵略战争，但是把这个战争连同近代以来其他争夺殖民地的战争统称为"侵略性行为"。但是，在60年决议中，"侵略性行为"不见了，代之以"过去一个时期的行为"。而人们知道，日本对于中国和其他亚洲国家发动的战争就是以侵略为目的的，为了实现这个目的，使数千万亚洲人民失去了生命。抽去了对战争的"侵略"定性，所谓的"反省"，不仅是不深刻的，而且也是没有诚意的。

第二，模糊了战争加害与战争被害的因果关系。50年决议并没有提出日本的战争受害问题，而是从加害的角度来表述对战争的反省和解说追求和平的理念。但是，在60年决议中，特别地强调了日本的战争被害，明确地提出日本是"世界上唯一的原子弹被爆国家"，而也正是因为这样的战争受害，才"决议同世界所有的人们携起手来，为废除核武器，回避所有的战争，探索建造世界联邦的道路，开辟持久可能的人类共生的未来竭尽最大的努力"。应当承认，到目前为止，日本确实是世界上唯一受到原子弹攻击并因此遭受巨大灾难的国家。但是，日本为什么会受到原子弹的攻击？这个结果的产生当然是有原因的，从根本上讲就是因为日本发动了侵略战争。原子弹给人类造成的危害已经被日本人民的数十万生命所证实，因此，全世界爱好和平的人都反对使用原子弹。但是，如果抽去了事物的因果关系，只强调战争的受害而回避战争的加害，就会对人们产生误导。

第三，不愿"以史为鉴"。50年决议提出："我们必须对过去的战争超越历史观之不同，谦虚地学习历史，建筑和平的国际社会。"这里虽然没有说明什么是历史观的不同，但是却表示了要"谦虚地学习历史"的态度。联想到当时的日本首相村山富市不肯参拜靖国神社，在他推动下的这份决议，显然包含了"以史为鉴"的意思。而在60年决议里，没有了"学习历史"的内容，联想到推动这份决议的日本首相小泉纯一郎，他在任时竟多次正式参拜靖国神社，显然，在他那里寻找不出一丝一毫吸取历史教训的意思。现在的世界上仍然存在着战争，日本也突破了战后"和平宪法"的约束而派兵加入到了当代的战争。如果把对和平的向往同对历史的反省联系起来，亚洲其他国家的人民更有理由对日本的政治走向是否会威胁到亚洲与世界的和平而感到忧虑。

那么，到底应该怎样去实现人类和平的美好目标呢？吸取历史的经验教训是一个重要的条件。而从日本社会仍然存在着的歪曲历史的各种现象来看，有一些人并不愿意吸取历史的经验教训。对于这种现象，亚洲人民和世界人民必须有所警惕，也必须有所斗争，防止军国主义重新在亚洲复辟。而对于曾经遭受过侵略的国家来说，还有一个特别应该记取的历史教训，那就是"落后就要挨打"。任何一个希望自立于世界民族之林的国家和民族，都不能是一个落后的国家和民族。从另一个方面来看，处于弱势地位的国家和民族越是不断地发展和强盛，战争的危险性就越会减少。从这点来看，和平与发展有着密不可分的关系。

2004年8月，第三次中日韩三国青少年历史认识交流夏令营。